宝带桥社区志

《宝带桥社区志》编纂委员会 编

张瑞照 主编

苏州大学出版社

图书在版编目(CIP)数据

宝带桥社区志/《宝带桥社区志》编纂委员会编；
张瑞照主编. —苏州：苏州大学出版社，2021.8
ISBN 978-7-5672-3677-6

Ⅰ.①宝… Ⅱ.①宝… ②张… Ⅲ.①社区-概况-苏州 Ⅳ.①D669.3

中国版本图书馆CIP数据核字(2021)第156151号

Bǎodàiqiáo Shèqūzhì

宝带桥社区志

编　　者：	《宝带桥社区志》编纂委员会
主　　编：	张瑞照
责任编辑：	倪浩文
出版发行：	苏州大学出版社
	(苏州市十梓街1号　215006)
印　　刷：	苏州市深广印刷有限公司
开　　本：	787 mm×1 092 mm　1/16
印　　张：	24.5
字　　数：	626千字
版　　次：	2021年8月第1版
印　　次：	2021年8月第1次印刷
书　　号：	ISBN 978-7-5672-3677-6
定　　价：	280.00元

若有印装错误，本社负责调换
苏州大学出版社营销部　电话：0512-67481020
苏州大学出版社网址　http://www.sudapress.com
苏州大学出版社邮箱　sdcbs@suda.edu.cn

远眺宝带桥

历史地图

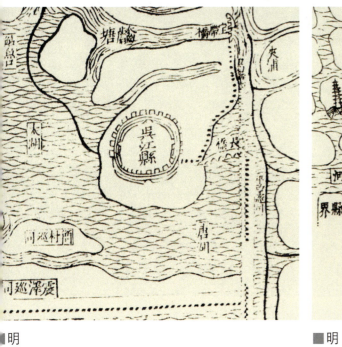

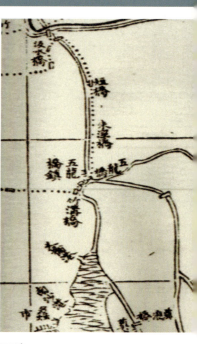

■ 明　　■ 明　　■ 明　　■ 明　　■ 清

第一届《宝带桥社区志》编纂委员会
（2017年12月）

主　　任：徐志华
副 主 任：江　华
委　　员：朱晓生　朱建芳　倪　珍　马云弟　王敬贤

第二届《宝带桥社区志》编纂委员会
（2019年7月）

主　　任：史众恩
副 主 任：江　华　朱晓生
委　　员：倪　珍　马云弟　王敬贤　沈　奕　陈　晔　姚征凯

《宝带桥社区志》编纂工作人员

主　　编：张瑞照
编纂组：张瑞照　沈会男　马留弟
编　　务：陆佳宇　邹　伟　周泽华　潘水根　陈林男
　　　　　罗纪根　周小毛　徐玉兰
审　　稿：翁建明　陈　萍　翁丽春
特邀审校：林锡旦　卢　群
封面题字：翁长征
摄　　影：华雪根　马留弟　沈会男　倪浩文　周国强
　　　　　顾学珍　乐菊泉　焦　青　陆惠祥　张根福
　　　　　章　晨　刘　水　毛春宝　秦建民　刘伟民

《宝带桥社区志》审定单位

苏州市吴中区地方志编纂委员会办公室
中共苏州市吴中区城南街道委员会
苏州市吴中区人民政府城南街道办事处
中共吴中区城南街道宝带桥社区委员会
吴中区城南街道宝带桥社区居民委员会

■全境鸟瞰

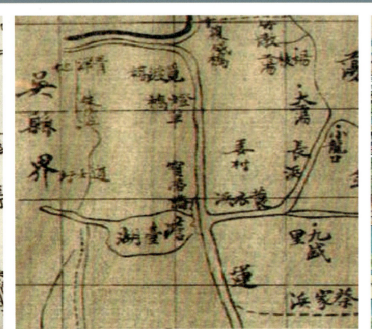

■ 1933年

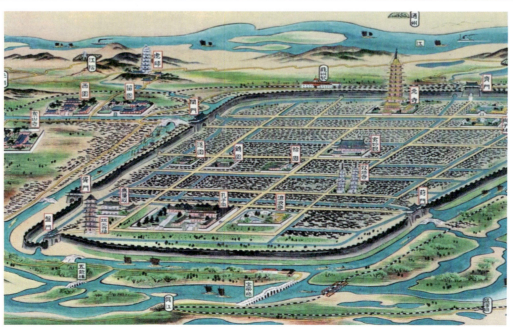

■ 1938年

■ 1943年

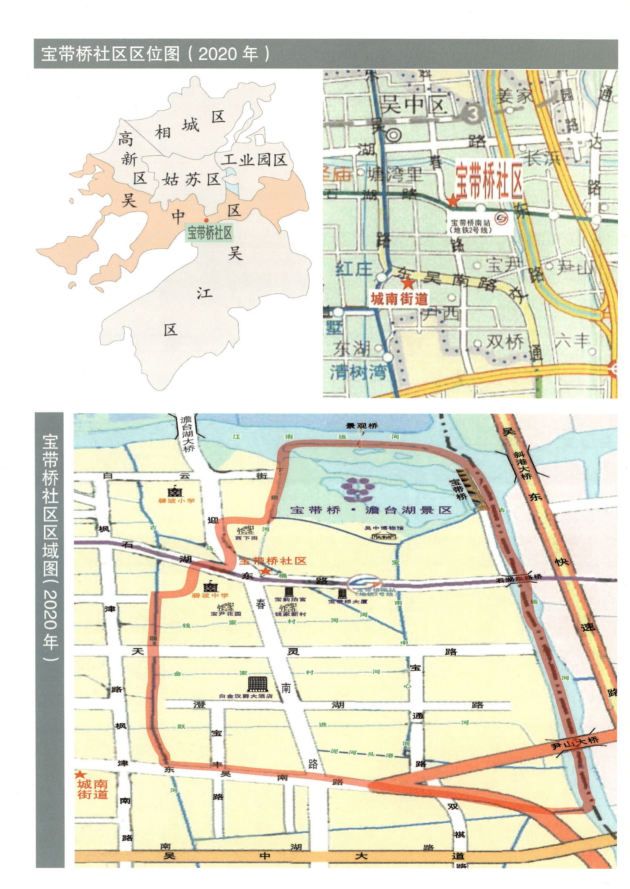

宝带桥社区区位图（2020年）

宝带桥社区区域图（2020年）

【宝带桥社区】

辖区内的城南街道党群服务中心

宝带桥社区党群服务中心

社区荣誉

宝带桥社区党群服务中心大厅

《宝带桥今辉》

宝带桥桥身题刻（同治十年孟冬之月）

宝带桥桥身题刻（水利工程总局重建）

宝带桥水中石塔

宝带桥夕照

宝带桥北侧石亭与石塔

宝带桥南堍石狮

宝带桥北堍石狮

宝带桥石塔塔座上的人物雕刻

宝带桥石塔塔座上的云龙雕刻

宝带桥石塔仿木斗拱与佛像

2001年6月，宝带桥被公布为全国重点文物保护单位

宝带桥铁栏杆旧孔痕

雕刻六道轮回的宝带桥千斤石

2014年6月,第38届世界文化遗产委员会会议同意中国大运河列入世界文化遗产名录,宝带桥为其中重要遗产之一

整治苏南运河碑

京杭大运河苏州段整治工程记碑

《人民日报》上关于苏州修护宝带桥的报道（2019年7月5日）

宝带桥被《人民日报》报道情况表

序号	时间	版次	标题	备注
1	1962年3月4日	第5版	中国石拱桥	提到宝带桥，附图
2	1962年5月14日	第2版	"中国古代建筑——桥"特种邮票将发行	提到宝带桥邮票
3	1962年8月27日	第4版	桥	提到宝带桥
4	1962年11月18日	第6版	忠王府——江南随笔	提到宝带桥
5	1982年7月19日	第7版	小桥赋	提到宝带桥
6	1993年11月20日	第8版	邮票上的桥梁建筑	提到宝带桥
7	1994年4月1日	第9版	周治华集邮记	提到宝带桥邮票
8	2016年7月20日	第24版	风雨宝带桥	
9	2019年7月5日	第15版	古今辉映 水润姑苏	提到宝带桥，附图

宝带桥旧影

铁栏杆尚存的宝带桥（清末）

渔民在宝带桥附近用鸬鹚捕鱼（清末民初）

宝带桥石亭（清末）

宝带桥碑亭（民国时期）

宝带桥与北堍的武庙（民国时期）

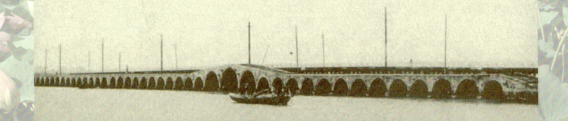
电线杆林立的宝带桥（民国时期）

尚未有电线杆的宝带桥（民国时期）

电线杆较为稀疏的宝带桥（民国时期）

宝带桥亭内游赏的人（1929年）

武庙郊游（民国时期）

家庭郊游（民国初期）

被日军轰炸坍塌的宝带桥（20世纪30年代）

宝带桥渔民（民国中后期）

知青下乡（20世纪60年代）

宝带桥亭（20世纪80年代）

宝带桥鸟瞰（20世纪70年代）

苏杭游轮与宝带桥（20世纪80年代）

十苏王公路与宝带桥（1983年）

古桥与公路、航运共存（1986年）

繁忙的运河（1986年）

宝带桥与身穿时装的少女（20世纪90年代）

宝带桥北尚未拆除的澹台子祠（20世纪90年代）

宝带桥·澹台湖核心
展示园之纤夫铜像

宝带桥·澹台湖核心
展示园湖滨景色

宝带桥·澹台湖核心
展示园情人岛

宝带桥·澹台湖核心
展示园"廉石"

宝带桥·澹台湖核心展示园法治宣传园

宝带桥·澹台湖核心展示园科普专栏

宝带桥·澹台湖核心展示园木桥

宝带桥·澹台湖核心展示园道德广场

宝带桥·澹台湖核心展示园运河文化园

宝带桥·澹台湖核心展示园反邪教主题文化园

宝带桥·澹台湖核心展示园休闲椅

宝带桥·澹台湖核心展示园康体活动广场

宝带桥·澹台湖核心展示园健身步道

宝带桥·澹台湖核心展示园儿童游乐场

宝带桥·澹台湖核心展示园水质净化工程

新时代文明实践志愿服务岗

垃圾分类亭

近现代报纸报道中的宝带桥

宝带桥洞被毁处拟设法恢复旧观

宝带桥加建栏杆

宝带桥通行汽车

美国米高梅公司在宝带桥等地拍摄影片

冒十级以上台风抢救宝带桥区域的汽车

宝带桥是苏州游泳池

《影视中的宝带桥》

1987年电视剧《聊斋·八大王》

1990年电影《马路骑士》

1995年电视剧《情丝万缕》

【宝带桥衍生产品】

宝带桥电话卡

宝带桥火柴盒（苏州火柴厂）

宝带桥纺标（苏州化学纤维厂）

宝带桥信封（苏州金帆印刷厂）

境域风光

澹台晨曦

虹桥余晖

雪蔚桥村

雨后彩虹

时尚舞台

新农村之夜

运河冬韵

宝韵泊宫

吴文化博物馆（外景与内景）

澹台湖与吴文化博物馆

仿古船坊

南塘河桥

宝带桥大厦

苏州白金汉爵大酒店

图画中的社区

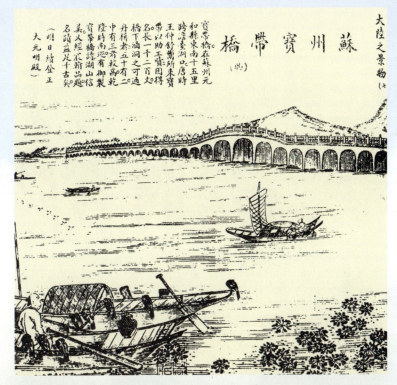

民国《图画日报》上的宝带桥

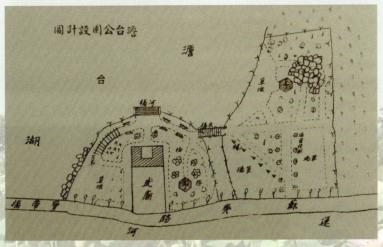

1929年澹台公园设计图

1962年5月,宝带桥入选国家邮政部出版的(4枚一套)古桥邮票图录

1979年至1982年美术教育家庞薰琹创作的《宝带桥》

2010年4月，画家曹仁容水墨画《宝带长虹》入选古吴轩出版社出版的《苏州园林名胜图》图录

【教育文化】

宝南幼儿园老师与小朋友合影（1987年12月）

碧波实验小学附属幼儿园

碧波实验小学附属幼儿园

碧波实验小学

碧波实验小学

2016年10月，碧波中学学生朱婧雯书法《维护国家安全》在吴中区国家安全领导小组办公室、反邪教协会、教育局联合举办的"东吴杯"中学生反邪教宣传活动中获三等奖

碧波中学

碧波中学

生产生活

江苏农科院副院长、全国劳动模范陈永康在境域指导和推广水稻高产栽培技术（1962年）

水稻选种（20世纪70年代）

脱粒（20世纪70年代）

插秧（20世纪90年代）

捕鱼

收获慈姑

欢舞《百花迎春》

舞龙

赶集

扭秧歌

表演扇子舞

打太极拳

跳帽子舞

居民在宝带桥社区卫生服务站问诊

居民在社区活动中心观看电视剧

迎新

社区活动

2016年吴中区人大代表选举大会投票

2016年社区发展建言献策座谈会

2017年党员"两聚一高"实践活动

2018年平安志愿者活动

2018年党员义务铲雪除冰

2018年社区消防演练

2019年"不忘初心,牢记使命"主题教育活动

2019年扫黑除恶志愿活动

2020年垃圾分类政策宣传活动

2020年疫情防控

住宅环境

20世纪80年代境域村民兴建的住房

农村楼房渐起（1994年）

西下田小区

钱家花园

钱家新村小区

宝南花园小区

宝尹花园小区

宝带桥社区籍军人

马卫东，1978年12月入伍，高级工程师5级，文职2级，先后4次荣立北京军区空军后勤部颁发的三等功勋章

马卫东（1978年12月入伍）　　　　　　　　　　　　　1980年1月荣立三等功勋章

1989年12月荣立三等功勋章　　2002年1月荣立三等功勋章　　2011年2月荣立三等功勋章

江寿昌（1976年12月入伍）　　1979年12月荣立三等功勋章　　1979年获自卫反击保卫边疆纪念章

马留弟（第二排自右至左第三位）入伍时与战友合影（1985年10月）

沈月明（第二排自左至右第八位）入伍时与战友合影（1987年1月）

《宝带桥社区志》编纂

第一届《宝带桥社区志》编纂委员会（自左至右）
朱晓生、马云弟、王敬贤、倪　珍、朱建芳、徐志华、江　华

第二届《宝带桥社区志》编纂委员会（自左至右）
前排：倪　珍、史众恩、江　华、陈　晔
后排：王敬贤、沈　奕、马云弟、朱晓生、姚征凯

《宝带桥社区志》编纂组、编务人员（自左至右）
潘水根、罗纪根、陆佳宇、张瑞照、沈会男、马留弟、陈林男、周小毛、邹　伟

2019年11月《宝带桥社区志》（初稿）座谈会合影（自左至右）
前排：朱泉林、沈泉涌、张瑞照、马留弟、梁根元
后排：杨金木、马春元、江根土、潘水根、潘云元、沈会男

《宝带桥社区志》评审会

2020年7月13日召开《宝带桥社区志》评审会
参加评审会人员（自左至右）：马留弟、翁丽春、陈　萍、张瑞照、史众恩、翁建明、胡伟新、
江　华、朱晓生、沈会男、王敬贤

序

澹台湖的由来，追根溯源，是与春秋时期著名教育家孔子七十二贤弟子之一——澹台灭明曾在宝带桥社区境域结庐修学有关，已有两千五百多年历史；宝带桥，为唐代元和年间苏州刺史王仲舒捐宝带建桥而得名，屈指算来，也有一千两百多年历史，所以，境域历史悠久，文化底蕴丰厚。

宝带桥社区是2003年7月由宝尹、宝南2个行政村合并而成，原有11个自然村，31个居民小组，所辖陆地面积3.2平方千米。2017年12月，有869户，户籍人口3 860人。勤劳、朴实的宝带桥社区人民，千百年来在这块古老的土地上繁衍生息，辛勤耕耘，历尽沧桑。中华人民共和国成立后，尤其是党的十一届三中全会以来，发扬团结拼搏、求真务实、开拓进取的创新精神，变化日新月异：把过去落后、分散、贫穷的水乡村落，发展成为经济发达、文明和谐、社会进步的现代新型社区。

盛世修志，功在千秋。地方志书是全面系统记述境域自然、经济、政治、文化、社会历史与现状的资料性文献，为数千年华夏文明孕育的一种特殊的地方文化，历来被视为中华民族的珍贵瑰宝。把先人的丰功、今人的伟绩铭志载史，是历史赋予我们的重任。然而，宝带桥社区境域有史以来，归属变化频繁，除些许澹台湖、宝带桥沧桑的零星记载，其他史料微乎其微。而今随着社区的发展，境域亟需一部完整详细记载本地历史的方志，把历史沿革、人文资料，特别是中华人民共和国成立以来的各项事业的发展，通过方志的形式保存下来。为此，我们社区党委、居委会研究决定编纂一部社区志，旨在完整地记录境域在各个历史阶段的发展进程，让古代文化与现代文明相互辉映，前有所稽，后有所鉴，激励人们爱我家乡，爱我中华，砥砺奋进。

《宝带桥社区志》从指导思想到内容体例，立足于当代，系统地记述了境域在政治、经济、文化等方面的历史与现状。它的面世，为我们了解过去、探索规律、进行正确决策提供了重要的科学依据，是一部认识宝带桥社区、熟悉宝带桥社区、热爱宝带桥社区的地情书、资料书、教科书、工具书。它为社区人民，尤其是青少年提供了一部接受爱国主义、集体主义、社会主义革命传统教育的生动教材，对激励今人、启迪后人艰苦创业具有十分重要的意义，也能为当地精神文明和物质文明建设起到推波助澜的作用。

"合抱之木，生于毫末；九层之台，起于累土。"编纂方志是一项大规模的群众性系统工程，从收集资料到编纂成书，涉及社会的方方面面。所以在编纂《宝带桥社区志》过程中，得到了吴中区地方志办公室领导、专家的指导，吴中区城南街道、宝带桥社区老领导、老同志和热心人的帮助和支持。编纂工作人员通过各种途径，搜集到了不少弥足珍贵的资料，经订立纲目，几易其稿，遂成了《宝带桥社区志》。为此，我们谨代表社区党委、居委会向他们以及所有参与和关心本志编纂工作的人员表示衷心感谢。感谢大家为宝带桥社区办了一件上慰祖先、下惠子孙、裨益当代、遗泽后世的善事。

"苟日新，日日新，又日新。"宝带桥社区的过去已写入史册，未来尚待开拓。我们宝带桥社区人民将在上级党委、人民政府领导下，用自己的聪明才智、勤劳双手，在新时代新征程中，牢记使命，不负韶华，做出新的贡献，书写新的篇章。

中共苏州市吴中区城南街道
宝带桥社区委员会书记

苏州市吴中区城南街道
宝带桥社区居民委员会主任

凡 例

一、本志以马克思列宁主义、毛泽东思想、邓小平理论、"三个代表"重要思想、科学发展观和习近平新时代中国特色社会主义思想为指导，遵循辩证唯物主义和历史唯物主义观点，实事求是地全面反映宝带桥社区境域自然、经济、政治、文化、社会的历史和现状。

二、本志上限追溯事物发端，下限为2017年12月。为反映历史的连续性，有些章节做适当追溯或后延，彩页、大事记下延至2020年12月。

三、本志记载的地域范围，以宝带桥社区2017年年末的境域为主，由于境域变更频繁，本志对辖区内的主要情况追根溯源，如实记叙。大事记以编年体为主，按发生时间先后为序。

四、本志采用章、节、目结构，按照现代社会分工，横分门类，纵记史实，辅以图表、照片。

五、本志文体，以述为主，概述、序言间有概括。

六、本志纪年方法，清及清代以前用年号纪年，括注公元年份。1912年起，采用公元纪年。凡年代前不注明世纪者，均为20世纪。

七、本志数字书写，表示数量和百分比的用阿拉伯数字，习惯用语、词汇、成语、专用名称、表述性语言中的数字用汉字；历史纪年用汉字。

八、本志所述名称，在各卷第一次出现时用全称，括注简称，以后用简称；吴县市用"市""全市"简称，其他市一律用全称；全书同一人名统一称谓；政区及单位名称，均为当时名称；地名，除个别用历史名称并括注今地名以外，均用现行标准地名。

九、本志计量单位，原则上用国务院1984年3月4日颁布的中华人民共和国法定计量单位，历史上使用的计量单位名称如斤、亩等则照实记载。须换算者，用括号注明其换算值。

十、本志所载人物，在本地区有一定影响，以本籍为主，兼收客籍人士；人物生不立传，在世人物按以事系人和列表的形式记载。

十一、本志资料来源于市、区、镇档案史籍、报刊。统计数据以职能部门的统计资料为准。部分采取口碑资料，均经反复核准后整理入篇。

目 录

概述 …………………………………………………………………………… 1

大事记 ………………………………………………………………………… 3

第一章　建置地理 …………………………………………………………… 23
第一节　建置沿革 ………………………………………………………… 25
第二节　地理环境 ………………………………………………………… 26
第三节　自然村 …………………………………………………………… 31

第二章　人口 ………………………………………………………………… 55
第一节　人口规模 ………………………………………………………… 57
第二节　人口结构 ………………………………………………………… 59
第三节　人口变动 ………………………………………………………… 67

第三章　澹台湖·宝带桥 …………………………………………………… 73
第一节　澹台湖 …………………………………………………………… 75
第二节　宝带桥 …………………………………………………………… 76
第三节　宝带桥·澹台湖景区 …………………………………………… 80
第四节　诗词文选 ………………………………………………………… 81
第五节　碑文 ……………………………………………………………… 107

第四章　社区经济 …………………………………………………………… 111
第一节　农村生产关系变革 ……………………………………………… 113
第二节　农副业 …………………………………………………………… 139
第三节　工商业 …………………………………………………………… 156

第五章　城市化建设 ………………………………………………………… 165
第一节　基础设施 ………………………………………………………… 167

第二节	公共设施	171
第三节	环境保护	172
第四节	拆迁安置	174

第六章 基层组织 213
- 第一节 中国共产党组织 215
- 第二节 行政组织 217
- 第三节 群团组织 219

第七章 社会事业 223
- 第一节 社会保障 225
- 第二节 卫生健康 229
- 第三节 居民生活 232
- 第四节 教育 235
- 第五节 群众文娱 240

第八章 风土人情 243
- 第一节 传统习俗 245
- 第二节 民间信仰 257
- 第三节 方言 258
- 第四节 歌谣 269

第九章 人物 荣誉 275
- 第一节 人物 277
- 第二节 荣誉 299

第十章 丛录 303
- 第一节 掌故轶闻 305
- 第二节 传说故事 309
- 第三节 澹台灭明相关史料 325

编纂始末 328

概　述

　　宝带桥社区坐落在长江三角洲腹地、上海经济区大都市圈内，东依大运河，分别与郭巷街道、吴中高新区相望，南接城南街道红庄社区，西连新江、龙南社区，北临江南运河；迎春南路穿越境域南北，石湖东路贯通境域东西，交通便捷；境内有宝带桥·澹台湖景区，景色旖旎。

　　境域属海洋性季风气候，四季分明，受太湖水体调节，气候宜人，雨量充沛，日照充足，无霜期长，宜农宜渔，是典型的江南鱼米之乡。2017年12月，宝带桥社区总面积3.2平方千米，下辖31个居民小组；户籍居民3 860人，人口密度1 206人/平方千米。

　　公元前12世纪，泰伯、仲雍南下建立勾吴，为吴始称，境域时属吴地。吴王夫差二十三年（前473），吴亡归越，境域为越地。前221年秦置吴县，境域属吴县。唐代析吴县东部置长洲县，境域划归长洲县。历经宋、元、明三朝，至清雍正二年（1724），析长洲县东南地置元和县，境域隶属元和县。1912年1月，吴县、长洲县、元和县合并，称吴县，境域复而归属吴县。

　　1949年10月1日，中华人民共和国成立，是月，宝带桥社区境域划归吴县淞北区尹山乡。翌年3月，尹山乡析分长桥、宝带、尹山及青树（今属吴江区境域）4个乡，境域隶属宝带乡。4月，宝带乡并入长桥乡，青树乡并入尹西乡，境内金家村、钱家村、朱塔浜、沉家浜、小村、下田村等6个自然村隶属长桥乡，泥河田、王家浜、港南浜、吴家角、牛桩浜等5个自然村隶属尹西乡。1956年1月，长桥、尹西2个乡合并，名称长桥，境域隶属长桥乡。翌年3月，长桥乡并入郭巷乡，境域隶属郭巷乡。1965年12月，境域划归长桥人民公社。

　　1992年8月，境域划归吴县经济技术开发区。1996年7月，吴县撤县建市，境域隶属吴县市；2001年2月，吴县撤市建区（吴中区、相城区），境域隶属苏州市吴中区。

　　2004年6月，吴中区城南街道办事处成立，境域隶属城南街道办事处。

　　境域历史悠久，源远流长，文化底蕴丰厚。据郭新河遗址及随后的牛桥港墓葬群考古发现，五六千年前的新石器时代中、晚期，已有先人在境域生息繁衍。春秋时期，孔子弟子鲁国武城（今山东临沂市平邑县南武城）人澹台灭明，南迁吴地，即现澹台湖的地方结庐修学，弟子三百之众，名闻遐迩。由于地理变迁，当年澹台灭明修学之地，陷落为湖泊，后人为纪念他，故名澹台湖。唐代，京杭大运河边所筑纤道中断于澹台湖，此处水急浪高，不利舟楫，致使粮船滞集。元和十一年至十四年（816—819），苏州刺史王仲舒变卖束身宝带，募集资金，延工规划构筑长桥，自此，船工、纤夫皆受其利。后人为纪念王仲舒捐带建桥义举，即把此桥命名为宝带桥。自此后，风土清嘉的澹台湖、宝带桥为历代文人雅士游览观赏胜地，留下了不少千古传诵的题咏诗篇。

　　境域为滨湖水网平原，地势平坦，雨水充沛，温暖湿润，有利水稻、三麦生长。然而，历史上因地势低洼，水涝、蝗虫灾害频发。1949年后，境内兴修水利，科学种田，农业发展迅速。1962年，江苏农科院副院长、全国著名劳动模范陈永康率领10多名科技人员至长桥大队蹲点，做水稻高产示范试验，其间多次至境域指导推广水稻高产栽培技术，以后又全面推广双季稻的种植，使境域成为江南闻名的水稻、三麦高产稳产地区之一。

境域种植业除了水稻、三麦、油菜等粮油作物外，蔬菜瓜果有韭菜、大蒜、菠菜、萝卜、黄瓜、蚕豆、毛豆、西瓜、香瓜等30多种；江南著名的"水八仙"，境内有水红菱、茭白、慈姑、荸荠、荷藕；养殖业除猪、兔、羊、鸡、鸭、鹅等家禽家畜之外，还放养蚌珠、鱼、虾等，成为境内农民经济收入的重要来源。

境域因昔日河道纵横交错，陆上道路交通十分闭塞。1949年10月后，特别是改革开放划归吴县经济技术开发区后，按建设规划，在公路、河道、居民住宅、环境卫生上着手，先后建造了东西走向的东吴南路、石湖东路、天灵路、澄湖中路、澄湖东路，南北走向的迎春南路、宝通路、宝丰路；构筑了古塘河桥、下塔里桥、石湖东路公路桥、钱家桥、金家桥、8号不锈钢栏桥等桥梁；开拓疏通了钱家村河、黄家浜、兴隆河、金家村河、跃进河、澹台湖北运河、牛桩浜东港、金家河、金星内河、新华内河等河道，并对村庄进行旧房改造、动迁安置；居民生活小区实施环境、卫生、安全等长效管理。

宝带桥社区历史上只有私人作坊和家庭手工业，20世纪60年代，集体始有粮饲加工厂。十一届三中全会以后，逐步发展集体经济，创办民营企业。1992年8月，境域制订了建设规划蓝图，全面大开发、大建设，通过招商引资，海内外工贸企业纷纷落户境内。2017年12月，境内有中外工贸企业364户，个体工商202户。

宝带桥社区不但经济发展迅速，教育、文化、卫生、医疗等事业亦蒸蒸日上。教育方面，原来只有几所在村民家客厅、破庙讲课的私立学校、耕读小学，至2017年，全日制学校有建筑面积35 137平方米的碧波实验小学及附属幼儿园，建筑面积15 830平方米的碧波中学。少年儿童入学率达100%。

卫生事业方面，1962年3月全面实行合作医疗，2007年1月，推行大病风险医疗保险，并享受辖区内医疗机构提供的免费健康体检；计划生育、优生优育率均达到区、市标准要求。环境卫生明显改善，居民健康水平不断提高。2017年，60周岁以上的老人939人，占总户籍人口的24.3%，其中80周岁以上老人138人，占60周岁以上老人总数的14.7%；90周岁以上老人14人，占60周岁以上老人总数的1.4%。

"不积跬步，无以至千里；不积小流，无以成江海。"宝带桥社区人民历经沧桑，不辞辛劳，求真务实，砥砺奋进，使境域社会经济、政治文化、人民生活面貌与时俱进。2004年至2005年，社区被中共苏州市吴中区委、苏州市吴中区人民政府授予"文明单位"称号；2007年12月，社区被中共苏州市吴中区委、苏州吴中区人民政府授予"和谐社区"称号；2009年9月，社区被中共苏州市委授予"实践科学发展，推行两个率先'先锋社区'"称号；2011年2月，社区被中共苏州市委、苏州市人民政府授予"村级经济百强村"称号，成为古城苏州之南的一颗璀璨明珠。

"功崇惟志，业广惟勤。"宝带桥社区人民凭着智慧和勤劳，创造出了辉煌的业绩。在新时代建设美丽、富饶、和谐家园的新征程中，宝带桥社区人民将在当地党委和政府领导下，探索一条经济结构合理、群众文化生活丰富多彩，人与自然和谐相处的现代化发展之路。

一幅新的蓝图将展现在世人面前。

大事记

商

约公元前 12 世纪

泰伯、仲雍建立勾吴,为吴之始称,宝带桥社区境域时属吴地。

周

公元前 6 世纪

鲁国武城(今山东临沂市平邑县南武城)人澹台灭明(公元前 512—?),字子羽,孔子弟子,南游至吴,在境域结庐修学,弟子达三百余人。

吴王夫差二十三年(前 473)

吴亡归越,境域为越地。

周显王三十五年(前 334)

楚伐越,越亡,境域属楚。

秦王政二十五年(前 222)

秦平定楚之江南地,境域归秦。

秦

秦始皇二十六年(前 221)

以吴国故都设立吴县,境域属吴县。

汉

惠帝五年(前 190)

夏大旱,太湖涸。

武帝年间(前 140—前 87)

开挖吴县至嘉兴段运河,途经境域。

三国

吴大帝年间(222—252)

始建生产丝织品的官营"织络"作坊,境域妇女从业刺绣。

吴太平元年(256)

八月初一,江南涌溢,平地水深八尺,拔吴高陵(即孙坚墓)松柏,飞落于城南门,殃及境域。

隋

开皇十一年(591)

吴县县治迁至横山(境域西侧越城遗址,俗称皇山),唐武德七年(624)迁返原址。

唐

贞观十二年(638)

境域冬旱,至次年五月无雨。

武周万岁通天元年(696)

析吴县东部地置长洲县,境域归属长洲县。

元和五年(810)

苏州刺史王仲舒令筑城南(境域东部)运河堤为路,带头捐宝带筹款,于元和十一年至十四年(816—819)历时 4 年建造宝带桥。

宋

仁宗景祐元年（1034）
天降暴雨，田淹年荒。

熙宁八年（1075）
夏，境域大旱。

元祐六年（1091）
六月大雨，境域皆成汪洋，全无庄稼，民饥，死者无数。

嘉定二年（1209）
秋，蝗飞入境，大灾。冬，饿殍遍野，路多有弃儿。

嘉定八年（1215）
夏，境域大旱，井源皆竭。

宝庆三年（1227）
七月十一日夜四更，大风起自西南，雨如注，拔百年老树，平地水深数尺，民居毁坏十之八九。

绍定五年（1232）
郡守邹应博重建宝带桥。

元

大德十一年（1307）
蟹灾，多如蝗，境域田地皆满，稻谷荡尽。

明

正统年间（1436—1449）
巡抚周忱修治宝带桥。

景泰五年（1454）
正月大雪，历二旬不止，深丈余，太湖诸港连底结冻，舟楫不通。夏大水，秋亢旱。

弘治十四年（1501）
十月七日，地大震，屋宇动摇，人立者数起数仆。

嘉靖二十三年（1544）
四月至八月大旱，日色如火，沟洫扬尘，禾苗尽枯，米价腾贵。翌年复大旱、大疫，民多饿死。

嘉靖三十七年（1558）
是年，重修宝带桥。

万历八年（1580）
闰四月十六日至五月中旬，大雨连绵，昼夜倾倒。六月复而大雨，皆成汪洋，遍野行舟。

崇祯十四年（1641）
春风沙，夏旱，秋蝗，比户疫痢，日收露尸以万计，为宋代金兵劫城后未有之奇灾。

清

康熙九年（1670）
宝带桥被大水冲毁。

康熙十二年（1673）

宝带桥修复。

雍正二年（1724）

析长洲县东南地置元和县，境域归属元和县。

乾隆四十年（1775）

夏、秋，境域无雨。

嘉庆九年（1804）

五月，境域大雨。六月，城乡爆发抢米风潮，官兵驱马冲突，捕杀饥民60余人。

道光三年（1823）

夏，天连降暴雨，大潦噎滀不泄，毁堤破岸。

道光十一年（1831）

林则徐主持修缮宝带桥，费"工料银六千六百七十两有奇"。

道光十八年（1838）

除夕，境域雷电交作。

同治二年（1863）

英国侵华军头目戈登为攻取苏州，拆去宝带桥中间桥孔，致使连续倒塌26孔。

同治十一年（1872）

水利工程局重建宝带桥，并在南北两堍各置石狮一对，北堍建石塔和石亭，亭内置《重修宝带记》碑刻。此碑刻由张树声撰，应宝时书。碑阴列当时修茸江浙诸桥工程及助捐人姓名。碑先立于桥北关帝庙前，后建亭覆之。

宣统三年（1911）

九月十五日，苏州响应武昌起义，江苏巡抚程德全宣布"和平光复"，苏州独立。

十月，苏州府及吴县、长洲县、元和县、吴江县均裁撤，设苏州民政长署，境域属苏州民政长署管辖。

中华民国

1912年

1月，元和县并入吴县，境域归属吴县。

1913年

4月3日，晨6时49分地震，境域门窗均摇荡，台凳倾倒，持续3分钟。

6月20日，浙江海潮浸冲太湖，使湖水浑浊异常，历时3小时，随潮冲来境内带鱼、黄鱼甚多。

1920年

7月11日，浙江军阀混战在即，苏（州）、湖（州）间轮船停航。战后，败兵自瓜泾港北撤，经境域至苏州城。

1922年

5月，流行白喉，死者甚多，殃及境内。

1926年

8月10日，天气奇热，最高温度达39.5℃，最低温度也有36.1℃，为境域50多年来所未有。

1927年

2月3日12时许,地震约3分钟,午后1时复震2分钟。

1928年

7月17日,晚6时左右,大批蝗虫飞临境域,自西而东,连续数日不辍。

1931年

夏,阴雨连绵,至9月雨势不止,河水骤涨,几成泽国,是境域42年来所未有。

1932年

12月,境内家家出动劳力参与土筑苏州嘉兴公路,是月21日,苏嘉公路苏州至吴江段竣工。

1933年

6月27日,苏(州)嘉(兴)公路举行通车典礼。

1934年

6月26日,气温高达38.6℃,创境域60年来6月份最高纪录。

夏,入梅以来,滴雨未降,境内部分水田龟裂,河道搁浅,班轮停航,水井枯竭。

1936年

3月11日,半夜1时许,境域大雨滂沱,天空忽生五色缤纷之怪异闪电,似镁光灯,历时七八秒钟,闪电过后,雷声大作。

1937年

11月19日,境域被日军侵占、沦陷。

1939年

11月1日,日伪发放"良民证",废除通行证。

1940年

12月,奉伪江苏省民政厅令,恢复1937年前区域。

1941年

4月,境内下田村坟堂上40岁朱女士,被日本兵从坟堂上沿南港河(俗称马桶河)追逃至廿五港刺死。

9月(农历八月十五)夜,泥河田村吴毛头被派去苏嘉铁路(尹山段)值班时,因打瞌睡被日军用枪托砸击后脑致死。

是年,境内沉家浜(西下田)陆根火发现蠹墅镇上开肉铺的店主之妻被日本兵强暴,遂与店主合力将施暴日军处死。为躲避抓捕,隐居太湖,至死未归。

1942年

是年,境内下田村坟堂上沈永泉家里办起私塾小学。随即,王家浜钱祥根家里也办起了私塾。

1944年

6月15日,苏州至尹山,途经境域一段,全长29.98千米沙土公路通车。1978年改沙土路面为沥青路面。

是年,流行脑膜炎,殃及境域。

1946年

是年,境内宝庆寺西厢房建起泥河田公立小学(1990年改称宝尹小学)。

1948年

6月，并编区、乡，境内归属吴县车坊区尹山乡。

1949年

4月27日，境域解放。

5月1日，吴县人民政府成立，建尹山乡，境域归属尹山乡。

是月，统一使用人民币，收兑金圆券，严禁银圆在市场流通。

7月24日，遭6号台风袭击，一昼夜降雨132.9毫米，加之入梅以来淫雨连绵，水位暴涨，境域低洼农田受淹。

中华人民共和国

1949年

10月1日，中华人民共和国成立，境内居民热烈欢庆。

是月，境域隶属吴县淞北区尹山乡。

1950年

1月，境内下田村徐毛妹家开办小学（1956年搬至下田村徐才生家老宅创办"完小"）。

3月，尹山乡拆分为长桥、宝带、尹山及青树（今吴江境内）4个乡，境域归属吴县车坊区宝带乡。

4月15日，宝带乡并入长桥乡，青树乡并入尹山乡，并更名为尹西乡。时，境域金家村、钱家村、朱塔浜、沉家浜、小村、下田村归属长桥乡，泥河田、王家浜、港南浜、吴家角、牛桩浜归属尹西乡。

9月，开展土改运动。

10月，根据中央人民政府、政务院、最高人民法院颁布的《关于镇压反革命活动的指示》，开展镇压反革命运动。

是月，掀起抗美援朝运动，声讨美帝侵朝。

12月，重组区、乡、镇，境域归属长桥乡。

1951年

6月，以自然村为单位建立行政组织。

9月，完成农村土地制度改革，吴县人民政府始发村民地契、房屋产权证。

是年秋，境域隶属吴县枫桥区长桥乡、尹西乡。

11月，开展第二次镇压反革命运动。

1952年

4月，村民自发组织农业生产互助组。

7月，办起常年互助组和临时季节性互助组。

12月，村民自发组织农业生产互助组。

1953年

4月，贯彻吴县第七次各界人民代表大会决议精神，开展互助合作、爱国增产运动和反官僚主义、反命令主义、反违法乱纪的"三反"斗争。

5月中旬，旱情露头，连续40天无雨，大旱，导致境内农作物减产。

8月，建立中国新民主主义青年团尹西乡支部和长桥乡支部。1957年10月，改称中国共产主义青年团尹西乡、长桥乡支部。

是月，召开吴县尹西乡、长桥乡第一届人民代表大会。

10月，粮食、油料实行统购统销。

秋，开展第一次普选。在普选基础上，尹西乡、长桥乡建立了党支部，并设民兵中队。

1954年

春，境内各自然村逐步办起了农业生产初级合作社。

5月，发生梅雨型特大洪涝灾害，至7月降雨768毫米，8月25日又遭强台风袭击，境内大片低洼农田受淹。

7月，金家村兴福庵开办庙桥小学。

是年，长桥乡在境内成立扫盲委员会，开展扫盲活动。

1955年

3月1日，使用新人民币，与旧人民币折算比例为1：10 000。

4月15日至25日，根据上级指示，太湖流域保护渔业资源，实行禁捕。

1956年

4月，长桥乡在金星25高级农业生产合作社开展农村用电试点，年内，境域全境通电。

5月，吴县人民政府拨款对宝带桥进行整治维修，同年7月竣工。

10月8日，宝带桥被列为江苏省文物保护单位。

是年，长桥乡开展建立农业生产高级合作社运动，境域建金星24社、25社两个高级农业生产合作社。

1957年

3月，吴县撤区并乡，长桥乡并入郭巷乡，境域归属郭巷乡。

5月，开展整风运动，乡干部、教师等"鸣放"、提意见。11月，转入反右斗争。

是月，金星24高级农业生产合作社派马银泉、马长福（常年在上海工作）在上海浦东购买了一台羊毛牌8匹柴油机（全冷水），缓解了洪涝灾害，并为水稻生产提供了灌溉动力。

7月上旬，遭受暴雨袭击，境内低洼稻田被淹。

9月，开展以粮食问题为中心的社会主义教育运动，时至翌年12月。

1958年

6月，金星24、25高级农业生产合作社安装手摇电话。

7月，开展高产摆擂打擂活动。

9月14日，吴县召开大炼钢铁紧急电话会议，号召各地在20日前掀起全民大炼钢铁高潮。随后，境内造小高炉，搜集群众家用铁器充作炼钢原料。

是月，郭巷乡大办民兵，实行全民皆兵，提出行动军事化，生活集体化，境内青壮年集体住宿训练。

10月，郭巷人民公社成立，实行集工农商学于一体、政社合一的体制，境域归属郭巷人民公社。金星24社改称新华大队，金星25社改称金星大队。

是月，金星、新华大队实行营连制，大办食堂，并提出"放开肚皮吃饭，鼓足干劲生产"等口号。

是年，境内地处泥河田宝庆寺的泥河田小学搬迁至姚家场，并更名为金星小学。

是年，新华大队陆盘根因经常在外工作，去上海花80元人民币购买了境内第一辆品牌为凤凰的自行车。

1959 年

1月，开展除四害、捕捉麻雀的群众运动。

1月下旬，境内出动150余名干部群众参加太浦河工程施工。

2月20日，根据上级通知，将衡器市斤16两制改为10两制。

3月22日，马永昌当选为中共吴县第二次党代会代表。

是月，吴县红旗大学改为吴县农业高级中学，校址设在境域尹山。

8月26日，金星大队选送朱和尚、陈多妹（女）、戈云福、罗呆妹（女）、钱美朗（女）、任招生，新华大队选送许金土、陶关林、陶云宝（女）、周连福、周云金（女）、周仙英（女），赴新疆支援边疆建设。

12月，开展反右倾、鼓干劲运动。

1960 年

1月，开展以除害灭疫为中心，以"两管一灭"（管粪、管水、消灭苍蝇）为重点的爱国卫生运动。

2月，境内100多名社员参加开挖太浦河工程。

是年，境内粮食、副食品供应紧张，上级政府动员种粮、种菜，开荒抗灾，生产自救。

1961 年

1月25日，境内金星、新华两大队、各生产队干部参加吴县四级干部会议，历时25天，学习中共中央《关于农村人民公社当前政策问题的紧急指示信》（中央12条），纠正公社化以来出现的"五风"（共产风、浮夸风、瞎指挥风、干部特殊风、强迫命令风）错误，退赔"一平二调"款，组织开展整风整社工作。

5月，境内各大队、生产队干部参加郭巷人民公社召开的三级干部会议，学习党中央《农村人民公社工作条例（草案）》（农业60条）。会后，解散公共食堂，恢复自留地和家庭副业。

6月，商店出售高价糖果、糕点、面饭等。一粒硬糖售价达1元。秋季，胡萝卜售价每斤达0.5元。

10月，根据上级通知，对部分紧张商品实行凭证、凭券供应。

1962 年

5月15日，宝带桥入选国家邮政部出版的（4枚一套）古桥邮票图录。

9月5日至7日，遭14号台风袭击，洼田、鱼池被淹，境内金星、新华大队组织基干民兵抗险突击排涝。

是年，农村实行统筹医疗，农民看病每人每次支付5分钱挂号，看病取药不付钱，医疗费由公社、大队集体负担。

是年，江苏农科院副院长、全国劳动生产模范陈永康率领10多名科技人员至郭巷公社长桥大队蹲点，做水稻高产示范试验，其间多次至境内指导和推广水稻高产栽培技术。

1963 年

3月5日，响应毛主席号召，开展"向雷锋同志学习"活动。

9月12日至13日，境内遭12号台风袭击，大批农作物倒伏，且有旧房坍塌。后，大旱。

12月，沉家浜发生火灾，烧毁草屋5间，烧死耕牛5头。

是年，苏州化学纤维厂建成投产，苏州第一辆公交车通达境内。

1964年

2月，金星、新华大队干部学习1月23日吴县县委、县人委发出的《认真提倡计划生育的通知》，带头实行计划生育。

9月，庙桥小学搬迁至钱家村大坟上，并更名为钱家小学。

12月，开展面上社会主义教育运动，开展"四清"（清政治、清经济、清思想、清组织）工作。

是年，下田小学搬迁至土地庙。

是年，遵照上级要求，对金星、新华两大队14人（其中富农分子1人、坏分子13人）实行监督改造。

1965年

12月，境域划归蠡墅人民公社，蠡墅人民公社随即更名为长桥人民公社。

是月，苏州市区至境内的公交车由10路改为13路；1970年12月，终点站延伸至尹山桥。

1966年

8月，开展破"四旧"（旧思想、旧文化、旧风俗、旧习惯）运动。

10月，金星、新华大队各配备2名赤脚医生，同时每个生产队配备1名卫生员。

12月，金星、新华大队先后成立"造反队""战斗队"。

1967年

1月，受上海"一月风暴"影响，金星、新华大队风行"夺权"。

2月，金星大队成立养鱼专业队，在泥河田港放养鱼苗。

3月，金星、新华大队党、政工作由大队民兵营长主持。

1968年

3月5日，始行废除土葬。

8月，掀起"三忠于"（忠于毛主席、忠于毛泽东思想、忠于毛主席革命路线）风潮，早请示、晚汇报、向毛主席献忠心。

11月，木渎镇、金山公社、郭巷公社19名知识青年至境内插队落户。

12月上旬，金星、新华大队暨生产队干部至龙桥大队参加农业学大寨学习班。

1969年

5月，推行三熟制，即每年种植两茬水稻、一茬小麦。1983年3月，实行联产到劳、联产到户后双季稻种植面积逐年减少。1987年，双季稻全部由单季稻替代。

9月23日，金星大队钱水大、新华大队陈阿夯当选为吴县第二次活学活用毛泽东思想积极分子代表。

是月，下田小学搬迁至坟堂上，并更名为新华小学。

10月11日，金星大队在尤字港建造混凝土拱桥时因倒塌造成5人死亡。翌年重建拱桥，取名为"胜利桥"。

是月，金星大队社员吴云先为境内火葬第一人。

1970年

2月中旬，金星、新华大队遵照长桥人民公社要求，开展"一打三反"（打击现行反革命分子、反对贪污盗窃、反对投机倒把、反对铺张浪费）运动，进行大检举、大批判、大清理，凡涉嫌有经济问题者皆为运动对象，进学习班学习。

3月10日晚，境内天气突变，打雷下雪，积雪17厘米左右。

9月，金星、新华大队重建党支部。

是月21日，金星大队姚双弟、史静芬、金凤芳，新华大队沈三根出席了吴县第三次学习毛泽东思想积极分子代表大会。

是月，金星大队钱水大、新华大队倪龙根当选为中共吴县第四次党代会代表。

12月，澹台湖围湖造田。翌年，抽干湖水种上了双季稻。（1984年退耕养鱼，由吴县水产局成立的吴县水产二场接管。2016年，改建成宝带桥·澹台湖景区。）

1971年

夏，大旱，百日无雨。

9月，宝带桥旁建一座多孔连翼的公路新桥，翌年1月竣工。

10月18日，金星、新华大队党支部书记被紧急召集至公社大会堂，听取吴县县委传达林彪"九一三"叛国外逃事件的有关文件。是月底，传达至群众。

1972年

1月，新华大队开掘全长2 000米的金家村河。

2月，境内经过一年多的除害灭疫活动，全面复查无钉螺。

12月，100名基干民兵参加白茆塘（河）拓浚工程。

1973年

秋，金星、新华大队播种三麦时，试行开挖鼠道排水沟，俗称暗沟。1975年在长桥公社推广。

是年，先后建起金星、新华土窑。

是年，金星大队潘阿妹、新华大队沈泉妹出席吴县第四次妇女代表大会。

1974年

2月，根据上级指示，开展"批林批孔"运动。

4月22日8时29分，溧阳上沛发生5.5级地震，境内有震感。

9月，钱家小学并入下田村坟堂上的新华小学。

1975年

2月，金星、新华大队积极响应毛主席号召，广泛开展农业学大寨运动。

8月，境内响应公社号召，组织农民开展农业水利大生产运动，疏通渠道，开挖河道，平整土地，至翌年12月，开挖河道4条。

11月25日，组织150名基干民兵参加浏河拓宽工程。

是年，新华拼线厂建成投产。

1976年

1月8日，周恩来逝世，村民自觉佩戴黑纱，开展悼念活动。

是月，公社建立地震领导小组，境内村民搭简易棚，供夜间住宿。累月，人心渐趋稳定。

7月6日，朱德逝世，村民怀着沉痛的心情进行悼念活动。

9月9日，毛泽东逝世，村民十分悲痛，集中观看吊唁活动和追悼会。

10月19日，中共中央粉碎王洪文、张春桥、江青、姚文元"四人帮"。24日，村民参加在蠡墅镇举行的集会游行，欢庆粉碎"四人帮"。

1977年

1月31日，大雪纷飞，严寒，境内港、浜冰封。

6月27日，130名基干民兵前往东太湖构筑防洪大堤，历时2月。

9月11日下午2时至3时，8号台风袭击境域，最大风力达11级并连降暴雨，境内部分低洼稻田被淹，老旧房屋被毁。

是年，金星塑料厂建成投产。

1978年

1月10日，150名基干民兵参加东太湖复堤工程建设。

5月至9月，大旱，7月至8月内境内50天无雨。

11月下旬，150名基干民兵参加太浦河二期工程施工。

是年，境内基本消灭血吸虫病。

是年，新华大队织布厂、金星大队眼镜厂建成投产。

1979年

3月，根据中央文件精神，对13名改造好的地、富、反、坏分子"摘帽"。

4月，长桥公社组建复查纠错领导班子及工作班子，对"文革"期间受冲击人员进行复查纠错。

1980年

8月16日至20日，连续阴雨，河水骤涨，境内低洼地被淹。

9月，金星大队姚长泉、江根土，新华大队陈林男、朱阿夯、马金（根）姐当选长桥人民公社第八届人民代表大会代表。

11月，为避地名重叠，金星大队更名为宝尹大队、新华大队更名为宝南大队。

1981年

3月，开展"五讲"（讲文明、讲礼貌、讲卫生、讲秩序、讲道德）"四美"（心灵美、语言美、行为美、环境美）、学雷锋、树新风活动。

5月，广泛宣传吴县人民政府《关于计划生育工作的暂行规定》，大力提倡一对夫妻只生一个孩子。

6月，省政府拨款修缮宝带桥，工程由吴县文管委负责，吴县桥梁工程队施工，历时一年半竣工。

1982年

1月，宝尹大队将泥河田夹河溇北潘家桥（竹桥）改建为石桥。

7月1日，全国第三次人口普查登记，以0时标准统计时间为准。境内有常住人口2 922人，其中：宝尹1 146人，宝南1 776人，男性1 444人，女性1 478人。

12月，推行联产到劳责任制，分田到组。

1983年

3月，全面推行家庭联产承包责任制，分田到户。

6月20日至7月18日，阴雨连绵，境内低洼农田被淹。

7月21日，宝尹大队罗纪根、钱招媛，宝南大队陈林男、陶官林、何招根妹当选为中共长桥乡第四次党代会代表。

7月31日，晚上7时至次日上午7时，境内连降暴雨，雨量达144毫米。

8月，境内实行村级体制改革，设立2个行政村、31个村民小组，撤销生产大队和生产小队。宝尹大队更名为宝尹村，下辖10个村民小组；宝南大队更名为宝南村，下辖21个村民小组。

10月4日至23日，连续降雨250毫米左右，境内低洼农田受淹。

11月13日,中顾委常委陆定一视察宝带桥。

1984年

1月17日,11时开始降雪,至19日8时止,持续45小时,境内数根电线杆被压断,房屋倒塌。宝尹、宝南村组织突击进行抗冻防寒救灾工作。

4月9日,宝尹村潘苏英当选吴县第八届人民代表大会代表。

5月21日23时39分,南黄海发生6.3级地震,境内有震感。

7月20日,宝尹村罗纪根、钱招媛,宝南村陈龙元、陆美香、陈锦男当选长桥乡第九届人民代表大会代表。

是月,宝南吊装运输队成立,并常驻苏州化学纤维厂。

是年,宝南村的钱家村、金家村拆除原简易竹桥、木桥,建起石拱桥。

1985年

4月,宝南织布厂迁移扩容。

6月,宝南拼线厂就地扩容。

10月,宝南汽车改装厂成立开业。

11月,开展第一个五年普法教育,简称"一五"普法教育。

是年,长桥公社始建治安联防队,境内有2人参加。

1986年

3月,宝尹村首建村部办公楼,建筑面积为360平方米,占地面积2 000平方米。

4月25日,宝尹、宝南村紧急行动,防治小麦赤霉病。

10月,宝带桥入选江苏人民出版社出版的《苏州》明信片图录;入选苏州旅游汽车公司编辑、上海人民美术出版社出版的《苏州水乡游》明信片图录。

12月15日,撤乡建镇,实行镇管村体制,长桥乡改称长桥镇,境域隶属长桥镇。

是年,宝尹制件厂建成投产。

1987年

4月15日,宝尹村陈志明当选吴县第九届人民代表大会代表;28日,宝尹村江根土、宝南村杨金木、缪彩英、夏福元当选长桥镇第九届人民代表大会代表。

6月9日,全国政协副主席费孝通考察境内苏嘉公路周边农村。

10月,对年满16周岁以上常住人员始发身份证。

11月,宝带桥入选江苏人民出版社出版的《苏州名胜》图录,入选苏州邮电局发行的《苏州》明信片图录,入选人民中国杂志社出版、苏州外文书店发行的《苏州》明信片图录。

是年,宝尹酱品厂、宝南纸箱厂建成投产。

是年,宝南村首建村部办公楼,建筑面积为360平方米,占地面积为1 650平方米。

1988年

1月,宝带桥入选中国国际旅行社苏州支社出版发行的《苏州》明信片图录,入选苏州对外文化交流协会编辑、华艺出版社出版的《苏州》明信片图录,入选外文出版社出版、苏州外文书店发行的《苏州风光》明信片图录,入选中国图书进出口公司出版的《苏州》明信片图录。

4月,宝尹村自建水塔,村民喝上自来水。

6月中旬,持续高温10多天,境域大旱。

1989年

4月,苏州市人民政府在宝带桥北堍立《重修宝带桥碑》。

7月,汛期水位高涨,境内低洼农田受淹。

9月,为保护宝带桥,并使运河航行通畅,开掘澹台湖以北运河段,1991年4月告竣,正式通航。

1990年

3月22日,宝尹村江文元,宝南村陆美香、金福珠当选长桥镇第十届人民代表大会代表。

7月1日,全国开展第四次人口普查登记,以0时标准统计时间为准。境内常住803户(宝尹327户、宝南476户),有常住人口2 987人(宝尹1 150人、宝南1 837人),其中:男性1 478人(宝尹554人、宝南924人),女性1 509人(宝尹596人、宝南913人)。

8月31日至9月1日,15号台风袭击境内,连降暴雨,境内低洼农田受淹、部分老旧民房倒塌。

9月6日,遭17号台风袭击,境内河水猛涨,洼田被淹。

是月,宝南小学新建十楼十底教室启用,宝尹、新江、龙南等村高年级小学生被吸收入学。时宝南小学有12个班级,450名学生,18名教师。

1991年

6月2日至20日,暴雨,7月上旬,连降梅雨,境内有三分之一耕地被淹,各村组织基干民兵全力抗灾。

是年,开展第二个五年普法教育,简称"二五"普法教育。

1992年

2月21日,宝尹村陈志明当选吴县第十一届人民代表大会代表。

4月,全国人大常委会副委员长费孝通为吴县新区题词:开发新区、振兴吴县。

7月26日至8月20日,连降暴雨,境内水满为患。

7月29日,气温高达39.2℃,为中华人民共和国成立以来气温最高纪录。

8月,境域划归吴县经济技术开发区。

1993年

4月1日,遵照省委、省政府决定,是日起境域全面放开粮食、油料购销价格。

5月,新建阳山路(后改迎春南路),为东吴南路至澹台湖主干路,南北走向,境内长度2 756米。

7月16日,境内村、组二级干部和群众代表参加吴县人民法院在蠡墅镇召开的严打大会。

7月26日,连降暴雨,境域遭遇洪涝灾害。

1994年

1月,宝尹、宝南两村采取政府引导、个人参保、集体扶持、乡镇财政资助相结合的形式推行农村大病风险医疗制度,建立大病风险医疗章程,确立了村、镇、县三级医疗保证。

是月,宝尹、宝南两村集体经济合作社对本村籍居民进行股金福利分红。

1995年

6月8日,经国务院批准,吴县撤县设市,境域隶属吴县市。

7月6日,普降大雨,24小时平均雨量在50毫米以上,太湖水位超过4.12米,境域洼地受淹。

9月1日，碧波小学建成启用，该校占地面积为40亩，其中建筑面积为35 137平方米。至时，境内小学撤并至碧波小学。

10月9日，国务院副总理、国家计委主任邹家华为苏南运河题词"整治苏南运河，繁荣国民经济"，并立碑于宝带桥南堍。

是年，宝带桥入选中国世界语出版社出版的《水乡苏州》明信片图录。

1996年

5月至9月，境内进行老村改造，泥河田、王家浜、港南浜183户居民人家，搬迁至朱塔浜（2004年12月更名为宝尹花园）。

11月8日，村办集体企业实行转制，将宝南拼线厂转制给原承包人经营，性质由集体企业转为私营企业。

是年，开展第三个五年普法教育，简称"三五"普法教育。

1997年

2月19日，邓小平逝世，村民参加各种形式的悼念活动。

9月，宝南村家家户户通上自来水。

10月，宝尹村港南浜老村改造，18户居民搬迁至朱塔浜。

12月，宝带桥入选吴县市旅游局编印的《风光吴县好·古迹篇》明信片图录。

1998年

8月7日，为保护古迹，苏（苏州）嘉（嘉兴）公路改道，宝带桥西侧公路桥拆除。

9月，宝尹村港南浜老村改造，20户村民搬迁至朱塔浜。

12月，境域新建宝通路，为天灵路至东吴南路支路，南北走向，境内长度986米。新建宝丰路，为澄湖中路至东吴南路次干路，南北走向，境内长度650米。

1999年

4月，宝带桥入选由苏州市地方志编纂委员会办公室编辑、江苏人民出版社出版的《老苏州·百年旧影》图录。

是月，宝尹村家家装上有线电视。

6月27日，入梅以来，境域普降大到暴雨，至上午8时，平均降雨450毫米，太湖水位超过警戒水位1.09米，境内组织基干民兵抗洪救灾。

7月1日，连降暴雨，河水猛涨。9日，太湖水位急剧上升至5.08米，比历史最高水位高0.28米。境内组织基干民兵突击队，日夜守护围圩救险。

2000年

6月至8月，钱家村里浜17户居民、金家村16户居民搬迁至朱塔浜。

8月14日，宝南纸箱厂转制给原承包人经营，性质由集体企业转为私营企业。

7月至11月，牛桩浜27户居民、泥河田23户居民先后搬至朱塔浜、沉家浜、西下田居民生活小区。

10月3日至6日，2000年中国吴县市环太湖世界特技飞行奖大赛在太湖之滨举行，村民纷纷前往观看。

2001年

2月28日，苏州市在吴县市人民大会堂召开干部大会，公布调整行政区域，撤销吴县市，设立苏州市吴中区、相城区，境域归属苏州市吴中区。

6月2日，受2号（飞燕）台风影响，连降暴雨，日降雨量达169毫米，警戒水位达

3.5 米。

是月，宝带桥列入全国重点文物保护单位，10月，苏州市人民政府立碑于宝带桥南堍。翌年，国家文物局拨款对宝带桥进行全面整体维修。

12月30日，撤销宝南、宝尹两村民委员会，设立宝南、宝尹两居民委员会。

是年，境内先后投资369万元、287万元建成2 618平方米、2 986平方米的两幢标准厂房，并先后对外出租。

是年，金家村28户居民、朱塔浜南岸28户居民，先后搬迁至朱塔浜和钱家新村居民生活小区。

2002年

9月1日，地处境域石湖东路35号、占地面积达33 076平方米、建筑面积15 830平方米的碧波中学建成开学。

是年，宝尹居民家家装上了高清数字电视。

是年，宝南居委会投资建成下田社区医务室和老年活动中心，建筑面积540平方米。

是年，朱塔浜南岸18户居民、塘里（澹台湖西岸）6户居民搬迁至钱家新村居民生活小区。

2003年

1月，宝尹、宝南2居委会根据吴中经济开发区管理委员会〔2002〕第31号文规定，禁止境内养猪。

3月至4月，吴家角35户居民、泥河田38户居民搬迁至下田村、钱家新村居民生活小区。

7月7日，撤销宝南、宝尹村党支部，建立中共宝带桥支部委员会。

是月，宝尹、宝南两个居委会合并为宝带桥居委会。

是月，吴中经济开发区管委会授予宝带桥居委会"2003年度吴中经济开发区无偿献血工作先进集体"称号。

是月，宝带桥入选苏州邮政局监制，苏州邮电广告公司、苏州博彩图文有限公司设计的《苏州桥影》明信片图录。

是年，地处石湖东路占地面积1 863.2平方米、建筑面积1 257.23平方米的宝南第二幢办公大楼建成启用（2013年因城镇建设规划拆迁）。

2004年

2月6日，中共宝带桥总支部委员会成立。

3月，吴中区服务"两个率先，建设平安吴中"活动领导小组授予宝带桥社区"2003年度社会治安安全社区"称号。

4月，境内投资750万元建成地处石湖东路14 000平方米的标准厂房。

6月11日，江苏省地下水禁采监督组检查吴中区地下水禁采工作情况，做出决定：是日起，境内地下水开采须报请吴中区水利局核准。

是月20日，苏州市人民政府同意设立并批复成立吴中区城南街道办事处，下辖宝带桥、红庄、东湖、南石湖、龙南、新江、碧波、白云街、南港、吴中商城、盛丰苑、商贸城、桂苑等13个社区（村）居委会，面积为14.62平方千米，人口65 539人。

是月，宝带桥居民委员会改称宝带桥社区委员会。

8月，宝带桥入选江苏省邮政局发行的《苏州水乡风光》明信片图录；入选苏州吴中区人民政府编辑、五洲传播出版社出版的《吴中印象·名胜古迹》明信片图录。

2005年

3月，宝带桥入选上海人民美术出版社出版的《苏州十二景》明信片图录。

8月3日至7日，台风"麦莎"来袭，为1997年11号台风以来威力最大的一次，降雨量112.6毫米，境内涝灾严重。

10月，境内开展新农村改造，重新铺设自来水管。

12月，境内投资1 091万元建起3 280平方米、6 850平方米的2幢标准厂房，对外出租。

是年，投资652万元建成旺山工业园11 500平方米标准厂房，对外出租。

2006年

1月，苏州市吴中区依法治区领导小组授予宝带桥社区"民主法治示范社区"称号。

是月，苏州吴中区服务"两个率先、建设平安"活动领导小组授予宝带桥社区"2005年度治安安全社区"称号。

6月，中共苏州吴中区委员会授予宝带桥社区"'实践三个代表，实现两个率先'先锋社区"称号。

12月，宝带桥社区投资180万元建起5 000平方米东湖社区职工集体宿舍楼。

是年，原宝南村居民家家通上有线电视。

2007年

1月，苏州市关心下一代工作委员会授予宝带桥社区"四有五无"先进称号。

3月，中共苏州市吴中区委员会、苏州市吴中区人民政府授予宝带桥社区"五位一体示范综治办"称号。

12月1日，陈新男当选吴中区第二届人民代表大会代表。

12月，中共苏州市吴中区委员会、苏州市吴中区人民政府授予宝带桥社区"和谐社区"称号。

2008年

1月27日，连续7天大雨，境内部分房屋倒塌，交通阻塞。

2月，宝尹花园完成污水网管道改造升级。

是月，中共苏州吴中区委员会、苏州市吴中区人民政府授予宝带桥社区"五位一体示范综治办"称号。

10月，朱塔浜完成污水管网改造。

2009年

3月，宝带桥桥身正前方的基埂上安装19根TPV材质弹性防撞警示柱，成为宝带桥"护腰盔甲"。

6月，中共苏州市委员会授予宝带桥社区"'实践科学发展，推进两个率先'先锋社区"称号。

10月16日，成立宝带桥社区经济合作社，撤销原宝南、宝尹村经济合作社。

12月，苏州市吴中区社会治安综合治理委员会授予宝带桥社区"五星级五位一体综治办"称号。

2010年

2月，中共苏州吴中经济开发区工作委员会、苏州吴中经济开发区管理委员会授予宝带桥社区"2009年度社区管理先进单位"称号。

8月，宝带桥旁建起宝带桥公园。

11月10日，经吴中区城南街道批复，宝带桥社区成立股份合作社。

2011年

1月，苏州市依法治市领导小组办公室、苏州市司法局、苏州市民政局授予宝带桥社区"民主法治社区"称号。

10月，苏州市吴中经济开发区管委会授予宝带桥社区"2010年征兵工作先进单位"称号。

11月，陈新男当选吴中区第三届人民代表大会代表。

是年，宝带桥社区配合轨交二号线的开设和宝带桥南站的设定，动员石湖东路两侧的10多家企业和4户居民迁移。

2012年

2月，宝带桥进行加固和环境整治，至翌年8月竣工。

12月，苏州市文化广电新闻出版局授予宝带桥社区"苏州市有线高清互动社区（村）"称号。

是年，朱塔浜建成田度里小区公园、老年活动中心。

是年，宝带桥社区投资90万元，在钱家新村、朱塔浜和下田村居民生活小区安装技防监控。

2013年

3月18日，宝带桥社区根据吴中区建设"宝带桥·澹台湖景区综合整治"要求，对拆迁区域（下田、小村）357户居民实施上门通知动员。4月12日步入丈量评估，7月24日正式签约。

9月，联合国教科文组织专家在大运河苏州段现场考察评估中，对宝带桥文物价值给予较高评价。

是年，宝带桥社区根据第三次全国经济统计要求，对境内所辖364家企业和153家个体商户进行普查。

2014年

6月，第38届世界遗产委员会会议同意将中国大运河列入《世界遗产名录》，宝带桥为其中重要遗产之一。宝带桥作为中国大运河重点遗产点，被列入世界文化遗产名录。

8月20日，宝带桥·澹台湖景区综合整治第一期建设项目正式启动，2016年9月2日竣工。

12月18日，宝带桥社区投资4 380万元建设的宝带桥商业大厦竣工（占地面积3 335.3平方米，建筑面积15 153.48平方米）。

是月，宝带桥社区投资1 229万元建设的东湖"宝信工业坊"竣工（系7 049平方米标准厂房一幢）。

2015年

1月，1 100米的金家村河清淤污泥9 000立方米。

2月，上旬气温骤降，最低温度-10℃，境内水管、水表爆裂无数，冻损严重。

12月，西下田北区（别墅区）沈才全家四楼的煤气罐爆炸，租户严重烧伤，四楼东三墙墙体倒塌，门窗损坏，被鉴定为危房。

2016年

2月18日，宝带桥社区党委、居委会与吴中区人社局对辖区重病人员、低保困难户、残疾人员上门走访慰问。

9月2日,宝带桥·澹台湖景区第一期项目竣工。

2017年

2月5日,吴中区城南街道党工委、街道办事处对境内阳光扶贫挂钩对象马建明、抗美援朝老兵戈洪福走访慰问。

3月31日,占地8 500平方米、建筑面积18 652平方米的吴中博物馆(后改名吴文化博物馆)在宝带桥南堍动工建设。

7月1日,宝尹花园车辆实行封闭式管理。

是日,吴中区委书记唐晓东、副书记李朝阳一行在城南街道办事处主任朱华平陪同下走访境内马红卫、沈杏民、潘周平、周桂香等4户困难家庭,并发放"七一"党员关爱基金。

8月23日上午,苏州市委常委、宣传部部长盛蕾,苏州市文广新局局长季杰一行,在吴中区副区长周黎敏、吴中区文化体育局局长周一风等人陪同下,视察宝带桥·澹台湖景区综合整治规划项目工程。

11月7日,江苏省委宣传部副部长徐宁一行,在吴中区委常委、宣传部部长顾建列,宣传部副部长程飞等人陪同下,视察世界文化遗产中国大运河遗产点宝带桥及宝带桥·澹台湖景区综合整治规划项目工程。

12月1日,吴中城南街道党工委书记王岳至境内,对"五保"、低保、重病患者和贫困残疾人家庭开展走访慰问。

是月,钱家新村、西下田北区先后实行车辆封闭式管理。

2018年

1月,境域禁放鞭炮。

3月,江苏省档案局对宝带桥社区档案工作测评,达到《江苏省机关团体企业事业单位档案工作规范》二星级标准。

7月,境域对群租房的煤气灶乱放、电瓶车充电乱拉线进行了整治,并在钱家新村始装电瓶车充电桩。

2019年

3月,宝带桥社区为照顾年迈老人,对80周岁以上、每月每人自缴50元的老人,中午时分派专人把荤素搭配、营养丰富的中餐送至其家中。

4月,宝带桥社区对辖区内群众开展"扫黑除恶"、消除隐患、提升群众安全感宣传教育活动。

5月1日,境域东西向的石湖东路桥建成通车。

6月4日,中共江苏省宣传部、省交通运输厅、省文物局在镇江召开的"寻找大运河江苏记忆"活动成果发布会上,授予宝带桥"江苏最美运河地标"称号,并颁发荣誉证书。

6月25日,史众恩任中共宝带桥社区委员会书记。

7月5日,《人民日报》发表王伟健题为"古今辉映 水润姑苏"的文章,介绍大运河文化带的世界文化遗产——宝带桥。

8月29日上午,宝带桥社区举行党群服务中心新楼竣工揭幕仪式。

9月26日上午,吴中区人大常委会主任张炳华带领区人大常委会委员一行9人,在区教育局局长陆为民等人陪同下至碧波中学调研。

10月15日,江苏省司法厅在大运河(江苏段)法治文化建设新闻发布会上公布首批

10个"大运河法治文化品牌项目",宝带桥·澹台湖景区法治文化园榜上有名。

11月16日,江苏省委常委、苏州市委书记蓝绍敏等一行视察宝带桥暨宝带桥·澹台湖景区。

12月1日,朱晓生任中共宝带桥社区委员会副书记,沈奕、陈晔任委员。

2020年

1月,西下田居民生活小区安装8只电动车充电桩。

是月20日,宝带桥社区党员干部、志愿者40余人组成抗击疫情队伍,至宝尹花园、钱家新村、西下田等居民生活小区宣传防控新冠肺炎病毒知识,开展"疫情"阻击战。

3月,宝带桥社区成立由江华、马云弟、沈奕等3人组成的环境卫生考核小组,对境内保洁员制定岗位责任制,进行长效管理。

是月,吴中区公安分局城南交警中队在石湖东路、迎春路十字路口设置交通安全教育站。

4月,宝带桥社区倡导境内百姓在清明期间通过网上祭祀、居家追思途径纪念故人、缅怀先人。

6月28日,全国第一座全面展示吴地文化的吴中博物馆建成开馆。

是月,境内居民生活小区始行垃圾分类。

7月13日,吴中区地方志办公室、吴中区城南街道办事处在宝带桥社区党群服务中心会议室举行《宝带桥社区志》评审会。

是月,连降大雨,太湖水位超过警戒水位,境域澹台湖畔低洼地受淹。

是月,江苏省文物局下达《关于苏州宝带桥北桥埠修缮及石塔防护设计方案(修改稿)的批复》。

8月31日,宝带桥·澹台湖景区综合整治动迁安置,居民确认房屋套型签字。

12月12日,江苏省委常委、苏州市委书记许昆林一行调研宝带桥·澹台湖景区、吴中博物馆等设施的情况。

是月,宝带桥·澹台湖景区更名为大运河国家文化公园——宝带桥·澹台湖核心展示园。

第一章 建置地理

宝带桥社区境域东依京杭大运河苏嘉段,南接吴中区城南街道红庄社区,西连吴中区城南街道新江、龙南社区,北靠苏南运河市河段,总面积3.2平方千米,共有大小内河39条,总长16 555米。

商末境域属勾吴国,周时先后成为吴、越、楚三诸侯国辖地。秦设吴县,境域隶属吴县。唐代划吴县东部置长洲县,境域归属长洲县。明弘治年间,县以下设乡,境域属长洲尹山乡。清雍正年间,析长洲县东南置元和县,境域属元和县。民国年间,吴县、长洲、元和合并,复而名称吴县,境域为吴县属地。

20世纪50年代,境域有下田、新村、泥河田3个行政村,下辖下田村、小村、沉家浜、钱家村、金家村、朱塔浜、泥河田、王家浜、牛桩浜、港南浜、吴家角11个自然村。1956年秋,境域开展农业合作化运动,成立金星第24、第25两个高级社。1958年10月,境域开展人民公社化运动,金星第24、第25社改称新华、金星大队。1980年11月,金星、新华大队更名宝尹、宝南大队。1983年7月,恢复乡村建制,境域宝尹、宝南大队改称宝尹、宝南村,1992年8月,境域划归吴县经济技术开发区。2001年12月,撤宝尹、宝南2村,成立宝尹、宝南居委会。2003年7月,撤宝尹、宝南两个居委会,成立宝带桥居委会。2004年6月,吴中区城南街道办事处成立,宝带桥居委会划归城南街道,随即更名为宝带桥社区居委会。2017年12月,宝带桥社区居民委员会下辖钱家新村、宝尹花园、西下田、下田、小村5个居民小区,31个居民小组。

第一节　建置沿革

公元前 12 世纪，泰伯、仲雍建立勾吴，为吴始称，宝带桥社区境域时属吴地。吴王夫差二十三年（前 473），吴亡归越，境域为越地。周显王三十五年（前 334），楚伐越，越亡属楚，境域属楚。秦王政二十五年（前 222），秦平定楚之江南地，境域归秦。秦始皇二十六年（前 221）设郡、县建制，境域隶属吴县。唐武周万岁通天元年（696），析吴县东部地置长洲县，境域划归长洲县。经宋、元、明三朝，明弘治元年（1488），县以下设乡，境域隶属长洲县尹山乡。

清雍正二年（1724）析长洲县东南地置元和县，境域隶属元和县尹山乡。

1912 年 1 月，吴县、长洲县、元和县合并名称为吴县，境域归吴县。1929 年 8 月，根据江苏省政府训令，实行区、乡（镇）制，境域分别隶属吴县第十四区泥和田乡、下田乡、金钱乡。1934 年，吴县第十四区并入第八区，改称第八区，时，境域隶属吴县第八区宝带乡。1937 年，日军侵华，境域沦陷。1941 年 7 月，并编区，伪吴县第八区并入第十一区，时，境域属伪吴县第十一区宝带乡。1945 年 8 月 15 日，抗日战争胜利，吴县各区、乡（镇）名称仍恢复至 1937 年前状况。1947 年 2 月，吴县将原第十一区和第十区部分合并为淞北区，境域隶属淞北区尹山乡。

1949 年 4 月 27 日，境域解放。5 月 1 日，吴县人民政府成立，重设区、乡（镇），境域隶属吴县淞北区尹山乡。

1950 年 3 月，吴县拆编乡（镇），尹山乡拆分为长桥乡、宝带乡、尹山乡、青树乡，境域隶属车坊区宝带乡。4 月 15 日，划归吴县枫桥区，宝带乡并入长桥乡，境域金家村、钱家村、朱塔浜、小村、西下田、下田村等 6 个自然村隶属吴县枫桥区长桥乡。青树乡并入尹山乡，改名尹西乡，时，王家浜、港南浜、吴家角、泥河田、牛桩浜等 5 个自然村境域隶属枫桥区尹西乡。

1954 年 4 月，长桥乡、尹西乡复归吴县车坊区。

1956 年 3 月，长桥乡、尹西乡合并为长桥乡，境域隶属吴县车坊区长桥乡。

1957 年 3 月，吴县撤区并乡，长桥乡并入郭巷乡，境域隶属吴县郭巷乡。

1958 年 10 月，成立郭巷人民公社，实行政社合一体制，境域隶属郭巷人民公社。

1965 年 12 月，境域划归蠡墅人民公社（后即改称长桥人民公社），隶属长桥人民公社。

1983 年 7 月，政社分设，恢复乡建制，长桥人民公社改称长桥乡，境域隶属长桥乡。

1986 年 12 月，撤乡建镇，实行镇管村体制，设长桥镇建制，境域隶属长桥镇。

1990 年 5 月，建立吴县经济技术开发区。1992 年 8 月，境域划归吴县经济技术开发区。

1993 年 11 月，吴县经济技术开发区被批准为省级经济开发区。

2001 年 2 月，吴县经济技术开发区更名为苏州吴中经济开发区，境域隶属苏州吴中经济开发区。12 月，撤销宝尹、宝南两村民委员会，设立宝尹、宝南两居民委员会。

2003 年 7 月，宝南、宝尹两个居委会合并为宝带桥居委会。

2004 年 2 月 6 日，中共宝带桥总支部委员会成立。6 月 20 日，吴中区城南街道办事处成立，宝带桥居委会划归城南街道，更名为宝带桥社区居委会。

第二节　地理环境

宝带桥社区境域地处长江三角洲腹地、上海经济区大都市圈内，东依古老的京杭大运河苏嘉段，与郭巷街道相望；南接吴中区城南街道红庄社区；西连吴中区城南街道新江、龙南社区；北靠苏南运河市河段，总面积为3.2平方千米，共有大小内河39条，总长16 555米。与卢沟桥、赵州桥、灞桥并称中国四大名桥的53拱宝带桥以及宝带桥·澹台湖核心展示园均在境域，地域条件优越，自然环境优美。

一、地质地貌

境域地质构造属扬子准地台、下扬子—钱塘褶皱带东部，断层错综叠加，地质块间接近很多，受力点不易集中，故地质构造不易积累巨大能量，地震多为中小型，属地震基本烈度六度区。

境域内地质构造比较简单，基底地层断裂很少，土质良好，地耐力一般在20吨/平方米左右。基底地层稳定，对地面建筑无影响，均为良好的建筑基地。

境域地处北亚热带区域，处于滨湖水网平原，地势平坦，海拔均为2米左右。土壤肥沃，适宜农作物生长。水资源极为丰富，能充分满足生产、生活需要。

二、气候

境域属北亚热带湿润性季风气候，受太湖水体调节，光照充足，雨水丰沛，无霜期长，四季分明，温暖湿润，有利水稻、三麦生长，是苏南农业高产地区之一。

四季特征　春季，初春境域上空冷暖气团活动频繁，气温回升缓慢，且冷暖交替，天气多变，时有暴热骤冷天气及春雷、晚霜出现。春季是雨日最多的季节，连续阴雨天长的达半月以上，并偶有暴雨或大暴雨。5月中下旬，多连晴少雨和高温、低温天气。春季是季风交替的季节。

夏季，初夏境域为梅雨期，连日阴雨，日照少，常有大雨和暴雨。一般6月7日左右入梅，7月10日左右出梅，平均梅期24天左右。梅雨期结束即进入盛夏，受副热带高气压控制，除地方性雷雨和台风阵雨外，多连续晴天和酷暑天气，日照强烈，蒸发旺盛，常有伏旱发生。7、8两个月平均气温在25℃以上，个别年份会出现"凉夏"。

秋季，夏秋之交是台风影响的盛期，台风常带来特大暴雨。进入秋季，冷空气活动趋于活跃，9月中旬常出现寒露风，暖空气势力渐退，降温迅速，常是"一场秋雨一阵寒"。9月份常有一段连续阴雨天气，俗称"秋黄梅"。10—11月有一次气温明显回升过程，俗称"小阳春"。有的年景降雨不多，常有秋旱发生。

冬季，境域的天气过程表现为一次又一次的冷空气活动。北方冷空气频频南下，气温迅速下降。低于-5℃的严寒，平均每年2—4天。一年中以小寒、大寒两个节气为最冷，日平均气温为3.2℃—3.5℃。寒潮为冬季最显著的天气表现，平均每年有2—3次寒潮过程。冬季是一年中降水最少的季节，且有三分之一的年份出现冬寒，常常连续两个月无透雨。下大雪次数也不多，地面积雪平均每年6天。

气温 境域年平均气温为15.7℃—16℃。温差较小,平均年较差为25.2℃。1月份平均气温为2.9℃—3.3℃,为最冷月;该月中旬又为最冷旬,日平均气温为3.1℃。极端最低气温平均为-6.6℃— -5.6℃,年平均为2—4天。1977年曾出现-12℃的极端最低气温。7月份平均气温为28.1℃—28.4℃,为最热月;7月下旬又为最热旬,日平均气温为28.2℃。极端最高气温平均为36.5℃—36.8℃,年平均为8—13天,最长为(1971年)25天,最短为(1975年)2天。

表1-1　　　　　　　　宝带桥社区境域历年各月平均气温一览表　　　　　　　　单位:℃

月份	1	2	3	4	5	6
平均气温	3.1	4.5	8.5	14.5	19.5	23.9
月份	7	8	9	10	11	12
平均气温	28.2	27.9	23.3	17.6	11.9	5.8

日照 境内年平均日照时数为2 005—2 179小时,日照率为45%—49%。夏季日照时数最多,为658—726小时,占全年的32.8%—33.7%,日照率为52%—58%。冬季日照时数最少,仅为404—435小时,占全年的19.9%—20.1%,日照率为43%—46%。日照时数最多的为8月,为225—279小时,日照率为62%—68%;日照时数最少的是2月,仅为123小时。日照率最低的是5月,仅37%—41%。

雨量 境域年平均降水量为1 025—1 081毫米,降水量最大达1 467.2毫米,最小为604.2毫米。降水一般集中在4—9月,平均每月在100毫米左右。最大日降水量达343毫米。10月份起降水骤减,10月至次年1月的降水量都在50毫米以下。2月份起降水量逐渐增多,4月份有桃花雨,常见连续阴雨天。一般春季是雨日最多的季节。6月中旬到7月上旬是梅子黄熟季节,俗称梅季,平均梅雨期降水量为200—250毫米。有些年份梅雨量较大,降水为768毫米,雨日达55天;也有一些年份是空梅。秋季,多数年份降水不多,常有秋旱发生;也有三分之一的年份阴雨较多,影响秋种。冬季降水最少,降水量只占全年降水总量的14%。全年平均降水日数为133.9天。降水日最多为154天;降水日最少为104天。最长连续降雨日为16天,雨量达182毫米;最长连续无降水期为44天。

无霜期 境域年无霜期平均为244天(3月23日—11月3日)。80%保证率的无霜期为230天(4月2日—11月19日)。最长无霜期为279天,最短无霜期为213天。

气压 境域年平均气压为1 014.3毫巴。一年中,冬季最高,夏季最低。1月、12月为全年最高,达1 024.1毫巴;7月为全年最低,仅为1 001.9毫巴。

湿度 境域年相对湿度为79%。5—9月相对湿度大于或等于80%;6、9两个月都是83%,为最高;1月为74%,属最低;12月次之,为75%。

云量 境域年平均总云量为6.5成。一年中,6月云量最多,达8.0成;其次是5月,达7.8成;11、12两个月最少,均为5.4成。正常天气条件下,大致是日出前后云量较少,10时左右增多,15时左右最多,日落前后渐消。

风向、风速 境域地处东海沿海,季风明显,秋、冬季及初春时节多北风或西北风,晚春及夏季多东南风。最大风速为24.7米/秒;瞬间最大风速为27.2米/秒,年平均风速为3.7米/秒—3.9米/秒。超过17米/秒（8级风）的大风天数，年平均为11.9天，最多为21天，最少为3天。影响全境的台风常集中在7月中旬至9月下旬（90%），强台风带来狂风暴雨，风力最大的可达9级至10级。每年影响全境的台风约有3次，多的年份可达4次以上，也有无台风的年份。境内属少龙卷风地区，历史上未受到过龙卷风危害。

雷暴 境域年均雷暴日为41.9天；最多达68天，最少为21天。90%的雷暴集中在3—9月，7、8两月发生的雷暴次数占全年的52%。常年3月11日左右始雷鸣，最早是（1959年）1月29日，最迟是（1978年）4月10日；终雷日期一般在10月2日左右，最早是9月3日后无雷声，最迟是12月7日还有雷鸣。雷鸣初、终间隔时期平均为206.7天，最长的是290天，最短的是155天。

雪日 境域年均积雪为6天，最多的是21天。境域历史上曾有冬季至来年春季均无积雪天。平均初雪日是1月17日，最早是12月16日；平均终雪日是2月14日，最迟是3月14日。

三、水文

河流 境域在20世纪90年代初期，共有大小内河流39条，总长度16 555米。南北纵向的骨干河道有古运河、宝南中心河（原北为廿五港，南为泥河田港）和古塘河；东西纵向的骨干河道有泥河田港（原为宝尹南港河）、跃进河、金家村河、马桶港（原为宝南南港河）和苏南运河。加之各自然村的内河小溪，纵横交叉，起着引调、蓄纳和排灌吞吐的作用，形成了与运河、太湖、澹台湖相沟通的河网系统，构成了典型的江南水乡特色。

湖 澹台湖位于境内东北角上，《苏州山水志》载：1997年水域面积1.96平方千米，2005年水面2.2平方千米。按2.8米水位计算，蓄水量700 350立方米（因历史变迁，在20世纪70年代，曾围湖造田。1984年退耕还湖450亩）。2016年9月，宝带桥·澹台湖景区第一期工程竣工，并对外开放。

水位 境域水位略低于太湖水位。其水流由西向东，汇入京杭大运河。水位变化受太湖水制约。境内河流为平原河，水面较小，流速、水位变化也较小。水位变幅正常在1米左右，一般河道流速在0.5米/秒以内。全域河流在6—10月为丰水期，12月至来年2月为枯水期，其他月份为平水期。

根据苏州地区水文站（觅渡桥测量点）39年（1919—1937、1952—1971）的资料统计，境域水文情况（均以吴淞标高为准）是：正常水位2.8米，警戒水位3.5米，水位平均最高年3.27米，最低年2.28米。

地下水 境域地下水比较丰富，属弱蓄水位。有第四系孔隙含水层，以第一承压水组为主。含水层岩性以粉矿为主，顶板埋深130—170米，含水层厚度10—20米，单井涌水量1 000—1 500吨/日，水质良好。地表水均为2—3米，渗水层一般见于1米左右。

四、土壤

境域属滨湖水网平原，地面高层1.7—3米（以黄海0点计算）。据1981年编纂的《吴县土壤志》资料显示，境内土壤以黄泥土为主，其他土种有鳝血土、乌黄土、僵黄土、灰底土、青泥土、石板土、小松土、铁屑土、黄松土、夹沙土、草渣土等13种。根据1980年土壤普查挖掘的割丘点显示，境内土壤大体可分为3个区类、4个土属、10个土种。主要土种又分为几个变种。在同样耕作的情况下，轮作方式、施肥数量、灌排条件，甚至投放于农田建设的人力、物力、财力都影响着土壤的熟化程度。境域农业历史悠久，耕作精细，土壤肥力差异较大。熟化度高的土壤，一般耕层出现棕红色的"鳝血斑"，这种土壤有机质、氮的含量较高，养分较协调，一般为高产土壤；而熟化度低的僵黄泥土，则土壤有机质、氮的含量很低，养分也不协调，都为低产土壤。

表1-2　　　　　　　　　1980年宝带桥社区境域土壤养分含量表

序号	原行政村名	有机质含量/%	速效磷/‰	速效钾/‰	pH酸碱度
1	宝南村	2.57	12.3	56.1	6.3
2	宝尹村	2.67	9.1	64.4	6.7
	平均数	2.62	10.7	60.25	6.5

表1-3　　　　　　　　1980年宝带桥社区境域土壤养分分级比例表　　　　　　　　单位：亩

序号	原行政村名	肥力等级				
		一级	二级	三级	四级	五级
1	宝南村	0	40	730	1 210	0
2	宝尹村	0	298	854	275	0
	合计	0	338	1 584	1 485	0
	占比	0	9.92%	46.49%	43.59%	0

表1-4　　　　　　　　1980年宝带桥社区境域主要土壤种类分类面积表　　　　　　　单位：亩

序号	原行政村名	普查面积	鳝血土	乌黄土	黄泥土	僵黄土
1	宝南村	1 849	537	0	1 150	162
2	宝尹村	1 607	0	83	1 414	110
	合计	3 456	537	83	2 564	272

表1-5　　　　　　　　　　1980年宝带桥社区境域土壤基层分类表

土类	亚类	土属	土种	变种	同土异名
水稻土	夹水型	黄泥土	黄泥土	鳝血土	—
			黄泥土	乌黄土	—
			黄泥土	僵黄土	死黄土
			黄泥土	灰底土	黄泥土
			黄泥土	青泥土	黄土
			石板土	—	石板土
			夹沙土	—	黄沙土
			铁屑土		
			黄粉土	—	黄泥土
	涝水型	小粉土	—	—	小粉白土
	中水型	青泥土	—	—	青紫泥土
			—	—	浮墩土
		乌泥土	—	—	乌土
			返酸性泥土	—	返酸土

五、自然资源

境域历史上素有"鱼米之乡"之誉，历史上除盛产水稻、小麦、油菜外，还种植经济作物、养殖水产和饲养家畜，种植的茭白、灯草、鲜藕、慈姑、水红菱、荸荠等烂田经济作物，是20世纪七八十年代农户的主要经济来源之一。

土地资源　1951年，境域耕地总面积为4 534亩。20世纪90年代境内宝南、宝尹2个行政村划归吴县经济技术开发区，耕地逐步被征用。1995年3月，宝尹村所辖的10个村民组耕地被征用，翌年3月，宝南村所辖的21个村民组耕地被征用。

植物资源　境域为滨湖水网平原，水域面积大，荒地少，野生植物不多，植物种类有200余种，主要是：籼稻、糯稻、粳稻、大麦、元麦、小麦、玉米、山芋、高粱、油菜、芝麻、花生、向日葵、蓖麻、大豆、黄豆、蚕豆、赤豆、绿豆、豇豆、豌豆、四季豆、青菜、白菜、刀豆、芥菜、菠菜、花菜、苋菜、长豇豆、芹菜、甜菜、荠菜、榨菜、香菜、蕹菜、卷心菜、黄芽菜、大头菜、韭菜、胡葱、洋葱、大蒜、马兰头、紫角叶、枸杞头、马铃薯、胡萝卜、白萝卜、红萝卜、番茄、茄子、芋艿、慈姑、辣椒、茭白、莴苣、蘑菇、香菇、生姜、荸荠、葫芦、扁蒲、莲藕、莼菜、雪里蕻、金花菜、红菱、乌菱、木耳、金针菇、西瓜、南瓜、冬瓜、黄瓜、丝瓜、橘树、甘蔗、葡萄、金橘、橙树、枇杷、黄杨、白杨、枫杨、水柳、旱柳、银杏、梧桐、泡桐、冬青、香樟、玉兰、水杉、雪松、五针松、罗汉松、侧柏、刺柏、龙柏、米柏、榆树、桑树、槐树、楝树、棕榈、桃树、梅树、朴树、刺槐、榉树、枣树、柿树、牡丹、山茶、月季、荷花、兰花、棕竹、杜鹃、桂花、菊花、海棠、迎春、吊兰、米兰、君子兰、文竹、龟背竹、万年青、美人蕉、鸡冠花、凤仙花、仙人球、仙人掌、一串红、芍药、紫薇、常春藤、石榴、木芙蓉、六月雪、蔷薇、玫瑰、茉莉、夹竹桃、蟹爪兰、苏铁、爬山虎、紫穗槐、紫红英、田菁、酢浆草、红花草、稗草、青草、夏枯草、狗舌草、牛舌草、鸡眼草、蛇含草、蛇莓、水花生、水葫芦、鹅儿不食草、车前草、灯芯草、女贞子、半边莲、蒲公英、金银花、野菊花、半枝莲、马齿苋、仙鹤草、艾叶、地丁、金钱草、凤尾草、臭梧桐、狗背草、苍耳子、益母草、菖蒲、浮萍、鸭舌草、芦苇、天门冬、荞麦、土茯苓、石禁、百部、狗毛草等。

动物资源 境域紧靠古城苏州，地理条件造成野生动物偏少，境内百余种动物中一部分野生动物已很难见到，甚至已绝迹。其主要动物有：鸡、鸭、鹅、鸽、水牛、黄牛、山羊、绵羊、猪、兔、狗、猫、蚕、黄鼠狼、刺猬、老鼠、蝙蝠、野兔、野鸡、天鹅、黄雀、燕子、麻雀、乌鸦、喜鹊、画眉、八哥、白头翁、猫头鹰、鹌鹑、蛇、青蛙、蟾蜍、壁虎、蜈蚣、白蚁、黄蜂、地鳖虫、蝴蝶、蜻蜓、知了、蚂蚁、蚯蚓、蚱蜢、蜗牛、金龟子、蚜虫、红铃虫、跳蚤、虱、蝗虫、黏虫、卷叶虫、蜘蛛、苍蝇、蚊子、牛蛙、蝼蛄、纺织娘、螳螂、萤火虫、蟑螂、蚂蟥、稻飞虱、稻叶蝉、稻苞虫、瓢虫、鲫鱼、鲤鱼、鳊鱼、鳗鱼、鲢鱼、青鱼、黑鱼、白鱼、黄鳝、鳜鱼、鲶鱼、鳖鲦鱼、甲鱼、乌龟、虾、蟹、蚌、蚬、螺蛳、泥鳅、鳑鲏鱼、田螺、花鲭鱼、黄颡鱼、塘鳢鱼、花花星、玉柱鱼等。

第三节 自然村

明弘治元年（1488），县以下设乡，乡以下设都、图、村。宝带桥社区境域时分设十二图、十三图、十四图，隶属长洲县尹山乡堵城里三十一都。长洲县尹山乡中三十一都十二图下辖小村、下田村、沉家浜等3个自然村。长洲县尹山乡中十三图下辖金家村、钱家村、朱塔浜3个自然村。长洲县尹山乡十四图下辖泥河田、港南浜、王家浜、牛桩浜、吴家角5个自然村。

清雍正二年（1724），析长洲县东南地置元和县，境域隶属元和县尹山乡。

1912年1月，长洲、元和县并入吴县，境域隶属吴县尹山乡。

1929年8月，实行区、乡（镇）制，吴县第十四区泥河田乡下辖泥河田、港南浜、王家浜、牛桩浜、吴家角5个自然村；吴县第十四区下田乡下辖小村、下田村、沉家浜等3个自然村；吴县第十四区金钱乡下辖金家村、钱家村、朱塔浜3个自然村。

1934年，建吴县第八区宝带乡，境域隶属宝带乡。

1948年，部分区、乡合并，境域隶属吴县淞北区尹山乡。

1949年10月，中华人民共和国成立，境域有王家浜、港南浜、吴家角、泥和田、牛桩浜、金家村、钱家村、小村、沉家浜、下田村、朱塔浜等11个自然村。

1992年8月，境域宝尹行政村下辖王家浜、港南浜、吴家角、泥和田、牛桩浜等5个自然村；宝南行政村下辖金家村、钱家村、朱塔浜、沉家浜、小村、下田村等6个自然村。

1995年1月，宝尹、宝南行政村按照吴县经济技术开发区整体条块规划进行老村改造。翌年1月，境内新村建设规划宝尹花园、钱家新村、西下田、下田村、小村等5个居民生活小区，采用公拆自建的方法开始建设。

2001年7月，宝尹、宝南2村撤村改称为宝尹居民委员会、宝南居民委员会。

2003年7月，宝尹、宝南2个居民委员会合并，改称宝带桥居民委员会。

2004年6月，宝带桥居民委员会改称宝带桥社区居民委员会，境域王家浜、港南浜、吴家角、泥河田、牛桩浜、金家村、钱家村、朱塔浜、沉家浜、下田村、小村11个自然村消失，形成宝尹花园、钱家新村、西下田、下田村、小村等5个居民生活区。

2013年3月，宝带桥·澹台湖景区综合整治，动迁下田村、小村2个居民生活区拟建宝南花园居民生活小区。2017年10月，宝南花园居民生活区奠基动工。

一、王家浜（村）

王家浜位于境域东南，东为尤字港，南临南浜，西为泥和田，北连下田村南港河（又名马桶河）。

1950年3月，王家浜隶属吴县车坊区宝带乡；4月15日，隶属吴县枫桥区尹西乡。1954年4月，为尹西乡王家浜初级农业生产合作社。1956年，隶属长桥乡金星第25高级农业生产合作社。1958年10月，建金星大队，王家浜南岸为第1生产队，北岸为第8生产队。1969年，境域成立金星大队革命委员会，王家浜第1、第8生产队改称第1、第8革命生产领导小组。1983年7月，建宝尹村民委员会，改称第1、第8村民小组。1992年8月，王家浜划归吴县经济技术开发区。

1996年9月，境域老村改造，村庄全境拆迁，搬迁至朱塔浜（后改名宝尹花园）。

附：王家浜境内生产队（村民小组）管理人员

先后担任王家浜第1生产队队长（村民小组组长）的有钱福昌、梁福根、钱狗大、钱关狗、江关元，担任副队长（村民小组副组长）的有钱三男、钱三元、钱龙金，担任妇女队长的有钱水林、张福妹、张银姐，担任会计的有吴文元、张根昌、钱杏根、潘云元，担任记工员的有吴文元，担任管水员的有张水福、钱锦昌，担任手扶拖拉机手（机耕员）的有张福昌、钱小龙元、钱杏男，担任饲养员的有张来生、钱根寿，担任仓库保管员的有钱锦昌。

先后担任王家浜第8生产队队长（村民小组组长）的有钱狗大、钱老火、姚长泉，担任副队长（村民小组副组长）的有俞进才、钱三男，担任妇女队长的有钱大丫同、钱长姐、钱招媛，担任会计的有钱水根、俞水法、钱龙昌、姚水龙，担任农技员的有钱水根、钱林昌，担任记工员的有钱水根，担任管水员的有钱水根、钱火金，担任手扶拖拉机手（机耕员）的有钱素昌、俞金龙、俞祥男，担任饲养员的有钱关寿，担任仓库保管员的有钱火金。

二、港南浜（村）

港南浜位于境域之南，东为东南港，南临钢铁村，西接西南港，北连泥河田港。

1950年3月，港南浜隶属吴县车坊区宝带乡；4月15日，隶属吴县枫桥区尹西乡。1954年4月，为尹西乡港南浜初级农业生产合作社。1956年，隶属长桥乡金星第25高级农业生产合作社。1958年10月，建郭巷人民公社金星大队，隶属金星大队，为第4生产队。1969年，建金星大队革命委员会，更名为第4革命生产领导小组。1983年7月，建宝尹村民委员会，第4革命生产领导小组更名为第4村民小组。1992年8月，划归吴县经济技术开发区。

1996年5月至1998年12月，因老村改造，全境拆除，搬迁至朱塔浜（后改名宝尹花园）。

附：港南浜境内生产队（村民小组）管理人员

先后担任港南浜第4生产队队长（村民小组组长）的有戈根三、江盘根、蔡金根、江沙和、蔡水根、江关元，担任副队长（村民小组副组长）的有江全根、江盘根、江关水金、江连水根、蔡火根，担任妇女队长的有江美根、戈根姐、江金姐、江小妹、蔡金毛妹，担任会计的有江连水根、江根土、戈纪昌、潘云元，担任记工员的有江阿大、江连水根，担任管水员的有江金水根，担任手扶拖拉机手（机耕员）的有江文元、蔡根官，担任饲养员的有江龙火。

三、吴家角（村）

吴家角位于境域西南，东为泥河田港，南临西南港，西接北大流浜，北连泥河田村。

1950年3月，吴家角隶属吴县车坊区宝带乡；4月15日，隶属吴县枫桥区尹西乡。1954年4月，为尹西乡吴家角初级农业生产合作社。1956年，为长桥乡金星第25高级农业生产合作社。1958年10月，建郭巷人民公社金星大队，隶属金星大队，为第5生产队。1969年，建金星大队革命委员会，第5生产队更第5革命生产领导小组。1983年7月，建宝尹村民委员会，改称第5村民小组。

2003年4月，因老村改造，先后搬迁至"钱家新村"和"下田村"居民生活小区。

附：吴家角境内生产队（村民小组）管理人员

先后担任吴家角第5生产队队长（村民小组组长）的有吴福根、吴小全根、吴全根、吴关根、吴加生、吴金根、江关元，担任副队长（村民小组副组长）的有吴小全根、吴福根、吴金根，担任妇女队长的有吴水林、梁小根妹、吴金美英、梁招根、吴土姐，担任会计的有梁龙泉、吴火根、吴祥男、潘云元，担任农技员的有吴金泉，担任记工员的有吴金龙、梁龙泉、吴火根，担任管水员的有吴会金、吴福根，担任手扶拖拉机手（机耕员）的有吴林根、吴祥男、吴龙金，担任饲养员的有吴根寿、吴木水根、梁龙泉。

四、泥河田（村）

泥河田村东临王家浜村，南接东南港，西为夹河流、潘家场，北为牛桩浜。

传说康熙年间，泥河田的姚家场上有户姚姓人家，养有三个儿子，其中有个儿子姚阿岳15岁时，一天在河边玩耍，走来一位老爷爷，给了姚阿岳一块核桃大的泥块，姚阿岳不足为奇，顺手将泥块抛入河里。老爷爷见他将泥块抛入河里，就对姚阿岳说：此泥丢进田里可作肥，丢到河里，夹起来放入田里还是肥。这位老爷爷的话说毕，摇身一转，没了踪影。据说老爷爷为神仙下凡，托说河名。

20世纪50年代，泥河田港东西两侧逐渐搬来村民，建起房屋，遂名泥河田村。

1950年3月，泥河田隶属吴县车坊区宝带乡；4月15日，隶属吴县枫桥区尹西乡。1954年4月，为尹西乡泥河田初级农业生产合作社。1956年，隶属长桥乡金星第25高级农业生产合作社。1958年10月，成立郭巷人民公社金星大队，隶属金星大队，为第2、第3、第6、第9生产队。1969年，建金星大队革命委员会，改称第2、第3、第6、第9革命生产领导小组（其中第3生产小组1979年一分为二，为第3、第10生产小组）。1983年7月，建宝尹村民委员会，改称第2、第3、第6、第9、第10村民小组。1992年8月，划归吴县经济技术开发区。

1996年至2003年，因老村改造，分别搬至宝尹花园、钱家新村、下田村、西下田居民生活小区。

附：泥河田境内生产队（村民小组）管理人员

先后担任泥河田第2生产队队长（村民小组组长）的有姚双弟、姚龙根、何纪泉、江关元，担任副队长（村民小组副组长）的有姚根水、李金根、姚雪男，担任妇女队长的有李招妹、姚百根，担任会计的有李多全、李根法、潘福龙、姚水龙、潘云元，担任管水员的有李金根、姚根水，担任手扶拖拉机手（机耕员）的有姚根元，担任饲养员的有姚夫舟、何关生，担任仓库保管员的有何关生。

先后担任泥河田第3生产队队长（村民小组组长）的有马和福、陶木根、傅官大、马全弟、梁根元、沈长泉、江关元，担任副队长（村民小组副组长）的有傅官大、戈根三、马龙根、沈长泉、朱火根，担任妇女队长的有马金毛、沈云妹、沈水根妹、马金香、傅祥妹，担任会计的有马玉章、马云泉、梁根元、朱小毛、潘云元，担任农技员的有梁根元，担任记工员的有马玉章，担任管水员的有马玉章，担任手扶拖拉机手（机耕员）的有傅官全、梁土金，担任饲养员的有马水根、梁福林、梁玉明，担任仓库保管员的有马水根、梁福林、梁玉明。

先后担任泥河田第6生产队队长（村民小组组长）的有朱三男、朱水法、梁福根、朱火金、姚长泉，担任副队长（村民小组副组长）的有姚连火、朱金林、朱火金、朱阿二、姚长泉、朱云泉，担任妇女队长的有朱小妹、朱根云妹、朱金文，担任会计的有朱才金、朱龙金、姚水龙，担任农技员的有朱龙金，担任记工员的有傅关泉、朱才金，担任管水员的有姚关根、朱阿二、朱云昌、姚长泉，担任手扶拖拉机手（机耕员）的有朱根男，担任饲养员的有朱木根、朱阿二、姚连火、朱关林，担任仓库保管员的有梁林男。

先后担任泥河田第9生产队队长（村民小组组长）的有潘招兴、潘金男、潘根弟、潘卫元、姚长泉，担任副队长（村民小组副组长）的有姚福男、潘金男、姚文水，担任妇女队长的有陈双凤、潘阿妹、潘白妹、陈苏英、陈水英、姚妹珍，担任会计的有陈官福、姚文三、姚水龙、潘云元，担任农技员的有陈官福、潘全男，担任记工员的有姚文良，担任管水员的有陈阿连、潘金男、潘卫元，担任手扶拖拉机手（机耕员）的有陈苏英、潘根弟、姚林元，担任饲养员的有潘根大、陈阿连。

先后担任泥河田第10村民小组组长的有梁根元、姚长泉，担任村民小组副组长的有马玉章，担任妇女队长的有马金香，担任会计的有马云泉、姚水龙，担任农技员的有马福全，担任管水员的有马玉章，担任手扶拖拉机手（机耕员）的有梁根元，担任饲养员的有梁福林，担任仓库保管员的有马根木。

五、牛桩浜（村）

牛桩浜位于境域中段，东为泥河田港，南接夹河流，西临金家村，北连钱家村。

据传，此地有一陈家农户，家里有个打菜油的油坊。当时打油是用牛拉动大石磨盘捻。油菜籽收获期在夏天，因此，牛得有个洗澡的地方。陈家将家中的几头牛固定在浜内洗澡，并将牛绳系结在木桩上。牛长年累月地洗澡，浜逐渐形成圆形小池塘，直径为50米左右。

"牛桩浜"由此得名（后来曾有人笔误，把牛桩浜书写成严家浜）。随着住户逐年增多，以浜定名。

1950年3月，牛桩浜隶属吴县车坊区宝带乡；4月15日，隶属吴县枫桥区尹西乡。1954年4月，为尹西乡牛桩浜初级农业生产合作社。1956年，隶属长桥乡金星第25高级农业生产合作社。1958年10月，成立郭巷人民公社金星大队，为金星大队第7生产队。1969年，建金星大队革命委员会，改称第7革命生产领导小组。1983年7月，建宝尹村民委员会，改称第7村民小组。1992年8月，划归吴县经济技术开发区。

2000年7月，因老村改造，牛桩浜拆迁搬至西下田、宝尹花园居民生活小区。

附：牛桩浜境内生产队（村民小组）管理人员

先后担任牛桩浜第7生产队队长（村民小组组长）的有潘龙祥、马木根、潘狗大、姚长泉，担任副队长（村民小组副组长）的有潘狗大、陈海金，担任妇女队长的有陈福妹、潘连根妹、陈水英、罗彩娥，担任会计的有陈加昌、罗纪根、陈双全、姚水龙，担任农技员的有陈双全、陈土福，担任记工员的有陈加昌，担任管水员的有罗记根、陈双全、陈顺祥，担任手扶拖拉机手（机耕员）的有罗龙根、马小毛，担任饲养员的有陈水木根、罗阿二，担任仓库保管员的有陈海根。

六、金家村

金家村位于金家村河南北二侧，东为夹河流，南临西南港，西为兴福庵，北连朱塔浜。

1950年3月，隶属吴县车坊区宝带乡；4月15日，隶属吴县枫桥区长桥乡。1954年4月，为长桥乡金家村初级农业生产合作社。1956年，隶属长桥乡金星第24高级农业生产合作社。1958年10月，建郭巷人民公社新华大队，改称新华大队第9生产队。1969年，建新华大队革命委员会，改称第9革命生产领导小组。1980年年初，第9小组分为第16、第17生产小组。1983年7月，建宝南村民委员会时，改称第16、第17村民小组。1992年8月，划归吴县经济技术开发区。

2000年7月至2001年9月，因老村改造，金家村拆除，分别搬迁至宝尹花园、钱家新村居民生活小区。

附：金家村境内生产队（村民小组）管理人员

先后担任金家村第9生产队队长的有徐纪根、董福昌、徐会福、计多根、沈保根、沈招根大、倪官泉、倪盘根，担任副队长的有董福昌、倪长法、沈招根大、计多根、董才林、倪长根，担任妇女队长的有董招大、沈全妹、徐金雪英、徐龙妹，担任会计的有沈保根、倪全生、徐龙泉，担任农技员的有倪长法、沈招根大、倪长根，担任记工员的有倪全生、徐龙泉，担任管水员的有徐和生、倪根元，担任电工（电力抽水员）的有倪长根、倪建华，担任手扶拖拉机手（机耕员）的有姚文元、沈云男、倪官泉、金龙珠，担任饲养员的有徐和生，担任仓库保管员的有徐和生。

先后担任金家村第16村民小组组长的有倪长根、徐龙泉、朱海元，担任妇女队长的有倪美芳，担任会计的有徐龙泉、徐老土，担任管水员的有倪长根，担任手扶拖拉机手（机耕员）的有金龙珠、倪长根，担任饲养员的有徐和生，担任仓库保管员的有徐和生。

先后担任金家村第17村民小组组长的有沈招根大、沈会根大、夏福根，担任妇女队长的有沈全妹，担任会计的有董才林、沈才明、费素根，担任管水员的有倪长法、倪长根，担任手扶拖拉机手（机耕员）的有董才林、沈会根大、沈三男、倪长根，担任饲养员的有沈根福，担任仓库保管员的有沈根福。

七、钱家村

钱家村村名最早记载于乾隆《元和县志》，位于境域外浜东西两侧，东临下田村，南为牛桩浜，西为朱塔浜，北连下田村南港河。2004年12月，建立居民生活小区，始名钱家新村。

1950年3月，钱家村隶属吴县车坊区宝带乡；4月，隶属吴县枫桥区宝带乡。1954年4月，为长桥乡钱家村初级农业生产合作社。1956年，隶属长桥乡金星第24高级农业生产合作社。1958年，成立郭巷人民公社新华大队，为新华大队第10、第11生产队。1969年，成立新华大队革命委员会时，改称第10、第11革命生产领导小组。1980年年初，第10小组分为第18、第19两个生产小组。第11组分为第20、第21两个生产小组。1983年，建立宝南村民委员会，隶属宝南村民委员会第18、第19、第20、第21村民小组。1992年8月，划归吴县经济技术开发区管辖。2001年12月，撤销村委会，设立居委会，村民小组改称居民小组。

2004年12月，宝带桥社区对钱家村进行了居民生活小区改建，遂名钱家新村。

附：钱家村境内生产队（村民小组）管理人员

先后担任钱家村第10生产队队长的有徐火根、周连福、徐金男、何老土、周三男、徐老土，担任副队长的有徐金男、何老土，担任妇女队长的有夏根姐、徐金连姐、何招根妹，担任会计的有夏福根、夏福元，担任农技员的有周连福、夏金木水，担任记工员的有夏福根，担任管水员的有何老土、周连福，担任电工（电力抽水员）的有李老土，担任手扶拖拉机手（机耕员）的有夏全男，担任饲养员的有周连福、何泉根。

先后担任钱家村第18村民小组组长的有何大弟、费林根、夏福根，担任妇女队长的有何招根妹，担任会计的有徐老土、费素根，担任管水员的有李根水、何大弟、夏福根，担任手扶拖拉机手（机耕员）的有李火男、李龙根。

先后担任钱家村第19村民小组组长的有夏福根，担任妇女队长的有徐千英，担任会计的有沈官根、费素根，担任管水员的有夏福根，担任手扶拖拉机手（机耕员）的有沈官根、李龙根。

先后担任钱家村第11生产队队长的有陶官林、夏才根、李金水木、李水根、徐林根，担任副队长（村民小组副组长）的有李金水木、李水根，担任妇女队长的有徐连妹、郁根英，担任会计的有徐根元、徐法高，担任农技员的有龚才金、龚木泉，担任记工员的有徐法高、龚会根，担任管水员的有龚才金、夏才根、周水法、陶官林，担任电工（电力抽水员）的有郁火林，担任手扶拖拉机手（机耕员）的有李龙根，担任饲养员的有夏才根、郁火林、顾阿大、李龙根，担任仓库保管员的有夏才根、郁火林、顾阿大。

先后担任钱家村第20村民小组组长的有徐林根、李龙根、夏福根，担任妇女队长的有顾火英，担任会计的有龚会根、费素根，担任记工员的有顾玉妹，担任管水员的有徐林根、李龙根、夏福根，担任手扶拖拉机手（机耕员）的有李龙根。

先后担任钱家村第21村民小组组长的有郁火林，担任妇女队长的有夏苏君，担任会计的有李根水男、费素根，担任记工员的有李根水男，担任管水员的有夏金水土、李龙根，担任手扶拖拉机手（机耕员）的有李龙根。

八、朱塔浜（村）

朱塔浜村位于境域西，村东为钱家村，村南为金家村，西临古塘河，北连田渡浜。

1950年4月，朱塔浜隶属吴县枫桥区宝带乡。1954年4月，为长桥乡朱塔浜初级农业生产合作社。1956年，隶属长桥乡金星第24高级农业生产合作社。1958年10月，成立郭巷人民公社新华大队，为新华大队第7、第8生产队。1969年，成立新华大队革命委员会，改称第7、第8革命生产领导小组。1980年年初，第7生产小组分为新华大队第14、第15生产小组。1983年，建宝南村民委员会，为宝南村民委员会第8、第14、第15村民小组。1992年8月，划归吴县经济技术开发区。2001年12月，撤销村民委员会，设立居民委员会，村民小组改称居民小组。

2004年2月，朱塔浜隶属城南街道宝带桥社区居民委员会。12月，朱塔浜居民生活小区建立门楼，更名为宝尹花园。

附：朱塔浜境内生产队（村民小组）管理人员

先后担任朱塔浜第7生产队队长的有费连生、朱道乱、费林根，担任副队长的有朱道乱、费林根、朱夯男，担任妇女队长的有费全英、朱全英，担任会计的有朱阿夯、朱泉林、杨金木，担任农技员的有费连生、朱夯男，担任记工员的有费连生、朱阿夯，担任管水员的有费连生，担任电工（电力抽水员）的有周水根，担任手扶拖拉机手（机耕员）的有费阿夯、朱泉林，担任饲养员的有周卫根，担任仓库保管员的有费连生。

先后担任朱塔浜第8生产队队长（村民小组组长）的有翁黑男、顾长根、朱海元、费素根、沈三根，担任副队长（村民小组副组长）的有沈三男，担任妇女队长的有顾云娣、顾菊英，担任会计的有费素根、朱龙元、徐老土，担任农技员的有金根水、沈官水根，担任记工员的有沈官水根，担任管水员的有金根水，担任电工（电力抽水员）的有朱龙元，担任手扶拖拉机手（机耕员）的有潘云昌、王抱弟，担任饲养员的有翁黑男，担任仓库保管员的有金根水。

先后担任朱塔浜第14村民小组组长的有朱夯男、费林根、朱海元，担任妇女队长的有朱全英，担任会计的有朱全林，担任管水员的有潘阿早、费林根、朱海元，担任手扶拖拉机手（机耕员）的有朱泉林、夏林泉、王抱弟。

先后担任朱塔浜第15村民小组组长的有费林根、何大弟、朱海元，担任妇女队长的有费全英，担任会计的有杨金木、徐老土，担任管水员的有费连生、费林根、朱海元，担任手扶拖拉机手（机耕员）的有王抱弟。

九、沉家浜（村）

沉家浜村位于境域西北、与下田村隔河相望，南接下田村南港河，西为下塔村，北临蝴蝶浜。

中华人民共和国成立前当地有两条断头浜，一条从南港往北，长200米，另一条在竹桥头南边往西，长100米。因村地势低洼，一旦大雨水涝，村民住宅必进水，于是，遂将二浜称为沉家浜。

2004年2月，沉家浜因地处下田村西，又名西下田，原下田村则称东下田、下田。

1950年3月，沉家浜隶属吴县车坊区宝带乡。4月15日，隶属吴县枫桥区长桥乡。1954年4月，为长桥乡下田第4初级农业生产合作社。1956年，隶属长桥乡金星第24高级农业生产合作社。1958年10月，成立郭巷人民公社新华大队，沉家浜为新华大队第6生产队。1965年12月，划归蠡墅人民公社（后改称长桥人民公社）。1969年，成立新华大队革命委员会，为新华大队第6革命生产领导小组。1980年年初，第6小组分为第12、第13小组。1983年7月，建宝南村民委员会，为第12、第13村民小组。1992年8月，划归吴县经济开发区。2001年12月，撤销村民委员会，设立居民委员会，村民小组改称居民小组。

2004年2月，沉家浜村隶属城南街道宝带桥社区居民委员会管辖。

附：沉家浜境内生产队（村民小组）管理人员

先后担任第6生产队队长的有缪火根、缪才根、朱阿夯，担任副队长的有沈桂根，担任妇女队长的有缪彩英、朱千金、沈新根，担任会计的有沈炳元，担任农技员的有沈金木根，担任记工员的有朱官泉、沈金木根、陆根元、朱多头、朱连官宝、沈炳元，担任管水员的有沈长全、缪才根、沈才英，担任电工（电力抽水员）的有钱根土、缪才根、沈才英，担任手扶拖拉机手（机耕员）的有朱会男、缪田男，担任饲养员的有沈法高，担任仓库保管员的有沈炳元。

先后担任第12村民小组组长的有朱阿夯、许根全男，担任妇女队长的有钱玉文，担任会计的有朱官泉，担任农技员的有朱官泉，担任管水员的有朱官泉、朱连金官，担任手扶拖拉机手（机耕员）的有朱会男、缪田男。

先后担任第13村民小组组长的有朱会男、沈炳元，担任村民小组副组长的有沈金连根，担任会计的有沈炳元、沈大男，担任管水员的有朱连金官，担任手扶拖拉机手（机耕员）的有朱会男、缪田男。

十、下田村

下田村位于澹台湖南岸。相传明清时期，古运河与澹台湖边有条战壕，长期驻扎军队。因战壕面对澹台河为上手（右手），下田在下手（左手），加之下田村前有近百亩低洼田，常年种植慈姑、荸荠、藕、灯草（席草），俗称烂田，故名。

下田村东为廿五港，南接南港河，西接沉家浜，北临澹台湖。

乾隆《元和县志》上记载为"下田"，后曾被人误作"华奠"和"华田"。下田村因人口逐渐增多，随着生产发展和生活需要，遂将下田村分设成东下田、中段里、西下田。2005年，中段里和西下田合并为下田，沉家浜合并后称为"西下田"。

1950年3月，下田村隶属吴县车坊区宝带乡。4月15日，隶属吴县枫桥区长桥乡。1954年4月，为长桥乡下田第1（东下田含小村）、第2（中段里）、第3（西下田）初级农业生产合作社。1956年，隶属长桥乡金星第24高级农业生产合作社。1958年10月，郭巷人民公社成立，建新华大队，为新华大队第1、第2、第3、第4、第5生产队。1965年12月，境域划归蠡墅人民公社（后改称长桥人民公社）。1969年，成立长桥公社新华大队革命委员会，第1、第2、第3、第4、第5生产队改称第1、第2、第3、第4、第5革命生产领导小组。1980年年初，将第1组分为第1、第2小组，第2组分为第3、第4小组，第3组分为第5、第6小组，第4组分为第7、第9小组，第5组分为第10、第11小组。1983年7月，宝南村成立村民委员会，改称第1、第2、第3、第4、第5、第6、第7、第9、第10、第11居民小组。1992年8月，划归吴县经济技术开发区。2001年12月，撤销村民委员会，设立居民委员会，村民小组改称居民小组。2004年6月，吴中区城南街道办成立，隶属城南街道宝带桥居委会。

2013年3月，宝带桥·澹台湖景区综合整治，下田村与小村动迁。原地规划拟建宝南花园居民小区，2017年10月，奠基动工。

附：下田村境内生产队（村民小组）管理人员

先后担任东下田第2村民小组组长的有陈云男、王大男、马土根，担任妇女队长的有陈素媛，担任会计的有马留弟、陈云男、马留男、王根水男，担任管水员的有陈云男、马土根，担任手扶拖拉机手（机耕员）的有何银根、陈盘根。

先后担任东下田第2生产队队长的有陈全男、马盘根、陈林男、陆招泉、陈老火，担任副队长的有马会珠、陈老火、马水海，担任妇女队长的有陈白妹、陆根媛、陆美香，担任会计的有陆阿芬、陈林男、陆招元、王根水男，担任农技员的有陈文男、陈小龙元、陆阿龙，担任记工员的有陈官福、陈文男、陈林男、陆招泉，担任管水员的有陈惠金、陈三根，担任电工（电力抽水员）的有陆云舟，担任手扶拖拉机手（机耕员）的有陆云舟、陈盘根，担任饲养员的有陈双泉、陆夫生、马长福、陈三根、陈海元，担任仓库保管员的有陈惠金、陆阿龙、马长福、陈三根、陈海元。

先后担任东下田第3村民小组组长的有马土根，担任妇女队长的有陆美香，担任会计的有陈永弟、王根水男，担任农技员的有马火男、陈盘根，担任记工员的有马火男，担任管水员的有陈会根、陈盘根、王抱弟，担任手扶拖拉机手（机耕员）的有陈盘根、王抱弟。

先后担任东下田第4村民小组组长的有陈福男、陈小龙元、马水海，担任妇女队长的有马木香，担任会计的有王根水男，担任管水员的有马水海、陈盘根、王抱弟，担任手扶拖拉机手（机耕员）的有陈福男、陈小龙元、陈盘根、王抱弟。

先后担任东下田第3生产队队长村民小组组长的有沈木根、沈毛毛、马三耳、马根元、沈林男、许寿男、费素根、沈纪根、沈金雪男，担任副队长（村民小组副组长）的有马根元、马火保、马三耳、沈计根，担任妇女队长的有马木金、马福珠、姚丫同、马金姐，担任会计的有许火林、沈关金、沈大男，担任农技员的有马纪昌，担任记工员的有许火林、沈关金、沈大男，担任管水员的有姚进发、马火保、沈进福、许金男，担任电工（电力抽水员）的有许火林、陈根奎、曹云男，担任手扶拖拉机手（机耕员）的有马火根金、沈火水根、沈金雪男，担任饲养员的有沈金寿、沈进福、徐林根，担任仓库保管员的有许火林。

先后担任下田村第5村民小组组长的有徐林根、沈林男，担任妇女队长的有马金（根）姐，担任会计的有沈大男、马春元，担任农技员的有沈林男，担任管水员的有沈林男，担任手扶拖拉机手（机耕员）的有沈金雪男、徐林宗、徐云根，担任饲养员的有许火林，担任仓库保管员的有许火林。

先后担任下田村第6村民小组组长的有许金连生、许金男、沈林男，担任妇女队长的有许金娣，担任会计的有沈关金、马春元、沈大男，担任农技员的有许金男、许金连生，担任管水员的有许金男，担任手扶拖拉机手（机耕员）的有沈金雪男、徐林宗、徐云根。

先后担任下田村第4生产队队长的有马金大、马三大、马才寿、许根泉男，担任副队长的有徐金泉，担任妇女队长的有沈二丫同、朱小毛、沈雪英，担任会计的有姚小弟、马才寿、马兴根，担任农技员的有沈云男、徐金泉、陆大男，担任记工员的有马兴根，担任管水员的有徐金泉、马金根、陆大男，担任电工（电力抽水员）的有马水根、马金根，担任手扶拖拉机手（机耕员）的有沈兴根、沈云男、徐林宗、徐云根，担任饲养员的有马毛男、徐金泉、陆长甫、马和尚、马木寿、陆黑乱，担任仓库保管员的有徐泉根。

先后担任下田村第7村民小组组长的有许根泉男、费素根、陆大男、沈林男，担任妇女队长的有马文珠，担任会计的有马兴根、费素根、马春元、王根水男，担任农技员的有许根泉男，担任电工（电力抽水员）的有沈兴根、徐云根，担任手扶拖拉机手（机耕员）的有徐云根、徐林宗，担任饲养员的有马毛男。

先后担任下田村第9村民小组组长的有徐金泉、陆大男、沈林男，担任妇女队长的有沈雪英，担任会计的有马春元、王根水男，担任农技员的有陆大男，担任管水员的有陆大男、徐云根，担任手扶拖拉机手（机耕员）的有徐林宗、徐云根。

先后担任下田村第5生产队队长的有沈伯全、沈纪昌、王火木根、沈水火、沈招连根、倪龙根、沈二男，担任副队长的有沈纪昌、沈水火，担任妇女队长的有许根媛、沈林妹、许长妹、朱才英，担任会计的有沈永泉、沈毛大、沈小毛，担任农技员的有许全生，担任记工员的有朱金福男、沈小毛、沈招连根、沈全元，担任管水员的有沈玉山、沈三呆、许全生、沈林男，担任电工（电力抽水员）的有许官根，担任手扶拖拉机手（机耕员）的有徐云根、朱金福男、沈玉泉，担任饲养员的有沈狗大、朱根火、沈纪昌、沈招连根、沈福明、沈永全。

先后担任下田村第10村民小组组长的有沈招连根、沈炳元，担任妇女队长的有朱才英，担任会计的有许官根、沈大男，担任农技员的有许全生，担任管水员的有沈招连根，担任手扶拖拉机手（机耕员）的有朱会男、缪田男。

先后担任下田村第11村民小组组长的有王根男，担任副组长的有沈玉泉，担任妇女队长的有吴根英，担任会计的有沈全元，担任农技员的有沈玉泉，担任管水员的有沈长夫、王根男、沈炳元，担任手扶拖拉机手（机耕员）的有沈玉泉、朱会男、缪田男，担任饲养员的有徐三毛，担任仓库保管员的有徐三毛。

十一、小村

小村，又名江阴小村，位于境域东北，东与廿五港衔接，南临廿五桥，西为下田村，北为横加连浜。

1934年，江阴遭干旱天灾，夏文章、何阿五、何三弟携妻儿摇船逃荒至境内。为了生存，三户成年人靠租田种植，孩子帮大户人家看牛为生。为此，当地村民称他们住的地方为江阴小村。中华人民共和国成立后，在编制地图时简书"小村"。

1954年4月，小村为长桥乡华奠（东下田）第1初级农业生产合作社。1956年，加入长桥乡金星第24高级农业生产合作社。1958年10月，郭巷人民公社成立，隶属新华大队第1生产队。

1965年12月，小村划归蠡墅人民公社（后改称长桥人民公社）。1969年，新华大队成立革命委员会，改称第1革命生产领导小组。1980年年初，第1小组一分为二，其中2组划归下田村，小村仍属第1小组。1983年7月，宝南村成立村民委员会，为宝南村第1村民小组。1992年8月，划归吴县经济技术开发区，为宝南村委会第1居民小组。2001年12月，撤销村民委员会设立居民委员会时，村民小组统一改称居民小组。2004年2月，吴中区城南街道办成立，隶属城南街道宝带桥社区居委会。

2013年3月起，小村与下田村合并，拟新建宝南花园居民生活小区。2017年10月，宝南花园奠基动工。

附：小村境内生产队（村民小组）管理人员

先后担任第1生产队队长的有马兴高、缪火根、徐金男、马水根生、马长福、陈阿夯、马多根，担任副队长的有何金根，担任妇女队长的有陈金丫同、何金香、陈素媛，担任会计的有陈阿夯、夏玲妹，担任农技员的有马多根、何阿水，担任卫生员的有何连根，担任记工员的有陈云男、陈才元、陈云男，担任管水员的有何阿福、王根水大、夏文章，担任电工的有陈和福，担任手扶拖拉机手（机耕员）的有马福根、马福泉、何银根，担任专业养猪员的有陈小和、马金根妹、马火妹、何火金、王纪男、计云根，担任集体仓库保管员的有何阿福。

先后担任第1村民小组组长的有何金根、何阿水、马土根，担任副组长的有何阿水、何玉龙，担任妇女队长的有计杏珍，担任会计的有夏玲妹、王根水男，担任农技员的有何阿水，担任管水员的有何金根、何阿水、马土根，担任手扶拖拉机手（机耕员）的有何银根、陈盘根，担任饲养员的有何火金。

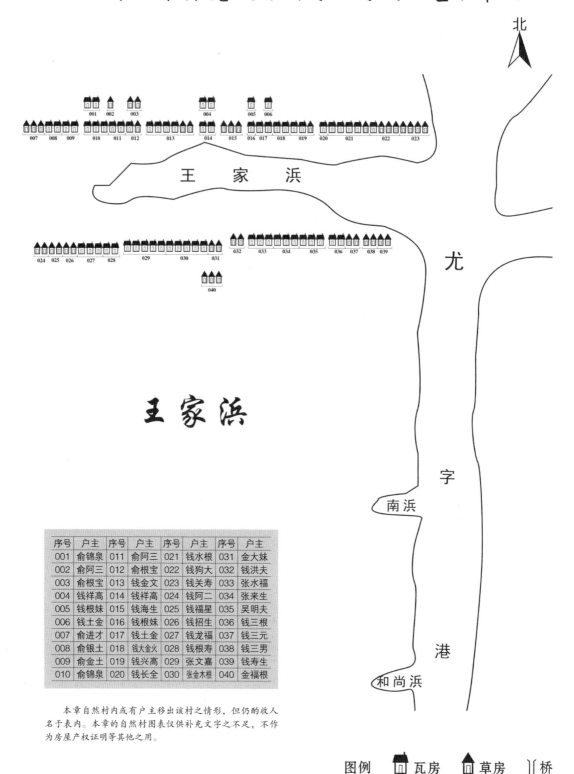

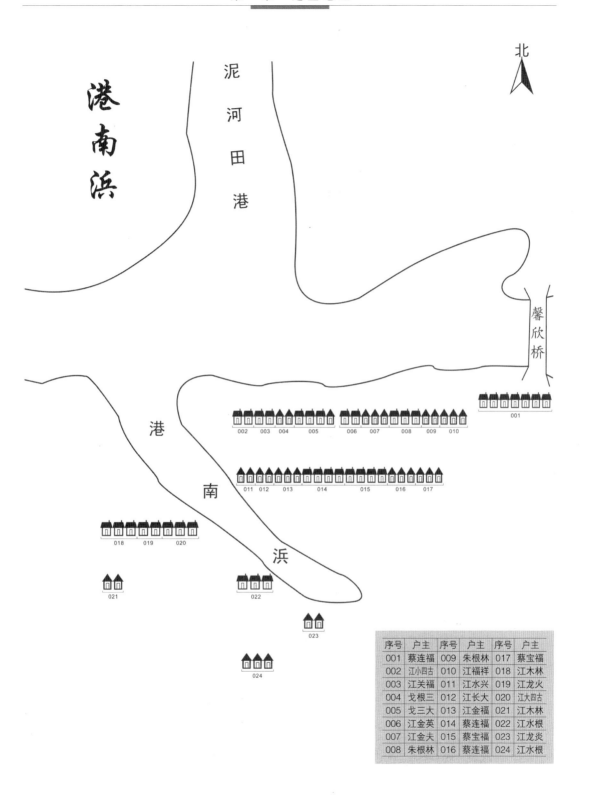

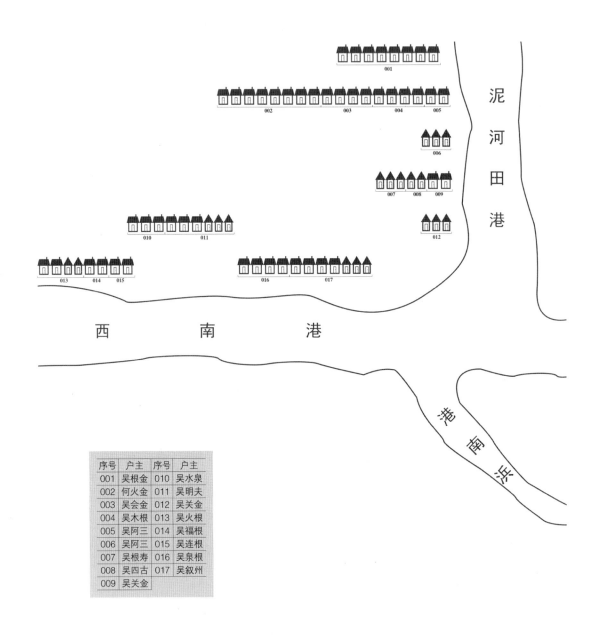

第一章 建置地理

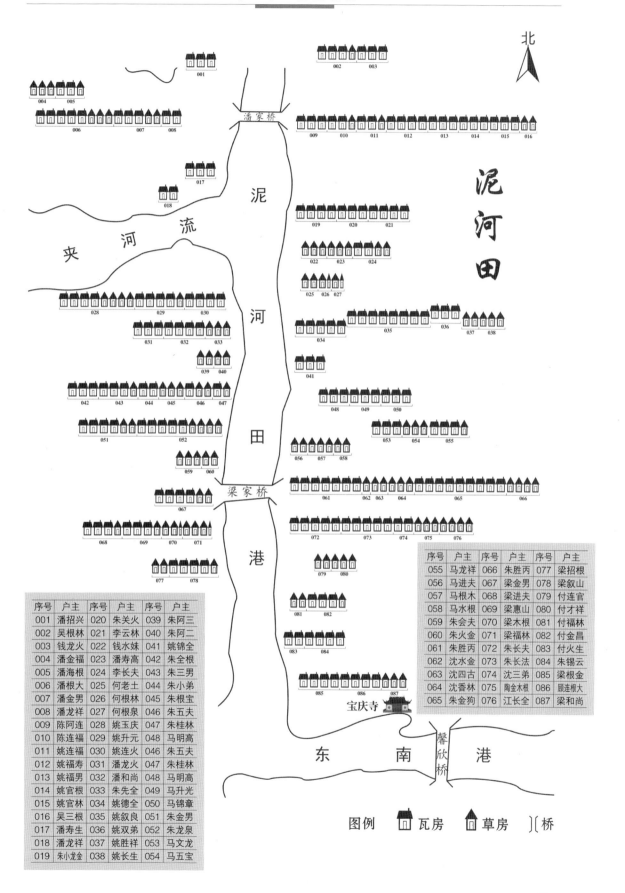

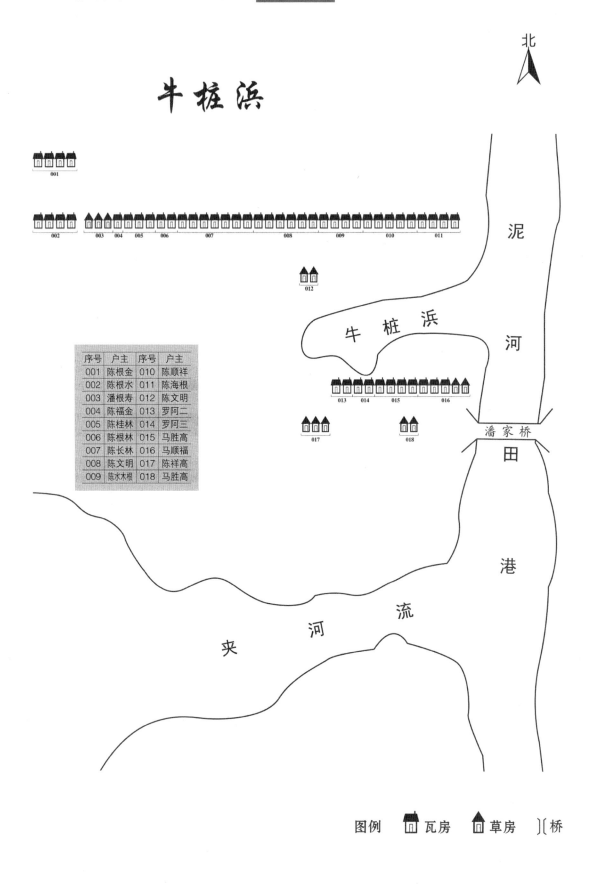

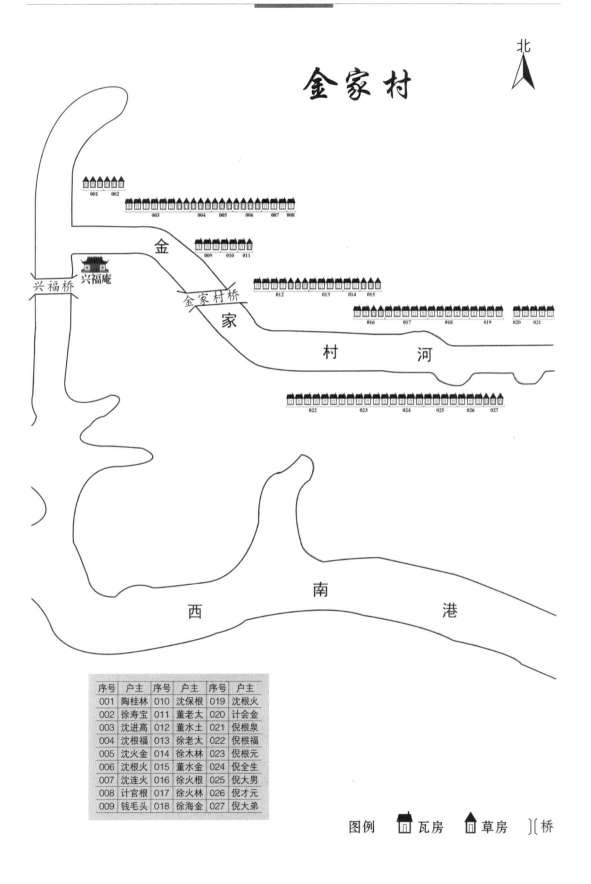

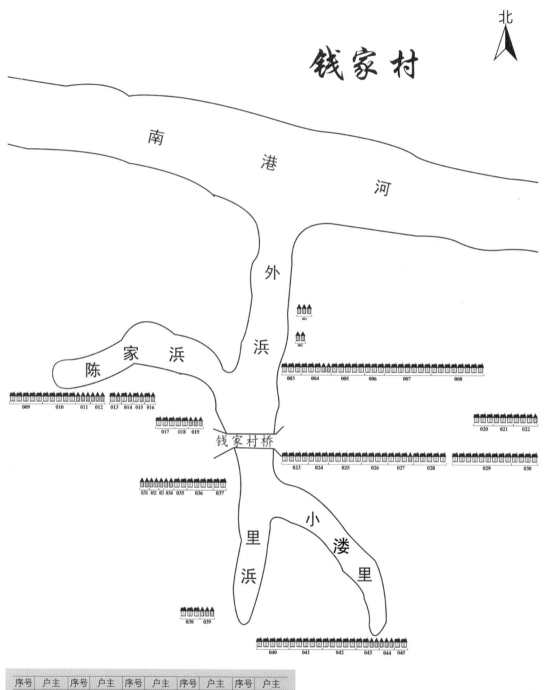

序号	户主	序号	户主	序号	户主	序号	户主	序号	户主
001	王炳奎	010	郁金元	019	夏龙福	028	徐升源	037	徐福林
002	李金狗	011	顾文山	020	李阿大	029	徐才生	038	何桂生
003	李金狗	012	徐进法	021	李源兴	030	徐凤高	039	何水泉
004	李关根	013	李金木	022	李官福	031	周根火	040	何纪根
005	李水根	014	李水根	023	夏才根	032	周金寿	041	何毛豆
006	李小狗	015	李水根	024	夏才法	033	王才庆	042	何祥甫
007	龚云根	016	李才兴	025	徐福林	034	周连福	043	何根泉
008	龚文龙	017	陶官林	026	徐招妹	035	周全生	044	何全根
009	郁三妹	018	李水根	027	徐洪元	036	徐凤高	045	夏惠根

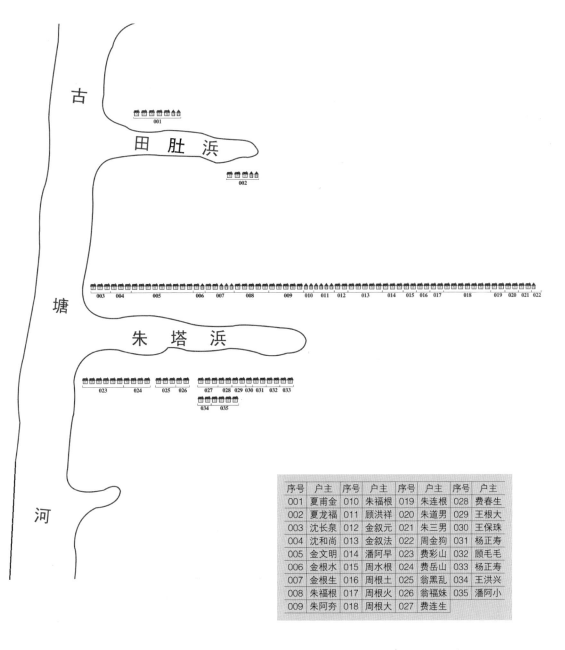

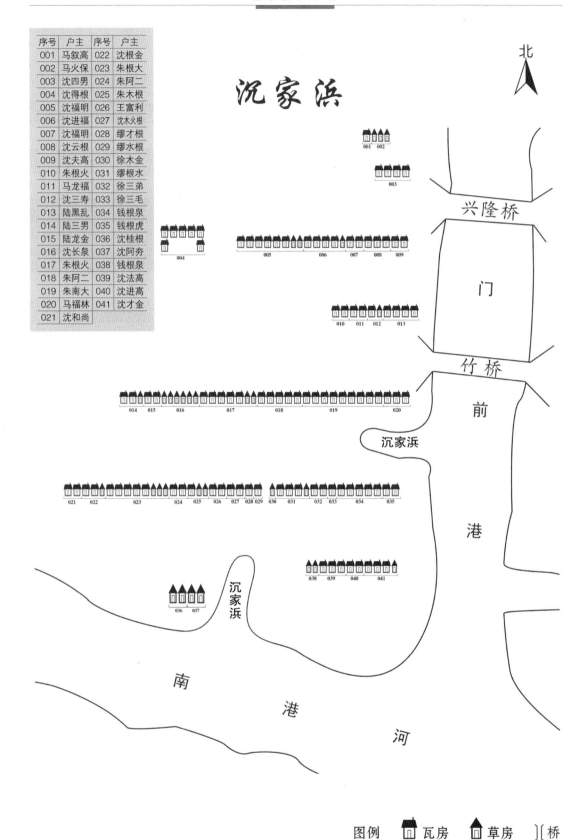

第一章 建置地理

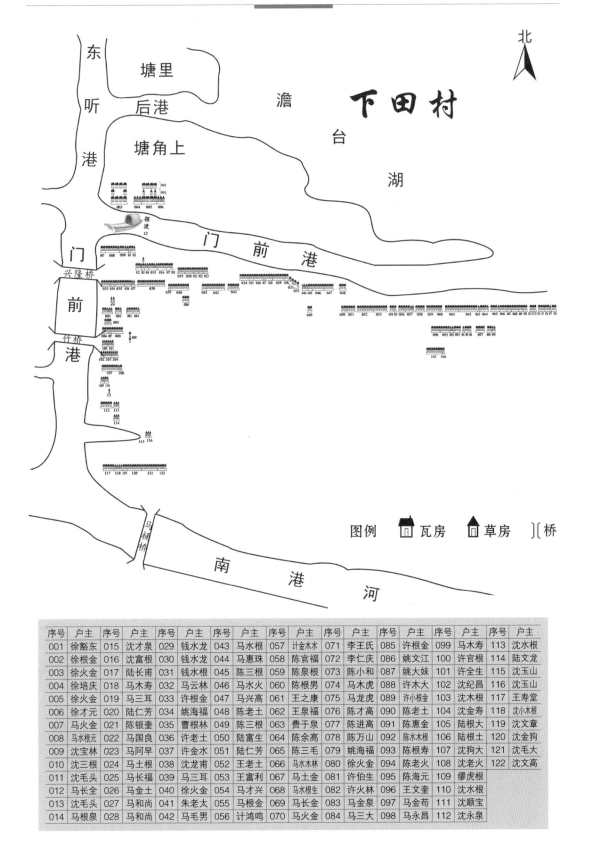

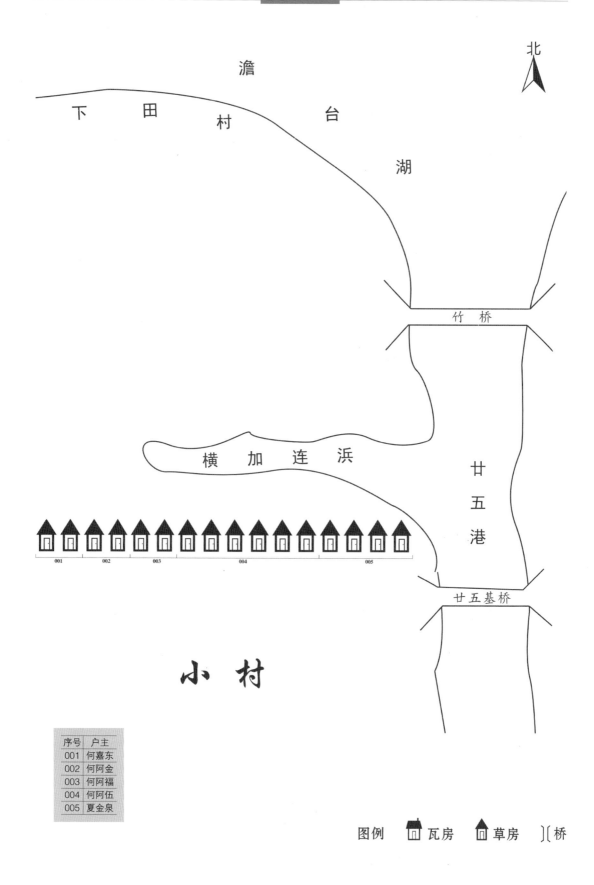

1965年境域金星大队示意图

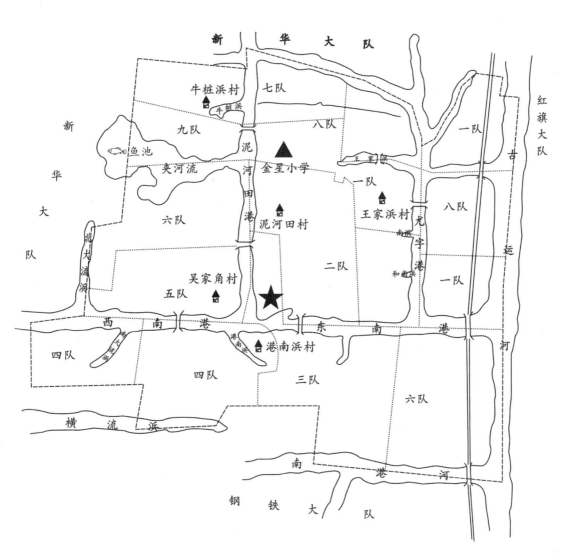

1965年境域新华大队示意图

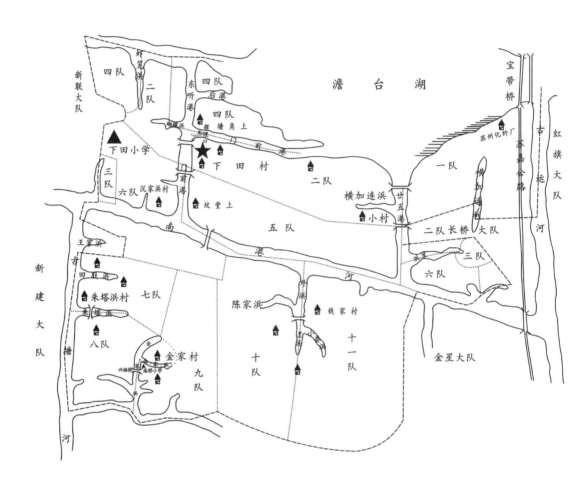

第二章 人口

据1987年郭新河遗址考古调查考证，距今5 000—6 000年的新石器崧泽文化时期，就有先民在境域生息、繁衍。唐代元和年间，传说苏州刺史王仲舒捐带建宝带桥，境域经济渐趋繁荣。至清代中后期、民国时期，当地人口处于高出生率、高死亡率和低自然增长率状态。

1949年10月后，居民生活稳定，经济获得发展，境域人口增长率日趋加快，20世纪50年代出现生育高峰。60年代，由于自然灾害等原因，人口出生减少。1963年，国民经济得到调整，1964年境内又出现生育高峰。70年代，实行了计划生育，人口出生率和自然增长率得到控制。1992年8月，境域划归吴县经济技术开发区之后，户籍居民迁进迁出频繁，外来流动人口日渐增多。2017年12月，境域有户籍居民3 860人，人口密度为1 206人/平方千米；流动人口16 500余人。

第一节 人口规模

一、人口

宝带桥社区境域坐落在苏州古城以南,为苏州吴中区城南街道的人口密集区。1951年,境域在籍居民454户,1790人,人口密度为559人/平方千米;2017年12月,境域在籍居民869户,3860人,人口密度为1206人/平方千米。

表2-1　　　　　　　　1951年宝带桥社区境域各自然村人口情况一览表

村名	户数/户	人口数/人	村名	户数/户	人口数/人
王家浜	34	140	沉家浜	40	152
港南浜	16	77	钱家村	41	169
吴家角	19	84	朱塔浜	34	145
泥河田	84	364	下田村	126	442
牛桩浜	23	77	小村	5	24
金家村	32	116	合计	454	1 790

表2-2　　　　1951—2017年宝带桥社区境域在籍人口选年统计选年情况表　　　　单位:人

年份	人口总数	其中	
		男	女
1951	1 790	885	905
1953	1 887	905	982
1964	2 072	1 013	1 059
1982	2 922	1 444	1 478
1990	2 987	1 478	1 509
2000	3 063	1 477	1 586
2001	3 076	1 476	1 600
2002	3 085	1 484	1 601
2003	3 097	1 486	1 611
2004	3 147	1 510	1 637
2005	3 287	1 584	1 703
2006	3 272	1 568	1 704
2007	3 275	1 573	1 702
2008	3 384	1 624	1 760
2009	3 393	1 635	1 758

续表

年份	人口总数	其中	
		男	女
2010	3 420	1 655	1 765
2011	3 507	1 696	1 811
2012	3 512	1 699	1 813
2013	3 709	1 795	1 914
2014	3 716	1 800	1 916
2015	3 780	1 831	1 949
2016	3 825	1 853	1 972
2017	3 860	1 871	1 989

二、劳动力

20世纪五六十年代,境域金星、新华2个大队男女劳动力主要集中在农副业生产上。70年代后期,随着村办、社办企业的逐步兴起,部分劳动力向村办、社办企业转移。

1962年,境域总人口2 027人,劳动力1 109人,占总人口的53.8%。金星大队劳动力478人,其中男正劳动力129人,半劳动力73人,辅助劳动力32人;女正劳动力153人,半劳动力78人,辅助劳动力13人。新华大队劳动力631人,其中男正劳动力220人,半劳动力86人,辅助劳动力12人;女正劳动力213人,半劳动力89人,辅助劳动力13人。

1990年,境域总人口2 987人,劳动力1 721人,占总人口的57.6%。宝尹村劳动力693人,其中男正半劳动力333人,女正半劳动力360人;宝南村劳动力1 028人,其中男正半劳动力491人,女正半劳动力537人。参加农业生产劳动力1 204人,参加村办企业劳动力172人,参加社(乡镇)办企业劳动力245人。

2017年,境域总人口3 860人,劳动力2 191人,占总人口的56.8%,其中男劳动力1 064人,女劳动力1 127人;有固定收入的男女从业人员1 775人,占总劳动力的81%。

表2-3   1957—1991年宝带桥社区境域在籍劳动力选年情况表   单位:人

年份	宝尹(金星)			宝南(新华)		
	合计	男	女	合计	男	女
1957	366	180	186	409	198	211
1958	484	247	237	720	340	380
1959	366	180	186	409	198	211
1960	383	178	205	523	239	284
1962	478	234	244	631	318	313
1963	446	220	226	327	318	309
1964	484	234	250	671	355	316
1965	538	253	285	749	358	391

续表

年份	宝尹（金星）			宝南（新华）		
	合计	男	女	合计	男	女
1980	695	321	374	1 014	486	528
1981	750	390	360	988	474	514
1982	702	330	372	1 061	434	627
1983	743	403	340	1 082	445	637
1984	711	364	347	1 076	551	525
1986	737	371	366	1 069	518	551
1987	674	222	452	1 075	540	535
1988	684	355	329	1 064	540	524
1989	683	353	330	1 026	518	508
1990	693	333	360	1 028	491	537
1991	705	364	341	1 026	511	515

第二节 人口结构

一、年龄、性别

2017年12月，宝带桥社区境内0岁至4岁的儿童243人，占总人口的6.3%，其中男童134人，女童109人。5岁至9岁的儿童218人，占总人口的5.6%，其中男童110人，女童108人。10岁至19岁的青少年285人，占总人口的7.4%，其中男性144人，女性141人。20岁至59岁的有2 175人，占总人口的56.3%，其中男性1 071人，女性1 134人。60岁至79岁的有801人，占总人口的20.8%，其中男性387人，女性414人。80岁至89岁的有124人，占总人口的3.2%，其中男性54人，女性70人。90岁以上高龄老人14人，其中男性1人，女性13人。最年长的老人陈腊妹，1920年8月12日生。

宝带桥社区在籍居民中土家族1人（男，1978年6月生），其余均为汉族。

表2-4　　　　　　　　2017年宝带桥社区在籍居民年龄构成情况一览表　　　　　　　单位：人

年龄段	人口数		
	合计	男	女
0—4周岁	243	134	109
5—9周岁	218	110	108
10—14周岁	175	80	95

续表

年龄段	人口数		
	合计	男	女
15—19周岁	110	64	46
20—24周岁	183	91	92
25—29周岁	260	120	140
30—34周岁	209	103	106
35—39周岁	337	157	180
40—44周岁	227	94	133
45—49周岁	405	195	210
50—54周岁	418	213	205
55—59周岁	136	68	68
60—64周岁	336	164	172
65—69周岁	209	99	110
70—74周岁	159	80	79
75—79周岁	97	44	53
80—84周岁	83	37	46
85—90周岁	41	17	24
90岁以上	14	1	13
总计	3 860	1 871	1 989

表2-5　　　　　2017年宝带桥社区在籍80—89周岁人数统计表　　　　　单位：人

周岁	宝尹（金星）			宝南（新华）			宝带桥社区		
	人数	男	女	人数	男	女	合计	男	女
80	12	6	6	15	4	11	27	10	17
81	7	4	3	11	5	6	18	9	9
82	5	3	2	7	4	3	12	7	5
83	3	3	—	11	4	7	14	7	7
84	7	3	4	5	1	4	12	4	8
85	2	—	2	8	5	3	10	5	5
86	5	2	3	3	2	1	8	4	4
87	6	3	3	4	1	3	10	4	6
88	1	1	—	5	—	5	6	1	5
89	4	2	2	3	1	2	7	3	4
合计	52	27	25	72	27	45	124	54	70

表 2-6　　　　　　　　2017 年宝带桥社区在籍 80—89 周岁老人一览表

姓名	性别	出生年月	住址	年龄/周岁	人数
陈福妹	女	1937 年 12 月 20 日	宝南 3 组	80	
翁福妹	女	1937 年 12 月 15 日	宝南 8 组	80	
江彩英	女	1937 年 12 月 12 日	宝尹 4 组	80	
李根水	男	1937 年 11 月 21 日	宝南 18 组	80	
蔡招媛	女	1937 年 10 月 28 日	宝尹 4 组	80	
陈新根	男	1937 年 10 月 21 日	宝尹 9 组	80	
吴招妹	女	1937 年 10 月 20 日	宝尹 5 组	80	
沈香妹	女	1937 年 10 月 16 日	宝南 12 组	80	
徐会福	男	1937 年 10 月 1 日	宝南 16 组	80	
曹丫同	女	1937 年 10 月 1 日	宝南 5 组	80	
马大妹	女	1937 年 10 月 1 日	宝南 2 组	80	
马三根	男	1937 年 9 月 25 日	宝尹 10 组	80	
费妹玲	女	1937 年 9 月 15 日	宝南 8 组	80	80 周岁 27 人
潘林根	男	1937 年 9 月 10 日	宝尹 6 组	80	
徐夫高	男	1937 年 8 月 19 日	宝南 20 组	80	
周毛妹	女	1937 年 8 月 17 日	宝南 20 组	80	
沈妹姐	女	1937 年 7 月 30 日	宝南 10 组	80	
俞双金	女	1937 年 7 月 6 日	宝尹 8 组	80	
蔡水根	男	1937 年 6 月 22 日	宝尹 4 组	80	
沈杏保	女	1937 年 5 月 5 日	宝南 8 组	80	
徐水妹	女	1937 年 4 月 30 日	宝南 17 组	80	
傅桂泉	男	1937 年 4 月 16 日	宝尹 6 组	80	
陆阿夯	男	1937 年 3 月 17 日	宝南 3 组	80	
傅壮妹	女	1937 年 2 月 24 日	宝尹 3 组	80	
夏小妹	女	1937 年 1 月 29 日	宝南 1 组	80	
姚桂根	男	1937 年 1 月 14 日	宝尹 6 组	80	
姚爱根	男	1937 年 1 月 12 日	宝尹 6 组	80	
马木香	女	1936 年 11 月 25 日	宝南 4 组	81	
姚福昌	男	1936 年 11 月 24 日	宝尹 2 组	81	
费水根	男	1936 年 11 月 15 日	宝南 8 组	81	
朱三福	男	1936 年 11 月 12 日	宝尹 6 组	81	
马龙保	女	1936 年 11 月 11 日	宝南 4 组	81	81 周岁 18 人
李老土	男	1936 年 10 月 5 日	宝南 20 组	81	
沈官福	男	1936 年 10 月 1 日	宝尹 3 组	81	
沈三呆	男	1936 年 9 月 24 日	宝南 10 组	81	
马杏妹	女	1936 年 8 月 27 日	宝南 2 组	81	
沈根珠	女	1936 年 7 月 9 日	宝南 10 组	81	

续表

姓名	性别	出生年月	住址	年龄/周岁	人数
费阿夯	男	1936年6月17日	宝南15组	81	81周岁 18人
沈水宝	女	1936年6月10日	宝尹7组	81	
徐香保	女	1936年6月9日	宝南20组	81	
沈小毛	男	1936年5月28日	宝南16组	81	
沈玉妹	女	1936年5月9日	宝南17组	81	
潘锦弟	女	1936年2月4日	宝尹9组	81	
钱云妹	女	1936年1月21日	宝尹8组	81	
姚根元	男	1936年1月3日	宝尹2组	81	
朱根英	女	1935年12月26日	宝尹3组	82	82周岁 12人
朱根火	男	1935年12月25日	宝尹6组	82	
戈洪福	男	1935年11月10日	宝尹4组	82	
夏文章	男	1935年10月25日	宝南1组	82	
沈根虎	男	1935年10月23日	宝南11组	82	
沈招妹	女	1935年10月13日	宝南5组	82	
李招根	女	1935年10月4日	宝南20组	82	
朱金香	女	1935年10月3日	宝尹6组	82	
马火保	男	1935年9月29日	宝南5组	82	
计多根	男	1935年9月9日	宝南16组	82	
吴全根	男	1935年7月4日	宝尹5组	82	
沈水英	女	1935年6月19日	宝南16组	82	
王白妹	女	1934年12月4日	宝南11组	83	83周岁 14人
夏根火	男	1934年11月21日	宝南14组	83	
夏全云	女	1934年11月5日	宝南14组	83	
吴关根	男	1934年10月28日	宝尹5组	83	
蔡金根	男	1934年10月6日	宝尹4组	83	
姚福男	男	1934年9月1日	宝尹9组	83	
徐妹姐	女	1934年8月25日	宝南19组	83	
计千金	女	1934年8月21日	宝南16组	83	
许泉生	男	1934年8月15日	宝南10组	83	
马长福	男	1934年8月14日	宝南2组	83	
金长兴	男	1934年6月30日	宝南8组	83	
朱福金	女	1934年6月24日	宝南12组	83	
陈招姐	女	1934年2月16日	宝南4组	83	
姚丫同	女	1934年1月25日	宝南6组	83	

续表

姓名	性别	出生年月	住址	年龄/周岁	人数
马金根	女	1933年10月16日	宝南4组	84	84周岁 12人
马云嫒	女	1933年10月15日	宝尹7组	84	
徐香姐	女	1933年9月5日	宝南21组	84	
吴福根	男	1933年8月24日	宝尹5组	84	
钱火金	男	1933年8月10日	宝尹8组	84	
沈老土	女	1933年8月4日	宝南13组	84	
姚杏英	女	1933年5月27日	宝南6组	84	
沈水火	男	1933年5月19日	宝南10组	84	
梁双泉	男	1933年5月6日	宝尹10组	84	
钱□□	女	1933年4月25日	宝尹1组	84	
傅多妹	女	1933年3月28日	宝尹3组	84	
陶云宝	女	1933年2月1日	宝南16组	84	
徐金泉	男	1932年11月11日	宝南9组	85	85周岁 10人
陆盘根	男	1932年11月3日	宝南11组	85	
沈根寿	男	1932年11月1日	宝南11组	85	
吴丫同	女	1932年10月30日	宝尹5组	85	
王老土	男	1932年10月25日	宝南2组	85	
李根拿	女	1932年9月13日	宝南18组	85	
姚道妹	女	1932年9月12日	宝尹2组	85	
王火根	男	1932年8月24日	宝南11组	85	
马才英	女	1932年5月11日	宝南2组	85	
沈林妹	女	1932年4月14日	宝南11组	85	
马多头	女	1931年11月16日	宝尹3组	86	86周岁 8人
姚小妹	女	1931年11月8日	宝尹9组	86	
潘金男	男	1931年10月19日	宝尹9组	86	
马银泉	男	1931年9月3日	宝南5组	86	
钱锦文	男	1931年8月10日	宝尹8组	86	
陈五妹	女	1931年7月14日	宝南9组	86	
李关根	男	1931年3月4日	宝南18组	86	
马四妹	女	1931年1月11日	宝尹10组	86	
倪连妹	女	1930年11月11日	宝南17组	87	87周岁 10人
姚香保	女	1930年10月28日	宝尹2组	87	
李水才	男	1930年10月10日	宝南21组	87	
姚水男	男	1930年10月6日	宝尹2组	87	
俞寿根	男	1930年9月29日	宝尹8组	87	

续表

姓名	性别	出生年月	住址	年龄/周岁	人数
钱文宝	女	1930年9月15日	宝尹8组	87	87周岁10人
龚香根	女	1930年8月7日	宝南20组	87	
梁云姐	女	1930年8月6日	宝尹5组	87	
傅官大	男	1930年6月21日	宝尹3组	87	
潘长姐	女	1930年1月15日	宝南8组	87	
徐香诺	女	1929年12月10日	宝南9组	88	88周岁6人
朱三多	女	1929年12月7日	宝南14组	88	
周丫同	女	1929年9月20日	宝南14组	88	
沈纪妹	女	1929年7月17日	宝南7组	88	
姚福寿	男	1929年6月3日	宝尹9组	88	
徐香根	女	1929年3月28日	宝南16组	88	
沈水姐	女	1928年11月20日	宝南12组	89	89周岁7人
钱阿二	男	1928年11月11日	宝尹1组	89	
戈小云	女	1928年8月22日	宝尹3组	89	
梁阿多	女	1928年5月8日	宝尹6组	89	
金根元	男	1928年5月3日	宝南20组	89	
沈二妹	女	1928年4月13日	宝南13组	89	
戈根三	男	1928年1月10日	宝尹3组	89	

表2-7　　2017年宝带桥社区在籍90周岁以上老人统计表

周岁	男/人	女/人	合计/人
90	0	4	4
91	0	2	2
92	1	1	2
93	0	1	1
94	0	3	3
95	0	/	0
96	0	1	1
97	0	1	1
总计	1	13	14

表 2-8　　　　　　　2017年宝带桥社区在籍90周岁以上老人一览表

姓名	性别	出生年月	住址	年龄/周岁
马小妹	女	1927年10月10日	宝南7组	90
朱阿二	女	1927年5月5日	宝尹6组	90
江根妹	女	1924年4月1日	宝尹3组	90
姚全姐	女	1927年1月29日	宝尹9组	90
俞金珠	女	1926年5月24日	宝尹8组	91
潘阿妹	女	1926年4月19日	宝尹9组	91
费根拿	女	1925年11月12日	宝南8组	92
杨长夫	男	1925年4月11日	宝南15组	92
陈早林	女	1924年10月4日	宝尹7组	93
杨长妹	女	1923年12月15日	宝南15组	94
马毛妹	女	1923年7月20日	宝南2组	94
周云金	女	1923年4月7日	宝南19组	94
张水宝	女	1921年8月15日	宝尹1组	96
陈腊妹	女	1920年8月12日	宝南4组	97

二、姓氏

20世纪七八十年代境域籍姓氏原先为30多个常用姓氏，1992年8月，境域划归吴县经济技术开发区，人口流动频繁。2017年12月，在籍居民出现了145个姓氏。其中超过300人的有沈姓；超过200人的有马姓、陈姓、朱姓、钱姓、徐姓等5个；超过100人的有吴姓、李姓、姚姓、潘姓、王姓、陆姓、何姓、江姓等8个。

表 2-9　　　　　　　2017年12月宝带桥社区在籍居民姓氏统计表　　　　　　　单位：人

编号	姓氏	人数	编号	姓氏	人数	编号	姓氏	人数	编号	姓氏	人数	编号	姓氏	人数
1	沈	380	12	陆	120	23	金	52	34	董	15	45	赵	9
2	马	275	13	何	118	24	俞	47	35	计	14	46	叶	8
3	陈	274	14	江	101	25	杨	40	36	刘	14	47	高	8
4	朱	242	15	许	92	26	翁	30	37	缪	13	48	钟	7
5	钱	231	16	夏	75	27	傅	29	38	陶	12	49	胡	7
6	徐	214	17	梁	66	28	蔡	23	39	孙	11	50	莫	7
7	吴	157	18	周	66	29	龚	22	40	袁	11	51	蒋	7
8	李	139	19	张	59	30	曹	22	41	付	10	52	宋	6
9	姚	131	20	倪	59	31	罗	18	42	吕	10	53	严	6
10	潘	130	21	顾	58	32	郁	17	43	黄	10	54	章	6
11	王	120	22	费	54	33	戈	15	44	郭	9	55	濮	6

续表

编号	姓氏	人数	编号	姓氏	人数	编号	姓氏	人数	编号	姓氏	人数	编号	姓氏	人数
56	丁	5	74	范	3	92	杭	2	110	厉	1	128	骆	1
57	史	5	75	程	3	93	屈	2	111	汝	1	129	项	1
58	冯	5	76	谢	3	94	耿	2	112	仲	1	130	谈	1
59	邹	5	77	方	2	95	梅	2	113	庄	1	131	贾	1
60	庞	5	78	尤	2	96	韩	2	114	乔	1	132	曲	1
61	秦	5	79	左	2	97	雀	2	115	曲	1	133	桑	1
62	汤	4	80	邓	2	98	曾	2	116	伍	1	134	奚	1
63	柴	4	81	包	2	99	茑	2	117	邢	1	135	殷	1
64	姜	4	82	司	2	100	童	2	118	邱	1	136	盛	1
65	施	4	83	田	2	101	熊	2	119	邵	1	137	湛	1
66	唐	4	84	任	2	102	潭	2	120	居	1	138	密	1
67	凌	4	85	邢	2	103	薛	2	121	府	1	139	屠	1
68	褚	4	86	吾	2	104	于	1	122	郑	1	140	雷	1
69	干	3	87	汪	2	105	卞	1	123	贺	1	141	鲍	1
70	卢	3	88	杜	2	106	毛	1	124	查	1	142	虞	1
71	孔	3	89	肖	2	107	化	1	125	柏	1	143	廖	1
72	阎	3	90	岳	2	108	文	1	126	柯	1	144	颜	1
73	吉	3	91	林	2	109	石	1	127	柳	1	145	戴	1

三、文化程度

旧时，境域儿童入学率低，小孩读书很少，成年人中，尤其是女性，大多不识字，为文盲或半文盲。

中华人民共和国成立初，成年人上冬学、进民校，学习文化，参加扫除文盲活动。经过几年努力，文盲或半文盲人数逐年减少。学龄儿童入学率逐年上升。20世纪90年代，学龄儿童入学率达100%，具有高小以上文化程度的人数不断增加。

1990年以后，不少成年人通过省、市级电视大学和成人教育中心培训学习；青年人报考中专、大学的人越来越多，文化程度明显提高。

2017年12月，宝带桥社区籍大专以上（含大专）文化程度的居民539人，为户籍人口的13.9%，本科文化程度的有248人，为总人口的6.4%，硕士、博士研究生29名。

第三节 人口变动

一、人口自然增长

1961年12月，宝带桥社区境域在籍户口人数2 043人，出生37人，出生率为1.81%，死亡10人，增长数为27人，自然增长率为1.32%。2001年，境内在籍户口人数3 076人，出生42人，出生率为1.37%，死亡19人，死亡率为0.62%，自然增长数为23人，自然增长率为0.75%。

2017年12月，境内在籍户口人数3 860人，出生37人，出生率为0.96%，死亡25人，死亡率为0.65%，自然增长数为12人，自然增长率为0.31%。

表2-10　　　　　　1961—2017年宝带桥社区境域人口自然增长情况一览表

年份	户籍人口总数/人	人口自然变动数					
		出生数/人	出生率/%	死亡数/人	死亡率/%	自然增长数/人	自然增长率/%
1961	2 043	37	1.81	10	0.48	27	1.32
1962	2 027	28	1.38	25	1.23	3	0.15
1969	2 576	88	3.41	29	1.12	59	2.29
1970	2 601	97	3.73	23	0.88	74	2.84
1971	2 623	62	2.36	15	0.57	47	1.79
1972	2 652	46	1.73	13	0.49	33	1.24
1974	2 735	39	1.43	14	0.51	25	0.91
1975	2 761	42	1.52	14	0.50	28	1.01
1976	2 770	31	1.12	23	0.83	8	0.29
1978	2 785	36	1.29	12	0.43	24	0.86
1979	2 790	66	2.36	12	0.43	54	1.94
1985	2 870	26	0.91	19	0.66	7	0.24
1990	2 987	26	0.87	15	0.50	11	0.37
1996	4 529	80	1.77	19	0.42	61	1.35
2001	3 076	42	1.37	19	0.62	23	0.75
2002	4 274	40	0.94	22	0.51	18	0.42
2017	3 860	37	0.96	25	0.65	12	0.31

二、人口机械增长

1961年12月，境域在籍户口人数2 043人，迁入人数4人，迁出人数2人，机械增长数2人，机械增长率为0.097%。1992年8月，境域划归吴县经济技术开发区，随着经济发展，户口迁入迁出频繁。2017年12月，境内在籍户口人数3 860人，迁入人数25人，迁出人数4人，增长21人，机械增长率为0.544%。

表2-11　　　　　　1961—2017年宝带桥社区境域人口机械增长情况一览表

年份	户籍人口总数/人	迁入人数/人	迁出人数/人	机械增长数/人	机械增长率/%
1961	2 043	4	2	2	0.097
1962	2 027	6	2	4	0.197
1969	2 576	10	17	−7	−0.272
1970	2 601	14	22	−8	−0.308
1971	2 623	10	16	−6	−0.229
1972	2 652	2	5	−3	−0.113
1974	2 735	23	19	4	0.146
1975	2 761	7	27	−20	−0.724
1976	2 770	6	3	3	0.108
1978	2 785	6	11	−5	−0.179
1979	2 790	17	28	−11	−0.394
1985	2 870	15	20	−5	−0.174
1990	2 987	25	30	−5	−0.167
2001	3 076	20	305	−285	−9.265
2002	3 085	18	187	−169	−5.480
2017	3 860	25	4	21	0.544

三、计划生育

旧时，生育不受控制，境域居民中存在早生儿子早得福、子孙满堂、人丁兴旺和重男轻女的传统思想，所以早婚、早育、多胎现象十分普遍。结婚年龄一般在18岁左右，妇女一生平均生育5—7胎。

中华人民共和国成立初期，由于抗日战争、解放战争，造成人口下降。人民政府一度曾号召多生多育，采用表扬评选光荣妈妈的生育鼓励政策。

1956年，境内开始宣传节制生育方法，提倡晚婚晚育，并教授避孕等方法。

1963年，境内贯彻中共中央国务院关于提倡计划生育的指示，提出了控制人口的主张，重点抓多子女家庭节育工作。公社利用召开三级干部大会，要求子女多的干部带头实施节育措施。

1971年，境内贯彻执行国务院国发〔71〕号文件和江苏省革命委员会〔71〕30号文件精神，发动群众制订"四五期间晚婚节育规划，重点控制多胎"。

1974年，境内开始执行晚、稀、少的计划生育政策。晚：男25周岁、女23周岁后结婚。稀：二胎期间应间隔48个月以上。少：每对夫妻生2个孩子。

1978年,境内贯彻中央106号文件精神,执行思想教育为主、避孕措施为主、经常工作为主的方针。当时公社计生委不时会同医院妇产科医生,至境内对育龄妇女每年举办1—2次计划生育培训班,并采用电影、幻灯、录像、巡回展览等形式开展计划生育宣传教育,动员一对夫妻只生一个孩子。

1979年1月,公社计划生育领导小组、妇联联合制定了《关于计划生育工作的几项规定》,其中对愿意终生只生一胎并落实节育措施的夫妇发给"独生子女证",每年发放独生子女费40元/人,发至14周岁为止,并在招工、医疗、产假、口粮、自留地、住房面积等方面给予优待。对间隔48个月以上、生育二胎均为女孩的,可享受25天产假。

1981年5月,吴县人民政府颁发了《关于计划生育的暂行规定》《计划生育补充规定》,两村党员、团员以身作则,带头做计划生育的促进派。凡执行计划生育的育龄妇女,均按规定享受公假。晚婚夫妇享受晚婚假,晚育妇女增加产假。按法定年龄推迟3年以上结婚为晚婚,妇女超过24周岁以上生育第一个孩子为晚育。同时,根据江苏省人民政府制定的生育政策,对确有实际困难的三类一孩夫妇准予生育第二胎。

1988年起,为减少人流、引产,保护妇女身体健康,宝尹、宝南两村计生服务室加强了孕前服务,为有生育能力的妇女落实有效避孕措施,为放置宫内节育器的妇女定期陪同去镇(街道)医院做B超检查、妊娠试验和上门走访。

1990年10月28日,《江苏省计划生育条例》照顾生育二胎,生育对象扩大到14类。

1993年,根据上级计划生育要求,宝尹、宝南两村建立了"一、二、四、六"孕情监察制度,即村级服务室人员对落实节育措施的妇女,每月走访、每两个月早孕检查、每四个月做B超、每六个月与外出人员见面。若发现脱环或环下移、早孕,及时采取补救措施,及时更换已到使用年限的宫内节育器,对多次脱环、带环的妇女个别指导,采用有效的节育措施。1994年,宝尹、宝南2村增配计生服务室人员,专门从事计生服务,开展了无计划外出生、无不落实节育措施、无无措施人流、无大月份引产、无未婚先孕的"五无村"争创活动。

1996年3月25日,《江苏省计划生育条例实施细则》颁布,两村按照上级文件要求开展计划生育宣传。

2016年1月1日,国家实施"一对夫妇生育两个孩子"政策,社区妇联会根据上级党和政府指示精神,宣传一对夫妇可以生育两个孩子政策。在服务中心设立生育两胎服务站,并从卫生院妇产科请来医生,对居民提出的问题一一解答;印刷宣传材料发至生育两胎家庭,定期召开优生两胎专题座谈会。至2017年12月,妇联会先后印发生二胎宣传材料2 500份,召开生两胎专题讲座4次140人,解答妇女提出的生两胎问题180人次。

四、计划生育服务

2008年2月,宝带桥社区设计划生育服务点,安排2名工作人员,为居民提供计划生育政策咨询、独生子女申领、家庭再生育申请以及其他相关计划生育工作的服务。5月,对社区内做好生育二胎家庭的申请、批准工作。10月,根据苏州市人民政府苏府发〔2008〕38号文件《关于对待"独生子女父母光荣证"企业退休人员实行一次性奖励的实施意见》,经本人申请,各级人口计生部门和劳动保障部门审核,通过公示,对31名本社区持有"独生子女父母光荣证"的企退人员,一次性发放3 600元的奖励金。

2010年5月始,宝带桥社区计划生育服务点,按规定每年对本社区独生子女父母发放奖励金。

表2-12　　2010—2017年宝带桥社区代行对本社区独生子女父母发放奖励金统计表

年份	发放人数/人	发放金额/元	年份	发放人数/人	发放金额/元
2010	31	111 600	2014	74	266 400
2011	33	118 800	2015	72	259 200
2012	56	201 600	2016	72	259 200
2013	70	252 000	2017	65	234 000

表2-13　　2008—2017年宝带桥社区办理生育二胎情况统计表

年份	人数/人	年份	发放人数/人
2008	5	2013	29
2009	12	2014	25
2010	17	2015	10
2011	21	2016	25
2012	19	2017	19

2008年2月至2007年12月,宝带桥社区计划生育服务点在境内开展"生育关怀进万家"活动,组织科学育儿讲座、免费对孕前产妇引导优生优育健康检查;对0—3岁婴幼儿家庭分别赠送科学育儿免费体验券、有关项目免费体验培训。

表2-14　　2008—2017年宝带桥社区开展生育关怀进万家活动情况统计表

年份	组织科学育儿讲座		免费孕前检查		赠送免费体验券		免费体验培训	
	次数/次	人数/人	次数/次	人数/人	次数/次	人数/人	次数/次	人数/人
2008	2	37	10	10	26	26	2	18
2009	2	42	12	12	31	31	1	15
2010	2	47	11	11	27	27	2	25
2011	2	39	13	13	30	30	2	22
2012	2	51	14	14	25	25	1	17
2013	2	45	19	19	42	42	1	14
2014	2	40	15	15	51	51	2	25
2015	2	43	15	15	60	60	1	18
2016	2	47	15	15	52	52	2	34
2017	2	52	19	19	49	49	1	20

五、优生优育

1995年,吴县人民政府在提倡晚婚节育的同时,宣传优生优育,保障人口质量,根据《中华人民共和国母婴保健法》,规定了相应实施措施,实行婚前体检,即凡达到法定结婚年龄的男女青年,须前往所在乡镇医院进行体格检查,俗称婚检。通过婚检领取结婚证书。对有传染或遗传病史的劝其进行医治,痊愈后再去领证,保证婚后正常生育。

1996年,吴县计划生育委员会组织乡镇计生办工作人员、村(社区)委妇联主任进行优生优育知识培训,以文件形式规定村(社区)妇女组织应承担对新婚夫妇优生优育知识学习辅导。是年,宝尹、宝南2村妇委会组织举办优生优育知识学习班6期,参加学习的新婚夫妇468人次。此后,村(居)妇女组织每年均组织1期至2期新婚夫妇优生优育知识培训学习,在已婚育龄妇女中,普及优生优育知识。

1998年始,由村集体出资,村妇女主任陪同孕妇前往指定医疗单位进行胎儿定期检查。提倡胎教、幼儿早教,保障婴、幼儿身心健康。

2006年,境内居民实行农保转城保的社会保障后,胎检费由孕妇自负。

2008年10月,境内根据吴中区人民政府区政办〔2008〕74号文件《关于对吴中区持"独生子女父母光荣证"企业退休人员实行一次性奖励人口实施意见》,对1996年1月1日起,在本区按企业职工基本养老保险规定办理退休,且退休时未享受加发5%养老金待遇的持证退休人员,农保置换城保后办理退休手续,且未享受农村部分计划生育家庭奖励金的持证退休人员以及对无子女的退休人员,一次性发放3 600元的奖励金。对符合以上奖励条件、已死亡退休人员,一次性奖励金补发给其子女或其亲属。

2017年12月,境内已婚育龄妇女861人,当年新生儿33人,计划生育率为100%,晚婚16人,晚婚率为69.57%。

表2-15　　　　　2000—2017年宝带桥社区境域独生子女人数一览表

年份	出生				独生子女证已领数/人	节育		晚婚	
	人数/人	计划内出生/人	计划外出生/人	计生率/%		人数/人	节育率/%	人数/人	晚育率/%
2000	21	21	0	100	17	28	100	6	66.67
2001	17	17	0	100	13	26	100	2	9.09
2002	28	28	0	100	15	35	100	7	26.92
2003	31	31	0	100	18	38	100	8	20.51
2004	40	40	0	100	18	65	100	14	63.64
2005	37	37	0	100	19	88	100	10	32.26
2006	26	26	0	100	9	76	100	15	71.43
2007	39	39	0	100	10	65	100	11	73.33
2008	27	27	0	100	8	65	100	12	85.71
2009	39	39	0	100	6	51	100	10	55.56
2010	43	43	0	100	2	61	100	10	50
2011	33	33	0	100	20	52	100	10	34.48

续表

年份	出生				独生子女证已领数/人	节育		晚婚	
	人数/人	计划内出生/人	计划外出生/人	计生率/%		人数/人	节育率/%	人数/人	晚育率/%
2012	63	62	0	98.4	8	80	100	20	76.92
2013	57	57	1	100	5	76	100	17	62.96
2014	54	54	0	100	5	58	100	17	56.67
2015	41	41	0	100	3	49	100	12	60.00
2016	53	53	0	100	3	47	100	15	65.22
2017	33	33	0	100	1	48	100	16	69.57

第三章 澹台湖·宝带桥

境域的水以澹台湖为目，桥以宝带桥为脊。澹台湖绿水清萍，碧波荡漾，为春秋时期孔子弟子澹台灭明结庐修学之地；宝带桥建于唐代元和年间，横跨湖口，薄墩连拱。历代文人墨客、帝王将相临至，观赏之余，有感而发，书写了一首首题咏诗作，一篇篇锦绣文章。1956年10月，宝带桥被列为省文物保护单位；2001年6月，宝带桥被公布为全国重点文物保护单位；2014年6月，第38届世界文化遗产委员会会议将中国大运河列为"世界遗产名录"，宝带桥为其中重要遗产之一。

2016年9月，澹台湖畔建起市民公园，与千年古桥宝带桥连缀一起，景色如画，成为居民休闲、娱乐、观光之地。

第一节 澹台湖

澹台湖位于苏州古城之南，西界太湖，东过宝带桥入运河，分流入黄天荡、金泾河；直北正行经葑门环城为濠，至娄门东入娄江。

澹台湖因春秋时期孔子弟子澹台灭明而得名。

唐代的《吴地记》对此记载："澹台湖，在吴县东南十里。孔子弟子澹台灭明，字子羽，宅陷为湖，湖侧有坟。"

明代的《姑苏志》卷第十也记载："澹台湖在太湖之东。《史记·弟子传》：澹台子羽南游至江。《索隐》注：吴国东南澹台湖即其故址。《吴地记》以为子羽宅所陷。自此东过宝带桥入运河，分流入黄天荡、入陈湖（即今澄湖）、入金泾淹（即今金鸡湖）。"

对于澹台灭明的墓葬所在，《姑苏志》第三十四卷同时记载："澹台灭明墓在澹台湖傍，或曰在吴县西南八十里。又传张士诚筑城，于虎丘土中得石刻曰'澹台灭明之墓'。"

澹台湖东西宽、南北窄，看起来有点像河道，因此有人把它写成"玳玳河"。中华人民共和国成立后，这里的部分水面曾被围垦。1984年，退耕还湖450亩，复原澹台湖全部水域。1992年，完成构筑澹台湖两岸块石驳岸工程。1998年，完成构筑北侧城区内河道块石驳岸工程。

《苏州山水志》载，澹台湖"西通石湖，东过宝带桥入江南运河。1997年，水域面积1.96平方千米。2005年，水域面积2.55平方千米，湖底高程0.7米，水深2.2米"。

历史上，澹台湖碧波荡漾、水草丰茂，四周农田环绕，村舍点缀；又与宝带桥相连，西面不远处则有苍翠的七子山，十分入画。旖旎的风光，吸引了众多文人墨客流连、吟咏。

2004年6月，建成的澹台湖大桥横跨京杭大运河，桥身两侧各有一个巨大弯拱，线条优美，错落有致。站在大桥上，整个湖面一览无余。2016年9月，澹台湖畔新建市民公园，与千年古桥——宝带桥连缀一起，景色如画，成为人们休闲、观光之地。

附：澹台子祠

为供奉春秋战国时期教育家、孔子七十二弟子之一澹台灭明的澹台子祠，始建于北宋。

据史载，澹台灭明字子羽，南游至江，在苏城东南的澹台湖即其故址（址）。《吴地记》以为子羽宅所陷成湖。北宋元丰年间，澹台湖畔时属长洲县尹山乡都管辖，为纪念这位先贤，人们在尹山乡都尹山之巅建造澹台子祠，以祀先贤澹台灭明。因南宋名儒尹和靖读书其中，明代乡贤练埁于祠中设义塾，为此又称为澹台书院。以后

清同治《苏州府志》中有关澹台子祠的记录

澹台子祠年久失修而毁。清雍正初年重建。乾隆十六年（1751）高宗南巡，诏令明朝云南姚安太守施悌配享祀澹台子祠。咸丰十年（1860）战火中毁。同治年间移建郭巷集镇。民国中期，澹台子祠设在集镇河北，有石柱4根，牌坊之南有3间祭屋。祭屋两偏间分别为厢房，中间天井，北设砖雕门楼。库门外屋西南装木栅门。祠堂南门外东边有祭台高墩。民国年间，祠堂因倾圮而折。20世纪60年代，石碑坊为建造木器社用房所毁。

2001年7月，里人筹款在宝带桥北首重建澹台子祠，以祀澹台灭明。其时澹台子祠三栋红顶房，面前一个院子内置有4只铁铸香炉。庭内先贤澹台灭明塑像正襟危坐其中。塑像儒雅慈祥，清正刚毅。2012年11月，建造宝带桥公园，移建廿五港。时，澹台子祠占地2亩，有祠堂6间，东西附房8间，正南方置有4只铁铸香炉。

第二节　宝带桥

1956年10月，宝带桥被列为江苏省文物保护单位；1962年5月，入选国家邮政部出版的4枚一套古桥邮票；2001年6月，宝带桥被公布为全国重点文物保护单位；2013年9月，联合国教科文组织专家在大运河苏州段现场考察评估中对宝带桥文物价值给予了较高评价。翌年6月，第38届世界遗产委员会会议，将中国大运河列入世界遗产名录，宝带桥为其中重要遗产之一。

一、概貌

宝带桥南北走向，距苏州古城东南3千米，位于京杭大运河与澹台湖（太湖岔港）贯通口上。它与京杭大运河平行，是过去苏州至杭、嘉、湖地区要隘；跨诸湖之口，又是太湖水通往运河及吴淞江的一个关口。

据史记载，唐代沿大运河所筑纤道中断于澹台湖，而此处水急波高，不利舟楫，致使粮船滞集。元和十一年（816），苏州刺史王仲舒带头捐束身宝带，募集资金，延工规划构筑长桥。桥为"挽道"，故一反江南常规，不取"垂虹架空"之石拱桥，而设计为"宝带卧波"之长堤型。为使湖水流畅，采用多孔、狭墩结构。自元和十一年动工，历时4年而建成。

宝带桥全长317米，两端孔脚间长249.8米，北端引桥长23.2米，南端引桥长43.8米，桥面宽4.1米。整桥采用53孔连拱薄墩形式，桥身狭长，多孔连缀。北起第14孔逐渐加大隆起，第15孔为最大孔，跨径6.95米，矢高约2.05米。拱券为纵联分节并列砌置，每孔由5排拱石和4根龙筋石相嵌筑成，每排由7—9块拱石组成，除顶部一排为方形拱石外，余为长方形拱石。桥面两侧均施锁口石压沿，中间横铺条石，规格大小不一，桥的两侧金刚墙均用侧塘石叠砌，立面呈倒梯形。相邻两孔拱脚宽平均为0.55米，拱券顶部距桥面为0.5米。在北起第27、第28孔间，两孔拱脚宽为1.2米，称之为刚性墩。今之桥体用料以花岗石为主，间有青石和武康石。

宝带桥桥北堍有花岗石碑亭，单檐歇山式，仿木结构。亭作方形，边长4.32米，通高6.13米。石亭敞开式，南、北两侧有石栏，可供纤夫、路人歇脚。亭中央置苏州市人民政府

1989年4月立《宝带桥重修记碑》，碑通高2米，碑身高1.7米，宽0.96米，须弥座高0.3米。此外，桥北堍与桥中间刚性墩西侧各有宋代石塔一座，塔高4米，五级八面，以整块青石雕琢而成，刻海浪云龙纹，每级各面雕琢出佛龛，内镌小佛像。今桥南端引桥有青石狮2只，桥北端有青石狮1只。

宝带桥桥面平坦，以利纤夫行走，桥下53孔连缀，方便行船，又能宣泄澹台湖上游之水。宝带桥狭长如带，多孔连缀，远山近水，相映交辉，如苍龙浮水，似彩虹卧波。

二、修缮

宝带桥自唐代元和十一年动工，历时4年建成，维持了400多年后坍圮。南宋绍定五年（1232）重建。元代修筑为长石拱桥。明正统十一年（1446）重建为现形制与规模。清康熙九年（1670）被大水冲圮，三年内修复。清道光十一年（1831），林则徐主持修缮，费"工料银六千六百七十两有奇"。清咸丰十年（1860）毁3孔。同治二年（1863）英军戈登驾舰攻打苏州，拆去桥中间大孔，致北面26孔连续倒塌。清同治十一年（1872）重建，并在南北两堍各置石狮一对，北堍建有石亭，亭内置《重建宝带桥记》碑刻。此碑刻由张树声撰，应宝时书。碑阴列当时修葺江浙诸桥工程及助捐人姓名，碑先立于桥北关帝庙前，后建亭覆之。抗战时期，南端6孔被侵华日军炸毁。

1956年苏州市人民政府拨款修竣。1981年至1992年期间，江苏省文化厅拨款，进行了4次修缮。2002年国家文物局拨款，对宝带桥进行全面整体维修。随着苏南地区经济的快速发展，水上航运日趋繁荣，使运河内船舶密度、吨位、船速急剧加大，撞桥事故屡屡发生。为解决这一隐患，吴中区文管办委托太湖古建研究设计所，制定了"抛石筑坝"防护工程方案，于2004年7月上报国家文物局。为了减少在此期间（10米外）撞桥事故的概率，吴中区文管办委托苏州市鑫路桥工程有限公司在桥北端东侧的运河航道中安装了两只圆标级航标灯，同时在桥体东侧金刚墙上粘贴了两道"道路反光板"（112块）。

三、艺术特点

宝带桥坐落的地域属长江下游冲积平原的河网区域，表土层松厚，为防止桥基下沉，采用了软地基加固法。其方法是：用直径15—20厘米、长120厘米左右的木桩，每墩密排60根，分5行，每行12根，排列有序，顶部桩间用块石嵌紧、其上再用整块盖桩石压顶，使其成为整体。采用打木桩加固软地基，省工省资，施工简便，十分实用，木桩常年浸泡在水底，不易腐朽。尤其是密打的木桩，不仅起到挤密土体的作用，而且与桩本身的桩尖阻力一起，可共同起着承载作用，从而减省墩体陷沉的可能。

宝带桥创用"柔性墩"和多绞拱工艺，在设计营造上，创用了"柔性墩"与"刚性墩"相结合的方法，多孔石拱桥桥墩建在河（湖）中，承载垂直负荷及水平力。宝带桥的建造者，大胆摒弃了笨重的重力式实体墩，采用了上大下小、轻巧薄型的"柔性墩"。宝带桥最大孔的跨径与墩厚比为11.6∶1，居世界石拱桥之首。宝带桥"柔性墩"的结构合理，其相邻两孔拱券的拱脚落嵌在水盘石预留的沟槽内，两拱脚间距仅10厘米，用一块倒梯形块石嵌紧，桥面与拱券间空腹内，用石灰三合土填充，从而减轻了桥身的自重，使墩体所受的水平推力大大减少。宝带桥"柔性墩"的创用，克服了"重力式桥墩"的弊端，实现了省工省钱、减轻自重、利于泄流行船、造型美观的优点。

为了防止多孔薄型桥墩的变形，宝带桥在北端起的第27号墩上建造了一个单向推力墩，即"刚性墩"。该墩由两个桥墩并立而成，体积大，凭借它的自重可平衡来自单向的推力，一旦一端拱券倒塌，不至于波及另一端的其他各孔。

宝带桥的拱券工艺，集"并列法""纵联法"之长，运用了一种拱券砌筑的新工艺——"联锁多绞拱"发券。其结构是采用"联锁法"成拱，同时在版拱石两端各凿石榫，嵌入长绞石预留的榫眼内，并留有空隙，可容许微小的移动，这种筑拱工艺的独特优点是当出现温差变化、基础沉陷或不对称活荷载等情况时，能通过石榫眼内的微小运动，自动对拱券的形状做细微的调整。

宝带桥的桥体形式与江南水乡环境融为一体，是古代建筑艺术与生态环境完美结合的典范。桥梁是三度空间的永久性建筑，这种薄墩连拱形式的应用，使桥身显得极为轻巧而富有曲线美，与旖旎的江南水乡环境相映交辉，形成了水乡独特的桥景风貌，整座石桥形似宝带，举目遥望，碧水相映，具有极高的观赏价值。

宝带桥是我国现存最长的石拱古桥之一，其桥孔之多，结构之精巧，在中外建桥史上罕见，具有较高的历史价值、科学价值，更有极高的桥梁工艺价值。

四、宝带桥入选明信片、邮票图录

1900年，宝带桥入选苏州北原东洋堂发行的《苏州风光》明信片图录（中英文片名印在图画上，左侧印有"清国"字样。全套7枚）。

1920年，宝带桥入选日本发行的《苏州风景》明信片图录（全套60余幅画面，黄纸为原版，白纸为加印。共有五种版式：A.无编号，背格同黄纸；B.无编号，无背格；C.有编号，背格同黄纸；D.有编号，有单独背格；E.有编号，无背格）。

1930年，宝带桥入选日本发行的《苏州绝胜》明信片图录（连封面17枚）。

1940年，宝带桥入选日本发行的《苏州美观——诗之都历史之地》明信片图录（淡色版，全套13枚），入选日本发行的《苏州十六胜》明信片图录（全套连封面17枚），入选日本发行的《苏州之风光》明信片图录（全套连封面17枚）。

1962年5月15日，宝带桥入选国家邮电部出版发行的《古桥》邮票图录（全套4枚）。

1986年10月，宝带桥入选江苏人民出版社出版的《苏州》明信片图录（册式片，含封底7枚，中英文对照），入选苏州旅游汽车公司编辑、上海人民美术出版社出版的《苏州水乡游》明信片图录（册式片，全套7枚）。

1987年11月，宝带桥入选江苏人民出版社出版的《苏州名胜》明信片图录（全套12枚），入选苏州邮电局发行的《苏州》明信片图录（全套10枚），入选人民中国杂志社出版、苏州外文书店发行的《苏州》明信片图录（全套11枚）。

1988年1月，宝带桥入选中国国际旅行社苏州支社出版发行的《苏州》明信片图录（全套9枚），入选苏州对外文化交流协会编辑、华艺出版社出版的《苏州》明信片图录（全套连封面11枚），入选外交出版社出版、苏州外文书店发行的《苏州风光》明信片图录（全套连封面11枚），入选中国图书进出口公司出版的《苏州》明信片图录（大封套，全套11枚）。

1995年，宝带桥入选中国世界语出版社出版的《水乡苏州》明信片图录（大封套，全套10枚）。

1997年12月，宝带桥入选吴县市旅游局编印的《风光吴县好·古迹篇》明信片图录（全套含封面11枚）。

2003年7月，宝带桥入选苏州邮政局监制，苏州邮电广告、苏州博彩图文有限公司设计的《苏州桥影》明信片图录（全套12枚）。

2004年8月，宝带桥入选江苏省邮政局出版的《苏州水乡风光》明信片图录（全套10枚）。入选苏州吴中区人民政府编辑、五洲传播出版社出版的《吴中印象·名胜古迹》明信片图录（全套含封面13枚）。

2005年3月，宝带桥入选上海人民美术出版社出版的《苏州十二景》明信片图录（全套含封面13枚，连体片）。

附：中国第一套古代桥梁建筑　邮票上的苏州宝带桥

"迎亲于渭，造舟为梁"，这是《诗经》上说的公元前1027年周文王在渭河上用船架设浮桥迎亲的事。我国桥梁建筑的历史，至少已有3 000多年。千姿百态的古桥，展示了我国古代劳动人民的聪明才智，有些工程技术堪称世界奇迹，河北赵县赵州桥就是现在世界上最古的一座"空腔式"石桥。1962年5月15日，我国发行了第一套《中国古代建筑：桥》邮票，编号"特50"，刘硕仁先生设计，全套4种。第一种赵县安济桥，即赵州桥，面值4分；第二种苏州宝带桥，面值8分；第三种四川灌县珠浦桥，为竹索桥，面值10分；第四种广西三江程阳桥，面值20分。

苏州宝带桥位于苏州城东南3 000米处，是全国十大名桥之一，属省级文物保护单位。唐元和十一年（816），为了适应漕运事业的发展，苏州刺史王仲舒下令广驳纤道，并捐出自己的玉质宝带，在运河与澹台湖之间动工建桥，元和十四年（819）建成。为了纪念王仲舒捐玉带建桥，故名"宝带桥"。现桥长317米，宽4.1米，共有53个桥孔，犹如一条宝带。

宝带桥在设计上很有创造和特色，是我国现存最长的连拱古桥之一。由于湖面宽阔，采用连拱低平之法，以减轻自重，增加净空。保持畅流和桥身稳固。桥孔跨径一般在3.9米—4.1米之间，但从北向南数的第14、第16孔跨径为6.5米，第15孔跨径为6.95米，设置了这几个大孔，便于船只通行。正桥两端拱脚间距离是249.8米，北端石堤引道长43.8米，南北两端原来各有石狮一对，北堍还有高约4米的石塔和一座石碑亭。远远望去，只见整齐排列不见尽头的许多圆形石拱，同京杭大运河平行而立，犹如长虹卧波，宛似玉带戏水，气势雄伟，蔚为壮观。特别是农历八月十五中秋节，月明风清，水波不兴，"月在桥洞中，桥在月光下"，每个桥孔都呈现月影，远望似一串明月，出现"五十三孔照影来"的"宝带串月"奇观。是日，车水船龙，人们成群结队前往观赏，成为吴中民间一大盛事。

为了方便汽车通行，1972年又于宝带桥近处造了一座平行的公路大桥，相比之下，宝带桥就显得低矮了，加上民国时期在桥上装的七根电话线杆子，使这座名桥失色不少。1992年大运河整修改道，为了保护这座名桥，从桥北边切断公路开口通河，这样从苏州城到宝带桥就不能直通了，必须绕过长桥，再从南边上桥，宝带桥已不再通行行人，只是观赏性文物。所幸，桥上的电话杆子早已拆除，公路桥也已拆掉，再现了昔日宝带桥的雄姿风韵。

录自2005年6月古吴轩出版社《苏州邮缘》，作者：周治华

第三节　宝带桥·澹台湖景区

一、概貌

宝带桥·澹台湖景区（2020年更名为大运河国家文化公园——宝带桥·澹台湖核心展示园）位于苏州吴中区核心地带，东至吴东路，北至京杭大运河，西至下田港，南抵石湖东路，规划总面积为105万平方米（含水面），已建成的一期项目总面积为44万平方米（含水面）。一期项目自2014年8月20日正式开工，于2016年9月2日竣工。

景区四面临河涉泊，形成了集吴地风情、水乡文化为一体的特色滨水区与沿古运河的风景带。根据城镇化居民生活游乐需求，在带状的滨水区，自然植物组团配植，即或植香樟、冬青、杨柳、桃树、梅树、石榴、松柏等树木，或栽蔷薇、凤仙、芙蓉、荷花、秋菊等花卉，一年四季或郁郁葱葱、蓬蓬勃勃，或花枝招展，蝶飞燕舞。

景区设有休闲广场、小憩亭台、儿童乐园、健身平台等，还立有苏州历史名人纪念碑，廉洁、法制文化宣传栏；并置有遗产文化区，把京杭大运河列入世界文化遗产名录、千年古桥宝带桥等简介镌刻于石碑，还原古运河沿岸纤夫岸边拉纤的塑像，供游人观赏。

景区临水休闲区还建有池塘、亲水平台、观赏木廊；其水连接小溪，与运河贯通。乱石间不乏水生植物，供游人品赏。西北部广场竖有照壁一座，青石浮雕刻画的是"宝带胜迹"，用图画的方式，描绘了唐代苏州刺史王仲舒捐带建桥等事迹。

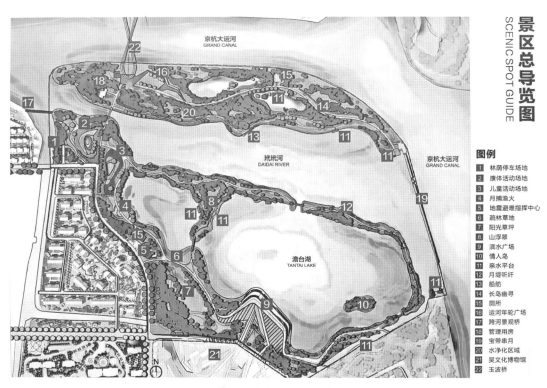

宝带桥·澹台湖景区导览图

二、桥梁景观

宝带桥·澹台湖景区东为千年宝带古桥，西为现代精装修澹台湖大桥，中间跨湖的为景观桥；在宝带桥上隔着运河向对岸眺望，是双层形状的斜港大桥。

新斜港大桥为苏州首座全钢结构特大型下承式系杆双层拱桥，位于吴东路与斜港河交叉处，呈南北向，跨越斜港河，水面宽100米。项目总投资8.8亿元，上下层桥面均为双向8车道。上层与东环快速路南延段相接，按80千米/小时的速度设计。大桥整体造型仿照中国古典乐器箜篌设计，拱梁之间全部采用缆索和钢拉杆作为受力构件。总长1 062米，其中主桥长318米，跨径布置为南北各68米的边跨和180米的河中跨。上层桥面距水20多米，七八层楼的高度。下层与地面道路相接。

景观桥位于江南运河中段，澹台湖大桥东侧200米左右，是异形结构式钢结构拱桥，桥长174米，宽6米，单跨110米。整座景观桥为"8"字形。"8"字形的造型在苏州大桥中很罕见，其独特的造型寓意"运河涟漪，碧波飘荡"，晚上能变换不同灯光效果。在基本通行功能上，更多了一份蜿蜒的休闲感，为苏州城南新地标之一。

澹台湖大桥位于境域北首，跨越京杭大运河，北接迎春路，南连白云街，与距1千米外的中国古代著名53连拱桥——宝带桥相辉映。桥长536米，桥宽36米，主桥采用结构新颖的钢管拱连续梁，由苏州市市政公用局负责建设，同济大学建筑设计院和苏州市市政设计院联合设计，中铁一局集团公司桥梁处负责施工，武汉桥梁建筑工程监理公司监理。为苏州市第一座精装修的大桥。夜间景观照明是大桥的又一特色。每当夜晚来临，大桥景观照明点亮后，无论是近看还是远眺，整座大桥是一幅精美的动态画卷，成为苏州夜景的又一亮点。大桥于2002年11月28日开工，2004年6月2日竣工。

宝带桥·澹台湖景区，有条长达5千米的运河健身步道。它西起盘蠡路，东至冬青路，涉道沿途水色绿意相映成趣。河滩堤圩错落有致，串联起新塘、长桥、五龙桥等各个景点。

第四节　诗词文选

宝带桥地处历史古城苏州之南，京（北京）杭（杭州）大运河之畔，南北商贾往来如梭；境内澹台湖为春秋战国时期孔子弟子澹台灭明结庐修学之地，与千年宝带桥相互辉映，景色秀丽。历代多有文人墨客、帝王将相至此，欣赏美丽风光，抒发情怀，为后人留下了一首首题咏诗作、一篇篇锦绣文章。

一、诗词

宝带桥

[元] 善　住

运得他山石，还将石作梁。直从堤上去，横跨水中央。
白鹭下秋色，苍龙浮夕阳。涛声当夜起，并入榜歌长。

宝带桥晚兴
[元] 善 住

徙倚江桥野兴新，半山落日雨清尘。如何南北舟中客，水宿风餐过却春。

苏台竹枝词十首
其八
[元] 薛兰英

翡翠双飞不待呼，鸳鸯并宿几曾孤。生憎宝带桥头水，半入吴江半太湖。

吴下竹枝歌
其三　率郭羲仲同赋
[明] 杨维桢

宝带桥西江水重，寄郎书去未回侬。莫令错送回文锦，不答鸳鸯字半封。

宝带桥
[明] 姚 绶

去去木兰桨，悠悠宝带桥。湖湾明着雨，淞汊暗通潮。

宝带桥
[明] 童 轩

宝带桥头水满矶，小舟双桨暮渔归。藕花蒲叶俱零落，惟见斜阳乳鸭飞。

和张东海韵
[明] 史 鉴

墨花成阵醉题诗，宝带桥头客散时。记得松陵南下路，驿楼听雨鬓丝丝。

送赵栗夫归省吴江
[明] 王 鏊

秋入吴江一叶飞，归来游子著朝衣。乡人始识文章贵，仕路休嫌定省稀。宝带桥边舟泛泛，白云司里树依依。路经震泽人应问，太史周南胡不归？

咏宝带桥
[明] 王 宠

春水桃花色，星桥宝带名。鲸吞三岛动，虹卧五湖平。表里关形状，东南海势倾。当知题柱者，犹是一书生。

姑苏曲
其一
[明]黎民表

宝带桥西柳作花，吴王宫殿冷栖鸦。蛾眉邀得旁人顾，日暮江边自浣纱。

韩承志、阮时济、张幼于、马云卿、陈忠甫、吴德光、周懋修、钱功甫、黄子华、张孟彪舟送宝带桥赋别得"关"字
[明]欧大任

词客来相送，菰芦一棹间。卷帘披晚雾，持盏看秋山。
心远冥鸿去，行疲老马还。谁堪吴榜曲，歌半似阳关。

宝带桥
[明]文徵明

云开霄汉远，春入五湖深。天外虹飞彩，波心日泻金。
三江自襟带，双岛互浮沉。十里吴塘近，归帆带暝阴。

吴江舟中送子与一绝得"溪"字
[明]王世贞

宝带桥头水，曾通罨画溪。只愁归路远，迟日未应西。

送沈司训之仁和
其一
[明]王世贞

七百里多平水面，江南大抵是仙官。宝带桥头别亲旧，莺花一路到临安。

过姑苏
[明]许天锡

远山如黛接平芜，白鸟分飞里外湖。宝带桥头开醉眼，江南诗景在姑苏。

姑苏曲
[明]吴　兆

宝带桥边鹊啄花，金阊门外柳藏鸦。吴娥卷幔看花笑，十日春晴不在家。

宝带桥在吴江
[明]卢龙云

何年驱石至，十里接湖干。雁鹜烟波渺，鱼龙夜水宽。
采菱歌进艇，对月坐持竿。无限潇湘意，秋初露已寒。

宝带桥夜泊玩月二首
[明]邓云霄
其一
长桥十里卧晴虹，吴会山川在镜中。岂有神鞭驱海石，遥听仙佩下琼宫。
双星寄恨三天水，半夜怀人一笛风。此去沧洲知远近，且将孤舫狎渔翁。
其二
潮归月落夜渐分，人语空江隔岸闻。化鹤道士不入梦，弄珠神女能为云。
天上白榆侵桂树，枝间干鹊随鸦群。秋近骚人无限意，乘流东下吊湘君。

自姑苏取道吴兴将抵桐汭沿江舟中览眺漫作
[明]林枝桥
亭午发胥门，暮泊宝带桥。回首望荒台，风雨何萧萧。
忽见吴江塔，尖峭入云霄。江神鼓浪迅，伏怪谢阴骄。
村火倏隐见，橹音乍忽超。推篷一盱衡，烟光澹晚潮。

题陈顺虎东皋二首
其二　宝带桥
[明]黎遂球
曾眠宝带桥，醉弄太湖月。今日坐长虹，清寒彻毛发。

宝带桥
[明]王　鏳
碧虹跨平湖，远岫参差映。门影入波圆，五十三明镜。

宝带环桥
[明]彭孙贻
木兰船小片帆孤，雨外长虹断太湖。残月易圆还易缺，归舟何日下姑苏？

澹台湖
[明]彭孙贻
溪水遥分越，江流暗向吴。洞庭无限绿，半入澹台湖。

颂澹台灭明
[明]李梦阳
子游昔宰邑，邑有澹台公。非公不见宰，不径垂无穷。
身殁埋豫章，豫章乃城中。长松何寥寥，石墓坚且崇。
崩馆昼常阴，古松多悲风。丸丸拥墓藤，垂垂网户虫。
喧寂本异感，慨怃当何同！道伸固难灭，瞻睇摇晴虹。

颂澹台灭明诗一首
［明］王 直
高风千载动延津，还有孤坟楚水滨。微雨落花空白日，东风啼鸟自青春。
城隅故老看园树，亭下游人荐渚蘋。喜遇圣时崇庙祀，诸生何幸挹清尘！

宝带桥望震泽
［明］严 熊
北庙南桥自古称，吴中宝带尤擅名。桥头远眺到桥尾，游人历历如蚁行。
太湖三万六千顷，荡胸决眦无遁形。梁空洒水数百道，昼夜不舍声訇轰。
晴天气爽片云散，大圆神镜当空明。群山矗矗相对峙，层峦苍翠何峥嵘！
渔舟迷渺阔尺八，罾影落水光晶莹。有时烟云倏尔聚，迷离不辨东西程。
米颠画图差可拟，烘染妙笔踪复横。万安观海空骇魄，天津听鹃徒怆情。
何如此桥堪骋目，水天一色相逢迎。四时佳景俱可赏，就中尤胜秋蟾清。
何当携壶挈好友，洞箫吹裂蛟龙惊。车轮大翅白鹤掠人过，泠泠御风直欲凌瑶京。

宝带桥
［明］夏完淳
连天芳草青，极浦独扬舲。归雁舟前落，愁人梦里听。
花光明晓雾，波影乱春星。欲访灵威穴，孤帆入洞庭。

泛舟澹台湖
［清］秦应阳
借得青蓑上钓船，湖光潋滟浸春天。人行细雨轻烟外，诗在新浦弱苇边。
白鸟横飞山影破，紫鳞惊跃浪纹圆。苍茫渐觉村庄近，一点渔庵傍莳田。

过宝带桥望太湖
［清］吴邦治
碧空晴望极苍烟，水带长虹跨晚天。韵句苦搜吴甸外，好峰多在莫厘边。
争投落日澄潭网，响咽西风古树鹃。一尾鲐鱼双碗酒，绮霞红衬醉人眠。

舟泊宝带桥二截句，次西垣韵
［清］顾嗣协
帆影昏黄野烧红，四山落木卷长空。停舟不是贪看月，生性从来怕顺风。

虹垂环锁云低岸，烟冻长堤水拍桥。哀雁一声催梦醒，又听渔鼓落寒潮。

宝带桥
［清］屈 复
宝带一围值有涯，桥成波浪奠浮花。居人但看中秋月，闽越初开是汉家。

恭和御制石湖八绝句和王宠题周臣画篷头韵（选一）
［清］钱维诚
桥门五十又三强，偃水苍龙势翥翔。试问中秋看串月，何如春兴在濠梁？
宝带桥月映如串为串月，中秋多游者。

宝带桥夜泊
［清］蒋士铨
五十三轮月，清光一半弦。横空连断脉，卧影划长天。
暮雨吴歌接，秋镫估客眠。推篷看虹彩，明镜水中圆。

泛澹台湖
［清］钱大昕
解维鲇鱼口，落帆宝带桥。澄波杳无际，十里明青瑶。
轻帆出其间，快剪分生绡。烟开虹亭树，风动淞江潮。
水禽去又来，葭苇寒萧萧。缅怀浮家客，清标不可招。
临渊起余羡，且听榜人谣。

宝带桥
［清］沈景运
一曲骊歌有赠行，莳溪舟发晚风轻。前途烟水多吴地，回首篷窗远郡城。
客送云山传画景，桥称宝带系人情。计程千里从兹始，湖接澹台碧浪平。

雨中过宝带桥
［清］秦 瀛
宝带桥边水，松陵百里间。只看烟际树，不见湖中山。
孤榜沿流急，秋禽傍渚闲。垂虹南去路，枫落钓鱼湾。

宝带桥
［清］秦 瀛
横塘双堠只堠，古驿长亭短亭。宝带桥边经过，莫厘一抹遥青。

过宝带桥
［清］沈维基
胥门小住已连朝，到此何愁归路遥。双橹轻舠风习习，一灯前夜雨潇潇。
闻钟尚忆寒山寺，玩月无如宝带桥。转盼中秋佳节近，应添歌吹闹终宵。

过宝带桥
［清］苏 轮
一道长虹卧碧流，平桥分作两湖秋。怪他宝带无情甚，不系郎腰系妾愁。

眼见夫差又六朝,旧时遗迹总萧条。谁知五十三桥月,一倍扬州廿四桥。

宝带桥晚泊
[清] 吴锡麒

长虹影里唤停篙,万顷琉璃蹙浪高。渔父浩歌天欲暮,太湖轰醉客犹豪。
草根月入留虫语,树杪风行起鹭涛。如此秋光消受好,未应旅鬓感刁骚。

舟过宝带桥望太湖山色
[清] 陈文述

宝带桥横太湖口,万峰青翠随人走。历数桥洞五十三,一一明镜开尘函。
青山如眉复如黛,深浅镜中各有态。一镜才收一镜开,文君绛仙先后来。
又如倪黄妙笔分流派,幅幅林峦都入画。水立云飞走灵怪,青天真作虚堂挂。
我闻太湖三万六千顷,洞庭七十有二峰。峰峰芙蓉峰峰松,倒影湖底苍烟浓。
缥缈林屋吾未到,梦听石姥语石公。婿乡闻在莫厘下,山庄杳霭烟云中。
此是东南之巨浸,六郡灌输若汾沁。吴淞白茆久湮塞,蓄泄之宜谁所任?
我今放棹来吴江,尽收清气归篷窗。船头吹笛影山渡,江南山水真无双。

十一月十四夜泛舟过宝带桥对月放歌
[清] 沈学渊

采虹蜿蜒天不雨,风约纤云十万缕。金阊估船夜半开,仲冬二七月亭午。
吴淞太湖一发穷,直接清虚广寒府。乱星迸散五十三,一条玉带光斑烂。
初疑甄官井上现五色,又疑延津剑气双龙环。瞳神逼视射芒刺,但见其色或金或碧或朱殷。
青天仰可梯,碧海俯可镜。水精域里闻人声,时有大鱼出水听。
船头吹裂紫竹箫,换以铁笛声夐豪。水仙微步双手招,虾蟆一跃姮娥逃。
天风泠泠衣袂飘,夜深偷过红阑桥。我欲饷之以绥山之余桃,我欲醉之以鄠湖之香醪。
云是诸天玉女久相待,不许下界长逍遥。仙之来兮不可即,仙之去兮不可识。
采鸾曳尾青翛翛,飞阁凌空水天碧。安得琼思瑶想解开七宝囊,窜名八万三千匠人籍。
须臾看月月有魄,须臾把酒酒无力。摇醉百东坡,推开三太白。
米囊覆背冷如石,鼻涕横拖长一尺。

舟行过宝带桥,望太湖中诸山,用太白江上望皖公山韵
[清] 蒋敦复

出郭亦太好,湖空纳山气。船头青芙蓉,飞来解人意。
恨不携钓蓑,烟波是馋味。会探古洞天,书读灵威异。
茫茫带水横,鸥盟竟未遂。转棹入芦花,明月白于地。

宝带桥
[清] 王庆勋
路自三江入，奁开一镜明。虹光随岸尽，雁齿接堤平。
残雨拖云脚，轻风咽水声。此间垂钓稳，我欲结鸥盟。

澹台湖
[清] 施闰章
子羽善含章，耿介蕴雄略。高步薄诡随，栖遁蹑芒屩。
寥寥衡门内，弦歌时间作。中流怒双蛟，长啸气不怍。
挥剑复碎璧，慷慨何卓荦！宁知渡江来，音徽助文学。
古墓缅云烟，荒祠照城郭。洋洋湖波间，流风一如昨。

澹台湖
[清] 陆世仪
澹台湖水绿如油，宝带桥平匹练浮。好种碧桃三万树，年年花里作春游。

送韩仲常游武康
[清] 袁 藩
风急霜清木叶凋，江南微雪路迢迢。寒云雁度金山寺，明月舟回宝带桥。
长剑雄游增气色，短歌生计悔渔樵。余英溪畔时回首，好寄音书慰寂寥。

八月十八夕风雨歌
[清] 屈大均
去年八月十八夕，前年八月十八朝。宝带桥边观串月，钱塘江上弄惊潮。
今年此夕何萧索，秋雨泙澎沉月魄。万里银河水倒飞，千条瀑布天争落。
吹笛空为壮士声，何时一战似雷霆。沙场后夜逢明月，会有葡萄醉卫青。

少年游·吴江道中
[清] 李 符
记才两月别江湄，风景叹全非。巨浸沉田，野航入屋，农事眼中稀。
吾乡城郭前头是，贪看一帆飞。风送黄金，桥经宝带，也算壮游归。

一箩金·八测
[清] 龚翔麟
坠日红衔征雁影，两两三三，排不成鱼阵。宝带桥长经已尽，帆收八测乡城近。
小泊荒凉拼痛饮，雨洗金波，一片芦花浸。倦欲眠时惊又醒，萑苻夜火邻樯映。

串月歌
［清］顾嗣立

治平山寺何岩峣，湖光吐纳山动摇。烟中明灭宝带桥，金波万叠风骚骚。
年年八月十八夜，飞廉驱云落村舍。金盆山水耀光芒，琉璃迸破银瓶泻。
散作明珠千万颗，老兔寒蟾景相吓。鱼婢蟹奴争献奇，手挛桂旗吹参差。
水花云叶桥心布，移来海市秋风时。吴侬好事邀新客，舳舻衔尾排南陌。
红豆新词出绛唇，粉胸绣臆回歌席。绿蛾淋漓柁楼倒，醒来月在松杉杪。

宝带桥
［清］爱新觉罗·弘历

匪伊垂之玉有条，两湖春水绿如浇。印公豪敩苏公物，飞作吴中第一桥。

过宝带桥有咏
［清］爱新觉罗·弘历

金阊清晓放舟行，宝带春风波漾轻。孔五十三易疏泄，涨痕犹见与桥平。

浣溪纱·舟次吴门
［清］谭 献

五十三桥未是长，水流不断似回肠。弄风帆影过吴江。
玉枕啼痕犹昨日，翠楼人语已他乡。真愁强笑费商量。

一剪梅·怀人
［清］曾 廉

宝带桥头画角催，只送春回，未见人回。茜窗谁与倒金罍，红蕊花开，白芍花开。
云树葱葱拥石台，朝也徘徊，暮也徘徊。中庭寂寞长青苔，青鸟迟来，锦字迟来。

扑蝴蝶·送春
［清］曾 廉

万花锦绣，未必都成假。何心躲去，生憎飞絮惹。昨寻涧外山家，又过桥头酒舍。春情问消多寡。

春归也。送春人在，宝带桥边泪如泻。年年准拟，花时邀做社。不知为甚匆匆，慌了楼头霎姐，愁僵九江司马。

宝带桥
［清］佚 名

瑶台失落凤头钗，玉带卧水映碧苔。待到中秋月明夜，五十三孔照影来。

太湖小泊
[清] 悟霈
琉璃世界一尘无，水阔天空入太湖。五十三桥停桨望，月华浓处是姑苏。

过宝带桥
[清] 李超琼
澹台湖心暮烟起，澹台湖西暮山紫。长桥桥门五十三，叶叶归舟荡秋水。罱泥船小无遮阑，老农举首识旧官。正忧年丰尔难免，隔窗已见催租瘢。

忆江南·苏州好
[清] 沈朝初
苏州好，串月看长桥。桥影重重湖面阔，月光片片桂轮高。此夜爱吹箫。

八月十八日楞伽山看串月
[清] 徐崧
昔人所见更奇绝，宝带桥横作天阙。玉轮初出无纤云，六十二拱各一月。
注：这里的六十二拱是加了行春桥的九孔。

见宝带桥重修有作
[清] 徐崧
澹台湖在具区东，利涉全资宝带功。山对楞伽邀串月，塘连葑水捍冲风。石狮对坐行人过，水鸟群飞钓艇通。乱石圮崩谁再建，捐资直欲媲王公。

宝带桥
[清] 卜舜年
一片春帆杂野鸥，桃花随意着芳洲。洞庭山矮太湖阔，宝带桥中水乱流。

多丽·宝带桥
[清] 徐穆
施梦玉摄震泽，曾招宝带桥宴月之举，抚今追昔，情见乎词。

荡兰桡，湾环宛转长桥。剩西风，湖光万顷，参差吹出琼箫。疏烟抹、黛螺丫髻，冷云罥、莺胭舒翘。乙未亭边，松陵路畔，远山隐约画眉娇。长堤上，柳丝堪折，离思一条条。更休说，宾鸿尚未，去燕难招。

忆当年，尊前宴月，多情酒盏诗瓢。庾楼客，珠玑锦织；踏摇娘，绮席竹调。雁齿排连，蟾辉皎洁，三生梦里可怜宵。到而今，渚莲泣露，啼鸟总无聊。文园老，也应羞见，几度回潮。

宝带桥
[近代] 金天翮

长桥宝带横，挽路此频经。落日明官渡，垂杨隐驿亭。
一帆秋水白，七子远峰青。烟水无边际，渔歌入杳冥。

望江南·苏州好
[当代] 周瘦鹃

苏州好，宝带一长桥。五十三环环作洞，迎来送往万千艘，朝暮不辞劳。

卧波五十三环洞
[当代] 周瘦鹃

卧波五十三环洞，烟雨迷离数不清。恰如郎心难捉摸，情深情浅未分明。

题澹台灭明
[当代] 三清煊公

貌遗子羽叹孔丘，沧海岂能斗计流。识俊何须攀宋玉，辩才还必让言游。
幸亏齐鲁嫌南客，便有金乡谧宋侯。昌赣儒风缘始盛，钟陵易县善名留。

西江月·宝带桥
[当代] 陈其虞

五十三孔圆俏，澹台横卧长虹。碧波玉带太湖通，桥下舟船影动。
九百多年长史，繁忙航运相同。古今游客乐融融，信步回眸如梦。

咏宝带桥
[当代] 李全男

古运河前飞鸟舞，澹台湖口碧波涛。舟漕悠远水泾曲，纤道绵延石级牢。
福祉黎民各载奠，兼优良吏万年褒。名桥精品扬中外，方寸乾坤世代豪。

澹台湖
[当代] 潘君明

孔门高足傍湖居，结草为庐勤读书。日赏湖光夜赏月，一心苦学度桑榆。

宝带桥
[当代] 潘君明

澹台湖水逐浪高，代代纤夫水浸腰。幸有好官捐宝带，长虹静卧压惊涛。

二、文选

记游宝带桥书付筠
[清] 宋 荦

康熙三十四年七月十五日午后,与族子塈,儿致、筠,孙韦金,族孙钤,出盘门,泛舟至宝带桥。

桥迤逦五十三洞,长以尺计者八百七十有五。相传唐刺史王仲舒粥宝带助建,桥因以名。其右为震泽,左为澹台湖,一望沵淼。

维舟步桥上,时日将落,楞伽、灵岩、阳山诸峰,如积翠浮水面,余霞散绮,映带其间。顷之,圆月东上,烂如银盘,与波荡漾,俨然金碧图画。渔人网得白鱼,呼奚奴买之。坐船头煮鱼小饮已,复登桥,徘徊微风清露中。流萤闪闪作团,飞入稻畦。欸乃之声隐起,别浦数月以来,此乐得未曾有。

归途,倚舷望月华。抵署,漏下二十刻矣。拟作诗纪游,而吟兴不属,聊书此付幼子筠,仿东坡例也。

录自道光《苏州府志》卷一三六《集文六》

宝带桥石亭
钱玉成

宝带桥在苏州城区东南、大运河西岸的玳玳河上。自隋炀帝开凿北起洛阳、南至杭州的大运河后,这运河就成为贯通南北的水上交通大动脉,极大地促进了南北经济的交流。

但在苏州城南澹台湖一带,河水因受太湖宣泄之水的冲击,大流量地涌入大运河内,"风涛冲激,不利舟楫"。宝带桥就是为减缓急流而建。史志记曰:"唐代苏州刺史王仲舒始作巨堤障之,以为挽舟之路。然河之支流实为澹台湖水断堤而入吴淞江以达于海,堤不可遏,桥所由建也。仲舒鬻所束宝带,以助工费,因以为名。"宝带桥落成于唐代元和十年(819)。

宝带桥的设计者,根据太湖进泄水量大、漕运繁忙的特点,构筑了多达53孔的平坦而宽阔的长桥,这特别适合挽舟拉纤,使古来纤夫深受其利。1956年10月,被列为江苏省文物保护单位。

宝带桥石亭在桥的北堍,与宋代五层石塔相邻。石亭方形,基台边长4.32米,亭身由4根宽为0.32米的方形立柱构成,其上擎起歇山式的亭顶,亭顶脊两端立蛟龙,檐下额枋和龙柱上,置以形如斗拱造型的块石。全亭为石质仿木结构,通高6.13米。石亭朝东面向运河,亭的中央置《宝带桥重修记碑》,碑高2.06米,碑为1989年苏州市人民政府立。石亭呈敞开式,仅南北两面有高约50厘米的石栏杆,似为供旅人坐憩。建亭材料也为坚硬素雅的金山石。

此石亭始建于何时,史无详载。但因宝带桥下水流汹涌湍急,桥堤屡遭冲圮,历史上屡损屡修。史志载宋绍定五年(1232)、明正统七年(1442)、清康熙十二年(1673)、同治十一年(1872)均于遭损后修整。按封建时代惯例,修竣之时都立碑记事,其中最明确的是《吴县志》载:"同治十一年(1872)工程局重建,北堍建碑亭,有张中丞树声碑记。"可知这石亭是为立碑而建,是为碑亭。唐代元和年间宝带桥初落成时,似也应有碑及碑亭,但无存。据今存石亭之构件形制、保存状况和加工水平看,此亭既非唐代也非明代之物,似为清末民初之物。

此石亭虽属碑亭，但就其亭的演变和所处位置及构造之简朴而言，还有路亭的功能。它位于交通要道的桥首路边，桥颇长，有一华里以上，似应为纤夫和南来北往行旅人员的歇脚、避雨和纳凉之所。同时，在河、桥、路这样长而平的景带中造一石亭，也起有打破单调、丰富景观的作用。

现在，沿苏州古城的运河已经改道，河水改由宝带桥北面的澹台湖中通过，再转入原运河河道。宝带桥及石亭、石塔，则都已列入新建的澹台湖公园的范围。

录自1999年6月上海文化出版社《苏州古亭》

水乡泽国桥文化（节选）

邓　愚　邹志一

吴中大地，湖荡棋布，河港纵横，素有"水乡泽国"之称。开门见水，非舟莫渡；举足有河，非桥莫过，于是古人写下了"君到姑苏见，人家尽枕河；古宫闲地少，水港小桥多"（唐杜荀鹤）的诗篇。小桥、流水、人家，便是吴地给人最深的印象。

数千年来，吴地人民为了适应和改造自然，因地制宜，建造了数以百千计、类型各不同的桥梁。这些桥构造新颖奇特，文化内涵丰富多彩，形成了令人瞩目、独具一格的吴地桥文化，并成为整个吴地文化百花苑中一朵鲜艳夺目的奇葩！

在中国桥梁史上占有独特地位的吴地名桥，则是宝带桥。它侧卧于古运河畔，横跨澹台湖口，是贯通江浙陆路古道和宣泄太湖之水出海口的重要津梁溢口。桥始建于唐元和十一年至十四年（816—819），传因唐刺史王仲舒捐宝带资助建桥而得名。全长317米，由53孔连缀而成，两端孔脚间长249.8米，北端砌驳引道23.2米，南端砌驳引道43.8米，桥面宽4.1米。桥堍为喇叭形，下端宽6.1米。桥两端所存石狮、石塔为南宋时物件，明朝正统十一年（1446）的桥形就是今天的式样。

宝带桥是大运河边的一座纤道桥，是隋唐日益发展的漕运事业的产物。元朝僧人善住经过此桥时，写下了这样的诗句："运得他山石，还将石作梁。直从堤上去，横跨水中央。白鹭下秋色，苍龙浮夕阳。涛声当夜起，并入榜歌长。"既然是纤道桥，就不必用吴地常见的石拱桥，因而建成小跨径（最小的仅3米余）、多孔、狭长、平坦的桥型。同时为使较大的船只能通过，主航道上有三个大孔；其他的孔则为了宣泄澹台湖的水流，桥墩做得狭窄。在工程技术上，全桥多采用柔性墩，一孔受载，波及相邻数孔，以代替冗长的堤塅；同时减轻桥身的重量，而在桥中间27—28孔之间建造刚性墩（由两个桥墩并立而成）。上面还置放镇妖石塔一尊，成了可靠的屏障，这样便可以防止多孔桥的连续倒坍。这种刚性墩，因它能承受单向拱推力，亦叫单向推力墩。这种一桥采用柔刚墩结合的技术是桥梁技术史上的一个重大成就。在吴地采用这种桥墩的还有建于宋淳熙十六年（1189）的九环洞桥——石湖上方山行春桥。现在建造多孔拱桥时，每隔3—5孔必建造一座刚性墩，就是吸收了古人的技术。

宝带桥的砌拱法也比较特殊，它既不同于赵州桥的单拱拼合，又不同于卢沟桥的条石弧砌，而是采用集两种优点的"多绞拱"方法。宝带桥桥跨（最大跨为6.95米）与墩宽比为11.6∶1，从而使桥下泄水面积达到85%，居世界古拱桥的首位。古罗马及欧洲的古石拱桥都采用厚墩，如13世纪初建成的英国老伦敦桥，桥跨与墩宽的比竟达1.3∶1，阻水面积大，桥型显得笨重。直至18世纪法国桥梁大师贝龙从理论上证明桥跨与墩厚比可以大到12∶1—10∶1，欧洲才出现薄墩桥，但是仍然不及宝带桥桥墩薄。宝带桥结构之精巧，为古代桥梁史上所罕见。

宝带桥于1956年公布为江苏省文物保护单位。1962年5月，邮电部曾出一套4枚古桥邮票，宝带桥就是其中的一枚。1993年，又列为全国重点文物保护单位，与赵州安济桥、北京卢沟桥等合称为中国十大名桥。

录自1994年9月中华书局《吴地文化一万年》

澹台湖畔好风光

陆复涮

像缎带，似碧玉，一湖柔波的澹台湖镶嵌在吴县市城区之中……

据《吴地记》载："孔子弟子澹台灭明，字子羽，宅陷为湖，湖侧有坟。"澹台湖的得名看来与这位孔子的弟子有关。

澹台湖与我家乡仅一河之隔，小时候，我就无数次地投入到她的怀抱。记得我小时候的澹台湖，水像天一样蔚蓝，湖上有渔船，岸边是荷塘。那时，我只知道澹台湖很美、很神秘，因而常常瞒着大人，跟大孩子上渡船，去那里看来往的风帆，到运河边数宝带桥的桥洞……

如今，随着改革金风吹动，澹台湖四周沸腾起来了：遍地筑路、造桥、盖房。这片紧挨苏城的热土正日益走向壮美。

怀着深深的眷恋，近日我又重游澹台湖。

我在湖北桥头公园小坐片刻。在那五十多亩依街傍水的绿地上，鲜花、草坪赏心悦目，亭廊、喷泉相依相偎；游乐设施新奇，老人、孩子在此欢娱无比……

来到湖西长桥，这里舟行桥下似梭，车奔桥面成流；放眼看，路路花簇簇，街街洁齐美，抬头见东吴雄塔刺空、幕墙闪烁……

我徐步踱到湖南小区观赏，但见公寓新颖、别墅一流，商楼厂房拔地而起；道路成了网，灯盏挂路旁，车站、学校、菜场围着碧波竞争辉……

当我站在湖东古桥凝望时，感觉这里集喧闹、幽静于一体：东边的古运河、北面的新运河河水汩汩流淌着，建设中的东环路长浜大桥正日益显示出它那雄伟的身躯……

宝带桥仍像长虹般地横卧在河上，优雅而静幽。那一连串的环洞似在向驻足的人们诉说自己的故事：一百多年前，外敌曾把三十多个桥孔毁塌；十年动乱时，狂热者恣意在此糟蹋；那时，清风、明月在这里也呻吟不止……

一阵煦暖的杨柳风把人从沉思中叫醒过来。湖西面那幅光闪闪的画面又展现在了我面前：高楼幢幢立，公寓成了片，高耸入云的东吴电视塔俯视着建筑工地上的井架，起重塔不断地上升……

澹台湖面上荡起了温柔的涟漪，我想眼前这片绿水和远处淡淡的青山，定将随着全市人民的前进脚步而日新月异。

"澹台湖水绿如油，宝带桥平匹练浮。好种碧桃三万树，年年花里作春游。"这是清陆世仪笔下的澹台湖。

数年之后，我还想趁着桃红再去那里畅游，那时候，她又该是副怎样的娇模样呢？！

录自1996年6月《吴县报》

澹台湖上白鹭飞

陈永兴

日前清晨起床后,我突发去澹台湖公园走走的念头。于是,沿着迎春路一路向南走去。

走过嘉宝三期住宅区,一阵清风迎面扑来,我漫步走上澹台湖大桥,顿时,一幅绝妙的风景画出现在面前。

东边天空布满了淡淡的红霞,逆光向东望去,远处绿树葱郁的湖心岛和隐约可见的宝带桥在水雾中显得有点深沉和朦胧,仿佛一幅黛色的水墨画一般,浓淡相间,耐人寻味。偶尔有一两条运输船从黛色的画面中那发亮的水道里驶出,由远及近,由模糊及变得清晰,在平静似镜的湖面上犁出一道"人"字形的泛着白沫的波浪来。于是,本来平静的湖面上波涛开始涌起了起来。也就在这时,湖面上瞬间变得热闹了起来。无数只白鹭不知从什么地方突然飞了出来,并在湖面上和驶过来的运输船舷边上下翻飞开来,似乎是因为对远方来的客人无比欣赏,抑或是以此来表达对远方来客的热烈欢迎,从而使整个湖面变得蔚为壮观……

面对眼前的情景,我不禁停下脚步,站在桥栏边尽情地观赏了起来。

渐渐我发现,其实那上下翻飞的不仅仅是白鹭,其间还夹杂着不少灰褐色的苍鹭和大雁,也少不了其他的一些小鸟。

细看湖面上,还有不少野鸭也在波涛中随波逐浪觅食戏耍,其中有两只野鸭还蹲在湖面中贴水的树枝上东张西望,欣赏着那些东来西往的船只,并露出一副悠闲自得的样子。

可见,这些鸟儿已经熟识了这里的环境,习惯了这里的生活。

我一边尽情地欣赏湖中的美景,一边又把目光慢慢投向了岸上。

湖的南岸,就是我要去的澹台湖公园。从桥上最高处向园内望去,满眼都是绿,那高的是绿,低的也是绿;那深的是绿,浅的也是绿。满园的绿树成荫。尤其是那高大成片的枫杨树,在晨光中显得格外的青翠,呈现出一片盎然生机,圆大的叶子泛着淡淡的银光,在晨风中发出噼噼啪啪的响声,似乎在鼓掌欢迎。

旁边住宅区的粉墙黛瓦也都掩映在绿树丛中,并时而有几声婉转的鸟鸣声从中传来,一切显得那样的宁静和平和……

目睹眼前的一切,我渐渐地明白了这几年鸟类逐渐增多的原因。

我继续迈步从桥上向南走去,走进了澹台湖公园的大门。

门口那一片安装着各种健身器材的地方锻炼的人还真不少,单杠、双杠……样样器械有人在摆弄,而且都到了非常熟练的程度。然而,更多的人都有说有笑、精神抖擞地在快速行走。于是,我也加入到了这支快速行走的大军之中……

走了几个来回,我便从公园的北边走到了澹台湖边。其时,太阳已经从地平线上升了起来,灿烂的阳光照耀在湖面上,波光粼粼,金光闪烁。

我想,随着运河风光带和澹台湖周边建设工程的全面推进,澹台湖周边的生态环境、人文环境将会变得越来越好,人文吴中、宜居吴中将变得更加适宜于人们居住和生活,澹台湖的明天也一定会变得更加美好……

录自总第 15 期《东吴》杂志

长虹卧波宝带桥(一)

周苏宁

每次从苏州去吴江,经过宝带桥,我都会情不自禁地为这玉带般的古桥感叹一番。这是大运河畔的一座纤道桥，一千多年来它烙下多少纤夫沉重的脚印，谁也无法计算了。或许根本无人想过。因为在纤夫身影已无踪无迹的现代江南水乡，人们早已把这座奇巧多姿、玲珑剔透的古桥当作一件古代建筑艺术品来欣赏了。

宝带桥确实是我国桥梁建筑史上的一个杰作。它的桥身由53孔连缀而成，桥面平坦，仅三孔逐渐隆起，便于纤夫挽舟拉纤。桥全长316.8米，面宽4.1米，基本用坚硬素雅的金山石筑成。由于古代澹台湖是宣泄太湖之水的重要水口和贯通江浙的要津，因此在此建桥既要考虑通行，又要考虑泄洪。设计者巧于构思，桥身不用江南常见的又高又陡的石拱桥形式，而是建成平坦宽阔的长桥；桥身不用实体墩，而用几十个孔相连，这不仅减轻了桥的自重，有利于长桥永久保存，而且还增加了净空，洪水可以畅流无阻；最高的桥孔不仅可通行较大的船，而且使桥形富有变化，显得格外匀健秀美，与青山翠湖相互映衬，浑然一体，构成如画般的风景，把江南水乡点缀得更加绮丽多姿。

人们把它喻为"长桥卧波""鳌背带云"，只是从美学的角度去欣赏它，其实，它还有丰厚的人文历史更值得人们细细品味。唐代元和年间，苏州刺史王仲舒为了适应漕运事业的发展，下令广驳纤道，并立志要在古运河之侧造座长桥。但费用甚大，难以筹措，王仲舒毅然把束在身上的宝带捐出来。这一举动使当地一些士绅深为感动，于是也纷纷捐赠，终于筹足了资金，兴工建桥。历时四年之久大桥始告落成。人们为了纪念王仲舒的义举，就把这座桥命名为宝带桥。虽然已经一千多年过去了，"捐带建桥"不仍然具有现实意义吗？

古老的宝带桥有过辉煌，也有沧桑，清朝政府为扑灭太平天国运动，勾结帝国主义，进攻太平军。英国洋枪队头子戈登（曾参与英法联军进攻北京，并焚劫圆明园）悍然下令拆毁一个桥孔，结果造成北端二十六个桥孔连续倒塌，使这座名桥毁于一旦！抗日战争时期，日本侵略者也曾用飞机炸毁了南端六个桥孔。旧时的宝带桥就是饱经屈辱和苦难的中华民族的一个缩影，已濒于毁灭之境！不能让落后挨打的历史重演，这绝不是一句空头口号，宝带桥的历史已经明明白白地告诉我们……

新中国成立以后，宝带桥在能工巧匠的修缮下又恢复了夺目的风姿。1956年列为江苏省重点文物保护单位，1993年列为全国重点文物保护单位，与赵州安济桥、北京卢沟桥等合称为中国十大名桥。1962年5月，邮电部曾出过一套4枚古桥邮票，宝带桥就是其中的一枚。

宝带桥已成为苏州地区一个旅游观光胜地，许多中外游客慕名而至，流连忘返。特别是每年农历八月十八日，到宝带桥和石湖的行春桥看"串月"，是吴地由来已久的民俗。平时每逢月半，宝带桥53孔下便可以看到53个圆月，而八月十八日更为奇妙，横看月连月，竖看月如串，清褚人获《坚瓠集》所述，是日，月"从宝带桥外出，数有七十二，此横说也。或云，从葑门外饶溪港出，光影相接，望如塔灯，此竖说也。"近几年中秋之夜前往宝带桥看串月者成千上万，盛况空前。

我常想，宝带桥不仅是建桥史上鲜艳夺目的奇葩，不仅是旅游观光的胜地，更是一座很有史实价值的"历史之桥"，它把过去、今天、将来连接成一条"宝带"，让我们跨向21世纪的时候，创造更加灿烂的业绩。

录自1996年5月8日《吴县报》

长虹卧波宝带桥（二）

崔晋余

说到宝带桥，人们都说它是中国的一座古代名桥。

说到宝带桥，人们油然想到历代文人的题咏。

说到宝带桥，它那精湛的造桥技术和艺术，无不令人陶醉！

"苏州好，宝带一长桥。五十三环环作洞，迎来送往万千艘，朝暮不辞劳。"

周瘦鹃先生的这阙《望江南·苏州好》，把人们带到了评说宝带桥千秋的诗境和画境。

这座彩虹般的石桥，横卧在大运河和澹台湖之间。这里，离古城苏州的葑门仅六七里，是苏杭水陆交通所必经的路。

宝带桥始建于何年，又如何历经沧桑保留至今，《苏州市志》是这么记载的："（宝带桥）始建于唐元和十一年（816）。相传，由唐刺史王仲舒捐玉带助资创建，故名。宋绍定五年（1232）重建，明正统年间重修。当时记载称：'洞其下凡五十有三，而高其中之三以通巨舰。'"桥形一直保持至今。并说："清康熙九年（1670）大水冲圮，十二年（1673）重修。同治二年（1863），镇压太平军的洋枪队统领英人戈登下令拆去中间一孔，结果北端26个孔连锁反应崩塌。十一年（1872），重建复通。民国二十六年（1937）'八一三事变'日军飞机又炸毁桥南端6孔。1956年修复，1982年再度维修。"从这记载中可以看出，宝带桥始建于唐代，在迄今为止的1 180多年的岁月里，它屡经毁坏，又屡经整修，保留到现在，实在不易。由于宝带桥建筑技术和艺术的高超，所以人们把它和河北的安济桥、广西的程阳桥、四川的珠浦桥，并称为"中国的四大古桥"。1962年5月，邮电部曾发行一套4枚的特种邮票，其中就有宝带桥。由于这套特种邮票的发行，苏州宝带桥更是名闻遐迩。

宝带桥是我国现存古桥中最长的多孔石拱桥之一，计53孔，孔孔连缀，中间3孔略高，以便船只通航。从桥梁建筑上看，这样处理使宝带桥高低起伏，富于变化。53孔均呈半圆形券式拱。桥孔跨径大多在3.9米左右。唯有3孔跨径大至6.95米和6米，桥两端拱脚之间相距约249.8米。南端驳引道长约43.8米，北端驳引道长约23.2米，主桥总长317米。桥宽4.1米，桥堍两端原各有石狮一对，现南端一对保存完好，而北端仅存一只。北端另存有石塔、石亭各一座。桥的第27与第28孔桥墩间的水上亦有一座石塔，形制与桥北堍的完全相同，被誉为"姐妹塔"。

宝带桥采用柔性墩和单向推力墩（刚性墩）相结合的技术建造，故在技术上有其独到之处。柔性墩和刚性墩的并用，实是中国桥梁史上的光辉一页。

宝带桥由于匠师们的精心选址，精心设计，精心施工，所以造型优美，宛若长虹卧波，在建筑艺术上独树一帜，并为千百年来的文人骚客赞不绝口。元代高僧善住赋诗曰："直从堤上去，横跨水中央。白鹭下秋色，苍龙浮夕阳。"写出了宛若苍龙的宝带桥，在秋天的夕阳下，伴着落日的光辉，横卧在碧波荡漾的流水之中，犹如一幅绝妙的山水长卷，令人拍案叫绝。明人王宠诗曰："春水桃花色，星桥宝带名。鲸吞三岛洞，虹卧五湖平。"这更写出了宝带桥的雄伟气派。

每年的农历八月十八日，是苏州"宝带串月"的日子。是夜，阖城男女老少纷纷来到宝带桥。但见一轮明月当空，宝带桥下水中只有53个"月亮"连成一串，实在是好看极了。这就是苏州千百年来一年一度"宝带串月"的奇观。

宝带桥这座中国名桥，是江苏省文物保护单位，更是吴文化的点睛之笔。

录自2000年1月上海文化出版社《苏州古桥》

宝带桥
张文献

我认识的宝带桥是祖父告诉我的。那时祖父没有对我说这个美丽的名字，而是对我讲，它叫五十二三环龙桥。然而那桥的桥孔到底是五十二还是五十三？我一直感到神秘。

后来，我进城工作，偶然下乡或出差经过宝带桥，只能在汽车上伸长脖子探望，以满足一下眼欲；然而那种感觉却与我心中的宝带桥形成了一种差异，它根本显示不出如一些书上所说的气贯长虹。因此，一直试想着有一天抽空游览一下。遗憾的是这心愿终究未能实现。虽说我现在居住的龙桥小镇与宝带桥相隔不远，骑自行车也不过十多分钟，可随着时光流逝，却再也提不起那份寻访的热忱。

以后只要看到有关介绍宝带桥的内容，便会留神，以了却向往之情。近几年，听说那里成了赏月胜地，每年都有几万人自发聚集，这便增添了更浓的兴趣。

那晚是中秋节，我终于登上了这座古老的石拱桥，尽管天上没有明月，但欣喜之情流溢不止。那滔滔的运河水，南来北往长长的拖船鸣号声，似乎使我听到那一块块光滑的青石桥面、一个个几乎被压弯的桥孔分明在诉说着它们的往昔。一条布满杂草的蜿蜒纤道，让我看到一幅昔日的悲壮场面……宝带桥，你该沉睡了，你为澹台湖厮守了这么多年，你为太湖流泄了那么多洪水…你已经遍体伤痕，英国侵略军曾经拆毁过你，日寇曾经轰炸过你；然而你却依旧屹立在那里，眺望着远方。

走在长长的桥面上，清风徐来，我深深感到一份来自年少时的崇敬。那晚来的人很多，人们相聚这里，手持着闪闪的灯火，虽然天上布满云朵，但那地上的星火之情却越燃越炽。

一座桥拥有五十三个桥孔，经过千年风雨却依旧存在，这是一个民族的骄傲！

宝带桥，我心中的桥。

录自2007年12月百花文艺出版社《家住吴宫》

千年沧桑宝带桥　长虹卧波显神韵
谷　于

走在宝带桥上，就像走在历史的过道上，带着思索，走进你读不完的故事和传说里。

人类历史上第一座桥从什么时候开始建造无以考证。也许，最早意义上的桥只不过是一根木头，即所谓的独木桥，随着时间的推移，桥越造越长、越造越大。公元816年，当今世界最发达的北美大陆还处在一片蛮荒之时，一座精美绝伦的长长石桥就侧卧在古运河畔、澹台湖口。

隋大业六年（610），弑父篡位的隋炀帝在平定一次军事政变后，要下江南散心畅游，于是下令开凿江南河。从京口（今镇江）到余杭（今杭州）八百余里长的陆地，在数十万民工昼夜不息地挖掘下，不到一年成为黄金水道。江南河横穿长江入扬州，与北运河衔接直至洛阳。世界上最长的一条人工运河竟然在一个皇帝的游赏欲驱动下形成。只延续了38年的隋朝在两千多年的封建王朝历史中显得那样短暂，但大运河水却承载着南来北往的大小船只延续至今。

大运河的开通，极大地推动了中国的漕运事业。从此，富庶江南的"名、特、优"产品或为贡品或为商品经此源源不断运往北方。官船、商船川流不息，一年四季奔波在这条交通大动脉上，水上船头船尾鱼贯相连，岸上纤夫接踵成行。然而，当船队行至澹台湖口，一个三四百米长的缺口严重阻滞着漕船的行进速度，没有纤夫拉动的船只在当时是难以想象的。大小船只不得不拥挤在这里，只能像蜗牛一般慢慢地"爬行"。许多运送贡品的漕船因误了船期，受到了严惩，船家也受此牵连，有的被没收船只，有的被罚做苦役，哀号声在澹台湖上空回荡。

　　漕船就这样"蜗行"了200年，直到公元813年，刚刚到任的苏州刺史王仲舒立志要在澹台湖口造一座长桥。遗憾的是府库银两已被前任刺史们瓜分殆尽，筹建这座桥所需的大量银两从何筹集呢？两袖清风的王刺史只得解下腰间的宝带作为建桥的"启动资金"，随之而来的是众人云集响应，乐善好施的苏州人纷纷慷慨解囊。王刺史亲自监工，聘请了技艺精湛的石匠，历时4年建成了举世无双的宝带桥。

　　据有关史料记载，宝带桥宽阔平坦，便于挽舟拉纤，全长316.8米，宽4.1米，桥下53孔半圆形券式拱相互连缀，便于太湖水排泄入海。桥的孔墩下为木桩，桩顶置基石，上安放墩身，拱券的下端嵌在墩上预留的沟槽里，从建桥学原理来看，这种桥墩属于柔性墩，一孔受力波及全桥。为防止一孔坍毁而影响整桥的安全，我们的先辈们将桥北端起向南的第27号桥墩，改成由两个并立的桥墩，构成刚性桥墩。这些刚柔相济的桥墩，正好与现代物理学单向推力原理相吻合，使整座长桥坚如磐石。桥造好了，历代富有想象力的工匠们并不就此罢休，他们又精工细雕了四头形象威武、栩栩如生的青石狮，分别安置在桥的两端，在桥北建金山石碑亭及五级八面石塔各一座。石塔高4米，以整块青石雕琢而成，每面雕有佛龛，每穴中均立小佛像一尊，底座为正方形，饰以海浪云龙纹。为了使自己亲手建造的石桥能与世长存，匠人们又在宝带桥桥北与桥中安置了同样的石塔各一座，希望它们能像守护神一样保佑石桥的平安。

　　当纤夫的号子在宝带桥上响起，望着如长虹卧波、苍龙浮水的长长石桥，王刺史一定会为自己的义举感到自豪，他不会想到如今已成为吴中大地名胜古迹的宝带桥会在他身后的蹉跎岁月中历尽沧桑。我们现在所见到的并不是唐代的宝带桥，而是清同治十一年（1872）重建的遗物。

　　唐代始建的宝带桥支撑了四百多年，由于年久失修，至南宋已坍塌废弃。它的第一次重建在南宋绍定五年（1232），明代陈循在《重修宝带桥记略》中有"一度宝带桥坍毁，以建木桥而渡，过桥时有溺水者"的记载。在封建王朝改朝换代的战火蹂躏下，处在黄金水道上的宝带桥又屡建屡废，到了元代，宝带桥又成了一座长长的石拱桥了。

　　"运得他山石，还将石作梁。直从堤上去，横跨水中央。白鹭下秋色，苍龙浮夕阳。涛声当夜起，并入榜歌长。"

　　这是当时的僧人善住经过此桥时所赋的诗，从中可依稀领略唐代宝带桥的风韵。明正统年间，宝带桥再度重建，当时桥"长千三百二十尺，洞其下凡五十有三，而高其中之三，以通巨舰"，基本恢复了唐代的原貌。

　　封建王朝更迭换代至清朝终于走到了尽头，尽管皇太极以英武的雄姿开头，随后有"康乾盛世"的支撑，但由于与发展变化着的世界脱了轨，到了道光时，大清江山的基石已承受不住内忧外患的重压，宝带桥也在天灾人祸中沉浮。

　　清康熙八年（1669），江浙一带阴雨连绵不绝，吴淞江、浏河宣泄不畅，太湖地区洪水成灾，宝带桥遭此厄运轰然倒塌。地方官为了不使康熙下江南因看不到这座唐代名桥而大发雷霆，又赶紧加以修复，应急工程其质量是可想而知的。清道光三年（1823），又出了一位王仲舒式的地方官，捐资重修宝带桥，他就是后来成为中国近代史上第一个抵抗外来入侵的民族英雄——林则徐。当时他刚提升为江苏巡抚，在苏期间，他发动民工疏浚吴淞江、黄浦江，开凿太仓浏河古道，清理常熟白茆塘，光重修宝带桥一项就耗费白银6 670两，其中1 000两为其个人所捐，宝带桥又显昔日风采。

在宝带桥的沉浮史上，最大的一次打击却来自远隔万里的"日不落帝国"。道光三十年（1851）底，洪秀全在广西桂平金田率众起义，建号太平天国，不到十年苏南地区成了太平军的根据地。慈禧太后用"引狼入室"之法来平定"内乱"。于是，一艘船坚炮利的英国战舰悄悄驶入江南古运河，时间是1863年9月29日。英军头目戈登为了攻取苏州，准备偷袭驻守在宝带桥以西的太平军，但长长的宝带桥挡住了他的去路，于是他悍然下令将桥中间的大孔拆去。刚性桥墩一倒殃及其他桥孔，五十三孔圆拱连续倒塌了26个。自称来自"文明世界"的"文明人"竟然在一刹那野蛮地毁掉了一件中华民族的瑰宝。戈登在寄回英国的信件中作了这样的自白："这桥的二十六个拱洞在昨天崩塌了，有两人跌死，另有十余人在桥拱一个一个倒下时，拼命奔跑，才幸免于难。这桥的崩塌恐怕得归咎于我。"半个多世纪后，宝带桥再一次受到重创，桥南端的六个桥孔被日军飞机投弹炸毁，此时的宝带桥已是千疮百孔，惨不忍睹。大运河水在呜咽，为宝带桥，也为一个民族的消沉在哀叹。

新中国的成立，给中华民族立于世界民族之林带来了生机，也给宝带桥带来了生机。1956年国家拨款修建了这座破旧不堪的千年古桥，并被列为江苏省重点文物保护单位。1981年，江苏省文化厅拨款对宝带桥进行全面维修。五年后，由政府拨款，拔除在宝带桥上矗立了五十余年的电线杆。1987年京杭大运河实施改造，建于70年代距宝带桥20米之遥的205省道公路桥改线另走它道。1992年，大运河整修改道，为了保护这座古桥，从桥北切断公路桥，另开凿湖道，使宝带桥不再受行船的碰撞。今年，我市交通市政公路公司又成功地拆除了这座与宝带桥平行的公路桥。至此，宝带桥彻底恢复了当时卧波长虹的神韵，它与赵州的安济桥、北京的卢沟桥一起将永远载入中华文明史册。

三百多米长的宝带桥用一千多年的历史铺就。如今你如乘着小舟靠近石桥，这座吴中大地的历史名桥定会在你的脑海中铭上深深的印记。

录自1998年12月16日《吴县报》

天河乌鹊起　灵渚彩虹孤

张志新

分野表三吴，星桥控五湖。天河乌鹊起，灵渚彩虹孤。

这是明代一位诗人吟咏宝带桥的诗。它以充满画意的笔触，形象地描绘了这座名桥长虹卧波、鳌背连云的宏伟景象。

在见于典籍的三百五十多座苏州古桥中，宝带桥是最悲壮的一座。它位于苏州市东南六里，横卧古运河畔，衔接苏嘉古道，凌踞澹台湖上，是古代贯穿江浙的交通要道。

宝带桥初建于唐元和十一年（816）。传说因系"唐刺史王仲舒捐宝带助费创建"，故名。其建造同历史上的漕运有密切关系：由于江浙向为鱼米之乡，历代帝王都赖以为财赋重地。自隋炀帝开凿江南大运河后，江浙的粮食开始由水路源源不断地运往京都。至唐代漕运量最大时，年达四百万石。为了保证漕运的顺利进行，苏州刺史王仲舒广驳纤道"以为挽舟之路"，并在风急浪高的澹台湖口兴建了最初的长桥。此桥屡经兴废，历唐、宋、元、明、清五代，曾六次重建或重修，其中林则徐也主持过一次维修。

宝带桥桥身之长，桥孔之多，结构之精巧，在中外古代建桥史上是极为罕见的。元代僧人善住曾赋诗赞美："运得他山石，还将石作梁。直从堤上去，横跨水中央。白鹭下秋色，苍龙浮夕阳。涛声当夜起，并入榜歌长。"诗中所谓"石作梁""苍龙"，可证此桥在元代已是石拱桥。明代重建的宝带桥，"长千三百二十尺，洞其下凡五十有三，而高其中之三，以通巨舰"，基本上已是今桥的建制了。1793年，英人目睹此桥，惊呼为"世间不可多见之长桥""不可思议之建筑物"，赞叹之情，溢于言表。

解放后，宝带桥经1956年大规模修整，面貌为之一新。目前，长桥两端设有威武的石狮，北埭还有精致的石塔和碑亭；桥全长317米，多由坚实素雅的金山石筑成；桥下53孔连缀，以利舟楫，诸湖之水即使在洪峰期也畅通无阻。古宝带桥在工程技术上，也有不少可资借鉴之处。它使用柔性墩，代替了冗长的堤塊，减轻了桥重；建造单向推力墩，防止了多孔桥的连锁倒塌；它的砌拱法也比较特殊，既不同于赵州桥的单拱拼合，也不同于卢沟桥的条石弧砌，而是采用结合这两种砌法的"多绞拱"……这一切，都是我国古代劳动人民智慧的结晶。

美如长虹的名桥，倍添了澹台湖的秀色。每当晨雾初起，轻纱笼罩的水面上，波光离迷，桥影隐约，云帆缥缈，如入仙境。而当暮霭降临，长桥一带，但见余霞嫣红，细浪跳跃，搅起满湖碎金。而这里最美的景色，则是每年八月十八日之夕的"串月"奇观：是夜，皓月中天，月影恰同桥影相并，每一环洞各呈一月影，五十三个月影映于湖面，远望似一串明月，形成"五十三孔照影来"的迷人奇景。

为了便利南北运输，省交通厅于1972年在古桥旁建了一座多孔连翼的新宝带桥，古桥作为历史文物保存下来，供国内外游人观赏游览。从此，新老二桥骈卧于碧波之上，相映媲美，宛若双虹落到了人间。

录自2006年11月古吴轩出版社《吴地旅情》

难忘宝带桥

潘家炎

年少时去过宝带桥，曾步行在桥上写生作画，至今记忆犹新。那时宝带桥已不通行，只在石桥西边并行建有一座木结构的公路桥。公路木桥比石砌的宝带桥稍宽，但也仅够两辆汽车擦肩而过，因此在300多米的木桥上建有几个容纳人避让车的位置。至于后来什么时候又改成水泥大桥，我再也没有去过就不清楚了。留在我印象中的宝带桥有53孔300多米长，低低地躺在大运河的西边，跨越宽阔的澹台湖上，就像是一条玉带躺在碧波荡漾的河面上。

宝带桥位于大运河与澹台湖（太湖岔港）贯通口上，与运河平行，是苏州经吴江至杭、嘉、湖的必经之路。唐代时大运河沿河纤道在此中断，澹台湖面上遇风水急浪高，粮船滞集影响漕运。苏州刺史王仲舒于元和十一年（816），捐献官服玉带，募集资金造桥。桥的设计不同于一般的"垂虹架空"的拱形，而设计为"宝带卧波"之长堤。为了使得湖水宣泄通畅，又采用多孔、狭墩结构。自元和十一年（816）动工，历四年而建成。这桥建成既利国家漕运又利于民，因此历来受到好评。明代正统十一年（1446）又兴工重建，当年冬十一月落成，"洞其下凡五十有三，而高其中之三，以通巨舰"，也就是现今所见形式了。清同治二年（1863）英国洋枪队为镇压太平军，拆去中间大孔，致使北端26孔全部崩塌。抗日战争初期，日军又炸毁南端6孔，使得宝带桥千疮百孔，直至1956年才得以修复完整。1982年江苏省人民政府又拨款维修，桥貌焕然一新。宝带桥第14、第16两孔分别为6.5米，最大的第15孔为6.95米。这三孔的跨径加大，净空较高，可通过大型船舶。第13至第17孔间桥面隆起形成弓形弧线，桥面也逐渐升高。全桥其他各孔平均为4.6米；均可通航，桥的两堍接筑石堤，北堍长23.2米，南堍长43.8米，桥堍为喇叭形，并各有石狮一对，另有石塔、碑亭等。

  前几天一个蒙蒙细雨的早晨，我步行去了宝带桥。从石湖东路一直走，穿过正在建设的地铁工地，直走到大运河沿边。然后沿着运河边上一条叫宝南路的道路往北走。路的东面是运河，停泊着大大小小的从外地来的船泊。宝南路的北尽头就是宝带桥，那里现在是宝带桥社区办公的地方，路北一扇大门挡住去路，大门的边上开着一扇小门，可以自由出入。走进小门宽阔的河面就呈现在面前，一条久违的石板平桥依然如旧，只是过去的公路桥已经被拆，剩下一排桥墩。

  走上宝带桥，头脑中依稀是过去的印象：雨丝如织，运河中一条条远航的木船，一长串的纤夫穿着草鞋弓着背在拉纤。纤夫们的蓑衣斗笠挡不住风雨阵阵，宝带桥的石板上留下了纤夫们的足迹。而或风和日丽天朗气清，远方的游客驻足桥上欣赏湖光山色。或许是明月当空，士农工商簇拥桥上观看宝带桥串月。这一切皆成过去，只留下风月宝带，石狮经幢。如今古老的宝带桥，逐渐淡出了人们的视线，偶然出现几个村民来此烧香。往事越千年，唐宋元明清，只有桥前的一对石狮子依然无恙，风雨已经磨蚀了他们的外貌，变得如此的浑厚和粗犷。北桥头一个古老的石经幢一千多年来保护着来往士农工商、文人墨客的旅途安全，自己反落得个残破不全。经幢是一个八面五层的石雕群像，至少有40个石雕的佛像，而且形态生动，造型各别。经幢的旁边是一座石亭，古代可能就是给往来的旅客和纤夫休息的场所，现在里面竖立着一块《重修宝带桥记碑》。

  宝带桥的北面是一块空地，村民在那里造了一座澹台子祠暨太太庙，供奉澹台灭明、太太等。澹台灭明就是孔子的学生，宝带桥就建在澹台湖上，供奉澹台灭明顺理成章。

录自2017年1月苏州大学出版社《足迹下的苏州》

赏月宝带桥
叶正亭

  中秋赏月。苏州赏月佳处很多，出名的是石湖，石湖在横塘，上方山下，那里有行春桥。网师园也不错，彩霞池居中，四周都可坐下赏月人。

  其实，所谓赏月佳处，有水就行，所谓：天上一个月亮，水里一个月亮，天上的月亮在水里，水里的月亮在天上……

  水中赏月，理应以宝带桥为最。

  宝带桥位于姑苏城南，与大运河平行。在相当长的年月里，苏州与杭州两座名城之间的"天堂之旅"，主要交通工具便是船。那时候物价低，20世纪80年代初，一张坐票只卖2元，卧铺票也才4元。客船是晚间行驶的，苏州与杭州对开，一夜在船上，天亮便到

第三章　澹台湖·宝带桥

达了天堂的另一半。乘船的旅客个个喊合算，尤其是外地人，夜间坐船还省掉了旅馆费。经济拮据的年代，人都特别会算账，精明得很！

　　船从苏州南门轮船码头出发，大约行驶半个钟头光景，就可看见宝带桥的倩影。此时，天近傍晚，景色朦胧，宝带桥好似一位拉起了薄薄面纱的神秘女郎。此时，船上乘客大多要涌向甲板，亲自数一数宝带桥究竟有多少个桥孔。有趣的是，几乎没有一个人数得准确，有说五十二，有说五十四，老苏州甚至有称它"五十二三环桥"的呢！于是，杭州回来路过时再数，机会错过的还要打赌，礼拜天结伴骑了自行车到桥边去数。

　　宝带桥的桥洞当然是五十三个，俗称"五十三孔桥"。这座桥有点历史，有点故事，也有点地位。

　　先说历史。宝带桥相传始建于唐，屡冲屡毁，屡毁屡建，明正统十一年（1446）重建，建成了今天的式样，以后的历朝历代都有重修，唐、宋、元、明、清五个朝代，重建重修共六次，其中有一次还是林则徐主持维修的。今天的宝带桥基础是明朝，称其为明桥应该是不错的。

　　再说故事。为什么桥名为"宝带"？相传在唐朝时，那一带水流湍急，老百姓摆渡经常出事，众议要造座桥，但资金不足，时任苏州刺史的王仲舒率先垂范，解下自己的腰带为造桥募集了第一笔资金。桥造好后，百姓为纪念他而如此命名。

　　再说地位。我见过这么一段文字，称：宝带桥桥身之长、桥孔之多、结构之精巧、造型之秀丽，为中外桥梁史上罕见。它是中国今存桥孔最多、桥墩最薄的石拱桥。凡事只要连带几个"最"字，那一定就有地位。可不，宝带桥上了国家名片！1962年，中国人民邮政出了编号50的一套4种特种邮票：宝带桥列入其中，其他三座桥分别是：安济桥（又名赵州桥）、珠浦桥、程阳桥。宝带桥可以与我国现存最著名的古代大石拱桥——赵州桥相提并论，可见其地位着实不低。

　　宝带桥赏月，最大特点是同时可以看到天上、水中的五十四个月亮！的确是一个很好的卖点，为此，我有过一次宝带桥赏月的经历，虽迄今已有些年头了，却记忆深刻。

　　那一年，我在交通部门工作。中秋节，报社的记者要写"中秋赏月"纪实，请航道处派了只小汽艇去宝带桥实地采访，邀我同行，我自然十分乐意。

　　汽艇上，航道处同志准备了水红菱、柿子、砀山梨、月饼、西瓜子等。看得出来，准备这几样吃食的一定是个"老苏州"。苏州人过中秋也是件大事，早上要吃桂花糖芋艿，芋艿系太仓产的红梗芋艿为最佳，一烧就酥，但苏州人在烧糖芋艿时还是习惯放一点点食用碱，一是催酥，二是添色。指甲爿大小的一块食用碱将芋艿汤逼得紫酱红，令人赏心悦目。入夜，天井里摆张小圆桌，红菱、水果都是配角，主角自然是月饼，而皮酥的苏式月饼，以"稻香村"最为出名，馅心名目繁多，椒盐、玫瑰、豆沙、麻蓉……我最爱吃的是百果。一杯碧螺春茶是少不了的。一家人团团围着，谈谈吃吃，不时地抬头望月，听父母讲那过去的故事。我的父亲年年都会嘀咕一副对：月月有月，世间只赏中秋月；人人是人，人间偏重富贵人。自说自话，唏嘘一番。我们小孩子也不去理会，自顾剥着红菱吃。

　　汽艇在宝带桥附近停靠，一席人拾级而上。那是我第一次走上宝带桥，长长的辅桥，还有一对石狮子龇牙咧嘴做警卫状，桥面很平伏，不宽，我用脚丈量过，约四米左右，桥用花岗石建造，看似粗糙，其实坚固，走着也颇有质感。石缝里长满了野草，很有点乡村野趣的意味，难怪来了这么多大学生，十几个一堆，都围着圈唱歌、跳舞，还燃起了小堆的篝火，在等待着五十四个月亮同时出现的壮景。

造桥的本意是让人走，起着摆渡的作用，而像宝带桥这样与河道平行的古桥，在旧时还起着纤道的作用。为了保护古桥，不让古桥成为主行道，20世纪70年代，苏州市在古桥西侧修筑了一座公路桥，这样，既大大减轻了古桥的负荷，也可让更多的游人从陆上一睹宝带桥雄姿。

宝带桥美，但真正在桥上走是体会不到的，只有在船上，或是在公路桥上看，才能感受到桥孔连缀所带来的视觉冲击力，感受到宝带桥由于桥墩精薄、轻巧所产生的结构美。我曾听桥梁专家讲过宝带桥在设计上的独特之处，说它在工程技术上使用的叫柔性墩，可以防止多桥孔连锁坍塌。它的砌拱法也独特，既不同于赵州桥的单拱并合，也不同于卢沟桥的条石弧砌，采用的是集聚两者之优的"多绞拱"，这在古桥建筑史上是十分罕见的。在这样的古桥上漫步，不是诗人也想吟，吟诗可以帮助人进入意境，加深对所处美景的理解。写宝带桥的诗句，历朝历代，可以说是太多太多。假如把中秋月下走宝带桥看成是一幅画，那么，配这幅画的诗，我以为用瘦鹃先生写的最有情趣，他的大作是："卧波五十三环洞，烟雨迷离数不清。恰似郎心难捉摸，情深情浅未分明"。哈哈！不愧是"鸳鸯蝴蝶派"的鼻祖，任何事物都能转化为情啊爱啊的喻体，而且是那么的贴切。吟着周瘦老的诗，细看月光下的青年男女，很是感慨，时代不同了，爱，却是永恒主题，眼下，爱的火焰把一张张青春的脸映照得是那样的生动……

宝带桥可以同时看到天上、水里的五十四个月亮，说实话，我一直觉得只是一个卖点，至少我是从未真正亲眼见过的，那些在桥上的年轻人也是不可能见着的，跑到公路桥上是反向，因此也是绝对见不到的。从理论上讲，在运河上看是唯一的可能，而那次我们乘着汽艇去，机动性大，灵活性强，是最能实现梦想的一次，但听说要等到子夜时分，船行在运河中央，等月亮走到某一个角度时，能见到每一个桥孔里映出一轮圆月的画意。可惜，我们那一次，记者带着小孩，夜深风大，怕冻着孩子，船老大又一个接一个打哈欠，脸渐渐拉长。算了，报社记者下令打道回府。

以后，我虽多次去过宝带桥，但从未在中秋之夜，更没有乘汽艇去的福分。失去了，永远不再回，倒是给想象提供了无限空间。

录自2015年5月广陵书社《苏州诱惑》

宝带桥凌波见匠心
吴县文管会

历经沧桑的宝带桥，像一条长龙踞卧于碧波荡漾的运河侧畔、澹台湖口，不仅肩负南北通衢，古来纤夫旅客深蒙其利，且造型精致，为祖国河山增妍添媚。我国古代的能工巧匠曾为建造这一座具有江南风格的名桥煞费苦心。

桥南北两端立脚于岸边的巨大桥台之上，52座桥墩屹立于水中，支承着河上各孔。建桥者没有砌筑宽而且厚的庞然大物——实体墩，因为这样做会阻碍泄洪，同时势必费工耗料，并增大墩身的自重，对地基不利。宝带桥的桥墩采用了木桩，桩顶置基础石，其上安放墩身，拱券的下端即嵌在墩上预留的沟槽里。桥址接近湖口，河底土壤较弱，采用桩基础将上部结构的重量传到较深处承载能力较强的地基上，保证桥墩的可靠性。今天在桥梁工程中经常使用各种材料制成的桩，技术当然比当年先进得多，但这些新技术还是由宝带桥这一类桩基发展起来的。

宝带桥采用的这一类桥墩易于变形，属于柔性墩之列。只要一孔的拱券上承受荷载，就要牵动两边的桥墩产生变形，从而把力和变形传到其他各孔上去。一孔受力波及全桥，连续拱桥（简称连拱桥）的名称即由此而来。在正常的情况下，连拱的桥墩两边都受到从拱脚传来的水平推力，两者方向相反，大小相等或相差甚微，不致将柔性墩推倒。但在意外的情况下，如有一孔坍毁，和它相连接的两个桥墩就要失去均衡，出现倾毁的危险，并酿成连锁反应，严重时甚至引起全桥尽毁。连拱桥的建造者为了减少倒塌的孔数，将一个或若干个桥墩修筑得比其他各墩坚强得多，在某些孔因故倒坍时，这些墩能抵抗单向推力，对其他若干孔起保护作用。今天建造连拱桥就常常设置这种单向推力墩，也可称制动墩。极为难能可贵的是：建造宝带桥的古代工匠早已掌握了连拱的特性，采用了这种科学的方法。宝带桥从北端起的第 27 号桥墩是由两个桥墩并立而成的，它就是单向推力墩。戈登在与太平军作战时，拆掉了宝带桥最大的一孔，结果使一侧 26 孔全部倒坍，造成严重损毁，但在单向推力墩以南的 26 孔却安然无恙，未受波及。原来是单向推力墩成了南部 26 孔的可靠屏障。从这个事实充分看出宝带桥单向推力墩的重大功能，更重要的是可以看到单向推力墩的建造者——我国古代能工巧匠的惊人智慧。

宝带桥各孔都属圆弧，接近于半圆形，孔高与孔径之比（称为矢高比）接近于 1/2，属于陡拱。陡拱的拱脚对桥台桥墩所施的水平推力较小，对桥台桥墩有利。不仅如此，陡拱的桥孔下净空较大，便于行舟，也利于流水。从造型方面说，桥孔本身与水中倒影均为半圆，实虚相接，合为整圆，波光粼粼，秀丽异常。

宝带桥各孔的孔径、孔高互有参差。从北端起的第 1 孔至第 10 孔和第 17 孔至其南诸孔的孔径自 3.9 米至 4.1 米不等，孔高各约为孔径之半。第 14、15 与 16 孔高于群孔之上，其中第 15 孔孔径 6.95 米，孔高 3.5 米，为全桥之巅。此三孔的设置，为便于官船通行。这样处理，比之全桥皆用高宽之孔要合乎经济原则，且使桥形变化多姿，无单调之感。

从拱券的构造来看，宝带桥也反映了中国古代桥工的杰出。拱券是由一条条弧形的版拱石并列砌筑而成，版拱石的端点之间设有横向长铰石，版拱石两端各琢有石榫，插入长铰石上预留的榫眼，互相结合。榫眼较石榫略大，结合不是紧密的。榫在眼中容许有微小的移动和转动。这种长铰石的作用可以近似地比为铰链，版拱石之间可看成铰链式的连接。宝带桥这一类拱券，后人将它归类到多铰拱。多铰石拱桥有一种独特的优点。当拱桥发生温度变化、基础沉陷或承受不对称的活荷载（车、马、人群等）时，各条版拱石的石榫能在长铰石的榫眼里作微小的运动，自动对拱券的形状作微小的调整，使拱券的受力有所改善。多铰石拱桥的力学特点在一定程度上好似倒置的悬索，悬索是能随荷载而变化其形状的。但多铰石拱桥也有悬索桥那样的缺点：刚度不足，车马行人过桥易生摇晃。可是，多铰石拱桥的这个缺点是受到限制的。宝带桥全桥筑有直立的边墙（撞券石），其砌法：每层水平条石之间砌放一块长的横条石（横锁石）伸进填料内部，伸入部的表面做成锯齿形，借填料与横锁石之间的摩阻力来阻止边墙向外侧鼓出。边墙、填料除了能起支托路面的作用外，还多少有助于增加多铰石拱桥的刚度。

历史上留下来的珍贵的宝带桥，已不能满足今天祖国蓬勃发展的社会主义交通事业的需要了。老宝带桥现在主要是作为省一级的历史文物保留了下来供广大游人游览，并经常接待外宾参观。1971 年 9 月江苏省交通局在老宝带桥近旁动工建造一座新宝带桥，翌年一月竣工通车。建桥工人、技术人员看到宝带桥为江南水乡习见的半圆拱桥，多孔联翩，狭长如带，倒影水中，实虚交映，分外多娇，在造型上可供借鉴，故确定桥型为我国建桥工人新创的富有民族特色的双曲拱桥，由9孔（每孔24米）连缀而成，矢高比为1/6。从此新老宝带桥骈卧于明镜之上，相互衬托，并增秀态。今天行人过此，观览"双桥落彩虹"的丽景，内心不禁深赞古今桥工前后媲美的聪智匠心。新老两桥都显呈虎踞龙盘的雄姿，但毕竟是"虎踞龙盘今胜昔"，新中国的建桥事业还将日新月异地飞跃向前。

录自1985年3月《吴县文史资料第2辑》

宝带桥倒塌之谜
胡金楠

苏州葑门外的宝带桥，横架在古运河与澹台湖之间的河口上。桥总长317米，共53孔，每孔长一般为3.9米，桥身宽4.1米，两端宽6.1米，筑桥材料以花岗石为主，杂以石灰石、武康石，这是历代多次修造的见证。桥上有石狮、石塔、碑亭。宝带桥桥孔之多、桥身之长、结构之精巧，在中外建桥史上是罕见的，它与赵州桥、卢沟桥等合称为中国的十大名桥，1956年被公布为江苏省文物保护单位。

宝带桥始建于唐元和十一年（816）。《苏州府志》载："唐刺史王仲舒鬻宝带助建，故名。"南宋绍定五年（1232）重建，以后又屡修屡废，一度还搭建木桥以渡，元朝时重建成石拱桥，明正统年间再度重建。明陈循写的《重建宝带桥记略》中，桥"长千三百二十尺，洞其下凡五十有三，而高其中之三，以通巨舰"，其结构与规模与今天的宝带桥基本相同。清康熙九年（1670），又为洪水冲圮，三年后修复。道光十一年（1831）由林则徐主持，花"工料银六千六百七十两有奇"进行修理。可是，至同治二年（1863）九月二十八日的傍晚，宝带桥在几声巨响中从中间一孔开始往北一孔连一孔地连续崩塌了27孔。桥上当即有两行人跌死，另有十人因逃命迅捷，才免于葬身河底。

经修理后仅32年的宝带桥，何以突然崩塌？一百多年来，一直是苏州人民心中的谜。晚清的《苏州府志》和清末民初的《吴县报》中是用这样的文字记载的："咸丰十年（1860）毁，同治十一年（1872）工程局重建。"上述两志书对毁桥的原因避而不谈，而把毁桥的时间却提前了三年。这是为什么？"咸丰十年"即1860年，原来是太平军占领苏州的年份——志书的观点立场及嫁祸于太平军的可耻用心是明白不过的了。

然而，历史是无情的。在宝带桥塌圮后不久，在大洋的彼岸、远离大陆的英国，一个叫贺翼柯的英国人，公布了英帝在中国的侵略军头目戈登于1863年9月30日寄回英国的信。戈登在这封信中说道："这座桥既特别又古老，是人们时常来玩耍的一处名胜……这桥的崩塌恐怕得归罪于我，因为我曾拆去它的一个拱洞让汽船驶入太湖，这桥的拱洞是一个重叠在另一个上面，拆去一个拱洞，自然其余的便随之倒塌了。"原来在1863年9月，这个曾焚劫圆明园的强盗，正以"常胜军"统带的身份指挥他的洋枪队配合清军镇压太平军。9月28日这天，他为了扫除太平军在苏州城娄门、葑门外和宝带桥一带的防御营垒这一障碍，使他乘坐的"飞而复来"号轮船顺利通过宝带桥，不顾大桥有倒塌的危险，悍然下令将大桥居中的大孔拆去。翌日傍晚，宝带桥便倒塌了。

在宝带桥倒塌后一百多年的新中国，我们的太平天国史的研究人员，把戈登的这封信翻译成中文（《太平天国史料译丛》第一辑），公布于世，千年古桥——宝带桥的倒塌之谜也同时解开了。

录自 2006 年 4 月吉林人民出版社《吴中烟水》

宝带桥曾有铁栏杆
杜祯彬

如今的宝带桥，桥面两侧是没有栏杆的。但在清末民初的老照片上，宝带桥桥面两侧却有连续的铸铁桥栏。如今，桥面两侧桥板上还残留着部分固定桥柱的孔与铁条的残痕。

给宝带桥加桥栏杆，可能始于一起塌桥事件。清代王元榜（倦圃野老）撰写的《庚癸纪略》载：同治二年（1863）八月十九日，洋枪队戈登在苏镇压太平天国起义军，为了让"飞而复来号"汽船驶入太湖，提民夫拆去宝带桥两孔。由于宝带桥的桥拱是分两段联结在一起的，一个桥洞倒塌，很容易引发"多米诺骨牌效应"，此次拆桥导致宝带桥北段连续塌了 25 个孔（一作 26 孔，一作 27 孔），压死兵勇 5 人。直到同治十一年（1872），宝带桥才得以修复。可能是为防止行人落水，尤其是冰雪天因桥面打滑而落水，工程部门遂加装了铸铁桥栏。那时候，无论是铸铁冶炼技术还是桥梁施工技术都已经发展到较高水平，可以这样做了。

需要说明的是，加装铸铁桥栏的事未见相关记录，加装时间只是笔者的推测。

对比几张清末老照片，虽然横栏出现部分缺损，但铁柱都基本完好，说明这一桥栏曾存在较长一段时间。

那么宝带桥的桥栏是何时拆除的呢？笔者也没有查到文献记载。依据清宣统二年（1910），由苏州阊门外"平泽东洋堂"发行的《苏州风景绘叶书》明信片，宝带桥的桥栏已经不见，说明至少在 1910 年之前已经移除桥栏。至于移除的原因，有可能是因为看护不善，被人盗走挪作他用。

有人说，民国出版的明信片及书刊配图中，有些宝带桥照片上桥栏还在，笔者所说的时间点或许有问题。实际上那些配图只是沿用了旧照，并非当时所拍。

录自 2019 年 12 月江苏人民出版社《吴运流长》

第五节　碑　文

重建宝带桥记
[明] 陈　循

苏州府城之南半舍、古运河之西，有桥曰宝带。按：运河自汉武帝时开，以通闽越贡赋，首尾亘震泽东墒百余里，风涛冲激，不利舟楫。唐刺史王仲舒始作巨堤障之，以为挽舟之路，实今为郡之要道也。然河之支流，断堤而入吴淞江以达于海者，堤不可遏，桥所为建也。仲舒鬻所束宝带以助工费，故因以名。

宋元以来，修葺不继，遂致倾圮无遗。有司架木以济行旅，每有覆溺之患。正统七年，庐陵周公恂如以工部右侍郎巡抚兹地,睹之兴慨,乃与知府朱胜谋曰:"是役工费浩繁,不可轻举。"乃戒有司豫备工材之用。又四年,为十一年,公率知府及长洲知县张旻、吴县知县叶锡,往计度之,所积咸具,而俾耆民李禧等董其工。桥长千三百二十尺,洞其下凡五十有三,而高其中之三,以通巨舰。其用材计石二千六百丈,木四万二千五百株,灰二十四万三千六百勒,铁一万四百勒,米二千六百石。桥既成,咸赞颂曰:"此周公与朱侯经画之得宜,县大夫奉命程督之有方,其惠甚大,不可无记。"会锡以考绩至京师,来求为文。

夫为政之道在于惠民,惠民之事苟有所当为,虽圣贤亦未尝嫌于劳而不为。孔子言政之美而曰:"惠而不费,劳而不怨。"孟子之谓王政亦曰:"岁十一月徒杠成,二十月舆梁成,而民不病于涉。"盖谓事之有关于王政,虽费且劳,亦不为过。而况于不劳者乎?况于惠而不费者乎?诸公之为惠于是邦,而能勉圣贤之所不嫌,其超出于众人之从政也远矣!斯桥之建,舟楫得往来之安,行旅无徒涉之患,商贾无盗贼之虞,群邑省屡葺之苦,其于惠也孰大焉,予故嘉之而为记。

录自《吴郡文编》卷四四《桥梁坊巷二》

重建澹台书院碑记
[清] 黄之隽

贤者游历所至,其国人慕悦于数千百年,乐道其姓氏,以志其山川祠宇勿谖也,则其精爽必徘徊于此邦之人而嘉惠之。慕古、崇道、兴学、美俗咸系于此,呜呼,何可废也。吴郡长洲县之南,傍尹山,有湖曰澹台。《史记》谓子羽南游至江,从弟子三百人,即其地,湖因以名。尹山之巅有澹台书院,宋时尹和靖读书其中,明练壎设义塾焉,宋学士濂记之。历年久,湖存而书院废。昔子羽之与子游交也,在武城,子游一人受其益;在吴,子游一乡之人受其益。盖子游既还南,明夫子之道,以化其俗,势亦孤矣。子羽率三百人为过宾于吴,而子游为东道主,一时讲道倡和当何如?惜其事不见经传,越千百年,澹台氏之居蠹然与言子之里相望,两贤在天相主宾也,而于是吴之流风余韵益绵久而不可歇。呜呼,武城之径不由宰之,室不至尹山书院。径乎室乎,澹台氏有知其乐于此而悲其废也。决矣,何也?以吴人之慕澹台,知澹台氏之不厌弃吴也。康熙中,尹山寺释某始谋重建,彭太史定求为文,以募资稍集矣,未举也。雍正初,某某等复请于当事以兴是役,于是乎落成而记。夫澹台氏为孔门贤弟子,书院之建没宋及明,盖尸祝久矣,而一旦居人惑于堪舆言而废之,废之何易也。复之者不在吾儒而在浮屠氏,且太史氏毫楮之力不为弱,集众资以购椽甍不为少,而至于今始成,成之何难也。然卒遂其慕古、崇道之志妥先贤而复义学,澹台氏必阴掖导其子弟以答吴人学兴而俗美,其在此举也,夫子游氏亦甚乐其乡人之有是举也。夫《史记索隐》云:今吴国东南有澹台湖,即其遗迹所在。《正义》云:按子羽墓在兖州邹城县,据此则谓子羽宅陷为湖,又云墓在湖旁者,大谬。贤者不宜罹此厄,宅既陷,安得墓葬?若殁后宅陷,子孙何辜?盖子羽偶经吴地,未尝土著,江西进贤县亦其南游遗迹。吴人谓其晚居吴者,非也。并识。

录自《唐堂集》

重修宝带桥碑

宝带桥创始于唐元和十一年（公元八一六年），传刺史王仲舒捐宝带助资兴建。桥旁大运河，跨澹台湖东口，共五十三孔，轻拱薄墩，秀丽精巧，是我国现存最长的连拱古石桥。

据记载，宝带桥几经兴毁，现有形制系明正统十一年（公元一四四六年）明构。清康熙、道光间，曾二次重修。同治二年（公元一八六三年），清政府镇压太平军之役，桥为英人戈登拆去一孔，致使北部二十六孔连续倒塌。同治十年（公元一八七一年）修复。抗日战争初期，南端六孔又遭日机炸毁。新中国建立后，于一九五六年修复。一九八二年再次拨款整修桥墩、桥面、引道、驳岸及碑亭。一九八六年又将桥面所置电杆全部拆除，使古桥旧貌得以恢复。

宝带桥于一九五六年被列为江苏省文物保护单位。

苏州市人民政府立，公元一九八九年四月。

碑立宝带桥北堍，碑文部分内容表述与事实略有出入，保留原貌不改

中国大运河遗产点：宝带桥

宝带桥位于苏州古城南大运河西侧，横跨澹台湖东，为大运河沿线现存最长、桥孔最多、结构最轻巧的连拱石桥，二〇〇一年被公布为全国重点文化保护单位。

宝带桥始建于八一六年至八一九年，为苏州刺史王仲舒主持修筑。因形似宝带而得名。桥长三百一十七米，面宽四点一米，五十三孔薄墩连拱，是我国古代桥梁营造技艺的杰出典范。

苏州市人民政府，二〇一三年五月立。

碑立宝带桥南堍

京杭大运河碑记

京杭大运河始凿于公元前四百八十六年，完成于隋朝，繁荣于唐、宋，取直于元代。疏通于明清，迄今已有两千五百多年历史。它北起北京市通州区，途经今天津、河北、山东、江苏三省一市，直达浙江省杭州余杭区，贯通海河、黄河、淮河、长江、钱塘江五大水系。全长一千七百九十七千米，是世界上开凿时间最早、长度最长的一条人工河道。

京杭大运河由通惠河、北运河、南运河、鲁运河、中运河、里运河、江南运河七段组成。苏州古运河属于江南运河的重要组成部分，沿途留有苏州古城墙遗址、盘门、古胥门、觅渡桥、宝带桥胜迹，是苏城文化的重要表征之一。

二〇一四年六月二十二日，大运河被联合国教科文组织列入世界文化遗产名录，成为中国第四十六个世界遗产项目。

公元二〇一五年七月立于澹台湖。

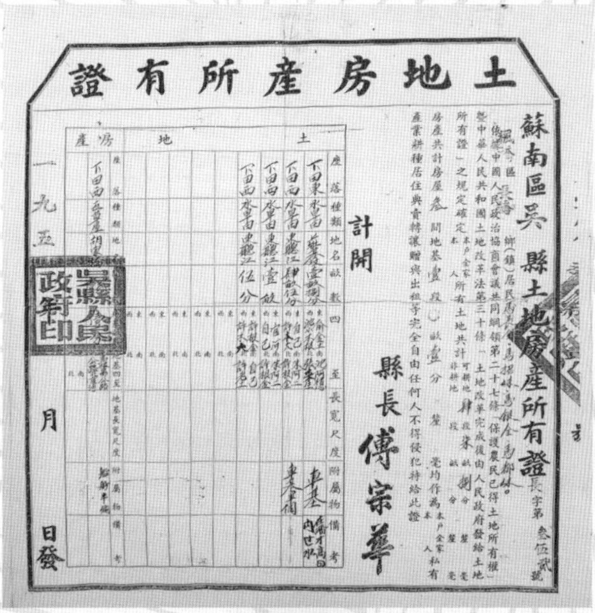
土地房產所有證

蘇南區吳縣土地房產所有證 長字第叁伍貳號

依據中國人民政治協商會議共同綱領第二十七條「保護農民已得土地所有權」暨中華人民共和國土地改革法第三十條「土地改革完成後由人民政府發給土地所有證」之規定確定本戶全家人所有土地共計肆畝……房產共計房屋叁間地基壹段……均作為本戶全家人私有產業耕種居住典賣轉讓贈與出租等完全自由任何人不得侵犯特給此證

計開

縣長 傅宗華

一九五 年 月 日發

第四章 社区经济

1951年后，境域在当地党和政府领导下，进行了土地改革，提高了农民的积极性。后经成立互助组、合作社及人民公社化运动，尤其是改革开放后，境内农副业生产快速发展，居民生活逐步提高。

境域因地处滨湖平原，地势平坦，雨水充沛，温暖湿润，有利于水稻、三麦等农作物生长。又因地势低洼，水涝灾害频发。在党和人民政府领导下，当地农民兴修水利，科学种田，农业生产发展迅速，成为闻名遐迩的水稻、三麦等农作物高产稳产地区之一。

境域历史上的副业有种植业、养殖业和劳务输出。种植业主要有蔬菜、瓜果等30余种，养殖业有饲养牛、猪、兔、羊、鸡、鸭、鹅等家禽家畜，在湖沼地带养殖鱼、虾、蟹、蚌等；劳务输出，传统上有水上、陆地给人运输打工。

工贸产业，历史上只有几家私人作坊和家庭手工业。20世纪60年代，始有2家集体粮饲加工厂。1992年8月，境域被纳入吴县经济技术开发区工商贸易带，绘制了经济发展规划蓝图，城乡一体化，全面大开发、大建设。通过招商引资，工商业蓬勃发展。2017年12月，境内有国内外工贸企业364户，个体工商202户。当地居民有的参加工贸商家企业工作，有的发展抱家经济，有的办厂开店。2017年人均收入46 000元，居住面积67平方米。

第一节　农村生产关系变革

历史上，宝带桥社区境域实行的是封建土地所有制，因此，农民拥有的土地不等。根据中华人民共和国成立后的成分划分来看，中农以上的占有着大量的土地，而贫下中农只有少量耕地，雇农甚至没有土地。

宝带桥社区境域有一户富农，拥有土地30多亩，上中农每户拥有土地15—20亩，而贫下中农每户只有耕地2—3亩，风调雨顺的年景，收成高一些，贫下中农尚能勉强度日，反之，只能靠借粮、租粮（借租粮，借一担须归还一担半，俗称粒半头），甚至租地耕种、打短工维持生计。雇农则只能靠做长工，年挣四担大米维持生活。

1950年后，境域在当地党和政府领导下，进行了土地改革、互助合作运动，尤其是改革开放后，实行城乡一体化建设，经济得到了快速发展，居民生活水平逐年提高。2017年，人均年收入46 000元、居住面积67平方米。

一、土地改革

土改前，境域在上级政府工作队的指导下，进行减租减息和调查"黑田"工作。1949年冬，为了减轻封建剥削，发展农业生产，改善农民生活，吴县政府规定"所有出租土地，其租额应按照原来收租额减低25%—30%"。

此外，吴县政府还组织农民积极分子成立查田组、丈量组，查出隐瞒、少报、未报田亩，然后公布。

1950年6月30日，中华人民共和国颁布的《土地改革法》规定："废除地主阶级封建剥削的土地所有制，实行农民的土地所有制，藉以解放农村生产力，发展农业生产，为新中国的工业化开辟道路。"《土地改革法》同时规定："把过去征收富农多余土地财产的政策，改为保存富农经济的政策，以便更好地孤立地主，保护中农和小土地出租者，稳定民族资产阶级。"时，境域隶属吴县车坊区宝带乡，吴县成立土地改革委员会，至境内指导农民协会开展土地改革。是年8月，根据国务院《关于划分农村阶级成分的决定》，村民采用先自报，再经农委小组、村农民协会审议，逐户划定阶级成分。10月，吴县人民政府派出土改工作队深入各村，通过访贫问苦、发动群众、培养积极分子，建立起以贫农雇农为核心的农民协会作为土改执行机构。随后，土改工作队组织划分阶级成分，经过深入细致的工作和群众评议，上级审批，境域共划定富农1户。境内农会在土改工作组的指导下，将富农和中农超过分配面积的土地予以没收，并将没收的土地按人口平均分配给各农户。

境域分配土地时，工作队既强调原则，也体现人性化的思想。给予了富农、中农优惠。如境内下田村，人均分配每人2亩，富农、中农则多给10%—20%。

1951年9月，境域完成农村土地制度改革，吴县人民政府发给村民地契、房屋产权证。12月，发证结束。

1951年颁发给境域下田村村民土地房产所有证

表4-1　　1951年宝带桥社区境域人口、土地、房屋统计表

自然村	户数/个	人口数/个	土地				房屋	
			可耕总面积/亩	旱地/亩	水田/亩	坟地/亩	瓦屋/个	草屋/个
王家浜	34	140	361.684	1.73	359.954	0	62	39
港南浜	16	77	208.941	0	208.941	0	34	22
吴家角	19	84	230.76	1.43	288.83	0	52	14
泥河田	84	364	1 011.144	2.48	1 008.274	0.1	182	115.5
牛桩浜	23	77	207.865	0.1	207.765	0.16	51	15
金家村	32	116	266.223	3.377	262.946	3	79	21
钱家村	41	169	383.009	1.74	381.269	2.63	121	41
朱塔浜	34	145	322.338	7.473	314.465	2.05	102	19
沉家浜	40	152	402.627	2.05	400.577	3.92	101	35
下田村	125	442	1 080.061	4.93	1 076.501	9.06	3.27	69
小村	5	24	59.93	0	59.93	0.37	0	16
合　计	453	1794	4 534.582	25.21	4 509.372	21.29	1 111	406.5

表4-2　　　　　　　　1951年宝带桥社区境域人口、土地、房屋明细一览表

自然村	户主	全家人口/个	土地				房屋	
			可耕总面积/亩	旱地/亩	水田/亩	坟地/亩	瓦屋/个	草屋/个
王家浜	钱大金火	3	6.9	0	6.9	0	2	0
王家浜	钱兴高	6	15.1	0	15.1	0	2	0
王家浜	钱长全	3	7.43	0	7.43	0	1	0
王家浜	钱水根	3	13.657	0	13.657	0	4	1
王家浜	钱狗大	4	10.7	0.6	10.1	0	1	3
王家浜	钱关寿	8	17.172	0.35	16.822	0	4	0
王家浜	钱阿二	4	6.75	0	6.75	0	0	2
王家浜	钱福昌	4	8.959	0	8.959	0	0	2
王家浜	钱招生	2	5.59	0	5.59	0	0	2
王家浜	钱龙福	4	10.091	0	10.091	0	3	0
王家浜	钱根寿	4	11.1	0	11.1	0	2	0
王家浜	张文嘉	4	9.095	0	9.095	0	5	0
王家浜	张金木根	4	10.92	0.6	10.32	0	5	0
王家浜	金大妹	1	4.5	0	4.5	0	0	2
王家浜	钱洪夫	7	14.66	0	14.66	0	0	2
王家浜	张水福	3	11.26	0	11.26	0	3	0
王家浜	张来生	5	13.38	0.13	13.25	0	3	0
王家浜	吴明夫	7	14.5	0	14.5	0	0	3
王家浜	钱三根	3	7.55	0	7.55	0	0	2
王家浜	钱三元	3	8	0	8	0	0	2
王家浜	钱三男	4	9.87	0.05	9.82	0	2	0
王家浜	钱寿生	5	14.51	0	14.51	0	0	2
王家浜	金福根	4	9	0	9	0	0	3
王家浜	俞进才	3	8.88	0	8.88	0	0	3
王家浜	俞银土	4	8.15	0	8.15	0	2	0
王家浜	俞金土	5	13.4	0	13.4	0	2	0
王家浜	俞锦泉	4	10.48	0	10.48	0	6	0
王家浜	俞阿三	4	12.5	0	12.5	0	2	1
王家浜	俞根宝	4	10.05	0	10.05	0	2	2
王家浜	钱金文	8	22.2	0	22.2	0	4	2
王家浜	钱祥高	3	7.9	0	7.9	0	5	0
王家浜	钱海生	5	12.51	0	12.51	0	0	3

续表

自然村	户主	全家人口/个	土地				房屋	
			可耕总面积/亩	旱地/亩	水田/亩	坟地/亩	瓦屋/个	草屋/个
王家浜	钱根妹	1	5.22	0	5.22	0	2	0
王家浜	钱土金	4	9.7	0	9.7	0	0	2
港南浜	江小四古	4	9.999	0	9.999	0	2	0
港南浜	江关福	1	6.4	0	6.4	0	2	0
港南浜	戈根三	3	10.355	0	10.355	0	0	2
港南浜	戈三大	5	11.125	0	11.125	0	3	0
港南浜	江金夫	6	16.53	0	16.53	0	2	0
港南浜	朱根林	4	12.24	0	12.24	0	3	0
港南浜	江福祥	5	9.78	0	9.78	0	0	3
港南浜	蔡连福	7	21.09	0	21.09	0	7	0
港南浜	江水兴	6	12.535	0	12.535	0	0	2
港南浜	江长大	3	8.89	0	8.89	0	0	2
港南浜	江金福	4	9.73	0	9.73	0	0	3
港南浜	蔡宝福	8	22.037	0	22.037	0	4	3
港南浜	江木林	5	16.08	0	16.08	0	3	2
港南浜	江龙火	5	13.37	0	13.37	0	2	2
港南浜	江大四古	3	7.35	0	7.35	0	3	0
港南浜	江水根	8	21.43	0	21.43	0	3	3
吴家角	梁招根	3	8.699	0	8.699	0	0	2
吴家角	梁叙山	8	14.285	0.05	14.235	0	4	1
吴家角	吴根金	7	18.51	0.2	18.31	0	8	0
吴家角	何火金	4	15.11	0.8	14.31	0	8	0
吴家角	吴会金	4	12.79	0	12.79	0	4	0
吴家角	吴木根	4	9.35	0	9.35	0	4	0
吴家角	吴阿三	4	18.81	0	18.81	0	2	3
吴家角	吴根寿	4	9.95	0.15	9.8	0	0	3
吴家角	吴四古	4	9	0	9	0	0	2
吴家角	吴关金	6	17.19	0	17.19	0	2	0
吴家角	吴水泉	3	8.75	0.05	8.7	0	3	0
吴家角	吴明夫	7	15	0	14.5	0	3	0
吴家角	吴火根	5	11.37	0.06	11.31	0	2	0
吴家角	吴福根	4	11.07	0.06	11.01	0	2	0

续表

自然村	户主	全家人口/个	土地				房屋	
			可耕总面积/亩	旱地/亩	水田/亩	坟地/亩	瓦屋/个	草屋/个
吴家角	吴连根	4	10.09	0.06	10.03	0	2	0
吴家角	吴泉根	4	11.31	0	11.31	0	4	0
吴家角	吴叙州	6	19.076	0	19.076	0	4	3
吴家角	吴永福	2	7.6	0	7.6	0	0	0
吴家角	梁官金妹	1	2.8	0	2.8	0	0	0
泥河田	姚玉庆	5	16.04	0	16.04	0	4	4
泥河田	姚升元	6	12.45	0.1	12.35	0	4	1
泥河田	姚连火	4	11.2	0	11.2	0	4	0
泥河田	潘龙火	5	12.4	0.25	12.15	0	3	0
泥河田	潘和尚	6	12	0	12	0	5	0
泥河田	朱先全	6	12.4	0.1	12.3	0	0	3
泥河田	朱阿三	3	12.2	0.1	12.1	0	0	2
泥河田	朱全根	6	13.88	0	13.88	0	3	0
泥河田	朱三男	5	13.77	0.07	13.07	0	3	1
泥河田	朱小弟	4	7.5	0	7.5	0	2	0
泥河田	朱根宝	3	10	0	10	0	0	3
泥河田	朱五夫	3	7.7	0	7.7	0	1	2
泥河田	朱桂林	3	8.5	0	8.5	0	1	1
泥河田	朱金男	4	23.72	0.1	23.62	0	4	2
泥河田	朱龙泉	5	26.05	0.14	25.91	0	5	4
泥河田	朱会夫	5	12.81	0	12.81	0	0	3
泥河田	朱火金	2	4.94	0	4.94	0	0	2
泥河田	梁金男	1	4.22	0.26	3.96	0	2	0
泥河田	梁进夫	7	22.2	0	22.2	0	3	1
泥河田	梁惠山	4	14.405	0.4	14.005	0	3	1
泥河田	梁木根	4	9.7	0	9.7	0	0.5	2
泥河田	梁福林	5	12.8	0	12.8	0	0.5	3
泥河田	潘招兴	3	8.325	0	8.325	0	0	4
泥河田	潘金福	3	8.14	0	8.14	0	0	3
泥河田	潘海根	5	12.13	0.1	12.03	0	2	1
泥河田	潘根大	7	27.44	0	27.44	0	5	3
泥河田	潘金男	6	14.94	0	14.94	0	3	2

续表

自然村	户主	全家人口/个	土地				房屋	
			可耕总面积/亩	旱地/亩	水田/亩	坟地/亩	瓦屋/个	草屋/个
泥河田	潘龙祥	4	12.03	0	12.03	0	5	0
泥河田	潘寿生	6	13.69	0	13.69	0	3	0
泥河田	吴根林	4	13.16	0	13.16	0	3	1
泥河田	钱龙火	4	9.88	0	9.88	0	3	0
泥河田	陈阿连	7	17.465	0	17.465	0	3	0
泥河田	陈连福	4	10.945	0	10.945	0	2	1
泥河田	姚福寿	4	12.8	0	12.8	0	4	0
泥河田	姚福男	2	6.3	0	6.3	0	3	0
泥河田	姚官根	6	16.2	0	16.2	0	3	0
泥河田	姚官林	8	19.964	0	19.964	0	3	
泥河田	吴三根	3	9.34	0	9.34	0	0	0
泥河田	朱小龙金	4	9.6	0	9.6	0	4	2
泥河田	朱关火	4	9.9	0	9.9	0	3	0
泥河田	李云林	3	8.665	0	8.665	0	4	0
泥河田	钱水妹	1	3.81	0	3.81	0	0	0
泥河田	潘寿高	6	12.1	0	12.1	0	0	3
泥河田	李长夫	6	17.13	0	17.13	0	2	3
泥河田	何老土	5	12.36	0	12.36	0	0	2
泥河田	何根林	6	14.51	0	14.51	0	0	2
泥河田	何根泉	1	5.29	0	5.29	0	0	1.5
泥河田	姚德全	7	21.94	0.04	21.94	0	5	1.5
泥河田	姚叙良	10	25.2	0	25.2	0	8	0
泥河田	姚双弟	3	5.71	0	5.71	0	3	0
泥河田	姚胜祥	6	14.55	0	14.55	0	02	
泥河田	姚长生	4	9.825	0.32	9.505	0		3
泥河田	姚锦全	3	7.12	0	7.12	0	3	0
泥河田	马明高	5	15.2	0	15.2	0	3	0
泥河田	马升光	4	10.56	0	10.56	0	3	0
泥河田	马锦章	5	12.4	0	12.4	0.1	3	0
泥河田	马文龙	3	8.45	0	8.45	0	3	0
泥河田	马五宝	4	9	0	9	0	0	3
泥河田	马龙祥	8	15.5	0	15.5	0	3	1

续表

自然村	户主	全家人口/个	土地				房屋	
			可耕总面积/亩	旱地/亩	水田/亩	坟地/亩	瓦屋/个	草屋/个
泥河田	马进夫	4	10.33	0	10.33	0	0	2
泥河田	马根木	5	21.4	0	21.4	0	0	3
泥河田	马水根	4	9.76	0	9.76	0	0	2.5
泥河田	沈水金	1	4.3	0	4.3	0	0	1
泥河田	沈四古	4	7.02	0	7.02	0	0	2
泥河田	沈香林	5	12	0	12	0	0	3
泥河田	朱金狗	2	13.4	0.2	13.4	0	7	2
泥河田	朱胜丙	8	21.93	0	21.93	0	7	4
泥河田	朱长夫	5	12.6	0	12.6	0	5	0
泥河田	朱长法	3	11	0	11	0	5	0
泥河田	沈三弟	2	5.5	0	5.5	0	2	0
泥河田	陶金木根	5	14.81	0	14.81	0	0	3
泥河田	江长全	3	12.25	0	12.25	0	0	4
泥河田	付连官	2	7.8	0	7.8	0	0	2
泥河田	付才祥	6	14.6	0.3	14.3	0	0	3
泥河田	付福林	2	6.42	0	6.42	0	0	3
泥河田	付金昌	3	8.85	0	8.85	0	3	1
泥河田	付火生	2	6	0	6	0	2	0
泥河田	朱锡云	5	16.2	0	16.2	0	4	0
泥河田	梁根金	2	4.5	0	4.5	0	4	0
泥河田	顾连根大	2	5.6	0	5.6	0	4	0
泥河田	梁和尚	6	14.6	0	14.6	0	0	3
泥河田	朱阿二	6	13.875	0	13.875	0	0	2
泥河田	任招生	3	3	0	3	0	0	0
泥河田	陈连福	4	10.945	0	10.945	0	2	1
牛桩浜	潘老金	1	1.95	0	1.95	0	0	0
牛桩浜	陈惠金	1	2.85	0	2.85	0	0	0
牛桩浜	陈多子	1	1.25	0	1.25	0	0	0
牛桩浜	马盘英	1	2.22	0	2.22	0	0	0
牛桩浜	陈福林	2	7.07	0	7.07	0	0	0
牛桩浜	陈根寿	6	13.66	0	13.66	0	0	3
牛桩浜	陈根元	3	8.15	0	0	0	4	0

续表

自然村	户主	全家人口/个	土地				房屋	
			可耕总面积/亩	旱地/亩	水田/亩	坟地/亩	瓦屋/个	草屋/个
牛桩浜	陈根水	4	18.3	0	0	0	4	0
牛桩浜	潘根寿	6	13.66	0	0	0	0	3
牛桩浜	陈桂林	3	7.5	0	0	0	3	0
牛桩浜	陈根林	5	12.71	0	0	0	2	0
牛桩浜	陈长林	3	14.3	0	0	0	7	0
牛桩浜	陈文明	4	6.95	0	0	0	6	2
牛桩浜	陈水木根	3	8.325	0	0	0	4	0
牛桩浜	陈顺祥	4	11.75	0	0	0	5	0
牛桩浜	陈海根	6	15.43	0	0	0	4	0
牛桩浜	陈祥高	4	9	0	0	0	0	3
牛桩浜	罗阿二	4	12.37	0	0	0	2	0
牛桩浜	罗阿三	4	10.9	0.1	10.8	0	2	0
牛桩浜	马胜高	5	11.5	0	11.5	0.16	4	2
牛桩浜	马顺福	5	11.22	0	11.22	0	3	2
牛桩浜	陈福金	1	4.85	0	4.85	0	1	0
牛桩浜	潘老土	1	1.95	0	1.95	0	0	0
金家村	陶桂林	3	6.25	0.05	6.2	0	0	3
金家村	徐寿宝	5	11.68	0.2	11.48	0	3	0
金家村	沈进高	8	14.85	0.2	14.65	0.2	6	2
金家村	沈根福	6	11.67	0	11.67	0.1	0	3
金家村	沈火金	6	12.15	0.05	12.1	0	3	0
金家村	沈根火	6	11.75	1.6	10.15	0.4	4	0
金家村	沈连火	1	4.7	0	4.7	0	3	0
金家村	计官根	1	3.8	0	3.8	0	1	0
金家村	钱毛头	4	7.79	0.2	7.59	0.35	3	0
金家村	沈保根	1	5.1	0	5.1	0.8	2	0
金家村	董老太	1	3.077	0.077	3	0	1	1
金家村	董水土	5	10.8	0.1	10.7	0	4	3
金家村	徐火林	4	10.92	0	10.92	0	5	0
金家村	董水金	3	6.2	0.2	6	0	0	3
金家村	徐火根	7	14.32	0	14.32	0	2	2
金家村	徐木林	3	9.9	0.1	9.8	0.3	2	0

续表

自然村	户主	全家人口/个	土地				房屋	
			可耕总面积/亩	旱地/亩	水田/亩	坟地/亩	瓦屋/个	草屋/个
金家村	徐海金	4	10.75	0.15	10.6	0	5	1
金家村	计会金	2	6.02	0	6.02	0	1	0
金家村	倪根泉	5	9.482	0.1	9.382	0	4	0
金家村	倪根福	5	15.669	0	15.669	0	6	0
金家村	倪根元	4	12.195	0	12.195	0.05	6	0
金家村	倪全生	4	9.1	0	9.1	0	4	0
金家村	倪大男	3	7.16	0	7.16	0	4	0
金家村	倪才元	5	9.35	0.1	9.35	0	3	0
金家村	倪大弟	6	11.05	0.25	10.8	0	0	3
金家村	倪三男	1	1.7	0	1.7	0.5	0	0
金家村	徐老太	2	6.5	0	6.5	0.3	4	0
金家村	纪毛豆	1	1.8	0	1.8	0	0	0
金家村	胡祥元	7	14.99	0	14.99	0	3	0
金家村	沈根泉	1	1.65	0	1.65	0	0	0
金家村	胡沈氏	1	2.1	0	2.1	0	0	0
金家村	徐根元	1	1.75	0	1.75	0	0	0
钱家村	何祥龙	9	21.4	0	21.4	0	7	0
钱家村	何叙元	3	6.2	0.5	5.7	0	2	0
钱家村	何祥甫	5	16.7	0	16.7	0	5	2
钱家村	何根泉	5	11.17	0.22	10.95	0	2	2
钱家村	夏惠根	4	8.97	0	8.97	0.1	2	0
钱家村	王才庆	1	2.67	0	2.67	0	0	1
钱家村	郁三妹	4	8.08	0	8.08	0	5	0
钱家村	郁金元	8	18.65	0	18.65	0	5	0
钱家村	顾文山	5	10.8	0	10.8	0	0	3
钱家村	徐进法	4	7.48	0	7.48	0	0	3
钱家村	李金水木	3	5.9	0	5.9	0	1	1
钱家村	李水木根	2	4.9	0	4.9	0.2	1	1
钱家村	李木水根	3	6.5	0	6.5	0	1	1
钱家村	李才兴	3	5.6	0	5.6	0	1	1
钱家村	陶官林	3	9.8	0	9.8	1.2	3	0
钱家村	李水根	4	9.67	0	9.67	0.6	7	0

续表

自然村	户主	全家人口/个	土地				房屋	
			可耕总面积/亩	旱地/亩	水田/亩	坟地/亩	瓦屋/个	草屋/个
钱家村	夏龙福	6	13.11	0	13.11	0	0	3
钱家村	周根火	3	6	0	6	0	0	2
钱家村	周金寿	4	6.6	0	6.6	0	0	2
钱家村	周连福	3	5.9	0	5.9	0	0	2
钱家村	周全生	3	7.5	0	7.5	0	2	0
钱家村	徐凤高	7	13.95	0	13.95	0.2	8	0
钱家村	徐福林	4	12.9	0	12.9	0	7	0
钱家村	何全根	4	4.9	0.1	4.8	0	0	3
钱家村	何水泉	4	5.566	0	5.566	0	0	3
钱家村	王炳奎	3	6.555	0	6.555	0	0	3
钱家村	李根元	6	13.6	0	13.6	0	3	2
钱家村	李关根	2	5.1	0	5.1	0	3	0
钱家村	李小狗	5	11.2	0	11.2	0	3	0
钱家村	龚云根	3	6.8	0	6.8	0	7	1
钱家村	龚文龙	4	10.355	0	10.355	0	8	0
钱家村	李文昌	5	11.71	0	11.71	0.13	3	0
钱家村	李源兴	4	9.153	0.05	9.103	0.2	3	0
钱家村	李官福	2	5.3	0.05	5.25	0	3	1
钱家村	夏才根	5	9.8	0	9.8	0	4	0
钱家村	夏才法	4	10.5	0	10.5	0	4	0
钱家村	徐招妹	5	16.16	0.2	15.96	0	4	0
钱家村	徐洪元	4	8.7	0	8.7	0	3	1
钱家村	徐升源	4	11	0	11	0	5	0
钱家村	徐才生	5	11.26	0.52	10.74	0	9	0
朱塔浜	王多男	1	1.77	0.27	1.5	0	0	0
朱塔浜	王和尚	3	5.67	0.27	5.4	0	0	0
朱塔浜	金叙元	7	14.09	0.53	13.56	0	4	2
朱塔浜	周惠根	1	4	0	4	0	0	0
朱塔浜	夏甫金	9	11.5	1	10.5	0	5	2
朱塔浜	夏秀高	6	11.85	0	11.85	0.3	3	2
朱塔浜	沈长泉	4	9.925	0	9.525	0.2	3	0
朱塔浜	沈和尚	4	8.083	1.083	7	0.1	3	0

续表

自然村	户主	全家人口/个	土地				房屋	
			可耕总面积/亩	旱地/亩	水田/亩	坟地/亩	瓦屋/个	草屋/个
朱塔浜	金文明	6	15.32	0.6	14.72	0	9	0
朱塔浜	金根生	3	6.55	0.15	6.4	0	2	3
朱塔浜	朱福根	7	15.697	0.2	15.497	0	4.5	2
朱塔浜	朱阿夯	3	8.76	0.2	8.56	0	4.5	0
朱塔浜	顾洪祥	7	15.94	0.17	15.77	0	0	4
朱塔浜	金叙法	5	10.97	0.1	10.87	0.3	5	0
朱塔浜	潘阿早	6	11.3	0	11.3	0	3	0
朱塔浜	周水根	3	6.8	0.2	6.6	0	2	0
朱塔浜	周根土	3	7.3	0	7.3	0	2	0
朱塔浜	周根火	4	8.57	0	8.57	0	2	0
朱塔浜	朱根大	6	16.8	0.15	16.65	0.55	7	0
朱塔浜	朱连根	5	8.3	0.1	8.2	0	2	0
朱塔浜	朱道男	4	9.17	0.1	9.07	0	2	0
朱塔浜	朱三男	4	9	0.1	8.9	0	2	0
朱塔浜	周金狗	4	7.18	0	7.18	0.25	0	2
朱塔浜	费彩山	6	12.7	0.4	12.3	0	6	0
朱塔浜	费岳山	5	11.73	0	11.73	0	7	0
朱塔浜	翁黑乱	4	7.79	0.3	7.49	0	3	0
朱塔浜	翁福妹	2	10.7	0	10.7	0.3	2	0
朱塔浜	费连生	3	8.65	0.05	8.6	0	3	0
朱塔浜	费春生	6	11.56	0.1	11.46	0	2	0
朱塔浜	王根大	4	8.453	0.3	8.153	0	2	2
朱塔浜	杨正寿	6	14.55	0	14.55	0.05	4	0
朱塔浜	王洪兴	1	4.36	0.3	4.06	0	2	0
朱塔浜	潘阿小	2	5	0.8	4.2	0	4	0
朱塔浜	王保珠	1	2.3	0	2.3	0	2	0
沉家浜	钱才峰	2	5	0	5	0.3	0	0
沉家浜	缪才根	1	3.6	0	3.6	0	1	0
沉家浜	缪水根	1	1.9	0	1.9	0	1	0
沉家浜	钱根泉	7	17.3	0	17.3	0.2	5	2
沉家浜	沈夫高	6	11.1	0	11.1	0	2	0
沉家浜	朱根火	6	18.53	0	18.53	0.7	5	2

续表

自然村	户主	全家人口/个	土地				房屋	
			可耕总面积/亩	旱地/亩	水田/亩	坟地/亩	瓦屋/个	草屋/个
沉家浜	马龙福	3	5.93	0	5.93	0.25	2	0
沉家浜	沈三寿	3	5.9	0	5.9	0	1	1
沉家浜	陆黑乱	5	11.07	0	11.07	0	4	0
沉家浜	陆三男	4	8.55	0	8.55	0	2	1
沉家浜	陆龙金	2	5.45	0	5.45	0.14	2	0
沉家浜	沈长泉	5	11.46	0.1	11.36	0	0	6
沉家浜	朱阿二	5	22.17	0	22.17	0	9	0
沉家浜	朱南大	8	21.28	0	21.28	0	9	0
沉家浜	马福林	4	7	0.3	6.7	0.5	0	3
沉家浜	沈和尚	2	5.5	0	5.5	0	2	0
沉家浜	沈根金	5	11.04	0.1	10.94	0	2	1
沉家浜	朱根大	7	14.95	0	14.95	0	5	3
沉家浜	朱木根	7	14.8	0.3	14.5	0	1	2
沉家浜	缪金云	2	3.8	0	3.8	0	4	0
沉家浜	徐木金	1	1.9	0	1.9	0	0	1
沉家浜	缪根水	5	10.4	0	10.4	0	3	1
沉家浜	徐三弟	4	6.9	0	6.9	0.88	2	0
沉家浜	徐三毛	3	7.5	0	7.5	0.1	1	0
沉家浜	钱根虎	6	13	0.2	12.8	0.15	2	0
沉家浜	沈桂根	2	5.9	0	5.9	0	0	2
沉家浜	沈阿夯	4	9.6	0.3	9.3	0	0	2
沉家浜	沈法高	3	14.89	0	14.89	0	3	0
沉家浜	沈进高	3	14.37	0.15	14.22	0	2	0
沉家浜	沈才金	3	22.74	0	22.74	0.4	3	0
沉家浜	沈得根	1	2.83	0.13	2.7	0	7	0
沉家浜	沈云根	4	10.33	0	10.33	0	3	0
沉家浜	沈爱珠	1	3.5	0	3.5	0	0	0
沉家浜	沈小妹	1	1.7	0	1.7	0.3	0	0
沉家浜	徐木金	1	4	0	4	0	0	1
沉家浜	沈木火根	2	5.05	0	5.05	0	2	0
沉家浜	马火保	7	11.95	0.1	11.85	0	0	4
沉家浜	沈四男	6	13.92	0	13.92	0	4	0

续表

自然村	户主	全家人口/个	土地				房屋	
			可耕总面积/亩	旱地/亩	水田/亩	坟地/亩	瓦屋/个	草屋/个
沉家浜	沈福明	7	26.717	0.37	26.347	0	8	2
沉家浜	沈进福	3	9.1	0	9.1	0	4	1
下田村	陈进高	3	5.93	0	5.93	0	1	0
下田村	陈万山	3	5.58	0.08	5.5	0.3	2	0
下田村	陈惠金	4	12.83	0	12.83	0.2	4	0
下田村	陈水木根	3	5.01	0	5.01	0	0	2
下田村	陈根寿	7	16.5	0	16.5	0.2	3	0
下田村	陈老火	4	7.4	0	7.4	0.15	0	1
下田村	陈海元	4	11.5	0	11.5	0	0	2
下田村	陈根土	5	9.08	0	9.08	0	1	0
下田村	马金苟	5	8.76	0	8.76	0	4	0
下田村	马永昌	1	4.8	0	4.8	0.03	2	0
下田村	陆根大	4	10.73	0	10.73	0.2	7	0
下田村	李房民	5	7.8	0	7.8	0	0	0
下田村	赵红生	1	4.13	0	4.13	0	0	0
下田村	包杭弟	2	5.8	0	5.8	0.2	0	0
下田村	计金木水	2	9.04	0	9.04	0	2	2
下田村	马长金	3	7.59	0	7.59	0	2	0
下田村	马根金	1	4.08	0	4.08	0	1	0
下田村	钱水根	3	6.5	0	6.5	0	2	0
下田村	王文奎	1	4	0	4	0	1	0
下田村	陈兴高	5	9.08	0	9.08	0	1	0
下田村	陈福根	1	3.5	0	3.5	0	0	1
下田村	贡炳生	1	4.8	0	4.8	0	0	0
下田村	沈老太	1	3.8	0	3.8	0	0	0
下田村	马阿早	3	6.4	0	6.4	0.1	2	0
下田村	马火金	5	8.89	0	9.89	0.15	2	0
下田村	李王氏	1	4	0	4	0	1	0
下田村	李仁庆	1	3.85	0	3.85	0	1	0
下田村	陈小和	1	3.48	0	3.48	0.07	1	0
下田村	马木虎	3	5.74	0	5.74	0	1	0
下田村	马龙虎	3	6.5		6.5	0	2	0

续表

自然村	户主	全家人口/个	土地				房屋	
			可耕总面积/亩	旱地/亩	水田/亩	坟地/亩	瓦屋/个	草屋/个
下田村	陈才高	6	12.93	0.1	12.83	0.08	2	0
下田村	马土根	4	10.65	0	10.65	0.15	4	0
下田村	马长福	2	6.71	0.1	6.61	0	1	0
下田村	马金土	3	5.96	0	5.96	0	3	0
下田村	马和尚	7	15.11	0	15.11	0.4	5	0
下田村	钱水龙	4	7.36	0	7.36	0.05	2	0
下田村	马云林	3	6.3	0	6.3	0.15	2	0
下田村	马惠珠	3	6.5	0	6.5	0.1	0	3
下田村	陈三根	5	9.93	0	9.93	0	4	0
下田村	马水火	3	5.82	0	5.82	0	5	0
下田村	马兴高	4	8.31	0	8.31	0.1	4	0
下田村	陈老土	6	17.91	0	17.91	0	7	0
下田村	陆富生	5	8.82	0	8.82	0.06	2	0
下田村	陆仁芳	3	8.04	0	8.04	0.1	6	0
下田村	王老土	3	17.696	0	17.696	0	7	0
下田村	王富利	5	18.363	0	18.363	0	8	0
下田村	马才兴	5	13.57	0.2	13.37	0	3	0
下田村	计鸿鸣	4	12.47	0	12.47	0	3	0
下田村	陈官福	5	10.14	0	10.14	0	4	0
下田村	陈泉根	4	10.655	0	10.655	0	6	0
下田村	陈根男	1	0	0	0	0	1	0
下田村	王之康	4	12.9	0	12.9	0	6	0
下田村	王泉福	7	17.83	0.02	17.81	0	8	0
下田村	费于泉	2	5.84	0	5.84	0	0	1
下田村	陈余高	7	15.4	0	15.4	0.18	3	1
下田村	陈三毛	4	11.67	0	11.67	0	3	1
下田村	马水木林	1	3.45	0	3.45	0	3	0
下田村	马土金	2	5.4	0	5.4	0.6	0	0
下田村	马水根生	4	7.72	0	7.72	0.05	3	0
下田村	陆长甫	4	8.44	0.1	8.34	0	2	0
下田村	马木寿	4	7.13	0	7.13	0.1	0	2
下田村	马三耳	5	10.49	0	10.49	0.1	7	0

续表

自然村	户主	全家人口/个	土地				房屋	
			可耕总面积/亩	旱地/亩	水田/亩	坟地/亩	瓦屋/个	草屋/个
下田村	马毛豆	4	9.18	0	9.18	0	4	0
下田村	陈金奎	2	4.7	0	4.7	0.35	2	0
下田村	陈银奎	2	4.62	0	4.62	0	2.5	0
下田村	许根金	9	19.33	0.39	18.94	0.85	7	0
下田村	姚海福	5	8.8	0	8.8	0	2	2
下田村	曹根林	4	7.04	0	7.04	0.2	4	0
下田村	许老土	5	10.03	0	10.03	0	3	0
下田村	许金火	1	2.3	0	2.3	0	0	0
下田村	沈龙甫	3	24.51	0.33	24.18	0.2	12	0
下田村	徐火金	6	30.79	0	30.79	0	0	0
下田村	朱老太	6	3.5	0	3.5	0	25	0
下田村	马毛男	6	11.11	0	11.11	0.36	2	0
下田村	马水根	4	10.47	0	10.47	0.1	8	0
下田村	马国良	3	6.55	0	6.55	0.15	5	0
下田村	许伯生	5	10.4	0	10.4	0	4	0
下田村	许火林	1	3.7	0	3.7	0	2	3
下田村	马金泉	3	5.5	0	5.5	0.1	2	1
下田村	马三大	4	10.24	0.37	9.87	0	2	1
下田村	姚文江	3	6.66	0	6.66	0	3	0
下田村	姚大妹	3	7.78	0	7.78	0	1	0
下田村	许木大	6	12.93	0.5	12.43	0.28	5	0
下田村	许水根金	3	6.05	0	6.05	0	2	0
下田村	马金火	4	9.63	0.1	9.53	0.2	2	0
下田村	沈根弟	1	1.9	0	1.9	0	0	0
下田村	马妹妹	1	2.5	0	2.5	0	0	0
下田村	马云泉	1	3.69	0	3.69	1.1	0	0
下田村	许叙根	3	5.5	0	5.5	0	0	0
下田村	许水金	3	4.8	0	4.8	0	0	2
下田村	许金土	1	3.6	0	3.6	0	0	0
下田村	李鸿庭	3	5.5	0	5.5	0	0	0
下田村	沈小木根	3	5.8	0	5.8	0	0	1
下田村	朱仙妹	1	2.2	0	2.2	0	0	0

续表

自然村	户主	全家人口/个	土地				房屋	
			可耕总面积/亩	旱地/亩	水田/亩	坟地/亩	瓦屋/个	草屋/个
下田村	王寿堂	5	9.51	0.06	9.45	0	0	2
下田村	许官振	4	7.8	0	7.8	0.04	0	3
下田村	许全生	3	6.15	0	6.15	0	0	3
下田村	沈纪昌	4	6.55	0	6.55	0	0	2
下田村	沈木根	5	11.41	0.27	11.41	0.56	0	4
下田村	沈金寿	4	10.227	0.26	9.967	0	0	3
下田村	沈狗大	5	20.28	0	20.28	0	7.5	1
下田村	沈老火	3	5.65	0	5.65	0	0	1
下田村	缪虎根	4	6.5	0	6.5	0	0	2
下田村	沈水根	6	20.3	0	20.3	0	8	1
下田村	沈顺宝	1	3.1	0	3.1	0	0	1
下田村	沈永泉	3	15.44	0.07	15.37	0	5	0
下田村	沈玉山	7	14.47	0.47	14	0	3	3
下田村	沈文章	7	17.69	0	17.69	0	5	0
下田村	沈金狗	5	11.83	0.5	11.33	0	4	0
下田村	沈毛大	2	7.81	0.2	7.61	0	2	0
下田村	沈文高	4	9.7	0	9.7	0	6	0
下田村	陆文龙	2	5	0	5	0	4	0
下田村	马水根元	4	9.77	0	9.77	0.2	5	1
下田村	沈宝林	4	13	0.3	12.7	0	2	2
下田村	沈三根	3	6.45	0.25	6.2	0	1	0
下田村	沈毛头	3	5.46	0.06	5.4	0	2	2
下田村	马长全	4	7.8	0	7.8	0	2	1
下田村	沈才泉	4	8.08	0	8.08	0	2	2
下田村	沈富根	4	8.6	0	8.6	0.1	4	0
下田村	徐培庆	4	7.5	0	7.5	0	0	3
下田村	徐才元	4	6.7	0	6.7	0.2	0	3
下田村	徐老土	1	2	0	2	0	0	0
下田村	徐豁东	6	13.01	0	13.01	0	4	0
下田村	徐根金	4	7.8	0.1	7.7	0.1	0	3
下田村	何阿金	3	6.1	0	6.1	0.1	0	2
小村	何阿福	5	7.4	0	7.4	0	0	2

续表

自然村	户主	全家人口/个	土地				房屋	
			可耕总面积/亩	旱地/亩	水田/亩	坟地/亩	瓦屋/个	草屋/个
小村	何阿伍	7	20.33	0	20.33	0.07	0	6
小村	夏金泉	4	13	0	13	0	0	4
小村	何嘉东	5	13.1	0	13.1	0.2	0	2

二、互助组、合作社

1951年秋，境域隶属吴县枫桥区长桥乡、尹西乡。为帮助贫困农民克服困难、发展生产，长桥、尹西乡政府积极引导农民组织起季节性互助组。

1952年4月，境域村民自发组织农业生产互助组。至下半年，境内办有常年互助组和临时季节性互助组。

1953年，互助组工作全面展开，境内季节性临时互助组发展为常年互助组。

在互助组中，农民的土地、耕牛、农具等生产资料和收获所得仍归农民个人所有，只是在自愿互利基础上，对耕牛使用和劳力投入作等价交换。由于坚持自愿结合与民主互利的原则，是年，每个互助组均增产增收，受到农民欢迎。

1954年4月，境域办起了泥河田、港南浜、吴家角、牛桩浜、王家浜、华奠（下田）、金家村、钱家村、朱塔浜、沉家浜等10个初级农业生产合作社。

1955年下半年，境域初级农业生产合作社实行土地作股入社，耕牛、农具作价入社，劳动力评工记分；农业收入则除去费用、交农业税外，按股份和劳动力比例分红。由于初级社实行土地、耕牛、农具、劳力以及资金统一使用，加上进行农田基本建设和采用新技术，促进了农业增产。

1956年秋，境内几个初级农业生产合作社组建起金星第24、第25两个高级农业生产合作社。

1957年3月，撤区并乡，境域隶属郭巷乡。

其时，境内金星第24、第25两个高级农业生产合作社，土地、耕牛与大中型农具转为集体所有，由合作社统一经营，统一核算。社员参加集体劳动，实行分组作业，评工记分，执行"按劳取酬，多劳多得"的政策。高级社将集体土地一部分给农户作为自留地，自种自收。

1958年9月，境域金星第24高级农业生产合作社下辖6个生产小组，金星第25高级农业生产合作社下辖5个生产小组。

三、人民公社

1958年8月，中共中央颁布《关于在农村建立人民公社问题的决议》。10月25日，郭巷人民公社成立，政社合一。境内金星第24、第25两个高级农业合作社改建，成立了新华大队（第24社）和金星大队（第25社），原生产小组改为生产小队。不久，劳动实行"思想革命化、组织军事化、生产战斗化、生活集体化"管理。郭巷人民公社设立10个营、85个连，新华大队为4营，金星大队为5营，下设连队。

郭巷人民公社建立后，境内开始实行了以公社为核算单位的制度，土地归人民公社集体所有。粮食实行供给制，宣布吃饭不要钱，以自然村或生产小队为单位大办公共食堂（实行一口锅、一种粮、集体供给）。对原农业社土地、劳动力以及各种财产进行平调。

1959年4月，境内根据中共中央《关于公社管理体制的若干规定草案》，取消公社军事建制，营、连分别改称生产大队和生产小队。此时，中共吴县县委做出的十项规定，实现"统一领导，分级管理，实行以生产队为基础，公社、生产大队、生产队三级核算"。境内新华大队下设11个生产队，金星大队下设9个生产队，并明确规定土地归生产大队所有。9月，开始整顿公共食堂。

1961年6月，根据中共中央《关于农村人民公社当前政策问题的紧急指示信》的精神，境内纠正了"一平二调"（平均主义和劳动、物资统一调配）的"共产风"。刹住了干部浮夸风、瞎指挥以及强迫命令、特殊化等，并于当年把粮食分配到户，退赔平调物资。

是年下半年，中共中央《关于人民公社工作条例修正草案》（即"农村工作六十条"）颁发，境域贯彻中共中央《关于留足社员自留地的几项规定》，各生产队划出了一定数量的粮田按比例分配给了农户，自行耕种（俗称自留田），收获归己，并将杂边地按人头划分给农民，种植蔬菜、瓜果等农副产品。并明确土地归生产队集体所有。

1962年10月，按照中共中央《关于改变农村人民公社基本核算单位问题的指示》，正式确定三级所有，队为基础，即以生产队为核算单位。境内金星、新华2个大队将收益分配权、耕畜农具所有权和经济核算权下放给生产队，生产队除上交国家农业税外，向大队交纳公积金、公益金、劳动积累等。是年，境内陆续解散公共食堂，同时恢复农民和家庭副业。同时，生产队逐步建立起了较完备的兼职管理人员，如：生产队长、副队长、会计、出纳、技术员、卫生员、仓库保管员、记工员等。

1964年，开展"农业学大寨"，金星、新华2个大队、20个生产队推行"大寨式"劳动管理制度，实行"定标兵、评思想、评风格、自报公议、群众评定"评工记分方式。

1966年5月，"文化大革命"开始，"大批资本主义、大批修正主义、大干社会主义"，金星、新华2个大队的21个生产队同时设有政治队长和生产队长。

1968年12月，金星、新华2个大队暨生产队干部至龙桥大队参加中共吴县县委、县政府举办的全县三级干部"农业学大寨"学习班。

1969年5月，推行双季稻三熟制，即每年种植两茬水稻、一茬小麦。

1970年12月，大搞农田基本建设，围澹台湖造田，翌年抽干湖水，种上双季稻（至1987年2月退耕养鱼）。

1975年1月，积极响应毛主席"农业学大寨"号召，广泛开展"农业学大寨"运动。8月，组织社员开展兴修水利大生产运动，疏通渠道，开挖河道，平整土地（至2002年12月，人工开挖生产河道7条，达5 650米）。同时发扬大协作精神，派出130名青年社员，支援邻县、邻社水利建设。11月，派出150名基干民兵支援浏河拓浚工程。1977年6月，派出130名基干民兵，构筑太湖防洪大堤。1978年1月，派出150名基干民兵支援东太湖复堤工程建设。11月，派出150名基干民兵支援太浦河二期工程建设。12月，中共中央召开十一届三中全会，境内农业生产获得明显发展，金星大队单产1 051.2斤，比上年（906斤）增产16%；新华大队单产1 183.4斤，比上年（945.15斤）增产25.2%。

1980年11月，金星大队更名宝尹大队，新华大队更名宝南大队。翌年，境域试行农业生产责任制模式,不久推行农业生产家庭联产承包责任制。

1983年7月,取消大队和生产队核算的管理体制,恢复乡、村建制。

1986年12月,长桥乡撤乡建镇,实行镇管村体制。

附:援疆下乡

一、支援边疆

1955年,毛泽东在《中国农村的社会主义高潮》的一个标语中指出:"一切可以到农村去工作的这样的知识分子,应该高兴地到那里去。农村是一个广阔的天地,在那里是可以有作为的。"1956年1月,中共中央政治局提出的《一九五六年到一九六七年全国农业发展纲要》中写道:"城市的中小学毕业的青年,除了能够在城市升学、就业的以外,应当积极响应国家的号召,下乡上山参加农业生产,参加社会主义建设的伟大事业。"下乡上山这一提法沿用下来,成为知青参加农业生产的一个习惯用语。

1959年8月26日,境内金星大队选送朱和尚、陈多妹(女)、戈云福、罗呆妹(女)、钱美朗(女)、任招生,新华大队选送许金土、陶关林、陶云宝(女)、周连福、周云金(女)、周仙英(女)赴新疆支援边疆建设。

二、下乡务农

1960年,党中央提出"大办农业,大办粮食"的口号以后,青年自愿下乡务农的人数越来越多,邢燕子、董加耕等成为那时知识青年的代表。从1962年起,在全国范围内开始有计划、有组织地动员城镇知识青年上山下乡。1963年下半年开始,吴县有组织地动员知识青年上山下乡。1965年10月,木渎镇许丽珍(女)下乡插队至境内金星大队第2生产队务农。

1968年,吴县根据省革委"城镇中学毕业生主要面向农村"的指示和苏州地区下达任务,2 500多名初、高中毕业生均属上山下乡之列。11月,木渎镇蒋盘兴、姚阿陆下乡插队至境内金星大队第1生产队,金山公社顾妹金(女)下乡插队至金星大队第2生产队,木渎镇涂震宇下乡插队至金星大队第3生产队,蒋和根、马永德插队至金星大队第4生产队,柳雪珍(女)插队至金星大队第5生产队,刘海龙、陆琪铭插队至金星大队第6生产队,赵云男下乡插队至金星大队第7生产队,金美芳(女)插队至金星大队第8生产队,徐步直插队至金星大队第9生产队;耿小龙下乡插队至新华大队第1生产队,金山公社汤祖贤下乡插队至新华大队第4生产队,郭巷公社徐正希(女)下乡插队至新华大队第5生产队,金山公社骆三妹(女)下乡插队至新华大队第5生产队,木渎镇孙根荣、顾培智下乡插队至新华大队第7生产队,吴清如下乡插队至新华大队第11生产队。12月,毛泽东发出"知识青年到农村去,接受贫下中农的再教育,很有必要"的最新指示。1969年1月,吴县革委会发出学习最新指示的通知,要求各级革委会立即组织宣传动员,举办各种类型学习班,做到家喻户晓,深入人心。2月,木渎镇金凤芳(女)下乡插队至金星大队第8生产队。至此,境内选送12名青年支援新疆边疆建设,吴县城镇21名知识青年下乡插队至境内。

1978年12月至1980年12月,下乡插队至境内的21名知识青年分批回城统筹安排。

四、家庭联产承包责任制

1981年3月至1982年12月,境内宝尹、宝南两个大队学习外地农村"分组生产,联产计酬"生产责任制模式。1983年3月,宝尹、宝南两村全面推行农业生产家庭联产承包责任制。

家庭联产承包责任制,指农户以家庭为单位向集体承包土地和生产任务的农业生产责任制形式。土地等主要生产资料仍归集体所有。在生产经营活动中,集体和家庭有分有合。是年9月,境内时有耕地3 483亩,其中自留地202亩,集体耕地3 080亩,分田到748户村民。其中宝尹村1 334亩耕地,分田到307户村民;宝南村1 946亩耕地分田到441户村民,全面推行家庭联产承包责任制。

境内家庭联产承包责任制实行"三田制",即按人口分配口粮田,按劳力分配责任田,按养猪数分配饲料田。宝尹村有集体耕地1 334亩,其中口粮田542亩,饲料田67亩,责任田724亩;宝南村有集体耕地2 058亩,其中村民口粮田533亩,饲料田106亩,责任田906亩。

分田到户后,村民种田积极性普遍高涨,1984年,宝尹村水稻总产1 292 881斤,比1983年1 248 030斤增长3.4%,三麦总产量324 296斤,比1983年251 940斤增长20.8%;宝南村水稻总产量1 887 949斤,比1983年1 822 385斤增长3.5%,三麦总产量563 155斤,比1983年287 768斤增产48.9%。

1991年,境内宝尹、宝南两村水稻总产3 343 996斤,三麦总产量611 648斤,粮食总产量3 955 644斤,与1983年宝尹、宝南两村粮食总产量3 610 023斤(水稻总产量3 070 315斤、三麦总产量539 708斤)相比,增产8.7%。

1992年8月,境域根据吴县经济技术开发区工贸建设用地需要,土地逐步被征用。至1995年3月,宝尹村所辖的10个村民组耕地全部被征用,翌年3月,宝南村下辖21个村民组的耕地全部被征用。

五、适度规模经营

(一)经济合作社

1983年7月,恢复乡、村建制,境域宝尹、宝南两村成立村民委员会和村经济合作社。

宝尹、宝南村经济合作社为所在村内的经济组织,分设社长、副社长和会计等职。村经济合作社承担全村的农业、多种经营、村办企业的生产服务和协调工作,管理村内所有的土地和资产。是月,陈志明任宝尹村经济合作社社长,陈锦男任宝南村经济合作社社长。

1990年8月,杨金木任宝南村经济合作社社长,周三男任副社长。

1995年3月,姚水龙任宝尹村经济合作社社长。

1999年2月,翁木云任宝南村经济合作社社长。

2009年10月16日,成立宝带桥社区经济合作社,撤销宝尹、宝南两村经济合作社。

(二)股份合作社

在农村家庭承包经营基础上,村民自愿入股,按股分红;利益共享,风险共担;民主管理,民主监督;依法登记,依法经营。

2010年11月,宝带桥社区成立股份合作社,陈菊男任股份合作社理事长,下设理事会;陈新男任监事长,下设监事会。

2016年11月,徐志华任宝带桥社区股份合作社理事长,江华任监事长。

六、集体经济

20世纪90年代吴县经济技术开发区招商引资，发展地方经济，不少厂家（公司）纷纷落户境内外，一时间宝带桥区域工业商贸用房短缺。境内宝尹、宝南两村抓住商机，在2001年12月后投资2 758万元，建起了宝尹工业小区、宝信工业坊。

境域在建设工业用房的同时，投资兴建商贸用房、职工宿舍，还与人合作投资建设工业、商贸用房。2004年4月，投资750万元，建设占地面积7 667.1平方米、建筑面积14 000平方米的新进电子厂。2005年12月，投资652万元，由城南街道统一在旺山工业园，建起建筑面积11 500平方米的标准厂房。2006年12月，投资222万元，在石湖东路北侧建起占地面积6 667平方米，建筑面积11 100平方米的两幢标准厂房；投资180万元，由城南街道统一在东湖社区建起5 000平方米的职工集体宿舍。2014年12月，投资4 380万元，建起占地面积3 335.3平方米、建筑面积15 153.48平方米的宝带桥商业大厦，对外出租。

2017年12月，宝带桥社区股份合作社经济年收入1 406万元。

宝尹工业小区　位于境域东南，占地面积10 520平方米。

2001年12月，先后投资369万元、287万元建起建筑面积2 618平方米、2 986平方米的两幢标准厂房，对外出租。2002年2月，台资企业金鸿达科技有限公司租赁后，立马投资100万美元，招收54名职工，生产五金件、冲压钣金等产品。

2005年12月，投资1 091万元，在宝尹工业小区建起3 280平方米、6 850平方米的两幢标准厂房，对外招租。翌年5月，台资企业苏州诺斯达电子科技有限公司租赁后，立马投资200万美元，招收98名员工，技术培训后即便投入生产绝缘成塑、新型电子元器件等产品。

宝信工业坊　位于境域西南，占地面积4 666.9平方米。

2014年12月，宝带桥社区投资1 229万元，由城南街道统一建起建筑面积7 049平方米的一幢标准厂房。翌年3月，对苏州爱丝杰针织服饰有限公司出租。爱丝杰针织服饰有限公司招收100余名职工，设计生产各式服饰，销往欧美等地。

2017年12月，苏州爱丝杰针织服饰有限公司年产值1亿元。

表4-3　　　　　　　　　宝带桥社区股份合作社经济统计表　　　　　　　　　单位：万元

年份	收入	年份	收入
2005	964	2012	1 094
2006	1 469	2013	1 148
2007	1 187	2014	1 163
2008	1 061	2015	1 152
2009	1 143	2016	1 194
2010	612	2017	1 406
2011	857		

附：宝带桥社区股份合作社章程

第一章 总 则

第一条 为适应社会主义市场经济发展需要，充分发挥专业合作社的组织带头作用，增加本社社员收入，规范本合作社的组织和行为，保护合作社、社员和债权人的合法权益，根据国家有关法律、法规和政策，制定本章程。

第二条 本社是将村级集体所有的经营性资产以股权的形式量化给每个村级集体组织成员，并遵循股份合作制的原则，从而形成一个民主管理、民主决策、独立核算、自主经营、风险共担的新型合作经济组织。

第三条 本社的宗旨和主要任务是通过全体成员合作经营，提高农业产业化和农民组织化程度，促进农民增加收入。

第四条 本社依法经工商行政管理机关核准登记，取得法人资格。

第二章 名称和住所

第五条 名称：苏州市吴中区城南街道宝带桥社区股份合作社。

第六条 住所：苏州市吴中区城南街道宝带桥村。

第三章 业务范围

第七条 业务范围：本社自有资产的经营、管理、投资，本社房屋出租，物业管理，为合作社全体成员提供与农业生产经营有关的其他服务。

第四章 成员资格及入社、退社和除名

第八条 行政村的村民为合作社当然的设立人；居住在该行政村辖区内的其他人员，经该行政村村民会议三分之二以上村民或者三分之二以上村民代表同意，也可以成为合作社的设立人。

吸收的新成员，应是具有民事行为能力的公民，承认并遵守本章程，履行章程规定的入社手续，经成员代表大会或者成员代表大会表决权总数的三分之二以上通过，即为本社成员。

第九条 成为本社成员，应履行下列手续：

（一）自愿申请；

（二）按规定时间向合作社缴纳出资；

（三）在章程和成员出资清单上签名。

第十条 成员要求退社的，应当在财务年度终了的三个月前向理事长或者理事会提出。退社成员的成员资格自财务年度终了时终止；量化到其名下的集体资产份额和公积金份额可以通过赠予、转让等方式流转给本社其他成员，但不得从合作社撤资变现。

第十一条 成员不承担章程规定义务的，经成员代表大会过半数通过，可以除名。除名成员的成员资格自决定作出之日起终止。

第十二条 成员资格终止后，合作社应在该成员资格终止之日起一个月内依照《农民专业合作社法》和章程的规定退还该成员的出资额和公积金份额，返还可分配盈余。

资格终止的成员应当按照章程规定分摊资格终止前本社的亏损及债务。

第五章 成员的权利和义务

第十三条 合作社成员依法享有下列权利：

（一）被推选为成员代表大会代表参加成员代表大会，并享有表决权、选举权和被选举权，按照章程规定对本社实行民主管理；

（二）利用本社提供的服务和生产经营设施；
（三）按照章程规定或者成员代表大会决议分享盈余；
（四）查阅本社章程、成员名册、成员代表大会记录、理事会决议、监事会决议、财务会计报告和会计账簿；
（五）在合作社清算时，对剩余财产的分享；
（六）对本社的生产经营活动提出意见和建议。

第十四条　合作社成员承担下列义务：
（一）执行成员代表大会和理事会的决议；
（二）按照章程规定向本社出资；
（三）按照章程规定与本社交易；
（四）按照章程规定承担亏损。

第十五条　合作社设置成员名册，记载下列事项：
（一）社员的姓名或名称、住所、出资方式、出资数额；
（二）登记为成员的日期；
（三）其他有关事项。

第六章　组织机构及其产生方法、职权、任期、议事规则

第十六条　合作社设成员代表大会，由全体成员代表共八十八名组成。成员代表以村民小组为单位按成员数的百分之十由村民小组推荐。

成员代表大会，是本社的权力机构，行使成员代表大会全部职权。

成员代表大会行使下列职权：
（一）修改章程；
（二）选举和罢免理事长、理事和监事会成员；
（三）决定合作社重大财产处置、对外投资、对外担保和生产经营活动中的其他重大事项；
（四）批准年度业务报告、盈余分配方案、亏损处理方案；
（五）对合并、分立、解散、清算作出决议；
（六）对合作社增减出资总额、合并、分立、解散和清算等事项作出决议；
（七）听取理事会关于成员变动情况的报告。

第十七条　召开成员代表大会，出席人数必须达到成员代表总数三分之二以上。

成员代表大会选举或者作出决议，必须由本社成员代表表决权总数过半数通过，作出修改章程或者合并、分立、解散的决议必须由本社成员代表表决权总数的三分之二以上通过。

第十八条　成员代表大会选举和表决实行一人一票制。

第十九条　成员代表大会分为定期会和临时会。

第二十条　成员代表大会每年至少召开一次。

第二十一条　有下列情形之一的，应当在二十日内召开临时成员代表大会：
（一）百分之三十以上成员代表提议时；
（二）监事会提议时；
（三）理事会提议时。

第二十二条　合作社召开成员代表大会，于会议召开十五日以前通知全体成员。

第二十三条　成员代表大会由理事会召集，理事长主持。理事长因特殊原因不能履行职务时，由理事长指定的其他理事主持。

第二十四条　合作社设理事会，理事由成员代表大会在本社成员中选举产生和更换。理事会由全体理事组成，其成员为三人。理事每届任期三年，理事任期届满连选可以连任。

第二十五条　理事会对成员代表大会负责，行使下列职权：

（一）负责召集成员代表大会，并向社员代表大会报告工作；

（二）执行成员代表大会的决议；

（三）制订合作社的经营计划和投资方案；

（四）制订合作社的年度财务预算方案、决算方案；

（五）制订合作社的盈余分配方案和弥补亏损方案；

（六）制订合作社的增加或减少出资的方案；

（七）拟订合作社合并、分立、解散的方案；

（八）决定合作社内部机构的设置；

（九）聘任或解聘财务负责人，决定其报酬事项；

（十）制定合作社的基本管理制度。

第二十六条　理事会设理事长一人。

第二十七条　理事会议由理事长召集和主持。理事长因特殊原因不能履行职务时，由理事长指定的其他理事召集和主持理事会会议。

第二十八条　理事长不履行职务，又不指定其他理事召集和主持理事会时，三分之一以上理事可以提议召开理事会会议。

第二十九条　召开理事会议，于会议召开十日以前通知全体理事。理事会每年至少召开两次会议。

第三十条　理事会议对所议事项做成会议记录，出席会议的理事应在会议记录上签名。理事对理事会的决议承担责任。

第三十一条　理事会会议实行一人一票和按出席会议的理事人数少数服从多数记名表决制度。当赞成和反对票数相等时，理事长有权做出最后决定。

第三十二条　合作社召开理事会会议，须由半数以上理事出席方可举行。理事会会议作出决议，须经出席会议的理事过半数通过方为有效。理事会会议表决的事项涉及某个理事个人利害关系时，该理事没有表决权，但算在法定人数之内。

第三十三条　召开理事会会议，理事本人应当参加。理事因故不能参加时，可以书面委托其他理事代为出席理事会会议，委托书要载明授权的范围。

第三十四条　合作社设监事会。监事由成员代表大会在本社成员中选举产生和更换。监事会由全体监事组成，负责对理事会成员以及其他高级管理人员进行监察，防止其滥用职权，侵犯成员、合作社及员工的合法权益。监事会向成员代表大会负责并报告工作。

第三十五条　监事会由三名监事组成，并由成员代表大会推选一名召集人。

第三十六条　监事会行使下列职权：

（一）检查、审计合作社的社务、财务，在成员代表大会上公布；

（二）对理事执行合作社职务时违反法律、法规或章程的行为进行监督。

（三）当理事的行为损害合作社的利益时，要求理事予以纠正。

监事列席理事会会议。

第三十七条 监事会会议实行一人一票少数服从多数的表决制度。监事会决议须经过半数监事表决同意,方为有效。

第三十八条 监事的任期每届三年,任期届满,连选可以连任。监事不得兼任理事及财务负责人。

第七章 法定代表人

第三十九条 理事长为合作社的法定代表人。由成员代表大会选举和更换,任期三年。

第四十条 理事长行使下列职权:

(一)主持成员代表大会和召集、主持理事会议;

(二)检查理事会决议的实施情况;

(三)代表合作社签署有关文件;

(四)法律、法规和章程规定的其他权利。

第八章 成员的出资方式、出资额

第四十一条 合作社出资总额四百一十万元。其中,集体经营性净资产份额出资为六十八万元。

第四十二条 合作社共有成员三千四百二十名,出资三百四十二万元,出资方式均为货币。详见成员出资清单。

第四十三条 成员的出资及收益可以依法继承。

第九章 财务管理和盈余分配、亏损处理

第四十四条 合作社按照国家财政部门制定的财务会计制度进行会计核算。

第四十五条 合作社与其成员的交易、与利用其提供的服务的非成员的交易,进行分别核算。

第四十六条 合作社在每年的盈余中提取百分之二十的公积金。公积金用于弥补亏损、扩大生产经营或转为成员出资。

第四十七条 合作社为每个成员设立成员账户,记载下列内容:

(一)该成员的出资额;

(二)量化为该成员的公积金份额;

(三)该成员与本社的交易量(额)。

第四十八条 弥补亏损、提取公积金后的当年盈余,为合作社的可分配盈余,按《农民专业合作社法》和国家财政部门的规定进行分配。合作社还可以依照章程或者成员大会决议提取公益金,用于本社与农业生产经营有关的基础设施建设和其他社区公益性服务。

第四十九条 合作社依法建立财务会计机构和账册、制度。合作社在每一会计年度终了时制作财务会计报告。合作社的财务会计报告包括下列财务会计报表及附属明细表:

(一)资产负债表;

(二)损益表;

(三)财务状况变动表;

(四)财务情况说明书;

(五)盈余分配表。

第五十条 合作社除法定的会计账册外,不另立会计账册。对合作社资产,不以任何个人名义开立账户存储。

第五十一条 合作社年度会计报告在成员代表大会年会召开二十日前置备于合作社，供成员查阅。

第五十二条 合作社会计年度采用公历年制，即每年公历一月一日起至十二月三十一日止为一个会计年度。合作社采用人民币为记账本位币。

第十章 解散事由与清算办法

第五十三条 合作社有下列情形之一的，予以解散和清算：

（一）因不可抗力致使合作社无法继续经营；

（二）成员代表大会决议解散；

（三）因合并、分立需要解散；

（四）依法被吊销营业执照或者被撤销。

第五十四条 依照前条第一、第二、第四项原因解散的，应在十五日内由成员代表大会推举成员成立清算组，开始清算。

第五十五条 清算组织自成立之日起十日内通知成员和债权人并于六十日内在报纸上公告。债权人应当自接到通知书之日起三十日内，未接到通知的自公告之日起四十五日内向清算组织申报其债权。

债权人申报其债权时，要说明债权的有关事项，并提供证明材料，清算组织对债权进行登记。

第五十六条 清算组织在清算期间行使下列职权：

（一）清算财产，分别编制资产负债表和财产清单；

（二）通知债权人；

（三）处理与清算有关未了结的业务；

（四）清缴所欠税款；

（五）清理债权、债务；

（六）处理清偿后的剩余财产；

（七）代表合作社参与民事诉讼活动。

第五十七条 清算组在清理财产、编制资产负债表和财产清单后，制订清算方案。合作社财产能够清偿债务的，分别支付清算费用、职工工资和社会保险费用、缴纳所欠税款、清偿债务。

合作社财产按前款规定清偿后的剩余财产，按照成员的出资比例分配。

清算期间，合作社不开展新的经营活动，合作社财产未按前款的规定清偿前，不分配给成员。

第五十八条 合作社清算结束后，清算组应制作清算报告，报成员代表大会确认，并报送登记机关办理注销登记。

第五十九条 清算组成员应忠于职守，依法履行清算义务。清算组成员不得利用职权为自己谋取私利。清算组成员因故意或者重大过失，给合作社或债权人造成损失的，承担赔偿责任。

第十一章 成员认为需要规定的其他事项

第六十条 理事、监事或其他高级职员必须按合作社赋予的权力行使职权，不得利用在合作社的地位和职权为自己谋取私利，不得侵占合作社的财产。

理事不得挪用合作社资金或将资金借贷给他人，不得将合作社资产以其个人名义或以其他个人名义开立账户存储，不得以合作社资产为合作社的成员或他人提供担保。

第六十一条 合作社研究决定有关职工工资、福利、安全生产以及劳动保护、劳动保险等涉及职工切身利益的问题，应当事先听取合作社成员的意见。

第六十二条 依法需要建立其他组织或机构的，按法律、法规规定执行。

第十二章 附 则

第六十三条 本章程和合作社的登记事项，以登记机关核定的为准。

第六十四条 本章程未规定到的法律责任和其他事项，按法律、法规执行。

成员代表大会通过的有关本章程的修改、补充条款，均为本章程的组成部分，经登记机关登记备案后生效。

二〇一〇年十一月十二日

第二节 农副业

境域为滨湖水网平原，地势平坦，雨水充沛，温暖湿润，有利于水稻、三麦等农作物生长。村民在当地党和政府领导下，兴修水利，科学种田，农业生产发展迅速，为闻名遐迩的水稻、三麦等农作物高产稳定地区之一

境域的副业有种植业、养殖业和劳务输出。种植业主要有蔬菜、瓜果等30余种，闻名的江南"水八仙"，境内有水红菱、茭白、慈姑、荸荠、荷藕等5种；养殖业饲养猪、兔、羊、鸡、鸭、鹅等家禽，还放水养鱼、蚌珠；劳务业有传统的水上运输，以及劳务输出。

一、农业

（一）作物布局

历史上，宝带桥社区境域农业生产一直实行两熟制，一熟种植水稻，一熟种植旱性作物。水稻以种植晚粳、糯稻为主。冬植旱作物为三麦、油菜。

互助合作化运动后，境内村民耕地4 686亩，农作物种植开始有比例地进行规划，种植布局逐步趋向合理。1957年，境内的金星第24、第25两个高级农业生产合作社，种植水稻4 038亩，三麦1 598.05亩，油菜1 764.86亩，其他低洼田、杂边地、旱地种植蔬菜、瓜类。

人民公社化后，提倡"土地成方，灌溉联网，合理布局，高产、增产和多打粮食多贡献"。境内积极开展了农业生产大运动，平整土地，移坟造田，兴修水利，粮田产量稳步增长。

20世纪70年代初，政府提倡"多种经营，全面发展"，境内在恢复种植经济作物的同时，试行种植双季稻，推广三熟制（即单季稻改种二熟双季稻）。1970年，境内种植双季稻30%，1975年达到100%。

1983年3月，推行家庭联产承包责任制，分田到户。

1992年8月，集体土地逐渐划归国有，不再种植农作物。

（二）面积与产量

耕地面积 宝带桥社区境域地处太湖平原，地势平坦，高层为1.7—3米，大部分土

1951年，境内耕地面积4 534亩，其中水田4 509亩，旱地25亩。

20世纪60年代起，境内每年冬季农闲时，结合水利建设，逐步移走坟墓、挑高填低、平整土地。至70年代初，农田建设基本完成，并修筑了机耕路，既方便了农机耕作，又方便了行走。

1970年12月，境内新华大队在征得上级同意后，围堵澹台湖450亩水面，其中西部350亩种植双季稻。1984年，450亩悉数退耕还湖。

1992年8月，境域划归吴县经济技术开发区管辖，因发展地方经济需要，耕地逐步被征用。至1996年3月，境内宝尹、宝南2村土地悉数被征。

作物产量　旧时，境内农作物由于品种多年不变，耕作农具落后，肥源单一，水利条件较差等因素，病虫害得不到控制，导致产量高低不稳。正常年景水稻产量在150—200千克，遇旱、涝、虫灾，产量下降。

1949年后，随着生产关系变革，耕作技术的改进以及农田水利的改善，化学药剂及化肥的广泛使用，粮食产量虽有丰歉之分，但总的趋势是稳步增长。每年不但满足了村民口粮，而且还顺利完成和超额完成国家公粮任务。1983年3月，全面推行农民联产承包制，逐步取消上交国家公粮任务，实行自留、自足、自行处理。

1992年8月后，境内大片耕地被国家征用，发展地方经济。1995年3月，宝尹村已无耕地产粮。1996年3月，宝南村土地被征，不再产粮。

表4-4　　　　　1956—1992年宝带桥社区境域实种粮田布局一览表　　　　　单位：亩

年份	宝尹（金星）					宝南（新华）				
	单季稻	双季稻		三麦	油菜	单季稻	双季稻		三麦	油菜
		前季稻	后季稻				前季稻	后季稻		
1956	1 754.24	0	0	507.5	910	2 362.88	0	0	782.29	947.3
1957	1 779	0	0	657.85	863.86	2 259	0	0	941.2	901
1958	2 860	24	24	550.2	803	1 664	22	22	761.2	849.9
1959	1 707	90.77	90.77	455	410	2 075	114.18	114.18	855	776
1960	1 680.2	0	0	546	424	2 044	0	0	711	586
1961	1 680	23.2	23.2	631	487	2 044	63.4	63.4	738	535
1962	1 571.1	3.2	3.2	743	414	1 873	7	7	921	448.5
1963	1 571.1	0	0	743	417.4	1 873	0	0	803	448
1964	1 576	0	0	858	480	1 863	0	0	1 125	559
1965	1 575.7	111.4	133	854	413	1 862.6	223	223	838	453
1966	1 208	287.5	368	730	400	1 299.6	437.7	563	827	454
1967	1 236.2	280.5	319.5	738	382.2	1 493.6	340.5	369	842	435
1968	1 322.99	252.3	253.8	713.8	396	1 415.1	374.5	445	297.4	435

续表

年份	宝尹（金星）					宝南（新华）				
	单季稻	双季稻		三麦	油菜	单季稻	双季稻		三麦	油菜
		前季稻	后季稻				前季稻	后季稻		
1969	974.7	539	602	718.5	396	955.1	801	905	246.4	435
1970	725	793.1	851.1	715.3	396	374.5	1 341.1	1 485.6	842	435
1971	51.68	1 388.7	1 525.02	555.3	339	0	1 554.18	1 860.1	836.7	400
1972	0	1 396.21	1 576.7	680	378	0	1 753.95	1 858.1	836.9	435
1973	0	1 404.1	1 776.7	680	378	0	1 75.95	1 858	840	435
1974	0	1 343.1	1 576.7	680	378	0	1 754	1 858.1	840	435
1975	0	1 343.1	1 547	680	378	0	1 751.95	1 860.8	840	435
1976	0	1 343.1	1 576.7	680	378	0	1 753	1 860.33	840	435
1977	0	1 343.1	1 576.7	680	378	0	1 730.62	1 861.38	840	435
1978	0	1 273.1	1 576.7	680	378	0	1 578	1 860.1	840	435
1979	0	1 243	1 576.7	680	367	0	1 543	1 858	840	435
1980	0	1 263.4	1 576.7	680	360.3	0	1 578	1 857.9	840	435
1981	546.7	801	1 059	680	375	495	1 052.6	1 461.38	840	585
1982	76	960	1 500	680	278	226.3	1 200	1 500.78	840	495
1983	184.7	949	1 174.54	680	306	150	1 411	1 694.8	840	421.67
1984	985.25	209	313	657	222.37	1 839.82	174.4	174.4	956	266.7
1985	1 191.9	0	143	0	0	0	0	0	840	0
1986	1 374	0	0	842	406	1 831	0	0	1 239	457
1987	1 374	0	0	902	400	1 831	0	0	1 427	402
1988	1 374	0	0	900	430	1 821	0	0	1 434	0
1989	1 280	0	0	926.4	384	1 821	0	0	1 189	405
1990	1 422	0	0	978	265	1 992	0	0	1 266	365
1991	1 459	0	0	989	281	1 774	0	0	1 543	382
1992	1 468	0	0	1 103	205	203	0	0	1 581	279

表 4-5　　1956—1992 年宝带桥社区境域粮食总产量一览表　　单位：斤

年份	宝尹（金星）			宝南（新华）		
	水稻	三麦	油菜	水稻	三麦	油菜
1956	920 847	88 898	38 948	1 217 166	145 092	0
1957	925 128	78 942	60 469	1 220 019	117 650	72 080
1958	2 110 086	71 382.5	41 578	1 280 436	179 262.6	44 791
1959	1 044 400	87 000	0	1 377 800	179 600	0
1960	989 448	245 700	118 720	1 279 939	305 730	164 080
1961	1 012 100	184 252	43 343	162 048	173 430	44 940
1962	942 707	149 253	17 512	1 273 134	194 511	30 349
1963	1 021 606	125 567	20 286	1 425 992	166 385	31 112
1964	1 241 499	163 878	39 815	1 702 990	210 925	5 970.90
1965	1 468 579	187 026	48 555.9	2 125 036	243 705	74 745
1966	1 265 675	172 202	39 376	1 897 196	230 820	67 668
1967	1 300 334	122 096	36 810	1 654 405	162 100	55 186
1968	1 002 374	186 081	64 106	1 357 539	254 376	92 765
1969	1 463 810	123 396	42 099	2 007 515	207 488	61 143
1970	1 528 012	123 601	53 991	1 979 222	210 421	68 245
1971	1 739 504	198 395	66 097	2 116 856	334 970	82 418
1972	1 691 971	212 045	58 894	2 133 219	307 523	87 203
1973	1 526 185	136 517	34 045	2 285 227	117 120	48 049
1974	1 364 723	166 600	30 696	1 800 360	196 728	47 628
1975	1 489 242	169 730	34 532	1 993 665	206 554	51 774
1976	1 630 748	232 524	40 824	2 232 847	282 403	47 850
1977	1 428 564	62 987	19 589	1 759 286	75 558	25 682
1978	1 640 542	323 017	42 754	1 913 063	400 162	72 003
1979	1 657 334	411 213	34 201	2 198 605	515 021	65 618
1980	1 076 248	328 884	27 752	1 245 667	433 328	53 620
1981	925 287	218 403	32 316	1 365 891	296 742	37 513
1982	1 032 059	344 641	53 316	1 627 565	492 979	71 942
1983	1 248 030	251 940	34 072	1 822 285	287 768	51 073
1984	1 292 881	324 296	39 838	1 887 949	563 155	55 100
1985	1 038 070	0	0	1 290 932	277 068	0

续表

年份	宝尹（金星）			宝南（新华）		
	水稻	三麦	油菜	水稻	三麦	油菜
1986	12 156 511	204 144.5	51 683	1 604 755	295 410	58 894
1987	1 212 000	178 600	27 495	1 611 280	282 108	27 803
1988	1 269 576	206 010	26 660	1 684 426	297 517	0
1989	1 257 216	189 078	69 100	1 730 000	251 904	72 900
1990	1 464 660	251 542	76 532	2 111 680	330 932	37 303
1991	1 516 776	237 162	42 431	1 827 220	374 486	38 955
1992	0	302 774	39 585.5	0	437 937	406 503

表4-6　　　　　1956—1992年宝带桥社区境域粮食亩产量一览表　　　　　单位：斤

年份	宝尹（金星）						宝南（新华）					
	水稻				三麦	油菜	水稻				三麦	油菜
	前季稻	后季稻	单季稻	合计			前季稻	后季稻	单季稻	合计		
1956	0	0	525	525	175.16	42.8	0	0	515.1	515.1	185	0
1957	0	0	520	520	120	70	0	0	540	540	125	80
1958	509	462	729.98	732	129.7	51.7	578	428	757.3	736	235.5	52.7
1959	0	0	585	585	191	0	0	0	664	664	210	0
1960	0	0	588.9	598	450	280	0	0	626	690	430	280
1961	515	480	588.75	509	282	89	409.5	200	622	563.4	235	84
1962	387	503	598.1	569.1	200.87	45	345	300	690	647.5	211	68
1963	0	0	647.8	648	169	49	0	0	776	776	207	69
1964	0	0	757.8	757.8	191	82.9	0	0	914.2	914.2	187.5	106.8
1965	715.6	628	836	836	217	117	763	563	947	947	290	165
1966	741.9	510.5	875.9	924.9	235.9	98.5	758.4	564.4	959.89	1 018.5	279.1	149
1967	681	540	745	825.3	165.2	96.3	716	478	826.6	888.2	192.5	126.8
1968	612	372	569	636	260.5	161.5	716.4	349	660	729.8	297.4	213.3
1969	624.9	582.1	796.7	916.9	171.7	106.3	650.8	663.3	927.6	1 079.3	246.4	140.5
1970	617	548.4	702.2	931.1	172.8	137.1	608.6	637.5	691.2	1 088.2	249.9	158.8
1971	628	546.4	694.5	1 104.5	317.3	194.9	632.7	609.5	0	1 138.4	400.2	205.9
1972	668.1	481.4	0	1 073.2	311.8	155.8	687.76	498.5	0	1 148	367.4	200.4
1973	669	448	0	1 095.8	200.8	90.1	701.6	568.3	0	1 229.9	214.7	110.4
1974	570.1	381	0	1 132.3	245	81.8	518	480	0	1 073	234.2	109.4

续表

年份	宝尹（金星）						宝南（新华）					
	水稻				三麦	油菜	水稻				三麦	油菜
	前季稻	后季稻	单季稻	合计			前季稻	后季稻	单季稻	合计		
1975	672.7	372	0	943.8	249.6	91.3	626.1	453.6	0	1 073	264.2	118.8
1976	701	438.5	0	1 033.3	341.9	108	685.6	553.8	0	1 199.5	336.1	110
1977	548.8	439.7	0	906	92.6	51.8	536.9	445.7	0	945.15	84.95	59
1978	605.8	551.3	0	1 040.5	475.3	113.1	670.1	460	0	0	476.7	165
1979	620.5	561.9	0	1 051.2	604.7	91	662.4	633.2	0	1 183.4	613.19	150.8
1980	464.3	310.5	0	682.6	483.7	63.1	560.7	373.8	0	831.9	515.9	123.2
1981	548.5	270.5	346.2	579.1	321.2	85.3	665	400.1	0	776.2	353.3	96.4
1982	527.8	307.4	842	700.4	506.5	192.5	612.5	483.6	0	873.7	587.1	165.4
1983	526.5	538.8	626	933.1	370.5	292.95	495.5	577.9	0	991	342.6	121.1
1984	709.5	654.2	953.9	995.6	480.1	179.2	619	569	913.5	913.5	589.1	206.6
1985	0	661.9	792.1	778.1	0	0	0	0	0	0	448.8	0
1986	0	0	917.5	917.5	245.5	127.3	0	0	876.4	876.4	238.5	128.87
1987	0	0	882	882	198	68.8	0	0	880	880	198.3	69.2
1988	0	0	924	924	228.4	62	0	0	925	925	200.5	0
1989	0	0	982.2	982.2	204.1	180	0	0	950	950	211.86	180
1990	0	0	1030	1 030	251.2	288.8	0	0	1 040	1 040	261.9	204.4
1991	0	0	1 039.6	1 039.6	239.8	151	0	0	1 030	1 030	242.7	102
1992	0	0	0	0	274	193.1	0	0	0	0	279	145.7

（三）栽培技术

境内农村一向以种植水稻、三麦、油菜等粮油作物为主。旧时，产量不高，如若遭遇水涝、干旱、病虫害等自然灾害，产量锐减。

新中国成立后，经土地改革，实行集体生产，兴水利、学科学，加强田间管理，防治病虫害，提高栽培技术，粮油产量稳步提高。

水稻 选种育秧。首先在稻熟登场前，挑选穗长、谷粒饱满、长势齐整的稻穗留作明年种子。存放时主要做到通风干燥而不霉。一般每亩约留稻种4—5千克。其次是育秧和培育壮秧。一般要抓好四个环节。

一是浸种。在20世纪50年代，在立夏前种子经筛选，装入蒲包，捆扎后投入河内浸泡三天，再从河中捞起，用草盖住闷三四天后摊开散垫阴干，待芽播种。以后，浸种技术越来越高，要求也越来越科学，为培育壮秧，防止病虫害，开始用泥水浸种。20世纪90年代后，用药水浸种两三天后，不催芽直接播种。

二是做秧田。传统的旧式秧田做法简单,耕作粗糙。一块大田经过耕翻、倒碎、灌水后用大木板推压平。四周出秧沟,中间在落谷时,踩脚印成沟,然后盖上草木灰或砻糠灰即成。20世纪60年代,改水秧田为半旱秧田(即通气秧田)。具体来讲就是先开沟做好垄式秧板。浅削整平,灌水捣烂,并用木板将垄面推平。

三是落谷。把浸后发芽的稻种谷均匀播散在秧板上,然后在秧板上撒盖上一层稻柴灰,使面上看不见谷粒。出苗数日后,三叶期时施上催长肥。20世纪五六十年代用清水粪肥。70年代后,一般都用化肥(尿素)。当时流行一句话:狠抓一粒谷,精细育壮秧。

四是移栽。30天后待秧苗长到尺许,便可移栽。一般在农历夏至前后(指单季晚稻)。早熟品种在5月底至6月初,中、晚熟品种则在6月下旬移栽结束。新中国成立前,行间距习惯于"尽手一度、尽脚一缩"的大株种植,密度较稀。株行距约6—8寸,每亩2.3万—2.6万穴左右。20世纪50年代后期,国家颁布了"农业八字宪法",即水、肥、土、种、密、保、工、管。耕作逐步走向规范化。积极推广合理密植。20世纪70年代,尤其在种植双季稻时,因要求密植度高,株行距为3—4.5寸,每亩种植4.4万穴左右。因此,采用了拉绳式移栽。实行竖拉横牵(竖里由个人拉绳,固定自插6棵距;横里由二人统一牵绳,莳一行牵一行)。这种移栽方法,一直延续到1980年双季稻被淘汰为止。

插秧,以浅、直、均为好,而浅插不倒为优。做到不种隔夜秧,不种烟筒秧,移栽后,保持田间1—2寸水,促使成活率,时有"浅水插秧深水活棵"之说。

田间管理。田间管理以水、肥、防治病虫害为主。移栽后,灌深水防败苗;活棵后,浅水勤灌促进分蘖,分蘖末期脱水轻搁田,控制无效分蘖,促进根系生长;中期水浆以浅为主,后期浅水勤灌,干干湿湿,以湿为主。

中间还必须做好五点:一是拔草。即手工除草,用手拔掉夹在稻苗中的黄秧草(俗称稗草)以及其他杂草。二是耥稻、耘稻。解放前至20世纪60年代,一直采用耥耙耥稻,是达到疏通根系生长的好方法之一。70年代后逐步淘汰,尤其是种植双季稻后,由于密植,不再适应耥稻。因此,百分百采用人工耘稻。有的村民耘稻因长期弯腰疼痛,干脆双膝跪于行间,匍匐前行,细剔苗根周边杂草。三是适时搁田。即在水稻孕穗前,必须去除田中之水,使田干缝裂,根系生长有力。一般晚稻搁田时间在立秋前。为此境域有农谚"秋前不搁稻,秋后喊懊恼"之说。四是适时施肥。如要施好断奶肥、追肥、孕穗肥等。五是要抓好病虫害的防治。使水稻稳健生长,促进增产增收。

收割脱粒。20世纪50年代,境内一直沿用人工脱粒。即用一扇木门或木板搭架后,两手握起稻把,直接在木板上脱粒,既辛苦又费时。60年代起,境内各村通电,起用了电动脱粒机,解放了劳动力,省力又省时。

三麦 境内对麦类粗耕烂种,产量极低。20世纪50年代,大家习惯视三麦(小麦、大麦、元麦)为小熟,种植沿用旧习,小垄宽沟,不施基肥,故亩产较低。

20世纪50年代末,三麦不但强调施基肥,还要求冬前要浇灌水河泥、牲畜粪等腊肥,开春返青时还要增施粪肥。尤其是人民公社化后,对三麦精选良种,药剂浸种,催芽播种。麦田实行全面耕翻,做垄讲究碎土、播种均匀。开好三沟,做到沟沟相通,雨停水干,减少渍害。同时改进施肥技术,增施面肥、腊肥、返青肥,因此,三麦产量逐年提高。

20世纪70年代,进一步改进耕作技术,采用薄片深翻,阔垄深沟并开好三沟(垄沟、腰沟、围沟)。境域生产队为了增加三麦生长面积,遂对部分田块还开挖暗沟。做到沟沟相通,三沟配套,沟渠相通,雨停水干。播种后,要消灭露籽麦,碎土盖籽,同时施好基肥、腊肥、返青肥和孕穗肥。全面采用药剂防治病虫害。

1984年，采用"免耕板田麦"方法，即水稻收割后，不经耕翻，直接播种在板茬，然后开沟、压泥成垄。这种三麦种植方法，减少了耕翻环节，既节省了劳动力，还缩短了播种时间，更能掌控播种季节。同时又充分利用了表面熟土层，提高了营养利用率，为麦苗早发、高产打下了基础。

小麦收割期，一般在芒种之前。境域有谚语 "稻要养麦要抢"之说。因此，小麦收获期不可耽误。

油菜 油菜，秧苗播种在秋分前后。选择杂边空隙地育苗。待霜降、立冬后移栽。移栽时先做好三尺阔垄，然后再用石制圆锤（上圆下尖的潭桩）打潭。潭内先用鸡粪、猪粪拌草木灰点施作，再接一潭一株移栽植油菜苗。由于石制圆锤（潭柱）较大，打潭间行距很难控制，因此，每亩一般种植3 000—4 000株菜苗。产量很低，亩产多在50斤左右。

油菜移栽后，随移栽要随浇活棵水；冬季追施猪灰肥或人粪肥、抄沟壅土；开春削垄除草，施上春肥；清明前后打（摘）菜苔，小满前后收获。

20世纪60年代起，开始重视油菜栽培。针对油菜是喜磷作物的特点，在菜苗培育期就施用磷肥，齐苗后，即间苗除草，用药剂防治病虫害，确保菜苗健壮。移苗前6—7天，重施起身肥，移栽时再施药剂一次，防止带病菜秧入大田。

20世纪70年代后，弃用传统打潭栽培的方式，移栽大田改为阔垄狭沟，先翻土碎片，后劈横移栽，合理密植。成活后，施好追肥，查苗补缺，保全苗。

20世纪80年代，试种免耕板田油菜，即在水稻收割后不经耕翻，油菜直接在板田上劈横条栽，每亩载入8 000—10 000株菜苗，提高了土地利用率。移栽后，在两棵油菜中间穴施基肥，以防损根。同时，还种植套播菜，追肥、管理、耕翻与垄栽油菜相同。

二、副业

境域的副业生产，大体可分为四大类，即种植业、养殖业、劳务业和运输业。其中种植业和养殖业历史悠久。

1958年10月，郭巷成立人民公社，公社内设副业科，境内金星、新华两个大队随即成立了副业队。至此，大队牵头，带动各生产队和农户，一齐跟上，既发展生产，又找到提高集体和村民经济收入、改善人民生活水平的途径。

（一）经济作物种植

蔬菜种植主要种植在村落前后的河边、路旁的零星土地上。人民公社化，对每家农户按人头划给了自留地，即每人1.5分旱地。所产蔬菜主要是方便农户自吃，只有少量上市出售。

蔬菜种植的品种主要有葱、韭菜、大蒜、青菜、菠菜、萝卜、黄瓜、豆类等。20世纪80年代后，开始引种白菜、冬瓜、西红柿等。

农民对蔬菜的种植，一直重视，因为当时的郭巷、龙桥、蠡墅集镇市场离境内较远，交通不便。其时上街买菜的人很少。除非家中要办大事，招待亲戚朋友，才会去市场。20世纪70年代种植双季稻时，村民都早晨、傍晚耕种、浇灌蔬菜。因此境内村民都能常年吃上新鲜蔬菜，一直延续到土地逐步征用，划归国有。

表 4-7　　　　　　　　1959—1992 年宝带桥社区境域蔬菜产量选年统计表

村（大队）	1959 年			1982 年			1992 年		
	种植/亩	单产/担	总产/担	种植/亩	单产/担	总产/担	种植/亩	单产/担	总产/担
宝尹（金星）	100	75	7 500	110	85	9 350	120	80	9 600
宝南（新华）	200	80	16 000	210	80	16 800	220	80	17 600
总计	300	—	23 500	320	81.7	26 150	340	—	27 000

西瓜、香瓜　西瓜、香瓜原来种植很少，1983 年土地联产承包制后，土地放开种植，经营自由，不少农户为增加经济收入，错开农忙，开始"成块田"种植西瓜和香瓜。一般农户每年轮番种上一亩地左右，改善了农作物茬口布局，也为土壤改良起到了很好的调节作用。

水红菱　水红菱是一种一年生浮叶水生草本植物，属菱科，为菱角中的一个优良品种，具有鲜嫩壳薄、肉厚、汁多、味甜的特色。因其色泽鲜红，俗称水红菱。

水红菱一般在白露期间采收，大约每隔 7 天采收一次，采收 6—7 次，至霜降基本结束。

水红菱营养丰富，含有多种维生素和矿物质，菱肉（米）含淀粉 24%，蛋白质 3.6%，脂肪 0.5%。水红菱养老后亦可熟食。老菱含淀粉较多，可加工制成菱粉。菱粉是做糕点、酿酒、制糖的重要原料，也是酒家烹饪用的重要原料，还可做纺织品的浆料。

1967—1969 年，境内为发展农业生产，培育肥源，新华大队把 450 亩澹台湖面的西半个湖面，经打石柱桩、竹木桩后，围放了水花生（水浮草）。东半个湖面围栏好后与长桥公社的渔业大队合伙养起了水红菱。当时水红菱的销售地是上海。1970 年 12 月，因澹台湖被围湖造田而停止了种植。

表 4-8　　　　　　　　1967—1969 年宝带桥社区境域水红菱产量选年统计表

村（大队）	1967 年			1969 年		
	种植/亩	单产/担	总产/担	种植/亩	单产/担	总产/担
宝尹（金星）	20	15	300	22	15	330
宝南（新华）	110	15	1 650	110	15	1 650
总计	130	—	1 950	132	—	1 980

茭白　茭白又名菰，是禾本科多年水生宿根植物，分蘖丛生，生在浅水里，叶细长而尖，春发新芽呈笋状，故亦称茭笋。

夏天结果，果实名为菰米或雕胡米，与稻、黍、粱、稷、麦同称"六谷"，是古人的主食之一。因其肉质茎肥大，颜色洁白，故称茭白。茭白种植较广，一般只要是浅水地块都能种植。如湖荡、河港、池塘、洼地、沟渠、烂田间均有种植。境内主要种植在烂田（低洼田）。

境内种植茭白的历史悠久。相传在唐宋时，已有农户种植茭白。种植茭白的农户，以收获的茭白去集市换取粮食、绸缎，并合伙将茭白舟运至上海、嘉兴等地换取银两。此种方法，一直延续到联产承包制前。只不过是形式上有所变动，即个体销售为以生产小队集体销售。联产承包制后，由于苏州本地的需要量增多，农民都剥壳后扎成一斤左右的小把去各菜市场零卖。

20世纪90年代后，随着土地的转化，烂田逐渐消失。

表4-9　　　　　　　　1959—1992年宝带桥社区境域茭白产量选年统计表

村（大队）	1959年			1982年			1992年		
	种植/亩	单产/担	总产/担	种植/亩	单产/担	总产/担	种植/亩	单产/担	总产/担
宝尹（金星）	50	25	1 250	50	28	1 400	48	27	1 296
宝南（新华）	60	25	1 500	60	30	1 800	50	28	1 400
总计	110	—	2 750	110	—	3 200	98	—	2 696

灯草　属灯芯草科，为多年生草本植物。茎秆能织席、编鞋；茎髓"草玉"可点灯、入药；灯草壳用以做雨具蓑衣，也可绞绳索。

种植和加工灯草是境内妇女重要的副业生产。当时由于单一的农业生产模式，收入来源狭隘。因此，妇女为撑起家庭收入支柱，白天正常参加劳动，完全利用空闲，起清晨、摸黄昏，划灯草做蓑衣。

用灯草划出的"草玉"（草芯）和草壳做成的蓑衣，由公社供销社专设门市收购，调剂供应各地市场。

蓑衣一直是乡间境内百姓雨天劳动和外出的主要避雨工具。草玉（灯草芯）可用于烛心，或做油灯灯芯。在境内未通电之前，人们常用一只小碗或一把小勺，放上少量菜油，里边放上一根"草玉"作灯芯照明。通电后，有的农民一时还不舍，备作停电时照明。

灯草在20世纪70年代，为境内农民的生产和生活起到了一定的支撑作用，随着被现代雨具代替而衰落。

表4-10　　　　　　　　1950—1970年宝带桥社区境域灯草产量选年统计表

村（大队）	1950年			1960年			1970年		
	种植/亩	单产/担	总产/担	种植/亩	单产/担	总产/担	种植/亩	单产/担	总产/担
宝尹（金星）	60	1 000	60 000	58	950	55 100	62	1 050	65 100
宝南（新华）	60	950	57 000	60	1 000	60 000	58	1 000	58 000
总计	120	—	117 000	118	—	115 100	120	—	123 100

慈姑　慈姑属泽泻科，为多年生草本植物。生长于水田，叶子像箭头，开白花，地下球茎呈现黄白色。慈姑，果实呈椭圆形，基部连根，端部生芽。慈姑种植清明后催芽，半月后插扦秧田育苗，5月下旬至6月上旬移栽，立冬后开始挖收，直至翌年春季。慈姑，也可与灯草套种。

慈姑种植，在境内也随着城镇化建设的土地转化而消失。

表 4-11　　　　　　1959—1992 年宝带桥社区境域慈姑产量选年统计表

村（大队）	1959 年			1982 年			1992 年		
	种植/亩	单产/担	总产/担	种植/亩	单产/担	总产/担	种植/亩	单产/担	总产/担
宝尹（金星）	20	8	160	20	8	160	20	12	240
宝南（新华）	30	15	450	30	14	420	30	12	360
总计	50	—	610	50		580	50		600

荸荠　荸荠又称红球菌，长于沼泽中或栽培在水田里。其地上茎丛生、直立、管状、通气、深绿色，地下球菌谓荸荠。可食用。

荸荠含有大量的淀粉、蛋白质、戊糖、脂肪和多种矿物质，营养丰富。民谚称："山东一只大水梨，不及苏州一个小荸荠。"荸荠生熟可食。用清水白煮，熟后甘甜纯香，可以代粮。生食则可解渴，以代水果。荸荠，去皮切成丁，可炒咸肉丁、鸡丁、鱼丁，为席宴之佳味。

荸荠是境内主要经济作物之一，1973 年"以粮为纲"，种植逐渐减少。至 20 世纪 80 年代末，在境内绝迹。

表 4-12　　　　　　1959—1989 年宝带桥社区境域荸荠产量选年统计表

村（大队）	1959 年			1969 年			1989 年		
	种植/亩	单产/担	总产/担	种植/亩	单产/担	总产/担	种植/亩	单产/担	总产/担
宝尹（金星）	10	1 000	10 000	10	950	9 500	5	980	4 900
宝南（新华）	20	950	19 000	20	1000	20 000	10	950	9 500
总计	30	—	29 000	31	—	29 500	15	—	14 475

莲藕　又称荷藕、芙蕖、芙蓉，属睡莲科，是多年生水生浮叶草本植物。藕在境内种植历史悠久。相传，春秋时期，吴王行宫池中就有莲藕种植。

莲藕在立夏前种植，一般与慈姑、荸荠续植，也有种白田藕的。白露前收获。莲藕种植简单，不用起挖，翌年待老藕又发出新芽，起挖后横卧于大田中即可。

藕与莲子营养价值较高，含有大量的淀粉、蛋白质、脂肪、戊糖和多种维生素。藕可药用，有补益虚损，补中养神、解渴消炎之功能。《本草纲目》对莲子有记载：莲子，石榴子性均温，能补中养神，益力气，除百病，久服轻身耐劳，不觉饥饿，延年益寿。

藕，生、熟食用皆宜。生吃，可代水果，解渴；熟吃，可炒、煮。加少许明矾清水煮，味肥甜，可以代粮；切成丝或片，与肉丝、鸡丁、鱼丁等辅助材料炒烧，味鲜脆。

藕是境内的主要经济作物，也是种植面积较多的一种。销售都是由各地供销合作社设门市部收购调剂的。20 世纪 80 年代联产承包后，由于户均烂田面积较小，不适宜种植，而逐步减少。

表 4-13　　　　　　　　1955—1982 年宝带桥社区境域莲藕产量选年统计表

村（大队）	1955 年			1965 年			1982 年		
	种植/亩	单产/担	总产/担	种植/亩	单产/担	总产/担	种植/亩	单产/担	总产/担
宝尹（金星）	26	14	364	30	13	390	30	15	450
宝南（新华）	36	15	540	38	15	570	42	14	588
总计	62	—	904	68	—	960	72	—	1 038

蘑菇　蘑菇为食用伞菌类植物。1981 年至 1983 年，境内的两个生产大队的副业队都为开拓创收，开展了此项任务。首先指定专人在指定房屋内培育"920 菌种"，然后派专人在室内种植和培育蘑菇。

此项目技术性高，且培育出来的蘑菇既白又圆实，在当时作为时令食品出现，深受大家的喜爱。特别是在当时农忙季节，村民纷纷抢购。

1984 年后因培植蘑菇技术高、产量不高、出售价格低等因素，境内没有继续种植。

（二）养殖

境内的养殖业，主要进入人民公社化后，为发展农业，扩大肥源，同时为创收经济，增加收入，改善人民生活，而积极发展。

猪原来虽有喂养，但只是为了供春节食用，或为了操办喜事提前准备而已。猪种为当地黑种，存活率低、生长慢、抗病能力差。饲料以大麦粉、豆饼、麸皮、米糠等为主。

人民公社化后，境内为了发展农业生产，响应党和政府"大力发展养猪业"号召，向猪要肥料，以获得更多的农家肥，为农业增产丰收打基础。1959 年起，境内各生产小队都建起了麦谷的脱粒场地，与此同时各生产小队都逐步建起了养猪场。其中新华（宝南）大队还在下田土地庙上建立了大队养猪场的指导站，不但站里养猪还放猪到农户代养。1972 年起还在澹台湖南岸上建起了苗猪繁殖场，其中有种母猪 4 只、种公猪 1 只。同时还饲养肉猪 30 多只。

境内生产队的养猪场，都配备专职养猪人员，做到队队养 1 到 2 只母猪。同时兼养公猪。每个生产队一般养肉猪 20—50 只。做到苗猪供应农户，肉猪出售，猪灰施田。有的生产队每当大忙结束，都会宰杀肉猪 1 到 2 只，先分一点到户，剩余的男人们集体聚餐一顿，犒劳大家农忙的辛苦。

20 世纪 70 年代，在"以粮为纲"的号召下，农业生产从一年一稻一麦变革为一年二稻（双季稻）一麦，肥料短缺。为了保证丰收，提高单位面积产量，政府号召"一亩农田一头猪"，鼓励生产队集体和农户家庭多养猪、多造肥、多贡献，并下达给农户生猪交售派购任务。明文规定以农户家庭人口计，2 人家庭每户上交 1 头生猪，3—4 人家庭每户上交 2 头生猪，5—6 人家庭每户上交 3 头生猪，超过六人的家庭不再增加生猪派购任务。同时，规定了生猪交售的奖励办法和政策。每头派购任务猪由生产队划给农户 0.11 亩粮田为饲料田。由农户家庭种植，收获的粮食作为农户派购生猪饲养用的饲料，并按实际交售生猪数，奖励给农户布票、食用肉票、养猪饲料（三七糠、麸皮、青糠）和搭建猪棚用材料（毛竹、树棍、铅丝、水泥）。

对未完成生猪派购任务的农户，按生产队平均亩产计，在口粮中相应扣除挂钩饲料田收获量。当时，农户养猪产生的猪圈灰由所在生产队集体收购，每担猪灰为0.3元人民币（记账后，在年底统一分配时支付）。

饲养的肉猪出售至蠡墅、龙桥的两个食品收购站，食品收购站以每头生猪64斤出肉率为标准收购（低于拒收），每斤肉价为0.76元，一头标准猪价格为48.6元。

生产队集体养猪的饲料，是以完成国家公粮任务、付清社员口粮、留足种子后剩余的稻谷、三麦为精饲料，以稻柴干粉碎而成的柴糠为粗饲料。而农户养猪，则以谷轧糠、麸皮和政府奖励的青糠为精饲料，稻柴、青草干、山芋藤干粉碎而成的柴糠、草糠及山芋藤糠为粗饲料。在饲料来源紧张时，生产队还购买了打浆机，将水生葫芦、水花生等打成浆后喂猪。

为了保证养猪事业的发展，公社还成立了畜牧兽医站，各大队配备了一名兽医员，确保轻微小病不出村。疑难病情有兽医站派人医治。另外，苗猪的"洗割"也有畜牧兽医站派出的巡视员负责。由于环环紧扣，养猪事业在境内发展良好。

境内随着农村实行联产承包责任制后，集体养猪场解散。农户虽有养殖，但数量逐年减少。21世纪初，随着境内土地逐步国有，农民不再种田，养猪业随之消失。

表4-14　　　　　　　1959—1982年宝带桥社区境域养猪数量选年统计表　　　　　　单位：头

年份	宝尹（金星）				宝南（新华）				合计
	集体饲养		社员家庭饲养		集体饲养		社员家庭饲养		
	种猪	肉猪	种猪	肉猪	种猪	肉猪	种猪	肉猪	
1959	30	91	0	0	13	12	0	0	146
1960	2	219	2	28	6	319	1	50	627
1961	8	247	1	28	31	238	2	50	605
1965	26	86	0	355	35	82	18	473	1 075
1966	67	161	29	788	79	374	87	914	2 499
1967	50	214	4	642	43	202	28	607	1 790
1968	42	96	0	326	55	14	14	650	1 197
1969	77	135	0	486	80	415	3	779	1 975
1970	38	80	0	396	60	217	3	108	902
1971	30	232	0	411	56	126	3	584	1 442
1973	28	667	0	596	50	305	2	944	2 592
1975	25	240	0	683	41	93	0	795	1 877
1976	23	209	0	344	38	80	0	482	1 176
1979	20	307	0	406	23	597	1	328	1 681
1980	13	282	1	850	18	609	0	1 234	3 006
1981	11	622	1	666	13	84	0	482	1 878
1982	11	507	0	230	13	0	37	497	1 258

养牛 境内所养之牛都是生产用的耕牛。耕牛是农民主要的生产帮手。多数农户常年饲养。推广农业合作化运动时，农户家庭饲养的耕牛作价入社，由初、高级社集体饲养。人民公社化后，由生产队集体饲养。境内耕牛品种有水牛、牯牛和黄牛，一般为水牛，牯牛和黄牛很少。

农户饲养耕牛，一般在家前屋后搭单间草棚为牛舍（俗称牛棚）。白天因农户劳力须下田打工，通常由孩子将牛牵至野外食草，晚上入舍。集体养殖时，还增加了晚上饲养的专管员，确保耕牛吃饱睡好。

每个生产队根据农忙耕田的需求，一般饲养2—3头，对有生育能力的雌牛（母牛），有计划地进行配种繁殖。为了保证农用耕作，当地政府还规定不允许生产队集体宰杀耕牛。因此，农谚有说："耕牛是个宝、生产少不了。"

耕牛一直是人力的替代物，其用途有：耕田、耙田、绞岸、灌溉（牛拉车上水，俗称打水）、碾米（拉垄）等繁重劳动。20世纪70年代，随着机械化的发展，耕牛仅用于农耕。直至1983年3月联产承包制，虽农田到户，但因面积少，有手扶拖拉机的运作，耕牛已不适应管理和农耕。随之，年轻的耕牛出售，年老的耕牛宰杀分肉到户。

表4-15　　　　　　　　　1959—1982年宝带桥社区境域养牛数量选年统计表　　　　　　　　　单位：头

年份	宝尹（金星）	宝南（新华）	合计	年份	宝尹（金星）	宝南（新华）	合计
1959	52	66	118	1971	34	37	71
1960	42	60	102	1972	30	42	72
1961	35	53	88	1973	26	32	58
1963	32	34	66	1975	24	21	45
1964	31	34	65	1976	20	21	41
1965	32	34	66	1977	20	25	45
1966	31	32	63	1979	17	21	38
1967	23	34	57	1980	20	19	39
1968	35	32	67	1981	19	23	42
1969	32	34	66	1982	20	23	43

养禽 养禽是境内的传统副业。尤其在20世纪五六十年代，大多数农户平常都不上街买菜，平素来个亲戚朋友，一般就地解决菜肴。一般有自家菜地的新鲜蔬菜，过年杀猪后自制的腊肉、咸肉，剩下的就是养禽菜源，如杀只鸡或鸭、炖碗蛋、烧碗荷包蛋等。

20世纪60年代后期至70年代中期，采取了禁养与限养的措施，家禽数量骤减。

20世纪70年代初期，政府号召"以粮为纲、全面发展"，养禽工作得到了恢复和发展。时，金星、新华2个生产大队都分别成立了养禽副业队。金星（宝尹）大队成立了养鸭放养队，派2人专业放养鸭100多只；新华（宝南）成立了养鸡场，派2人养鸡100多只。为增加集体经济收入，推动养禽发展，起到了积极作用。

20世纪90年代，城镇化建设步伐的加快，境内环境卫生要求增强。1995年创建卫生城市时，境内家禽实行全面禁止。2003年1月，为全面防止禽流感的侵入和传染，苏州市政府还提出了"苏州市内各菜市场不准宰杀活禽"的规定,至此,境域养禽养畜销声匿迹。

表 4-16　　　　　1963—1986 年宝带桥社区境域养禽选年统计表　　　　　单位:只

年份	宝尹（金星）			宝南（新华）			合计		
	鸡	鸭	鹅	鸡	鸭	鹅	鸡	鸭	鹅
1963	85	4	0	465	36	0	550	40	0
1964	138	18	0	434	70	0	572	88	0
1965	85	19	0	450	86	0	535	105	0
1984	1 820	500	1 100	4 000	800	2 500	5 820	1 300	3 600
1985	2 990	570	570	410	82	0	3 390	652	570
1986	1 050	285	285	510	78	0	1 560	365	150

养兔　兔为哺乳类动物,头部略像鼠,耳大,上唇中间分裂,前肢比后肢短,善于跳跃,喜打泥洞,跑得快。有长毛兔和短毛兔两种。

境内养殖历史是 20 世纪六七十年代。主要养殖长毛兔,以出售兔毛,增加经济收入。兔毛由当地公社收购站收购。

长毛兔品种为本地土种长毛兔和德国长毛兔。土种长毛兔,体重一般在 2.5 公斤左右,可年产兔毛 250 克左右;土种长毛兔,以食草为主,生产迅速,繁殖力强。全身毛发无杂色,绒毛多,粗毛少,而且具有早熟、耐粗饲料、成活率高、饲养成本低等优点。德国长毛兔为德系兔和中系兔杂交配的后代,体重为"土长兔"的 50% 左右,每年兔毛率高于"土长兔"的一倍左右。

农户基本上户户饲养家兔,还自行繁殖兔仔。1974 年到 1978 年间,境内钱家村的周永明和下田村的马银泉带头养兔,2 家分别饲养了 30 多只德国长毛兔。至时,社员家庭养兔发展迅猛。20 世纪 80 年代,因兔毛价格下跌,境内兔的饲养逐年减少。

养蚌珠　蚌珠,即珍珠,又名真珠,是蚌的贝壳内产生的圆形状的硬颗粒,乳白色或略带黄色,有光泽。

蚌珠是蚌体内发生的病理变化或外界沙粒等微小物进入贝壳内而自然形成的硬颗粒。

养蚌珠,即是人工养殖珍珠,主要选用三角帆蚌和褶纹冠蚌。先将褶纹冠蚌破开,将蚌周边的鲸带（边）切成 3—4 毫米微小的方块,用专用工具塞入三角帆蚌的体内。一只三角帆蚌体内可置放 15—20 块,置放小块的要求很高,须将微小方块在蚌体内平坦安放,不打褶,不蜷曲（因安放时形状跟今后珠的质地有着密切的关系）。安放好后,在三角帆蚌的鸡冠上打个小孔,孔中穿上尼龙线,扎好后将其吊至事前打好桩、扎好的架子上生长,待蚌珠受到刺激,分泌黏液把外来物层层裹起来而形成蚌珠。一年后捞起开采。

20 世纪 60 年代后期和 70 年代,金星、新华 2 个生产大队都成立了养蚌珠的专业队。其中金星（宝尹）大队养殖在苏嘉公路东（吴县染料厂北）的运河滩鱼池里,新华大队养殖在澹台湖西南岸。

人工养殖的蚌珠,形状有圆形、椭圆形等。主要成分是碳酸钙、有机物和水。珠的颜色有白、黄、粉红、青等,且有光泽,主要用于制作装饰品,也可以碾成粉后入药。

蚌珠养殖，由于当时盲目发展，缺乏技术指导，在生产过程中，面积不大，求效心切，一度出现了缩短养殖周期、春插秋采嫩珠等不良因素，致使珍珠品质下降，产量下跌，加上市场滞销，价格下滑，随之养蚌珠退出境内。

养鱼 1967年2月，金星大队成立养鱼专业队，在泥河田港养鱼。养殖方法为用毛竹和网帘拉成水坝，春天放养鱼苗，至春节前半个月左右时间抽干水后捕捞。养殖的鱼捕上后，大队即分配至隶属生产队，由生产队再按人数分配至户。

1970年12月，新华大队在澹台湖西围湖造田，东面尚有100亩水面作为引鱼入内放养。每逢春节之前，大队安排劳力合坝抽干水后捕捞，然后把捕上的鱼分配至隶属的各生产队。

1972年2月，金星大队第6生产队在夹河溇用泥筑坝围起9.5余亩水面养鱼，每年春节前捕捞后分配至户。

1974年2月，泥河田港养鱼场因养鱼的泥河田两岸均为村民住宅，每年抽干水后捕捞养鱼，造成土岸塌方，为此停止了鱼类养殖。

1983年12月，宝尹村第6村民组把夹河溇9.5亩养鱼水塘承包给个人。承包人每年定额上交鲜鱼，其余归承包人所有。

1984年，退耕还湖450亩，复原澹台湖水域。吴县水产局在澹台湖成立县水产二场，由专业队伍养鱼。

1997年2月，宝尹村第6村民组夹河溇一带土地被征用，原9.5余亩鱼池随即退出养殖。

附：捕鱼

历史上，境域村民有捕鱼的传统，每当黄梅汛期，会去河浜、湖泊用鱼叉和小型捕鱼丝网捕鱼。村民使用工具捕鱼的方法，大体有以下四种：一是在两根小竹竿上结上2米左右长宽的套网捕鱼。二是用四根竹竿结扎之后，套上一张2米左右见方的丝网，再用一根毛竹，头上扎上一根麻绳。将丝网放入河泊之中，游鱼经过，立即将丝网拉起，游鱼十有八九被逮住。这种捕鱼之法，俗名"小杠网"扳鱼。这种扳鱼杠网，在20世纪七八十年代，境内基本上家家都有。三是用自己编织的竹笼子在河浜、湖泊滩边的茅草丛中，双目聚精会神观望水中，游鱼经过，即把竹笼自上而下罩去。这种捕鱼的方法，俗名"罩鱼"。四是到了冬天农闲季节，用小梢网去河浜、湖泊捕鱼。这种捕鱼的方法延续至20世纪80年代末，因河水污染，捕起的鱼烹饪之后有股刺鼻的煤油味，日渐不用。

三、运输业

（一）水上运输

境域地处水网地区，河流纵横，水路运输是传统副业。村民除了农田劳作外，一部分时间从事水上运输。1956年农业合作以后，境域金星第24、第25社曾成立专门运输队伍，进城找业务。1968年，时境内有大小运输船只13条，总吨位86.5吨。1978年，运输船增加到30条，总吨位170吨。从事水上运输的村民60人，年收入54 000元，人均年收入达900元。20世纪70年代，水路运输船以木船、小船为主，80年代逐步由水泥船替代。鼓励村民外出运输，增加集体收入，制定了奖赔规定，按吨位船皮核定指标，收入全部归生产队，年终按超、赔标准结算。1985年始，人力手摇船逐步被机动船替代。船只的容量由以往的4—5吨发展到20—30吨，甚至50吨。机动船的兴起大大降低了运输村民的劳动强度。据统计，当年共有运输船只33条，其中木船5条，水泥船28条。1991年始，由于劳动体制的不断改革，乡村工业的迅速发展，劳动力相应分流至工业、商业、劳务、路上运输等行业，水路运输业逐渐萎缩。

表4-17　　　　　　　1968—1985年宝带桥社区境域水上运输收入选年统计表

村（大队）	1968年					1978年					1985年				
	从业人员/人	船只			年产值/元	从业人员/人	船只			年产值/元	从业人员/人	船只			年产值/元
		水泥船/条	木船/条	吨位/吨			水泥船/条	木船/条	吨位/吨			水泥船/条	木船/条	吨位/吨	
宝尹（金星）	12	1	5	38.5	12 000	26	5	8	73	23 000	28	9	5	98.5	35 000
宝南（新华）	14	0	7	48	15 000	34	7	10	97	31 000	38	19	0	100	36 000
总计	26	1	12	86.5	37 000	60	12	18	170	54 000	66	28	5	198.5	71 000

（二）宝南吊装运输队

1984年7月创办，位于苏嘉杭公路并线厂旁。运输队主营吊装运输、搬运，注册资金20000元，常驻苏州化纤厂。1985年12月，从业人员15人，产值150 000元；1997年12月，从业人员50人，产值450 000元。1998年12月停办。

四、劳务业

20世纪60年代，金星、新华2个大队的生产队，都在农业生产的同时，外派社员至外单位劳务作业，赚取一定报酬，充入集体经济。1960年，金星大队第1生产队派出2名社员至苏州环卫站务工，新华大队每个生产队派出2名社员至苏州铁路站铁路上劳务作业。至1969年12月，境域劳务从业人员75人，其中金星大队30人，新华大队45人，劳务年收入35 000元。此时，外出务工人员的收入归生产队集体所有。劳务人员得生产队同等务农劳动力的工分报酬外，每人每天得0.2元的生活补贴。

20世纪70年代，金星、新华2个大队外派劳力去外单位务工的人日渐增多，特别是1979年以后，金星、新华2个大队先后派出99人外出务工，其中金星大队先后派出48人，新华大队派出51人去铁路上和外单位打工，劳务年总收入60 000余元。此时，外出务工人员的收入归集体所有，劳务人员得生产队同等务农劳动力的工分报酬外，每人每天补贴上升至0.3元至0.4元，有的生产队甚至上升至0.5元。1979年，境内宝尹（金星）村各生产队先后派出外单位务工人员62人，有的生产队采取了每家每户轮流外出打工的制度。宝南（新华）村派出务工人员48人，主要是为铁路部门修建铁路。其时，外出务工人员的报酬发生了变化，主要有以下三种：一是外出务工人员的收入归生产队集体，每天得0.5元的生活补助费外，务工人员按在队务农人员记同样的工分；二是外出务工人员收入核定多少归生产队集体，与生产队务农人员得同等工分，超出部分，务工人员与集体分成，有的四六分成，有的三七分成。

1992年10月以后，境域划归吴县经济技术开发区，大搞公路、桥梁、厂房、商店等基础建设，境内外出务工人员几乎每家每户都有。有的参与公路、桥梁、厂房、商店的基本建设，有的进商场做买卖或务工，有的甚至自己开店经商，投资办厂，做起了老板。

第三节　工商业

境域历史上只有几家私人作坊和家庭手工业。20世纪60年代,金星、新华2个大队集体始有粮饲加工厂。中共十一届三中全会后,逐步发展集体经济,创办民营企业。1992年8月,境域划归吴县经济技术开发区,被纳入开发区工商贸易带,绘制了经济发展规划蓝图,全面大开发,大建设。通过招商引资,工业商业蓬勃发展,2017年12月,有中外工贸企业364户,个体工商202户。

一、集体企业

旧时,宝带桥社区境域只有私人作坊和家庭手工业。

1962年2月,新华大队开办粮饲加工厂。1965年2月,金星大队开办粮饲加工厂,服务对象为本大队和附近村民的大米和饲料加工。

1973年11月,金星、新华大队办起土窑,制作砖瓦,烧出后出售,时为村办集体企业起步。

1975年3月,新华大队创办并线厂。

1977年6月,金星大队创办塑料厂、镜片厂。

1978年12月至1992年,宝尹(金星)、宝南(新华)2个大队(村)先后办起了织布厂、铸件厂、砖瓦厂、汽车改装厂、酱品厂、吊装运输队、纸盒包装厂、树脂化工厂等9家集体工厂企业。

1994年6月3日,境内宝南、宝尹2个村级经济公司经吴县计划委员会吴计秘〔1994〕312号文件批复同意上升为县属集体所有制企业,原隶属关系、核算形式不变。

1996年11月,开展村办集体企业宝南并线厂转制出让给原承包人经营,性质改为私营企业。

2000年8月,宝南纸箱厂转制出让给原承包人经营,性质改为私营企业。至时,其他村办企业也先后转制或停办。

2009年10月,宝带桥社区经济合作社成立,撤销原宝南、宝尹村经济合作社。

2010年11月,经城南街道办事处批复同意,成立宝带桥社区股份合作社。

表4-18　　　　　　　　宝带桥社区境域集体企业情况统计表

厂名	创办时间	地址	经营项目	注册资金/万元	厂区面积/平方米	从业人员/个	备注
新华大队饲料加工厂	1962.2	下田村	粮食、饲料加工	1	200	6	1995.12停办
金星大队饲料加工厂	1965.2	泥和田	粮食、饲料加工	1	200	12	1996.10停办
新华大队砖瓦厂	1973.11	南港河南	砖、瓦	5	4 000	40	1993.12停办

第四章　社区经济

续表

厂名	创办时间	地址	经营项目	注册资金/万元	厂区面积/平方米	从业人员/个	备注
牛桩浜砖瓦厂	1973.11	金星北港河南	砖、瓦	1.3	13 000	18	1987.5停办
新华并线厂	1975.3	宝带桥南	棉纱加工、并线	4	1 980	82	1996.11转制
金星镜片厂	1977.2	泥和田土地庙北	镜片	3	500	15	1994.12停办
金星塑料厂	1977.6	金星大会堂	食品塑料包装袋	1	400	20	1983.12停办
新华织布厂	1978.5	宝带桥南	编织民用布匹	4	500	40	1992.2停办
金星铸件厂	1978.2	泥和田	铜、铁件	2	300	15	1996.7停办
王家浜砖瓦厂	1980.8	跃进河南	砖、瓦	1.5	11 000	17	1996.2停办
宝带桥汽车改装厂	1984.8	宝带桥南	汽车改装、修理	8	3 300	13	1987.8停办
吴县味美酱品厂	1985.11	苏嘉公路朱河店桥南	萝卜干、酱油、蜜汁黄瓜等酱品	8	8 000	40	2000.12停办
吴县废铁镔铁厂	1986.8	苏嘉公路朱河店桥北	加工镔铁	15	2 500	13	1996.5停办
长桥纸箱包装厂	1987.3	宝带桥南	纸盒	150	6 600	50	2000.8转制
星火化工涂料厂	1990.5	泥河田港东南角	涂料	5	2 000	7	1996.12停办
振尹合成树脂化工厂	1993.2	胜利桥南	582、336树脂	18	15 000	10	1996.12停办

表4-19　　　　1974—1991年宝带桥社区境域集体企业产值利润选年统计表

年份	宝尹（金星）			宝南（新华）			合　计		
	职工人数/人	产值/万元	利润/万元	职工人数/人	产值/万元	利润/万元	职工人数/人	产值/万元	利润/万元
1974	5	0.63	0	5	0.8	0	10	1.43	0
1975	5	0.75	0.5	5	0.6	0.3	10	1.35	0.8
1976	6	0.9	0.2	5	0.8	0.3	11	1.7	0.5
1978	8	2.22	0.7	10	4.72	2.8	18	6.94	3.5
1981	46	12.5	3.02	49	27.53	4.21	95	40.03	7.23
1983	35	9	0.8	49	27.59	4.21	84	36.59	5.01

续表

年份	宝尹（金星）			宝南（新华）			合计		
	职工人数/人	产值/万元	利润/万元	职工人数/人	产值/万元	利润/万元	职工人数/人	产值/万元	利润/万元
1984	46	14	1.9	70	46.3	6.97	116	30.3	3.87
1986	46	47	3	70	60	8	116	107	11
1987	150	80.45	12.44	173	117.92	12.17	323	198.37	24.61
1989	260	325.46	31.99	224	296	48.76	484	621.46	80.75
1990	266	260	25.17	224	250	20.88	490	510	46.05
1991	269	449.93	38.43	234	346.23	59.93	503	796.16	98.36

二、工商业

（一）工业

1992年8月，境域划归吴县经济技术开发区，纳入工业贸易建设带，制订了建设规划，向海内外招商引资。至2017年12月，海内外工贸企业已有364家先后落户境内。

境域内主要工商企业如下。

苏州市江远热电有限责任公司 1993年5月创办，位于天灵路2号。主营热电联产、销售灰渣、第三产业开发、工业固体废物治理（不含危险废物），占地面积79334平方米，建筑面积24 055.92平方米，其中厂房面积16 200平方米，从业人员240人，注册资金1.15亿元。1993年12月建立工会，工会会员240人。2007年3月，被江苏省建设厅授予"节水型企业"称号。2008年3月，被江苏省总工会授予"模范职工之家"称号。2015年5月，被苏州精神文明建设指导委员会授予"苏州市文明单位"称号。2017年8月，被中华全国总工会授予"工人先锋号"称号。

苏州石川制铁有限公司 1994年9月创办，位于天灵路10、12、19号。主营汽车关键零部件制造及关键技术开发，占地面积52 000平方米，建筑面积25 000平方米，其中厂房面积20 000平方米，从业人员401人，注册资金669 000万元，公司为日资企业。1994年4月建立工会，工会会员401人。2015年3月，被江苏省住房和城乡建设厅授予"节水型企业"称号。

苏州华福低温容器有限公司 1995年7月创办，位于天灵路18号。主营制造低温压力容器，占地面积16 666.6平方米，建筑面积7 980.6平方米，其中厂房面积7 980.6平方米，从业人员63人，注册资金3 000万元。2013年11月，公司生产的产品被江苏科学技术厅授予高新技术产品认定证书。

远东服饰（苏州）有限公司 1996年1月创办，位于天灵路88号。主营成衣制作，占地面积54 452平方米，土地出让年限50年，建筑面积55 000平方米，其中厂房面积22 081平方米，从业人员1 600人，注册资金2 600万美元。公司为台资企业。2004年4月建立工会，工会会员1 600人，2017年7月，被苏州海关总署授予"苏州市信用管理示范企业"称号；9月，被授予AEO（经认证经营者）认证企业。

适新科技(苏州)有限公司 1996年12月创办,位于天灵路16号。主营硬盘制造,占地面积13 333.3平方米,建筑面积16 044.32平方米,其中厂房面积12 790平方米,从业人员700人,注册资金1 472.5万美元,公司为新加坡独资企业。2008年4月建立工会,工会会员700人。2011年4月,被苏州市人民政府授予"劳动关系和谐企业"称号。2017年11月,被苏州市社保局授予"5A级苏州劳动保障信用企业"称号。

苏州方达制罐有限公司 1998年4月创办,位于迎春南路90号。主营制罐,占地面积9 998平方米,建筑面积9 000平方米,从业人员60人,注册资金500万元。2013年5月建立工会,工会会员60人。2008年11月,被苏州市工商行政管理局授予"重合同守信用企业"称号。

表4-20　　　　　　　　2017年12月宝带桥社区境域工贸企业统计表

单位名称	开业时间	主要产品或业务	注册资金	从业人员/人	备注
苏州上林新型包装材料有限公司	2001.12	纸板	400万美元	130	台资
苏州山鹰纸品有限公司	2001.12	瓦楞纸板、纸箱	600万元	180	
宏易电子(苏州)有限公司	2001.12	注塑件、冲压五金件、模具加工	225万美元	131	
金鸿达科技(苏州)有限公司	2002.2	五金件、冲压、钣金	100万元	54	台资
苏州富士达印刷有限公司	2002.3	印刷、包装制品	1 500万元	44	
苏州鑫昌电器制品有限公司	2002.3	塑料制品、包装材料、电器配件、五金制品	580万元	26	
苏州天地环境科技有限公司	2002.12	水处理剂、工业座水膜处理设备	200万美元	50	
苏州奥村阀门有限公司	2003.3	蝶阀	260.93万美元	70	日资
苏州一太服饰有限公司	2005.11	服装服饰、面料、玩具	3 000万元	40	
苏州英维特精密机械有限公司	2005.11	机械配件、电子元件组装	1 000万元	260	
苏州诺斯达电子科技有限公司	2006.5	绝缘成型件、新型电子元器件	200万元	98	
江苏新协利新材料有限公司	2012.3	扩散板	1 000万元	95	
优德太湖水务(苏州)有限公司	2016.4	水处理设备	2 000万元	24	
苏州开元集成装饰玻璃有限公司	2016.12	销售玻璃、装饰工艺	150万元	10	

(二)商业

20世纪50年代,境域只有2家乡镇供销合作社的下伸店,供应村民日常生活用品。境域居民操办婚丧喜事所需物品,得操舟去附近集镇或进城购买。

改革开放以后,境域零星增加了几家夫妻小商铺。1993年2月,境域开始老村拆迁改造。1996年5月,第一批拆迁泥河田、黄家浜、港南浜183户村民搬迁至朱塔浜新居,至2004年12月,境域在形成西下田、宝尹花园、钱家新村、下田、小村等5个居民生活小区的同时,各类为民服务商铺先后在小区内或小区附近开张;2010年1月,建筑面积近70 000平方米的白金汉爵大酒店开张营业;2016年6月,建筑面积2 500平方米的苏州欧时假日酒店开张营业；11月，建筑面积11 485平方面积的苏州祥云精品酒店有限公司开张营业。2017年12月，西下田、宝尹花园、钱家新村等3个居民生活小区附近有商店202家，形成了3个商业网。

境域内主要酒店如下。

苏州白金汉爵大酒店有限公司　2010年1月开张，位于迎春南路97号。主营中餐类制售、住宿、茶水服务、歌厅、棋牌厅。酒店面积15 151.2平方米，从业人员586人，注册资金6 000万元。公司于2014年9月建立工会，工会会员101人。2016年11月，被全国酒店等级评定委员会评为白金五钻酒家。

苏州欧时假日酒店　2016年6月开张，位于石湖东路76号。主营住宿。酒店面积2 500平方米，从业人员11人，注册资金300万元。

苏州祥云精品酒店有限公司　2016年11月开张，位于天灵路25-4号。主营住宿、会务服务及文化艺术交流活动策划。公司面积11 485平方米，从业人员38人，注册资金100万元。

（二）居民生活区商业网店简介

苏成快餐店　2001年5月开张，位于迎春南路145号。主营快餐。店铺面积170平方米，从业人员6人，注册资金50万元。

新江诊所　2004年7月开张，位于迎春南路152号。主营内科、口腔科诊疗。店铺面积120平方米，从业人员8人，注册资金5万元。

炫发美容美发店　2005年4月开张，位于迎春南路15号。主营美容、美发。店铺面积50平方米，从业人员12人，注册资金10万元。

苏州迎盈广告装饰有限公司　2006年6月开张，位于迎春南路128号。主营广告、印刷、舞台布置、标设等。店铺面积240平方米，从业人员5人，注册资金500万元。

月月快餐店　2006年3月开张，位于迎春路117-3号。主营快餐。店铺面积120平方米，从业人员6人，注册资金10万元。

华兴饭店　2007年6月开张，位于西下田119号。主营餐饮。店铺面积140平方米，从业人员7人，注册资金10万元。

钱家好时代超市　2008年5月开张，位于迎春南路钱家新村。主营百货、食品。店铺面积500平方米，从业人员5人，注册资金80万元。

丁记快餐店　2010年4月开张，位于迎春南路148号。主营快餐。店铺面积160平方米，从业人员8人，注册资金40万元。

东盛宾馆　2010年4月开张，位于迎春路117号。主营住宿。宾馆面积400平方米，从业人员5人，注册资金50万元。

绿杨馄饨店　2011年6月开张，位于迎春南路137号。主营小吃。店铺面积145平方米，从业人员5人，注册资金15万元。

七彩生活超市　2014年3月开张，位于钱家新村106号。主营百货、食品。店铺面积200平方米，从业人员8人，注册资金80万元。

青霞饭店　2014年6月开张，位于迎春南路130号。主营餐饮。店铺面积240平方米，从业人员7人，注册资金50万元。

表4-21　　　　　　　　2017年12月宝带桥社区境域主要商业店铺统计表

单位名称	开业时间	主营业务	注册资金/万元	从业人员/人
安欣烟杂店	2003.1	日用百货、烟酒	5	2
康德五金店	2004.6	五金电器	1	2
南浜药店	2004.12	中成药、处方药	10	3
森淼烟杂店	2005.5	食品、百货	15	2
西北牛肉拉面店	2005.10	拉面	10	4
明佳副食品店	2005.12	烟酒、百货	9	2
永琪理发店	2006.6	理发	5	2
联诚药房	2006.9	中西药品	8	2
富源食品店	2006.11	食品、百货	20	4
中国移动门市部	2007.6	充值、缴费、更新	10	4
永文电动车店	2008.4	电动车修理	15	2
艳娜副食品店	2008.5	副食品	8	2
喜洋洋生活超市	2008.6	烟酒、百货	20	2
移动特约维修店	2008.7	手机配件、维修	30	2
福乐佳超市	2008.8	食品	23.5	2
昌祺水果店	2008.10	水果	30	2
得力文具店	2009.3	办公用具	5	2
福建沙县小吃店	2009.4	沙县小吃	20	4
小霸王鱼头店	2009.5	餐饮服务	20	4
惠强便利超市	2009.5	烟酒、食品百货	20	2
万得富百货店	2009.5	食品、百货	5	2
时尚店	2009.8	小百货	5	2
潘姐烟酒门市部	2010.4	烟酒	20	2
中国福利彩票门市部	2010.4	彩票	20	2
天天生活超市	2011.2	小百货	65	2
巴比馒头店	2011.10	巴比馒头	30	4
仕通超市	2012.5	百货	6	2
元子药店	2012.10	中西药品	10	2
真诚电脑店	2012.11	电脑维修	10	2
黄焖鸡店	2013.3	小吃	10	3

续表

单位名称	开业时间	主营业务	注册资金/万元	从业人员/人
宏达家具店	2013.10	家具	5	2
回头客烟酒店	2013.11	烟酒	3	2
苏州白云大药房	2013.12	零售药品	50	3
如家生活超市	2013.12	百货	20	2
宝宁药房	2014.3	中西药品	10	2
湘菜馆	2014.3	餐饮服务	50	4
佳惠电脑设计室	2014.7	广告设计制作	25	2
明晖农产品店	2014.8	蔬菜	1	2
东北菜馆	2015.3	餐饮服务	23	2
海富面馆	2015.4	面条、水饺	10	2
佳米森蛋糕店	2015.5	蛋糕、烘焙	3	3
艺剪坊	2015.7	理发	2	2
甲冉生门市部	2016.3	治疗灰指甲、甲沟炎	30	2
活扒鲜食品店	2016.5	海鲜、杂粮	10	2
菜饭骨头汤馆	2016.5	快餐	5	2
完美店	2016.5	生活服务	5	2
永健酒业门市部	2016.7	烟酒	10	2
诚诚通讯店	2017.8	手机维修	10	2
万客来新生活超市	2017.8	食品、百货	20	2

表4-22　　　　2017年12月宝带桥社区境域居民生活区商店分布情况表

居民生活区	商店名称	个数/个	从业人员/人	居民生活区	商店名称	个数/个	从业人员/人
西下田	饭店	4	16	西下田	水果店	1	3
	小吃店	2	6		棋牌店	1	3
	糕团店	2	4		浴场	1	4
	理发店	2	4		热开水供应店	1	3
	超市	2	6		养生馆	1	3
	维修店	3	6		洗衣店	1	3
	杂货店	5	12		废品回收店	1	3
	买卖房屋中介店	2	5		网吧	1	4
	蔬菜店	2	4				

续表

居民生活区	商店名称	个数/个	从业人员/人	居民生活区	商店名称	个数/个	从业人员/人
宝尹花园	饭店	6	20	宝尹花园	药店	4	16
	小吃店	21	48		网吧	3	8
	糕团店	5	15		快递点	2	8
	理发店	8	17		蔬菜店	2	5
	超市	9	27		广告店	1	3
	维修店	7	20		羊肉店	1	3
	杂货店	7	20		快餐店	2	5
	房屋中介店	7	20		水果店	3	6
	手机店	3	4		驾校联络店	1	3
	宾馆旅社	1	4		面食店	3	8
	文具店	1	4		沐浴场	2	8
	馄饨店	2	4		热开水供应店	2	4
	宠物店	1	3		废品回收站	2	4
钱家新村	饭店	16	40	钱家新村	羊肉店	2	5
	小吃店	35	70		快餐店	3	15
	糕团店	15	35		水果店	3	9
	理发店	13	28		手机店	6	12
	超市	12	36		棋牌店	2	5
	维修店	8	24		沐浴场	3	12
	杂货店	22	42		热开水供应店	3	6
	房屋中介店	22	48		粮油供应店	1	4
	药店	2	6		五金水暖店	1	4
	网吧	8	24		医疗诊所	1	4
	蔬菜店	2	8		养生馆	4	12
	福利彩票店	2	4		金银加工回收店	1	3
	茶室	1	3		文身店	1	3
	驾校联系店	4	8		洗衣店	1	3
	铝合金店	1	3		废品回收店	1	4
	蔬菜店	5	15		广告店	1	3

第五章 城市化建设

旧时，境域居民主要以种田为生，因地势低洼，水涝灾害频发，农田产量忽高忽低，居民生活大多贫困。又因地处水网，小河小浜纵横交错，陆上交通不便，环境脏乱差。

1949年10月之后，境域环境逐年有所改善，居民生活有所提高。1978年12月，改革开放之后，境域发展迅速，居民原先的土墙瓦屋、茅草小房逐步翻新。1992年8月之后，当地人民政府加大区域建设步伐，切实加强基础配套设施建设，重视环境整治，道路逐步宽畅，河道逐步整洁，居民先后搬进了别墅，住进了楼房，家家有电灯、电话、电视机，户户喝上了清洁卫生的自来水，出门有自行车、摩托车、家用汽车……社区建立了为居民医疗服务的卫生院，还对育龄妇女、老年居民进行体检等专项服务。

2008年3月，当地社区为倾听群众之声，提高为居民服务质量，成立了来访接待中心。2017年12月，设立了党群服务中心，对居民社会保障、困难救助、优生优育、法律咨询、妇幼维权等进行开放式、一站式服务。

第一节 基础设施

一、交通

公路 1932年1月,土筑沿古运河的苏(州)嘉(兴)公路。12月,途经境域的苏(州)嘉(兴)公路苏州至吴江段竣工。翌年6月27日,苏嘉公路举行通车典礼。1944年6月,苏州至尹山(途经境域)一段全长29.98千米沙土公路建成通车(1976年1月改沙土路面为沥青路面)。

1963年12月,苏州第一辆公交10路车通达境内。1965年12月,苏州公交10路改为公交13路。1970年12月,苏州13路公交车穿过境内一角,延伸至尹山桥。1976年1月,苏嘉公路改铺沥青。1989年9月,宝带桥西侧公路桥拆除,公路改道走十苏王公路(后更名东吴南路)。

1992年10月,境域公路交通建设发展迅速,至2017年12月,先后建起东西向东吴南路、天灵路、石湖东路、澄湖东路、澄湖中路等5条公路;南北向迎春南路、宝通路、宝丰路等3条公路,途经境内公路全长12 887米,其中东西向8 495米,南北向4 392米。

表5-1　　　　　　　2017年12月宝带桥社区境域公路建设情况统计表

路名	起止	长度/米	建成时间	走向
东吴南路	古运河—古塘河	1 821	1992.10	东西
迎春南路	东吴南路—澹台湖大桥	2 756	1993.5	南北
天灵路	古运河—古塘河	1 694	1993.12	东西
宝通路	天灵路—东吴南路	986	1998.12	南北
宝丰路	澄湖中路—东吴南路	650	1998.12	南北
澄湖东路	古运河—迎春南路	1 138	2000.10	东西
澄湖中路	迎春南路—古塘河	570	2000.10	东西
石湖东路	古运河—古塘河	1 636	1995.10	东西

2017年12月,途经境域的公交车有91路、92路、101路、514路、612路、66路、57路、5002路和快线6号。

河道 境域为江南水乡,河流如网,旧时当地居民进城赶集、做买卖,大多操舟前往,但当时断头浜、小河浜到处都是,影响船只通行。新中国成立后,境域加强水网建设,对于河道进行开掘、拓宽与其他河浜衔接,促使水上河流通畅。

2017年12月,境域开掘河道12条,全长8 650米。

表 5-2　　　　　　1968—2017 年宝带桥社区境域开拓、疏通河道统计表

开拓时间	河道名称	长度/米	备注
1968.1	钱家村河	500	
1968.1	黄家浜	250	
1968.1	兴隆河	400	
1972.1	金家村河	2 000	
1974.8	内河 2 条	1 250	
1974.8	内河 2 条	1 250	
1976.1	跃进河	1 200	
1989.9	澹台湖北运河	1 000	为保护宝带桥开拓
1996.3	牛桩浜东港	500	
2002.1	金家河	300	与宝尹村牛桩浜衔接

桥梁　境域为水乡，旧时跨越河湖的桥梁除宝带桥之外，多为小桥，且是简陋木桥、竹桥。新中国成立后，特别是改革开放以后，桥梁的建筑日新月异，既改善了交通，带动了地方经济的发展，又美化了环境。

1909 年春，建起钱家村外浜桥（石板桥），5 块石条每块厚 0.4 米，长 3 米，两面石墩。1960 年 10 月，因生产队载稻麦船过不了桥，村民动手移走石条，换上 3 块移动木板。

1939 年冬，东下田石桥（又名廿五基桥），换上柏树板拼作的桥面，日搭夜撤。

1947 年 12 月，东下田廿五港北建起竹桥。1967 年 12 月，竹桥改建成木头桩竹面桥。1974 年 12 月，改建成混凝土拱桥，并命名为迎丰桥。

1950 年 1 月至 1991 年 12 月，境域拆除的旧桥、危桥有夹河溇竹桥、牛桩桥、钱家木桥、金家河木桥等，改造的老桥、危桥有潘家桥、王家浜竹桥、迎丰桥、梁家桥、朱家桥、牛桩浜石拱桥、馨欣桥等 7 座，新建的桥梁有幸福、王家浜桥、红星桥、朱塔浜木桥、胜利桥、夹河溇竹桥、塘角桥、朱塔浜桥、跃进 1 号桥、跃进 2 号桥、钱家石拱桥、金家石拱桥等 12 座。

1992 年 8 月始，境域桥梁建设速度、质量有了提高，新建公路桥梁有古塘河桥、下塔里桥、石湖东路桥、天灵路西 1 号桥、澄湖东路 3 号桥、天灵路东 2 号桥、宝通路北 4 号桥、宝通路南 5 号桥、迎春南路钱家桥、迎春南路 7 号桥、迎春南路 8 号桥、宝丰路 9 号桥、迎春南路金家桥等 13 座。并在宝带桥·澹台湖景区建起了异形钢结构景观桥。拆除的旧桥、危桥有廿五基桥、王家浜竹桥、馨欣桥、迎丰桥、梁家桥、跃进 1 号桥、跃进 2 号桥、胜利桥、红星桥、朱家桥、公路桥、兴福庵桥、潘家桥、牛桩浜桥、金家桥、新开河桥、外浜桥、钱家桥、朱塔浜水泥桥、朱塔浜木头桥、幸福桥、塘角桥、下田竹头桥、兴隆桥等 23 座。为了保护宝带桥古迹，苏（苏州）嘉（嘉兴）公路改道，拆除了宝带西侧的多孔连翼公路桥。

表 5-3　　　　　　　　1992—2017 年宝带桥社区境域新建桥梁统计表

桥梁名称	建成时间	结构	跨径/米	宽度/米
古塘河桥	1992.12	简支空心板梁	30	40.5
下塔星桥	1992.12	简支空心板梁	12.25	20
石湖东路桥	1995.10	简支空心板梁	19.5	46.2
天灵路西 1 号桥	1995.10	简支空心板梁	16.8	39
澄湖东路 3 号桥	1995.10	简支空心板梁	8	11.95
天灵路东 2 号桥	1995.10	简支空心板梁	12.6	34.2
宝通路北 4 号桥	1995.10	简支空心板梁	13	13.2
宝通路南 5 号桥	1995.10	简支空心板梁	12	13.2
迎春南路钱家桥	1995.10	简支空心板梁	42	39.6
迎春南路 7 号桥	1998.3	简支空心板梁	13	35.3
迎春南路 8 号桥	1998.3	简支空心板梁	16	35.5
宝丰路 9 号桥	1998.4	简支空心板梁	13	12
迎春南路金家桥	2003.3	简支空心板梁	13.1	38.9
宝带桥·澹台湖景区景观桥	2017.12	钢结构拱桥	110	318

表 5-4　　　　　　　　1995—2017 年宝带桥社区境域拆除旧桥、危桥统计表

地址	桥名	拆除时间	备注
宝南东下田	廿五基桥	1995.10	
宝尹王家浜	王家浜桥	1996.1	竹桥
宝尹东南港	馨欣桥	1996.10	
宝尹泥河港	迎丰桥	1996.10	
宝尹泥河港	梁家桥	1996.10	
宝尹泥河港	跃进 1 号桥	1996.10	
宝尹泥河港	跃进 2 号桥	1996.10	
宝尹沿字港	胜利桥	1996.10	
宝尹西南港	红星桥	1996.10	混凝土拱桥
宝尹泥河田港	朱家桥	1996.10	石拱桥
宝带桥西侧	公路桥	1998.8	多孔连翼公路桥
宝南金家村	兴福庵桥	2001.1	
宝尹泥河田	潘家桥	2002.1	
宝尹牛桩浜	牛桩浜桥	2002.1	石拱桥
宝南金家村	金家桥	2002.3	水泥石拱桥
宝南金家村	新开河桥	2002.3	
宝南钱家村	外浜桥	2003.1	

续表

地址	桥名	拆除时间	备注
宝南钱家村	钱家桥	2003.1	
宝南朱塔浜	水泥桥	2004.2	
宝南朱塔浜	木头桥	2004.2	
宝南下田村	幸福桥	2015.2	
宝南下田村	塘角桥	2016.2	
宝南西下田	竹头桥	2017.2	
宝南下田村	兴隆桥	2017.2	

三、供电供水

供电 旧时，境内当地居民夜间照明靠火油灯、蜡烛，操办婚丧之事则租用汽灯。

1956年4月，郭巷乡1.65万伏安尹山变电站建成。其时，境内金星第24、第25高级农业生产合作社隶属长桥乡。长桥乡在金星第25高级社开展用电试点，安装3台变压器，共计150千伏安，其中位于港南浜西1台，位于吴家角西1台，位于馨欣桥边1台，均为50千伏安。同年，在金星第24社安装3台变压器，其中位于小村廿五基桥旁1台，位于钱家村1台，位于幸福桥东（饲料加工厂旁）1台，也均为50千伏安。

1980年居民电视机、电风扇、电冰箱、洗衣机等家用电器使用开始普及，用电量逐年递增，宝尹大队通过自发电补充电量不足。

1984年1月，宝南村的小村、粮饲加工厂旁的2台50千伏安变压器因用电超负荷，先后烧坏。是年，宝南村在饲料加工厂旁新装1台100千伏安变压器，并撤去小村的1台变压器。

1990年1月，宝南村在纸箱厂新建3间60平方米配电房，增设315千伏安变压器1台。

1991年12月，宝尹村跃进河南新建变压电所72平方米，室内安置有160千伏安发电机，撤去原3台变压器。

1994年1月，宝尹村原72平方米变电所用房增建至200平方米，并置500千伏安变压器1台。

1998年1月，境域进行电网改造。钱家新村新建变压器11台，每台315千伏安。

2002年1月，境内在东吴南路建工业配电间58平方米，设250千伏安变压器1台。

2017年12月，境内在宝信工业坊安装1台500千伏安变压器，宝带桥大厦安装2台2000千伏安变压器。宝尹花园生活小区安装8台变压器，每台350千伏安。西下田生活小区安装7台变压器，每台315千伏安。钱家新村安装11台变压器，每台315千伏安。境域合计安装变压电器29台，总容量10 690千伏安。

供水 旧时，境内居民以河水、井水为饮用水。

新中国成立后，当地政府重视居民饮用水卫生管理，宣传病从口入知识，倡导饮用卫生清洁的河水、井水。引导居民从河里、井里挑回家的饮用水，在水缸投放明矾纯净水质。

1973年2月，境内金星、新华2个大队动员村民打井，改善饮水条件。至1981年12月，境内先后开挖新井77口。

1988年8月,宝尹村自建水塔,将水管通至居民家中,使居民喝上了深井水。

1997年9月,宝南村居民生活区家家户户通上自来水。

2005年3月,境内新农村改造升级,重新铺设自来水管道,饮用自来水人口中本地籍居民3 287人,外来人口11 000人。

2007年3月起,吴中区供水有限公司为境域居民提供用水服务,对水管一旦爆裂等事故发生,派员抢修,确保居民用水安全、通畅。

2017年12月,境内完成社区自来水管道翻新改造工程,自来水饮用人口中本地籍3 860人,外来人口16 500人。

四、电信

1998年10月,邮政、电信分开经营,长桥邮电支局分设为苏州邮电局长桥邮政支局、苏州电信局55分局(后称吴县市电信局;2001年3月,改称吴中区电信局)。是年12月,境内560户居民安装住宅电话。1999年,境内200余人携有移动电话。至2017年12月,吴中区电信局在境域电信投资3 450万元,其中铺设管道21.3千米,投资350万元;铺设光缆548千米,投资300万元;设置无线基点60个,投资2 000万元;有线设备投资800万元。是时,境域装有公共电话147部,企事业单位集体电话257部,居民住宅电话934部,移动电话5 186部。

第二节 公共设施

境域公共服务有社区党群服务中心、便民活动中心、文体活动设施、儿童乐园等。

一、社区党群服务中心

2008年3月,宝带桥社区成立居民来访接待中心。

2017年2月,宝带桥社区设立党群服务中心大厅,面积200平方米,配有固定电话、计算机、复印机,设置公示栏、投诉箱,公开相关事项,并以台卡标明服务项目。

宝带桥社区党群服务中心大厅有工作人员5名,对社区居民社会保障、困难救助、优生优育、法律咨询、妇幼维权、残疾人员事务以及老年人关怀等方面进行开放式、一站式服务。至12月,社区党群服务大厅共接待居民1 440次、2 217人,其中社会保障1 220次、2 000人,救助15次、15人,计划生育咨询174次、174人,法律咨询28次、28人,妇幼维权3次、3人。

二、便民活动中心

宝尹便民活动中心位于宝尹花园西北,1996年7月建造,一层四间,建间面积130平方米,内设电视座、棋牌室、茶室等。

钱家新村便民活动中心位于钱家新村北面西侧,2004年12月建造,二楼二底,建筑面积120平方米，内设棋牌室、茶室等。

钱家新村花园，位于钱家新村东北侧，2004年12月建造，面积260平方米，内设凉亭、假山、小桥等，为居民休闲活动之地。

三、文体活动设施

澹台湖康体活动广场，2004年6月建，占地面积252平方米，位于宝带桥·澹台湖景区西，配置有室外健身路径及健身器材一套（10件），分别有单杠、双杠、跑步机、牵引器、太极推手、蹬力器、扭踩器、"天梯"等。

澹台湖文娱活动广场，2004年6月建，占地面积2 109平方米，位于宝带桥·澹台湖景区西。

宝带桥康体活动广场，2010年8月建造，占地面积630平方米，位于宝带桥·澹台湖景区中心，配有室外健身路径及健身器材一套（8件），分别有单杠、双杠、牵引器、蹬力器、扭踩器、太极推手等。

宝带桥文娱活动广场，2010年8月建，占地面积18 806平方米，位于宝带桥·澹台湖景区东南侧。

宝带桥儿童游乐场，2010年8月建，占地3 096平方米，位于宝带桥·澹台湖景区中心南侧，场地平坦，四周绿树成荫，配置有室外健身路径及健身器材"天梯"等。

第三节　环境保护

一、污水治理

旧时，境域地势低洼，河道如网，池塘如星，不乏断头浜、死水塘。1949年10月，境内加强水网水质保洁，对一些污染严重的小河、断浜，有的进行清淤，有的进行填埋。

1964年3月，开展以饮用水改良为重点的爱国卫生运动。粪缸以生产队为单位，设点集中管理，搭棚加盖。开挖洗涮马桶的专用水潭，禁止马桶下河洗涮。

1980年1月，新华大队填埋200米西马浜。

1984年3月，开展改水改厕为重点的卫生运动。

1990年1月，宝南村填埋300米庄基坟浜。

1996年1月，宝尹村填埋400米夹河溇；3月，填埋85米港南浜、300米王家浜、100米南浜、100米和尚浜、600米尤字港。

2000年1月，宝南村填埋300米虾龙浜。

2001年2月，宝南村填埋1 000米金家村老河。

2003年1月，宝南村填埋70米里浜、200米外浜、170米小里浜、120米陈家浜。

2008年2月，宝尹花园完成污水管道改造升级。10月，朱塔浜完成污水管网改造。12月，境内全面完成污水管理网改造升级。

2012年1月，清淤1 900米长的跃进河，清淤污泥3万立方米；清淤1 500米长的宝南中心河，清淤污泥2.2万立方米。

2015年1月，清淤1 100米长的金家村河，清淤污泥9 000立方米。

2016年1月，清淤长达1 300米的南港河，清淤污泥2.2万立方米。

2017年1月，清淤800米长的下田港，清淤污泥7 000立方米。12月，社区对河道实行河长责任制，党委书记徐志华、居委会主任江华、党委委员朱晓生分别兼任南港河、宝南中心河、下田港河河长。

二、卫生保洁

1952年1月，境内根据吴县防疫委员会统一部署，开展了以反对帝国主义细菌战为中心的爱国卫生运动，进行"以讲卫生为光荣，不讲卫生为耻辱"的宣传教育活动，群众中逐步形成了元旦、春节、劳动节、国庆节以及端午节、中秋节等节假日期间开展清洁卫生运动的新风尚。

1956年1月，境内爱国卫生运动以除四害（老鼠、苍蝇、蚊子、麻雀，1960年8月将麻雀改为臭虫）、讲卫生、消灭疾病为中心。

1958年1月起，爱国卫生运动成为常态化的群众卫生运动。

1983年3月，开展"文明礼貌月"活动，治理"脏、乱、差"，把清除杂草、垃圾，疏通阴沟，填平洼地、死水塘和搞好室内外卫生列为爱国卫生运动的经常性工作。

1986年5月，把"爱国卫生"纳入村委会管理的工作范畴。

1989年3月，围绕县爱国卫生运动委员会确定的主题，开展"植树绿化、清洁环境、健康咨询"活动。

1992年8月，新建公厕2只，固定垃圾箱4只；建起垃圾中转站4个。9月，招聘道路保洁员20人，对公路卫生进行常态化保洁。

1996年3月，新建公厕1只，固定垃圾箱2只。

2001年11月，境内宝尹、宝南两村居委会为保证宝尹花园、钱家新村、下田、西下田、小村等5个居民生活小区整洁，制定了卫生保洁制度。3月，招收10名河道保洁员，备船7艘，对南港河、下田港、西古塘河、跃进河、宝南中心河、沿字港、钱家村河、金家村河、泥河田港等河道，操舟打捞河面漂浮垃圾。

2002年3月，新建公厕1只，固定垃圾箱3只。

2003年1月，居民生活小区禁养家禽家畜。

2017年12月，宝带桥社区常设专职保洁员44人（男18人，女26人），每天对境内道路、河道进行保洁。另设卫生巡视员2人、卫生监督员1人，按照长效管理标准，每天对境域保洁工作实行考核打分。

第四节 拆迁安置

一、老村改造

1992年8月，境域划归吴县经济技术开发区。1995年1月，境域按照吴县经济技术开发区整体条块规划进行老村改造。1996年1月，境域新农村建设规划宝尹花园、钱家新村、西下田、下田、小村等5个居民生活小区，采用公拆自建方法，开始迁居。5月，居民生活区开始第一期拆迁改造搬迁：宝尹村泥河田114户、港南浜6户、王家浜63户，共计183户居民搬迁至朱塔浜居民生活区（后改名宝尹花园）。

1997年10月，宝尹村港南浜18户居民搬迁至朱塔浜居民生活小区。

1998年9月，宝尹村港南浜20户居民搬迁至朱塔浜居民生活小区。

2000年6月，宝南村钱家村里浜17户、金家村16户居民搬迁至朱塔浜居民生活小区。7月，宝尹村牛桩浜27户、泥河田23户居民搬迁至朱塔浜、西下田居民生活小区。

2001年1月，宝南村金家村28户、朱塔浜南岸28户居民先后搬迁至朱塔浜、钱家新村居民生活小区。

2002年1月，宝南村朱塔浜南岸18户、塘里（澹台湖边）6户居民先后搬迁至钱家新村居民生活小区。

2003年4月，宝尹村吴家角35户、泥河田38户居民，根据自愿选择，先后搬迁至下田村、钱家新村居民生活小区。对钱家村、朱塔浜及西下田北部、南港河（马桶港）南岸的173户居民原地拆旧建新，境域共拆迁安置288户，就地翻建173户，家家户户翻建成了外部统一标准的三间四层别墅。7月，宝尹村、宝南村合并，成立宝带桥居委会。

2006年6月，中共苏州吴中区委员会、吴中区人民政府授予宝带桥社区"文明单位"称号。

2007年12月，中共苏州吴中区委员会、吴中区人民政府授予宝带桥社区"和谐社区"称号。

2011年12月，宝带桥社区配合苏州轻轨二号线建设，迁移石湖东路两侧10家企业和4户居民。

2012年1月，在宝尹花园居民生活小区内建设休闲公园和老年活动中心。12月，社区在钱家新村、宝尹花园、西下田村等三个居民小区安装技防监控。

2013年2月，境域老村改造公拆自建中，钱家新村应居民生活区需要，新建店面6套，面积1 596平方米；迎春南路新建店面38套，面积7 106平方米。

表5-5 　　　　　　　　2004年宝带桥社区老村改造拆迁安置统计表

房屋产权人	房屋性质	面积/平方米	小区名称、门号	拆迁项目	备注
何建根	自建住宅	396	钱家新村1号	老村改造	
李纪男	自建住宅	396	钱家新村2号	老村改造	

续表

房屋产权人	房屋性质	面积/平方米	小区名称、门号	拆迁项目	备注
徐新元	自建住宅	396	钱家新村3号	老村改造	
陶炳根	自建住宅	396	钱家新村4号	老村改造	
李春华	自建住宅	396	钱家新村5号	老村改造	
徐根元	自建住宅	396	钱家新村6号	老村改造	
夏仙男	自建住宅	396	钱家新村7号	老村改造	
徐兴男	自建住宅	396	钱家新村8号	老村改造	
梁倍男	自建住宅	396	钱家新村9号	老村改造	
朱云昌	自建住宅	396	钱家新村10号	老村改造	
朱毛狗	自建住宅	396	钱家新村11号	老村改造	
梁林男	自建住宅	396	钱家新村12号	老村改造	
吴春男	自建住宅	396	钱家新村13号	老村改造	
吴志伟	自建住宅	396	钱家新村14号	老村改造	
吴林昌	自建住宅	396	钱家新村15号	老村改造	
吴林生	自建住宅	396	钱家新村16号	老村改造	
吴龙金	自建住宅	396	钱家新村17号	老村改造	
吴火男	自建住宅	396	钱家新村18号	老村改造	
姚云华	自建住宅	396	钱家新村19号	老村改造	
朱决泉	自建住宅	396	钱家新村20号	老村改造	
沈玉红	自建住宅	396	钱家新村21号	老村改造	
梁建男	自建住宅	396	钱家新村22号	老村改造	
潘庆军	自建住宅	396	钱家新村23号	老村改造	
潘春海	自建住宅	396	钱家新村24号	老村改造	
沈菊祥	自建住宅	396	钱家新村25号	老村改造	
孔雪林	自建住宅	396	钱家新村26号	老村改造	
张建林	自建住宅	396	钱家新村27号	老村改造	
周建东	自建住宅	396	钱家新村28号	老村改造	
钱忠明	自建住宅	396	钱家新村29号	老村改造	
张建明	自建住宅	396	钱家新村30号	老村改造	
陆军军	自建住宅	396	钱家新村31号	老村改造	
吴学良	自建住宅	396	钱家新村32号	老村改造	
浦秋男	自建住宅	396	钱家新村33号	老村改造	
钱东亮	自建住宅	396	钱家新村34号	老村改造	
田丽敏	自建住宅	396	钱家新村35号	老村改造	

续表

房屋产权人	房屋性质	面积/平方米	小区名称、门号	拆迁项目	备注
俞双根	自建住宅	396	钱家新村36号	老村改造	
吴秋男	自建住宅	396	钱家新村37号	老村改造	
吴冬陆	自建住宅	396	钱家新村38号	老村改造	
陆雪兴	自建住宅	396	钱家新村39号	老村改造	
吴旗男	自建住宅	396	钱家新村40号	老村改造	
吴金元	自建住宅	396	钱家新村41号	老村改造	
朱文男	自建住宅	396	钱家新村42号	老村改造	
吴福全	自建住宅	396	钱家新村43号	老村改造	
朱祥明	自建住宅	396	钱家新村44号	老村改造	
朱林昌	自建住宅	396	钱家新村45号	老村改造	
朱春男	自建住宅	396	钱家新村46号	老村改造	
许荣珍	自建住宅	396	钱家新村47号	老村改造	
姚其芳	自建住宅	396	钱家新村48号	老村改造	
江苏南	自建住宅	396	钱家新村49号	老村改造	
马全元	自建住宅	396	钱家新村50号	老村改造	
江芳男	自建住宅	396	钱家新村51号	老村改造	
倪吉妹	自建住宅	396	钱家新村52号	老村改造	
徐双金	自建住宅	396	钱家新村53号	老村改造	
沈永红	自建住宅	396	钱家新村54号	老村改造	
何卫	自建住宅	396	钱家新村56号	老村改造	
李永良	自建住宅	396	钱家新村57号	老村改造	
周志英	自建住宅	396	钱家新村58号	老村改造	
李文弟	自建住宅	396	钱家新村59号	老村改造	
徐催明	自建住宅	396	钱家新村60号	老村改造	
李萍	自建住宅	396	钱家新村61号	老村改造	
何红明	自建住宅	266	钱家新村62号	老村改造	
徐金元	自建住宅	396	钱家新村63号	老村改造	
李老土	自建住宅	396	钱家新村64号	老村改造	
沈永芳	自建住宅	396	钱家新村65号	老村改造	
周三男	自建住宅	396	钱家新村66号	老村改造	
李爱民	自建住宅	396	钱家新村67号	老村改造	
徐方男	自建住宅	396	钱家新村68号	老村改造	
濮向东	自建住宅	396	钱家新村69号	老村改造	

续表

房屋产权人	房屋性质	面积/平方米	小区名称、门号	拆迁项目	备注
马建新	自建住宅	396	钱家新村70号	老村改造	
马建春	自建住宅	396	钱家新村71号	老村改造	
徐长明	自建住宅	396	钱家新村72号	老村改造	
徐林宗	自建住宅	396	钱家新村73号	老村改造	
钱龙男	自建住宅	396	钱家新村74号	老村改造	
徐玉男	自建住宅	396	钱家新村75号	老村改造	
朱其忠	自建住宅	396	钱家新村76号	老村改造	
龚盘金	自建住宅	396	钱家新村77号	老村改造	
夏 萍	自建住宅	396	钱家新村78号	老村改造	
费水男	自建住宅	396	钱家新村79号	老村改造	
徐春元	自建住宅	396	钱家新村80号	老村改造	
朱全英	自建住宅	396	钱家新村81号	老村改造	
何向华	自建住宅	396	钱家新村82号	老村改造	
周 华	自建住宅	396	钱家新村83号	老村改造	
王志明	自建住宅	396	钱家新村84号	老村改造	
顾珠建	自建住宅	396	钱家新村85号	老村改造	
夏水根	自建住宅	396	钱家新村86号	老村改造	
李龙根	自建住宅	396	钱家新村87号	老村改造	
李小明	自建住宅	396	钱家新村88号	老村改造	
李龙男	自建住宅	396	钱家新村89号	老村改造	
李龙金	自建住宅	396	钱家新村90号	老村改造	
徐老土	自建住宅	396	钱家新村91号	老村改造	
李新华	自建住宅	396	钱家新村92号	老村改造	
何弘良	自建住宅	396	钱家新村93号	老村改造	
徐钰男	自建住宅	396	钱家新村94号	老村改造	
徐三男	自建住宅	396	钱家新村95号	老村改造	
徐林生	自建住宅	396	钱家新村96号	老村改造	
徐长根	自建住宅	396	钱家新村97号	老村改造	
徐长金	自建住宅	396	钱家新村98号	老村改造	
徐永明	自建住宅	396	钱家新村99号	老村改造	
徐火男	自建住宅	396	钱家新村100号	老村改造	
徐红宾	自建住宅	396	钱家新村101号	老村改造	
徐关林	自建住宅	396	钱家新村102号	老村改造	

续表

房屋产权人	房屋性质	面积/平方米	小区名称、门号	拆迁项目	备注
徐建男	自建住宅	396	钱家新村103号	老村改造	
徐根男	自建住宅	396	钱家新村104号	老村改造	
倪根弟	自建住宅	396	钱家新村105号	老村改造	
李荣伟	自建住宅	396	钱家新村106号	老村改造	
郁弘弟	自建住宅	396	钱家新村107号	老村改造	
陆盘英	自建住宅	396	钱家新村108号	老村改造	
夏春芳	自建住宅	396	钱家新村109号	老村改造	
李根法	自建住宅	396	钱家新村110号	老村改造	
顾晓平	自建住宅	396	钱家新村111号	老村改造	
周明	自建住宅	396	钱家新村112号	老村改造	
李龙泉	自建住宅	396	钱家新村113号	老村改造	
徐向男	自建住宅	396	钱家新村114号	老村改造	
夏勇方	自建住宅	396	钱家新村115号	老村改造	
徐其男	自建住宅	396	钱家新村116号	老村改造	
徐金男	自建住宅	396	钱家新村117号	老村改造	
金方男	自建住宅	396	钱家新村118号	老村改造	
龚木金	自建住宅	396	钱家新村119号	老村改造	
郁向明	自建住宅	396	钱家新村120号	老村改造	
徐催男	自建住宅	266	钱家新村121号	老村改造	
王忠东	自建住宅	268	钱家新村122号	老村改造	
朱雪方	自建住宅	396	钱家新村123号	老村改造	
朱雪龙	自建住宅	396	钱家新村124号	老村改造	
金云根	自建住宅	396	钱家新村125号	老村改造	
冯子鸣	自建住宅	396	钱家新村126号	老村改造	
张金华	自建住宅	396	钱家新村127号	老村改造	
倪锋英	自建住宅	396	钱家新村128号	老村改造	
杨关根	自建住宅	396	钱家新村129号	老村改造	
王抱全	自建住宅	396	钱家新村130号	老村改造	
马向前	自建住宅	396	钱家新村131号	老村改造	
周弘	自建住宅	396	钱家新村132号	老村改造	
龚堂林	自建住宅	396	钱家新村133号	老村改造	
李连妹	自建住宅	396	钱家新村134号	老村改造	
陶炳男	自建住宅	396	钱家新村135号	老村改造	

续表

房屋产权人	房屋性质	面积/平方米	小区名称、门号	拆迁项目	备注
夏建新	自建住宅	396	钱家新村136号	老村改造	
徐祥根	自建住宅	396	钱家新村137号	老村改造	
郁金泉	自建住宅	396	钱家新村138号	老村改造	
李文男	自建住宅	396	钱家新村139号	老村改造	
顾杏泉	自建住宅	396	钱家新村140号	老村改造	
顾晓东	自建住宅	396	钱家新村141号	老村改造	
李美泉	自建住宅	396	钱家新村142号	老村改造	
李国平	自建住宅	396	钱家新村143号	老村改造	
徐菊良	自建住宅	396	钱家新村144号	老村改造	
徐祥弟	自建住宅	396	钱家新村145号	老村改造	
姚胜武	自建住宅	396	钱家新村146号	老村改造	
翁永会	自建住宅	396	钱家新村147号	老村改造	
蔡明男	自建住宅	396	钱家新村148号	老村改造	
汪家芳	自建住宅	396	钱家新村149号	老村改造	
朱九男	自建住宅	396	钱家新村150号	老村改造	
朱明真	自建住宅	396	钱家新村151号	老村改造	
翁玉龙	自建住宅	396	钱家新村152号	老村改造	
翁玉泉	自建住宅	396	钱家新村153号	老村改造	
王抱弟	自建住宅	396	钱家新村154号	老村改造	
费福男	自建住宅	396	钱家新村155号	老村改造	
顾菊男	自建住宅	396	钱家新村156号	老村改造	
金丽芳	自建住宅	396	钱家新村157号	老村改造	
周林根	自建住宅	396	钱家新村158号	老村改造	
朱龙元	自建住宅	396	钱家新村159号	老村改造	
周军	自建住宅	396	钱家新村160号	老村改造	
龚堂泉	自建住宅	396	钱家新村161号	老村改造	
沈水明	自建住宅	396	钱家新村162号	老村改造	
顾玉祥	自建住宅	396	钱家新村163号	老村改造	
李雪根	自建住宅	396	钱家新村164号	老村改造	
徐水金	自建住宅	396	钱家新村165号	老村改造	
夏新男	自建住宅	396	钱家新村166号	老村改造	
徐福男	自建住宅	396	钱家新村167号	老村改造	
周永龙	自建住宅	396	钱家新村168号	老村改造	

续表

房屋产权人	房屋性质	面积/平方米	小区名称、门号	拆迁项目	备注
王金明	自建住宅	396	钱家新村169号	老村改造	
潘如春	自建住宅	396	钱家新村170号	老村改造	
沈水龙	自建住宅	396	钱家新村171号	老村改造	
金向明	自建住宅	396	钱家新村172号	老村改造	
徐菊根	自建住宅	396	钱家新村173号	老村改造	
徐向阳	自建住宅	396	钱家新村174号	老村改造	
李龙泉	自建住宅	396	钱家新村175号	老村改造	
费全官	自建住宅	396	钱家新村176号	老村改造	
翁大男	自建住宅	396	钱家新村177号	老村改造	
翁孙泉	自建住宅	396	钱家新村178号	老村改造	
翁玉男	自建住宅	396	钱家新村179号	老村改造	
翁春方	自建住宅	396	钱家新村180号	老村改造	
费林男	自建住宅	396	钱家新村181号	老村改造	
费永先	自建住宅	396	钱家新村182号	老村改造	
费阿夯	自建住宅	396	钱家新村183号	老村改造	
金国方	自建住宅	396	钱家新村184号	老村改造	
费祥龙	自建住宅	396	钱家新村185号	老村改造	
李龙元	自建住宅	266	钱家新村186号	老村改造	
周　军	自建住宅	266	钱家新村187号	老村改造	局部作店面
徐向男	自建住宅	266	钱家新村188号	老村改造	局部作店面
李龙男	自建住宅	266	钱家新村189号	老村改造	局部作店面
何红明	自建住宅	266	钱家新村190号	老村改造	局部作店面
郁金泉	自建住宅	266	钱家新村191号	老村改造	局部作店面
周永龙	自建住宅	266	钱家新村192号	老村改造	局部作店面
社区传达室	自建公共建筑	266	钱家新村193号	老村改造	
金全根	自建住宅	396	钱家新村194号	老村改造	
费全弟	自建住宅	396	钱家新村195号	老村改造	
潘明昌	自建住宅	396	钱家新村196号	老村改造	
倪官泉	自建住宅	396	钱家新村197号	老村改造	
沈才明	自建住宅	396	钱家新村198号	老村改造	
倪向明	自建住宅	396	钱家新村199号	老村改造	
倪向男	自建住宅	396	钱家新村200号	老村改造	
徐永明	自建住宅	396	钱家新村201号	老村改造	

续表

房屋产权人	房屋性质	面积/平方米	小区名称、门号	拆迁项目	备注
钱爱男	自建住宅	396	钱家新村202号	老村改造	
董才男	自建住宅	396	钱家新村203号	老村改造	
王庆丰	自建住宅	396	钱家花园204号	老村改造	
沈云龙	自建住宅	396	钱家新村205号	老村改造	
钱春龙	自建住宅	396	钱家新村206号	老村改造	
倪建根	自建住宅	396	钱家新村207号	老村改造	
钱春男	自建住宅	396	钱家新村208号	老村改造	
徐龙泉	自建住宅	396	钱家新村209号	老村改造	
倪 珍	自建住宅	396	钱家新村210号	老村改造	
倪全金	自建住宅	396	钱家新村211号	老村改造	
陶全男	自建住宅	396	钱家新村212号	老村改造	
顾红林	自建住宅	396	钱家新村213号	老村改造	
沈云昌	自建住宅	396	钱家新村214号	老村改造	
倪爱芳	自建住宅	396	钱家新村215号	老村改造	
倪大男	自建住宅	396	钱家新村216号	老村改造	
徐康明	自建住宅	396	钱家新村217号	老村改造	
马新弟	自建住宅	396	钱家新村218号	老村改造	
王盘明	自建住宅	396	钱家新村219号	老村改造	
周 晔	自建住宅	396	钱家新村220号	老村改造	
周志康	自建住宅	396	钱家新村221号	老村改造	
周志明	自建住宅	396	钱家新村222号	老村改造	
吴水生	自建住宅	396	钱家新村223号	老村改造	
李 锋	自建住宅	396	钱家新村224号	老村改造	
孙林弟	自建住宅	396	钱家新村225号	老村改造	
费永青	自建住宅	396	钱家新村226号	老村改造	
朱明芳	自建住宅	396	钱家新村235号	老村改造	
沈水法	自建住宅	396	钱家新村236号	老村改造	
莫春华	自建住宅	396	钱家新村237号	老村改造	
马大男	自建住宅	396	钱家新村238号	老村改造	
陈素媛	自建住宅	396	钱家新村239号	老村改造	
沈祥弟	自建住宅	396	钱家新村240号	老村改造	
姚兴元	自建住宅	396	钱家新村241号	老村改造	
沈建芳	自建住宅	268	钱家新村242号	老村改造	

续表

房屋产权人	房屋性质	面积/平方米	小区名称、门号	拆迁项目	备注
马永明	自建住宅	268	钱家新村243号	老村改造	
徐红娟	自建住宅	268	钱家新村244号	老村改造	
沈乙冰	自建住宅	268	钱家新村245号	老村改造	
潘其林	自建住宅	268	钱家新村246号	老村改造	
李永康	自建住宅	145	迎春南路124号	老村改造	局部作店面
夏林妹	自建住宅	145	迎春南路126号	老村改造	局部作店面
潘关妹	自建住宅	145	迎春南路126号	老村改造	局部作店面
张正才	自建住宅	145	迎春南路128号	老村改造	局部作店面
王银喜	自建住宅	145	迎春南路130号	老村改造	局部作店面
冯建伟	自建住宅	145	迎春南路132号	老村改造	局部作店面
贾嘉	自建住宅	72	迎春南路134号	老村改造	局部作店面
巫文玉	自建住宅	72	迎春南路134号	老村改造	局部作店面
仲瑞妹	自建住宅	145	迎春南路136号	老村改造	局部作店面
潘雪芳	自建住宅	145	迎春南路138号	老村改造	局部作店面
潘新兴	自建住宅	145	迎春南路140号	老村改造	局部作店面
徐兰	自建住宅	145	迎春南路142号	老村改造	局部作店面
庞建华	自建住宅	145	迎春南路144号	老村改造	局部作店面
朱建男	自建住宅	145	迎春南路146号	老村改造	局部作店面
钱培华	自建住宅	145	迎春南路148号	老村改造	局部作店面
顾建妹	自建住宅	145	迎春南路150号	老村改造	局部作店面
朱华荣	自建住宅	145	迎春南路152号	老村改造	局部作店面
缪菊男	自建住宅	145	迎春南路154号	老村改造	局部作店面
计荣根	自建住宅	145	迎春南路158号	老村改造	局部作店面
顾新坚	自建住宅	145	迎春南路160号	老村改造	局部作店面
卢秋乐	自建住宅	145	迎春南路162号	老村改造	局部作店面
徐雪根	自建住宅	145	迎春南路164号	老村改造	局部作店面
王忠东	自建住宅	145	迎春南路166号	老村改造	局部作店面
姚福珍	自建住宅	145	迎春南路168号	老村改造	局部作店面
潘洪青	自建住宅	369	石湖东路17-1号	老村改造	
沈丽萍	自建住宅	268	石湖东路17-2号	老村改造	
陆玲玲	自建住宅	268	石湖东路17-3号	老村改造	
胡建东	自建住宅	268	石湖东路17-4号	老村改造	
江水芳	自建住宅	268	石湖东路17-5号	老村改造	

续表

房屋产权人	房屋性质	面积/平方米	小区名称、门号	拆迁项目	备注
夏晓珍	自建住宅	268	石湖东路17-6号	老村改造	
钱纪生	自建住宅	268	石湖东路17-7号	老村改造	
沈建新	自建住宅	268	石湖东路17-8号	老村改造	
王华进	自建住宅	268	石湖东路17-9号	老村改造	
马忠芳	自建住宅	268	石湖东路17-10号	老村改造	
钱建英	自建住宅	268	石湖东路17-11号	老村改造	
姚荣元	自建住宅	268	石湖东路17-12号	老村改造	
王雪玲	自建住宅	268	石湖东路17-13号	老村改造	
顾凤英	自建住宅	268	石湖东路17-14号	老村改造	
史木英	自建住宅	369	石湖东路17-15号	老村改造	
王建芬	自建住宅	268	石湖东路17-16号	老村改造	
陈建民	自建住宅	268	石湖东路17-17号	老村改造	
马云弟	自建住宅	268	石湖东路17-18号	老村改造	
周建东	自建住宅	268	石湖东路17-19号	老村改造	
秦晓峰	自建住宅	268	石湖东路17-20号	老村改造	
朱海明	自建住宅	268	石湖东路17-21号	老村改造	
吴红明	自建住宅	268	石湖东路17-22号	老村改造	
朱建珍	自建住宅	268	石湖东路17-23号	老村改造	
姚林昌	自建住宅	220	宝尹花园1号	老村改造	
何伟亮	自建住宅	220	宝尹花园2号	老村改造	
蔡水观	自建住宅	220	宝尹花园3号	老村改造	
姚幸幸	自建住宅	220	宝尹花园4号	老村改造	
俞志明	自建住宅	220	宝尹花园5号	老村改造	
戈纪昌	自建住宅	220	宝尹花园6号	老村改造	
张明学	自建住宅	144	宝尹花园7号	老村改造	
钱才兴	自建住宅	144	宝尹花园7-1号	老村改造	
沈玉男	自建住宅	144	宝尹花园8号	老村改造	
钱林元	自建住宅	220	宝尹花园9号	老村改造	
钱黑男	自建住宅	220	宝尹花园10号	老村改造	
俞云昌	自建住宅	220	宝尹花园11号	老村改造	
钱大男	自建住宅	220	宝尹花园12号	老村改造	
姚红男	自建住宅	220	宝尹花园13号	老村改造	
陈菊泉	自建住宅	220	宝尹花园14号	老村改造	

续表

房屋产权人	房屋性质	面积/平方米	小区名称、门号	拆迁项目	备注
俞金龙	自建住宅	220	宝尹花园 15 号	老村改造	
李建新	自建住宅	220	宝尹花园 16 号	老村改造	
俞玉根	自建住宅	220	宝尹花园 17 号	老村改造	
钱菊男	自建住宅	220	宝尹花园 18 号	老村改造	
张春华	自建住宅	220	宝尹花园 19 号	老村改造	
俞祥男	自建住宅	220	宝尹花园 20 号	老村改造	
何正男	自建住宅	220	宝尹花园 21 号	老村改造	
钱小虎	自建住宅	220	宝尹花园 22 号	老村改造	
吴才明	自建住宅	220	宝尹花园 23 号	老村改造	
钱 明	自建住宅	220	宝尹花园 24 号	老村改造	
江林弟	自建住宅	220	宝尹花园 25 号	老村改造	
何和根	自建住宅	220	宝尹花园 26 号	老村改造	
沈长泉	自建住宅	220	宝尹花园 27 号	老村改造	
傅菊男	自建住宅	220	宝尹花园 28 号	老村改造	
陶云男	自建住宅	220	宝尹花园 29 号	老村改造	
江永良	自建住宅	220	宝尹花园 30 号	老村改造	
陈根男	自建住宅	220	宝尹花园 31 号	老村改造	
姚根水	自建住宅	220	宝尹花园 32 号	老村改造	
傅海根	自建住宅	220	宝尹花园 33 号	老村改造	
姚建华	自建住宅	220	宝尹花园 34 号	老村改造	
傅秋全	自建住宅	220	宝尹花园 35 号	老村改造	
江金泉	自建住宅	220	宝尹花园 36 号	老村改造	
江土男	自建住宅	220	宝尹花园 37 号	老村改造	
朱建芳	自建住宅	220	宝尹花园 38 号	老村改造	
朱秋根	自建住宅	220	宝尹花园 39 号	老村改造	
陈官泉	自建住宅	220	宝尹花园 40 号	老村改造	
沈杏全	自建住宅	220	宝尹花园 41 号	老村改造	
钱龙金	自建住宅	220	宝尹花园 42 号	老村改造	
傅生妹	自建住宅	220	宝尹花园 43 号	老村改造	
钱秋男	自建住宅	220	宝尹花园 44 号	老村改造	
梁土金	自建住宅	220	宝尹花园 45 号	老村改造	
江文元	自建住宅	220	宝尹花园 46 号	老村改造	
姚奇峰	自建住宅	220	宝尹花园 47 号	老村改造	

续表

房屋产权人	房屋性质	面积/平方米	小区名称、门号	拆迁项目	备注
江龙青	自建住宅	220	宝尹花园 48 号	老村改造	
江寿昌	自建住宅	220	宝尹花园 49 号	老村改造	
朱根水	自建住宅	220	宝尹花园 50 号	老村改造	
朱龙牛	自建住宅	220	宝尹花园 51 号	老村改造	
江龙元	自建住宅	220	宝尹花园 52 号	老村改造	
蔡全林	自建住宅	220	宝尹花园 53 号	老村改造	
江龙根	自建住宅	220	宝尹花园 54 号	老村改造	
蔡根观	自建住宅	220	宝尹花园 55 号	老村改造	
蔡菊明	自建住宅	220	宝尹花园 56 号	老村改造	
徐文龙	自建住宅	220	宝尹花园 57 号	老村改造	
徐雪根	自建住宅	220	宝尹花园 58 号	老村改造	
沈 芳	自建住宅	220	宝尹花园 59 号	老村改造	
徐永忠	自建住宅	220	宝尹花园 60 号	老村改造	
江龙弟	自建住宅	220	宝尹花园 61 号	老村改造	
陈小弟	自建住宅	220	宝尹花园 62 号	老村改造	
江云木	自建住宅	220	宝尹花园 63 号	老村改造	
江水根	自建住宅	220	宝尹花园 64 号	老村改造	
钱林弟	自建住宅	220	宝尹花园 65 号	老村改造	
钱林昌	自建住宅	220	宝尹花园 66 号	老村改造	
江雪男	自建住宅	220	宝尹花园 67 号	老村改造	
江根元	自建住宅	220	宝尹花园 68 号	老村改造	
江建男	自建住宅	220	宝尹花园 69 号	老村改造	
蔡雪弟	自建住宅	220	宝尹花园 70 号	老村改造	
江云华	自建住宅	220	宝尹花园 71 号	老村改造	
靳 珉	自建住宅	220	宝尹花园 72 号	老村改造	
钟 岑	自建住宅	220	宝尹花园 73 号	老村改造	
沙跃荣	自建住宅	220	宝尹花园 74 号	老村改造	
张爱男	自建住宅	220	宝尹花园 75 号	老村改造	
钱兴根	自建住宅	220	宝尹花园 76 号	老村改造	
吴云华	自建住宅	220	宝尹花园 77 号	老村改造	
钱小金龙	自建住宅	220	宝尹花园 78 号	老村改造	
钱大金龙	自建住宅	220	宝尹花园 79 号	老村改造	
钱杏男	自建住宅	220	宝尹花园 80 号	老村改造	

续表

房屋产权人	房屋性质	面积/平方米	小区名称、门号	拆迁项目	备注
张松华	自建住宅	220	宝尹花园 81 号	老村改造	
钱龙元	自建住宅	220	宝尹花园 82 号	老村改造	
张雪明	自建住宅	288	宝尹花园 83 号	老村改造	
钱龙泉	自建住宅	144	宝尹花园 84 号	老村改造	
姚水明	自建住宅	220	宝尹花园 85 号	老村改造	
陈云弟	自建住宅	220	宝尹花园 86 号	老村改造	
姚新男	自建住宅	220	宝尹花园 87 号	老村改造	
马龙昌	自建住宅	220	宝尹花园 88 号	老村改造	
朱全男	自建住宅	220	宝尹花园 89 号	老村改造	
朱文华	自建住宅	220	宝尹花园 90 号	老村改造	
马全男	自建住宅	220	宝尹花园 91 号	老村改造	
金建华	自建住宅	220	宝尹花园 92 号	老村改造	
徐利	自建住宅	220	宝尹花园 93 号	老村改造	
陈金根	自建住宅	220	宝尹花园 94 号	老村改造	
钱根男	自建住宅	220	宝尹花园 95 号	老村改造	
金国方	自建住宅	396	宝尹花园 96 号	老村改造	
顾文元	自建住宅	396	宝尹花园 97 号	老村改造	
徐彩珍	自建住宅	396	宝尹花园 98 号	老村改造	
傅强	自建住宅	396	宝尹花园 99 号	老村改造	
徐建平	自建住宅	396	宝尹花园 100 号	老村改造	
顾利勇	自建住宅	396	宝尹花园 101 号	老村改造	
丁留荣	自建住宅	396	宝尹花园 102 号	老村改造	
戈洪福	自建住宅	144	宝尹花园 103 号	老村改造	
江云昌	自建住宅	220	宝尹花园 104 号	老村改造	
潘夫泉	自建住宅	396	宝尹花园 105 号	老村改造	
马琦文	自建住宅	396	宝尹花园 106 号	老村改造	
夏文元	自建住宅	396	宝尹花园 107 号	老村改造	
费祥男	自建住宅	396	宝尹花园 108 号	老村改造	
朱新根	自建住宅	396	宝尹花园 109 号	老村改造	
周蒋男	自建住宅	396	宝尹花园 110 号	老村改造	
费永福	自建住宅	396	宝尹花园 111 号	老村改造	
李龙弟	自建住宅	396	宝尹花园 112 号	老村改造	
杨关泉	自建住宅	396	宝尹花园 113 号	老村改造	

续表

房屋产权人	房屋性质	面积/平方米	小区名称、门号	拆迁项目	备注
朱全金	自建住宅	396	宝尹花园114号	老村改造	
朱双全	自建住宅	396	宝尹花园115号	老村改造	
王抱根	自建住宅	396	宝尹花园116号	老村改造	
朱泉林	自建住宅	396	宝尹花园117号	老村改造	
史建卫	自建住宅	396	宝尹花园118号	老村改造	
夏云元	自建住宅	396	宝尹花园119号	老村改造	
夏林全	自建住宅	396	宝尹花园120号	老村改造	
费云华	自建住宅	396	宝尹花园121号	老村改造	
金文弟	自建住宅	396	宝尹花园122号	老村改造	
夏金元	自建住宅	396	宝尹花园123号	老村改造	
周玲媛	自建住宅	230	宝尹花园124号	老村改造	
陆俊山	自建住宅	220	宝尹花园125号	老村改造	
李小年	自建住宅	220	宝尹花园126号	老村改造	
陆良根	自建住宅	220	宝尹花园127号	老村改造	
张文明	自建住宅	220	宝尹花园128号	老村改造	
吴麒	自建住宅	220	宝尹花园129号	老村改造	
周立新	自建住宅	396	宝尹花园131号	老村改造	
陆妹香	自建住宅	396	宝尹花园132号	老村改造	
陆兴福	自建住宅	396	宝尹花园133号	老村改造	
李永良	自建住宅	396	宝尹花园134号	老村改造	
陈坤男	自建住宅	396	宝尹花园135号	老村改造	
陈建男	自建住宅	396	宝尹花园136号	老村改造	
程畅	自建住宅	230	宝尹花园137号	老村改造	
谭雪赓	自建住宅	230	宝尹花园138号	老村改造	
姚文山	自建住宅	230	宝尹花园139号	老村改造	
陈秋生	自建住宅	230	宝尹花园140号	拆迁安置	
钱建兵	自建住宅	230	宝尹花园141号	拆迁安置	
钱红亮	自建住宅	230	宝尹花园142号	老村改造	
张玉芳	自建住宅	230	宝尹花园143号	拆迁安置	
潘云昌	自建住宅	230	宝尹花园144号	老村改造	
董才林	自建住宅	230	宝尹花园145号	老村改造	
董夯男	自建住宅	230	宝尹新村146号	老村改造	
沈志明	自建住宅	230	宝尹花园147号	老村改造	

续表

房屋产权人	房屋性质	面积/平方米	小区名称、门号	拆迁项目	备注
计锦明	自建住宅	230	宝尹花园148号	老村改造	
潘文元	自建住宅	230	宝尹花园149号	老村改造	
陈根明	自建住宅	230	宝尹花园150号	老村改造	
潘会昌	自建住宅	230	宝尹花园151号	老村改造	
潘根弟	自建住宅	230	宝尹花园152号	老村改造	
潘洪亮	自建住宅	230	宝尹花园153号	老村改造	
潘建明	自建住宅	230	宝尹花园154号	老村改造	
陈康平	自建住宅	230	宝尹花园155号	老村改造	
陈其林	自建住宅	230	宝尹花园156号	老村改造	
潘红男	自建住宅	230	宝尹花园157号	老村改造	
潘永明	自建住宅	230	宝尹花园158号	老村改造	
朱守玉	自建住宅	220	宝尹花园159号	老村改造	
吴福根	自建住宅	220	宝尹花园160号	老村改造	
李阿涛	自建住宅	230	宝尹花园161号	老村改造	
陈丽芳	自建住宅	144	宝尹花园162号	老村改造	
钱苏萍	自建住宅	144	宝尹花园163号	老村改造	
潘建亮	自建住宅	220	宝尹花园164号	老村改造	
张松男	自建住宅	144	宝尹花园165号	老村改造	
史建康	自建住宅	230	宝尹花园166号	拆迁安置	
任君磊	自建住宅	220	宝尹花园167号	老村改造	
苏国琴	自建住宅	220	宝尹花园168号	老村改造	
周玲英	自建住宅	220	宝尹花园169号	老村改造	
朱洁	自建住宅	220	宝尹花园170号	老村改造	
范程	自建住宅	220	宝尹花园171号	老村改造	
李胜元	自建住宅	396	宝尹花园171-1号	老村改造	
金道根	自建住宅	144	宝尹花园184号	老村改造	
夏霞萍	自建住宅	230	宝尹花园185号	老村改造	
王田根	自建住宅	230	宝尹花园198号	拆迁安置	
袁小妹	自建住宅	230	宝尹花园199号	拆迁安置	
张月全	自建住宅	230	宝尹花园200号	拆迁安置	
许留南	自建住宅	230	宝尹花园201号	老村改造	
陈建平	自建住宅	230	宝尹花园202号	老村改造	
姚关元	自建住宅	230	宝尹花园203号	老村改造	

续表

房屋产权人	房屋性质	面积/平方米	小区名称、门号	拆迁项目	备注
姚文根	自建住宅	230	宝尹花园204号	老村改造	
潘丙男	自建住宅	230	宝尹花园205号	老村改造	
姚文娥	自建住宅	230	宝尹花园206号	老村改造	
潘永男	自建住宅	230	宝尹花园207号	老村改造	
潘周平	自建住宅	230	宝尹花园208号	老村改造	
潘大男	自建住宅	230	宝尹花园209号	老村改造	
潘全男	自建住宅	230	宝尹花园210号	老村改造	
罗永根	自建住宅	230	宝尹花园211号	老村改造	
陈云元	自建住宅	230	宝尹花园212号	老村改造	
朱祥根	自建住宅	230	宝尹花园213号	老村改造	
陈泉弟	自建住宅	230	宝尹花园214号	老村改造	
赵云男	自建住宅	230	宝尹花园215号	老村改造	
陈小羊	自建住宅	230	宝尹花园216号	老村改造	
陈土福	自建住宅	230	宝尹花园217号	老村改造	
陈双全	自建住宅	230	宝尹花园218号	老村改造	
陈志浩	自建住宅	230	宝尹花园219号	老村改造	
潘金元	自建住宅	230	宝尹花园220号	老村改造	
陈根毛	自建住宅	230	宝尹花园221号	老村改造	
何慧娟	自建住宅	144	宝尹花园222号	老村改造	
何会相	自建住宅	230	宝尹花园223号	老村改造	
何仙男	自建住宅	230	宝尹花园224号	老村改造	
何云元	自建住宅	230	宝尹花园225号	老村改造	
何根男	自建住宅	230	宝尹花园226号	老村改造	
李美男	自建住宅	230	宝尹花园227号	老村改造	
何根仙	自建住宅	230	宝尹花园228号	老村改造	
李坤泉	自建住宅	230	宝尹花园229号	老村改造	
何海福	自建住宅	230	宝尹花园230号	老村改造	
何向男	自建住宅	230	宝尹花园231号	老村改造	
何金平	自建住宅	144	宝尹花园232号	老村改造	
江美新	自建住宅	144	宝尹花园233号	老村改造	
陆云男	自建住宅	144	宝尹花园234号	老村改造	
钱雪芳	自建住宅	144	宝尹花园236号	拆迁安置	
唐木林	自建住宅	144	宝尹花园237号	拆迁安置	

续表

房屋产权人	房屋性质	面积/平方米	小区名称、门号	拆迁项目	备注
张发明	自建住宅	144	宝尹花园238号	拆迁安置	
谢彩珍	自建住宅	144	宝尹花园239号	拆迁安置	
汝建华	自建住宅	288	宝尹花园241–240号	拆迁安置	
秦秀英	自建住宅	230	宝尹花园242号	拆迁安置	
马建刚	自建住宅	230	宝尹花园243号	拆迁安置	
倪向东	自建住宅	230	宝尹花园244号	老村改造	
李冬梅	自建住宅	144	宝尹花园245号	老村改造	
倪纪男	自建住宅	230	宝尹花园246号	老村改造	
沈官根	自建住宅	230	宝尹花园247号	老村改造	
徐根仙	自建住宅	230	宝尹花园248号	老村改造	
徐文元	自建住宅	230	宝尹花园249号	老村改造	
沈祥男	自建住宅	230	宝尹花园250号	老村改造	
徐金雪龙	自建住宅	230	宝尹花园251号	老村改造	
沈志红	自建住宅	230	宝尹花园252号	老村改造	
倪建华	自建住宅	230	宝尹花园253号	老村改造	
徐龙水	自建住宅	230	宝尹花园254号	老村改造	
潘丙根	自建住宅	230	宝尹花园255号	老村改造	
杨卫华	自建住宅	230	宝尹花园256号	老村改造	
倪吉祥	自建住宅	230	宝尹花园257号	老村改造	
沈宝男	自建住宅	230	宝尹花园258号	老村改造	
沈建龙	自建住宅	230	宝尹花园259号	老村改造	
成梅	自建住宅	230	宝尹花园260号	老村改造	
郭文祥	自建住宅	230	宝尹花园261号	老村改造	
褚会男	自建住宅	145	迎春南路121号	老村改造	局部作店面
王根男	自建住宅	145	迎春南路123号	老村改造	局部作店面
王小新	自建住宅	145	迎春南路125号	老村改造	局部作店面
沈志华	自建住宅	145	迎春南路127号	老村改造	局部作店面
严继康	自建住宅	145	迎春南路133号	老村改造	局部作店面
周菊珍	自建住宅	145	迎春南路135号	老村改造	局部作店面
赵地龙	自建住宅	145	迎春南路137号	老村改造	局部作店面
梁林男	自建住宅	145	迎春南路139号	老村改造	局部作店面
徐灵敏	自建住宅	145	迎春南路141号	老村改造	局部作店面
张岚	自建住宅	145	迎春南路155–157号	老村改造	局部作店面

续表

房屋产权人	房屋性质	面积/平方米	小区名称、门号	拆迁项目	备注
马纪昌	自建住宅	145	迎春南路159号	老村改造	局部作店面
马雪弟	自建住宅	145	迎春南路161–163号	老村改造	局部作店面
周晓军	自建住宅	145	迎春南路169号	老村改造	局部作店面
梁云良	自建住宅	145	迎春南路171号	老村改造	局部作店面
沈才金	自建住宅	396	西下田1号	拆迁安置	
朱老伍	自建住宅	158	西下田2号	老村改造	
钱全昌	自建住宅	244	西下田3号	老村改造	
钱福昌	自建住宅	158	西下田4号	老村改造	
沈伏妹	自建住宅	244	西下田5号	老村改造	
沈连根	自建住宅	158	西下田8号	老村改造	
沈连昌	自建住宅	244	西下田14号	老村改造	
钱菊昌	自建住宅	244	西下田15号	老村改造	
缪彩男	自建住宅	244	西下田16号	老村改造	
缪田男	自建住宅	158	西下田17号	老村改造	
朱卫明	自建住宅	158	西下田29号	老村改造	
朱祥明	自建住宅	244	西下田30号	老村改造	
陆长明	自建住宅	158	西下田32号	老村改造	
陆永昌	自建住宅	244	西下田33号	老村改造	
沈连雪官	自建住宅	244	西下田35号	老村改造	
陆根元	自建住宅	158	西下田37号	老村改造	
陆苏明	自建住宅	244	西下田39号	老村改造	
马梅宝	自建住宅	40	西下田40号	老村改造	
沈三寿	自建住宅	244	西下田42号	老村改造	
朱福男	自建住宅	244	西下田43号	老村改造	
朱金龙	自建住宅	244	西下田44号	老村改造	
朱金钟	自建住宅	244	西下田44–1号	老村改造	
沈卫昌	自建住宅	158	西下田45号	老村改造	
莫龙金	自建住宅	244	西下田46号	老村改造	
沈根水男	自建住宅	244	西下田48号	老村改造	
沈卫星	自建住宅	158	西下田49号	老村改造	
沈大男	自建住宅	244	西下田51号	老村改造	
沈金男	自建住宅	244	西下田54号	老村改造	
沈建男	自建住宅	244	西下田55号	老村改造	

续表

房屋产权人	房屋性质	面积/平方米	小区名称、门号	拆迁项目	备注
徐关泉	自建住宅	244	西下田 56 号	老村改造	
陆林男	自建住宅	244	西下田 57 号	老村改造	
马龙金	自建住宅	244	西下田 58 号	老村改造	
马留泉	自建住宅	244	西下田 59 号	老村改造	
沈菊泉 张钰英	自建住宅	300	西下田 62 号	老村改造	
徐雪男	自建住宅	244	西下田 63 号	老村改造	
徐雪元	自建住宅	244	西下田 64 号	老村改造	
马福昌	自建住宅	244	西下田 65 号	老村改造	
陈白妹	自建住宅	244	西下田 66 号	老村改造	
陆四男	自建住宅	244	西下田 67 号	老村改造	
马红民	自建住宅	220	西下田 68 号	老村改造	
马洪男	自建住宅	158	西下田 68 号西	老村改造	
许素英	自建住宅	244	西下田 69 号	老村改造	
许永男	自建住宅	244	西下田 70 号	老村改造	
许永明	自建住宅	244	西下田 71 号	老村改造	
许永春	自建住宅	244	西下田 72 号	老村改造	
许春明	自建住宅	244	西下田 73 号	老村改造	
沈月明	自建住宅	244	西下田 75 号	老村改造	
许妹香	自建住宅	244	西下田 87 号	老村改造	
钱福昌	自建住宅	396	西下田 88 号	老村改造	
沈木根	自建住宅	396	西下田 90 号	拆迁安置	
沈文昌	自建住宅	396	西下田 91 号	拆迁安置	
许 枫	自建住宅	396	西下田 92 号	拆迁安置	
朱会男	自建住宅	396	西下田 93 号	拆迁安置	
朱金元	自建住宅	396	西下田 94 号	拆迁安置	
陆龙弟	自建住宅	396	西下田 95 号	拆迁安置	
朱建男	自建住宅	396	西下田 96 号	拆迁安置	
钱龙根	自建住宅	396	西下田 97 号	拆迁安置	
沈全男	自建住宅	396	西下田 98 号	拆迁安置	
朱云弟	自建住宅	396	西下田 99 号	拆迁安置	
沈其男	自建住宅	396	西下田 100 号	拆迁安置	
沈龙元	自建住宅	396	西下田 101 号	拆迁安置	

第五章　城市化建设

续表

房屋产权人	房屋性质	面积/平方米	小区名称、门号	拆迁项目	备注
沈文男	自建住宅	396	西下田102号	拆迁安置	
朱晓生	自建住宅	396	西下田103号	拆迁安置	
沈雪元	自建住宅	396	西下田104号	拆迁安置	
朱金林	自建住宅	396	西下田105号	拆迁安置	
沈福官	自建住宅	396	西下田106号	拆迁安置	
朱连元	自建住宅	396	西下田107号	拆迁安置	
朱金官	自建住宅	396	西下田108号	拆迁安置	
濮霄亮	自建住宅	396	西下田109号	拆迁安置	
缪菊男	自建住宅	396	西下田110号	拆迁安置	
陆龙男	自建住宅	396	西下田111号	拆迁安置	
褚白妹	自建住宅	396	西下田112号	拆迁安置	
钱龙金	自建住宅	396	西下田113号	拆迁安置	
杭宏芳	自建住宅	396	西下田114号	拆迁安置	
朱春男	自建住宅	396	西下田115号	拆迁安置	
沈雪方	自建住宅	396	西下田116号	拆迁安置	
朱双男	自建住宅	396	西下田117号	拆迁安置	
俞雪官	自建住宅	396	西下田118号	拆迁安置	
沈建华	自建住宅	396	西下田119号	拆迁安置	
陈健康	自建住宅	264	西下田120号	拆迁安置	
马振华	自建住宅	264	西下田121号	拆迁安置	
沈国英	自建住宅	264	西下田122号	拆迁安置	
马全弟	自建住宅	264	西下田123号	拆迁安置	
潘永亮	自建住宅	264	西下田124号	拆迁安置	
罗建明	自建住宅	264	西下田125号	拆迁安置	
陈金毛	自建住宅	264	西下田126号	拆迁安置	
陈春华	自建住宅	264	西下田127号	拆迁安置	
李多泉	自建住宅	264	西下田128号	拆迁安置	
李旗明	自建住宅	264	西下田129号	拆迁安置	
陈志男	自建住宅	264	西下田130号	拆迁安置	
潘春男	自建住宅	264	西下田131号	拆迁安置	
陈全福	自建住宅	264	西下田132号	拆迁安置	
马卫东	自建住宅	264	西下田133号	拆迁安置	
马小毛	自建住宅	264	西下田134号	拆迁安置	

续表

房屋产权人	房屋性质	面积/平方米	小区名称、门号	拆迁项目	备注
陈再生	自建住宅	264	西下田135号	拆迁安置	
陈龙元	自建住宅	264	西下田136号	拆迁安置	
陈志明	自建住宅	264	西下田137号	拆迁安置	
罗培春	自建住宅	264	西下田138号	拆迁安置	
江云男	自建住宅	264	西下田139号	拆迁安置	
邹云男	自建住宅	396	西下田140号	拆迁安置	
沈永清	自建住宅	396	西下田141号	拆迁安置	
张伟	自建住宅	396	西下田142号	拆迁安置	
俞根昌	自建住宅	396	西下田143号	拆迁安置	
徐美华	自建住宅	396	西下田144号	拆迁安置	
王洁	自建住宅	396	西下田145号	拆迁安置	
陆建	自建住宅	396	西下田146号	拆迁安置	
傅生妹	自建住宅	396	西下田147号	拆迁安置	
傅生林	自建住宅	396	西下田148号	拆迁安置	
朱建平	自建住宅	396	西下田150号	拆迁安置	
朱建龙	自建住宅	396	西下田151号	拆迁安置	
朱建明	自建住宅	396	西下田152号	拆迁安置	
徐玉华	自建住宅	396	西下田153号	拆迁安置	
马雪昌	自建住宅	396	西下田154号	拆迁安置	
沈兴男	自建住宅	396	西下田155号	拆迁安置	
陆永新	自建住宅	396	西下田156号	拆迁安置	
姚兴根	自建住宅	396	西下田157号	拆迁安置	
沈英	自建住宅	144	西下田158号	拆迁安置	
沈林男	自建住宅	396	西下田159号	拆迁安置	
沈兴生	自建住宅	396	西下田160号	拆迁安置	
沈水根	自建住宅	396	西下田161号	拆迁安置	
许泉男	自建住宅	396	西下田162号	拆迁安置	
陆永男	自建住宅	396	西下田163号	拆迁安置	
姜金国	自建住宅	396	西下田164号	拆迁安置	
姚连根	自建住宅	396	西下田165号	拆迁安置	
沈永元	自建住宅	396	西下田166号	拆迁安置	
沈水根	自建住宅	396	西下田167号	拆迁安置	
沈会男	自建住宅	396	西下田168号	拆迁安置	

续表

房屋产权人	房屋性质	面积/平方米	小区名称、门号	拆迁项目	备注
沈为民	自建住宅	396	西下田169号	拆迁安置	
石峰	自建住宅	396	西下田170号	拆迁安置	
沈才金	自建住宅	396	西下田171号	拆迁安置	
夏晓珍	自建住宅	396	西下田172号	拆迁安置	
夏向明	自建住宅	396	西下田173号	拆迁安置	
沈华	自建住宅	396	西下田174号	拆迁安置	
杨金泉	自建住宅	396	西下田175号	拆迁安置	
华金珍	自建住宅	396	西下田176号	拆迁安置	
林毛根	自建住宅	396	西下田177号	拆迁安置	
谭秋华	自建住宅	396	西下田178号	拆迁安置	
陆建香	自建住宅	396	西下田179号	拆迁安置	
周金明	自建住宅	396	西下田180号	拆迁安置	
姚建华	自建住宅	396	西下田181号	拆迁安置	
朱新男	自建住宅	396	西下田182号	拆迁安置	
沈才全	自建住宅	396	西下田183号	拆迁安置	
胡兵松	自建住宅	396	西下田184号	拆迁安置	
刘怡雯	自建住宅	396	西下田185号	拆迁安置	
潘祥龙	自建住宅	396	西下田186号	拆迁安置	
邹仁兴	自建住宅	396	西下田187号	拆迁安置	
朱才元	自建住宅	396	西下田188号	拆迁安置	
郑建国	自建住宅	396	西下田189号	拆迁安置	
蒋雪英	自建住宅	396	西下田190号	拆迁安置	
仲洪明	自建住宅	396	西下田191号	拆迁安置	
杭建东	自建住宅	396	西下田192号	拆迁安置	
冯晨耕	自建住宅	396	西下田193号	拆迁安置	
顾林男	自建住宅	396	西下田194号	拆迁安置	
金火林	自建住宅	396	西下田195号	拆迁安置	
应斌	自建住宅	396	西下田196号	拆迁安置	
李嘉峪	自建住宅	396	西下田197号	拆迁安置	
蒋建忠	自建住宅	396	西下田198号	拆迁安置	
朱春华	自建住宅	396	西下田199号	拆迁安置	
沈玉泉	自建住宅	244	下田19号	老村改造	
沈美根	自建住宅	244	下田20号	老村改造	

续表

房屋产权人	房屋性质	面积/平方米	小区名称、门号	拆迁项目	备注
沈水男	自建住宅	244	下田22号	老村改造	
许林妹	自建住宅	244	下田23号	老村改造	
陆美香	自建住宅	244	下田24号	老村改造	
沈玉男	自建住宅	244	下田25号	老村改造	
沈大毛	自建住宅	244	下田26号	老村改造	
沈三男	自建住宅	244	下田27号	老村改造	
沈稼兴	自建住宅	244	下田28号	老村改造	
沈道大	自建住宅	244	下田30号	老村改造	
沈道泉	自建住宅	244	下田31号	老村改造	
沈祥根	自建住宅	244	下田36号	老村改造	
沈纪泉	自建住宅	244	下田37号	老村改造	
沈纪男	自建住宅	244	下田38号	老村改造	
沈银毛	自建住宅	244	下田39号	老村改造	
沈祥弟	自建住宅	244	下田40号	老村改造	
沈祥生	自建住宅	244	下田41号	老村改造	
陆永明	自建住宅	244	下田42号	老村改造	
陆永弟	自建住宅	244	下田43号	老村改造	
陆永林	自建住宅	244	下田44号	老村改造	
沈二男	自建住宅	244	下田45号	老村改造	
朱祥金	自建住宅	244	下田46号	老村改造	
许林弟	自建住宅	244	下田47号	老村改造	
邹会明	自建住宅	244	下田48号	老村改造	
沈老土	自建住宅	244	下田49号	老村改造	
徐宝根	自建住宅	244	下田53号	老村改造	
沈大男	自建住宅	244	下田54号	老村改造	
沈全元	自建住宅	244	下田56号	老村改造	
沈玉琦	自建住宅	244	下田58号	老村改造	
沈金毛	自建住宅	244	下田59号	老村改造	
沈龙元	自建住宅	244	下田60号	老村改造	
马纪昌	自建住宅	244	下田62号	老村改造	
沈关泉根	自建住宅	244	下田63号	老村改造	
王根男	自建住宅	244	下田64号	老村改造	
倪文妹	自建住宅	244	下田65号	老村改造	

续表

房屋产权人	房屋性质	面积/平方米	小区名称、门号	拆迁项目	备注
沈连根	自建住宅	244	下田66号	老村改造	
沈雪男	自建住宅	244	下田67号	老村改造	
沈纪根	自建住宅	244	下田68号	老村改造	
沈留正	自建住宅	244	下田69号	老村改造	
沈根弟	自建住宅	244	下田70号	老村改造	
沈国萍	自建住宅	244	下田71号	老村改造	
陆福男	自建住宅	244	下田73号	老村改造	
许林根	自建住宅	244	下田74号	老村改造	
许官根	自建住宅	244	下田75号	老村改造	
马才寿	自建住宅	244	下田80号	老村改造	
许根泉男	自建住宅	244	下田81号	老村改造	
许寿男	自建住宅	244	下田82号	老村改造	
许志江	自建住宅	244	下田83号	老村改造	
许国宏	自建住宅	244	下田84号	老村改造	
马建昌	自建住宅	244	下田85号	老村改造	
沈 继	自建住宅	244	下田86号	老村改造	
许文男	自建住宅	244	下田88号	老村改造	
马道大	自建住宅	244	下田90号	老村改造	
徐云根	自建住宅	244	下田91号	老村改造	
许纪明	自建住宅	244	下田92号	老村改造	
许兰生	自建住宅	244	下田93号	老村改造	
马忠心	自建住宅	244	下田96号	老村改造	
马招元	自建住宅	244	下田97号	老村改造	
陈龙泉	自建住宅	244	下田98号	老村改造	
马才生	自建住宅	244	下田99号	老村改造	
马才全	自建住宅	244	下田100号	老村改造	
马兴根	自建住宅	244	下田103号	老村改造	
朱云昌	自建住宅	244	下田104号	老村改造	
濮向华	自建住宅	244	下田105号	老村改造	
江菊昌	自建住宅	244	下田106号	老村改造	
马招明	自建住宅	244	下田107号	老村改造	
马老土	自建住宅	244	下田108号	老村改造	
陈龙元	自建住宅	244	下田109号	老村改造	

续表

房屋产权人	房屋性质	面积/平方米	小区名称、门号	拆迁项目	备注
马根男	自建住宅	244	下田110号	老村改造	
马才寿	自建住宅	244	下田112号	老村改造	
马土根	自建住宅	244	下田113号	老村改造	
马春元	自建住宅	158	下田114号	老村改造	
马小明	自建住宅	244	下田115号	老村改造	
陈林泉	自建住宅	158	下田117号	老村改造	
沈兴根	自建住宅	244	下田119号	老村改造	
马金根	自建住宅	158	下田120号	老村改造	
沈伟明	自建住宅	244	下田121号	老村改造	
许泉金	自建住宅	244	下田123号	老村改造	
许纪泉	自建住宅	158	下田125号	老村改造	
沈锦明	自建住宅	244	下田127号	老村改造	
许泉林	自建住宅	244	下田128号	老村改造	
曹云男	自建住宅	244	下田129号	老村改造	
马美珍	自建住宅	244	下田133号	老村改造	
沈云男	自建住宅	244	下田136号	老村改造	
马寿生	自建住宅	244	下田137号	老村改造	
沈火泉	自建住宅	158	下田138号	老村改造	
沈月泉	自建住宅	244	下田139号	老村改造	
许金男	自建住宅	158	下田140号	老村改造	
马春元	自建住宅	396	下田161号	拆迁安置	
姚春芳	自建住宅	396	下田162号	拆迁安置	
陈美媛	自建住宅	396	下田163号	拆迁安置	
柳保男	自建住宅	396	下田164号	拆迁安置	
虞志正	自建住宅	396	下田165号	拆迁安置	
陈新男	自建住宅	396	下田166号	拆迁安置	
夏建英	自建住宅	396	下田167号	拆迁安置	
何红良	自建住宅	396	下田168号	拆迁安置	
钱永男	自建住宅	396	下田169号	拆迁安置	
朱佰良	自建住宅	396	下田170号	拆迁安置	
马爱明	自建住宅	396	下田171号	拆迁安置	
陈锦男	自建住宅	244	下田172号	拆迁安置	
马永刚	自建住宅	396	下田173号	拆迁安置	

续表

房屋产权人	房屋性质	面积/平方米	小区名称、门号	拆迁项目	备注
吕祥珍	自建住宅	396	下田174号	拆迁安置	
毛彩芳	自建住宅	396	下田175号	拆迁安置	
周华东	自建住宅	142	下田176号	拆迁安置	
李君明	自建住宅	142	下田177号	拆迁安置	
周来元	自建住宅	142	下田178号	拆迁安置	
沈红方	自建住宅	396	下田179号	拆迁安置	
陆良民	自建住宅	396	下田180号	拆迁安置	
沈小方	自建住宅	396	下田181号	拆迁安置	
陈桂男	自建住宅	396	下田182号	拆迁安置	
马才根	自建住宅	396	下田180号	拆迁安置	
钱菊生	自建住宅	396	下田181号	拆迁安置	
沈福珍	自建住宅	396	下田182号	拆迁安置	
李大芝	自建住宅	396	下田183号	拆迁安置	
薛中华	自建住宅	396	下田184号	拆迁安置	
吴艳红	自建住宅	396	下田185号	拆迁安置	
朱祥方	自建住宅	396	下田186号	拆迁安置	
吴全元	自建住宅	396	下田187号	拆迁安置	
梁水龙	自建住宅	396	下田188号	拆迁安置	
梁云华	自建住宅	396	下田189号	拆迁安置	
朱祥男	自建住宅	396	下田190号	拆迁安置	
顾水根	自建住宅	396	下田191号	拆迁安置	
吴林泉	自建住宅	396	下田192号	拆迁安置	
潘春明	自建住宅	396	下田193号	拆迁安置	
姚建男	自建住宅	396	下田194号	拆迁安置	
吴水男	自建住宅	396	下田195号	拆迁安置	
梁林福	自建住宅	396	下田196号	拆迁安置	
梁锦兴	自建住宅	396	下田197号	拆迁安置	
吴金根	自建住宅	396	下田198号	拆迁安置	
梁建华	自建住宅	396	下田199号	拆迁安置	
吴立新	自建住宅	396	下田200号	拆迁安置	
姚建根	自建住宅	396	下田201号	拆迁安置	
吴浩才	自建住宅	396	下田202号	拆迁安置	
马林生	自建住宅	396	下田203号	拆迁安置	

续表

房屋产权人	房屋性质	面积/平方米	小区名称、门号	拆迁项目	备注
吴秋平	自建住宅	396	下田204号	拆迁安置	
朱方华	自建住宅	396	下田205号	拆迁安置	
吴建明	自建住宅	396	下田206号	拆迁安置	
陈老土	自建住宅	396	下田207号	拆迁安置	
潘泉龙	自建住宅	396	下田208号	拆迁安置	
朱林泉	自建住宅	396	下田209号	拆迁安置	
吴决全	自建住宅	396	下田210号	拆迁安置	
梁月红	自建住宅	396	下田211号	拆迁安置	
朱春华	自建住宅	396	下田212号	拆迁安置	
钱云华	自建住宅	396	下田213号	拆迁安置	
徐林宗	自建住宅	396	下田214号	拆迁安置	
潘秀珍	自建住宅	396	下田215号	拆迁安置	
许社男	自建住宅	396	下田216号	拆迁安置	
吴倍华	自建住宅	396	下田217号	拆迁安置	
梁云良	自建住宅	396	下田218号	拆迁安置	
吴根狗	自建住宅	396	下田219号	拆迁安置	
梁菊男	自建住宅	396	下田220号	拆迁安置	
姚决男	自建住宅	396	下田221号	拆迁安置	
梁林方	自建住宅	396	下田222号	拆迁安置	
沈建华	自建住宅	396	下田223号	拆迁安置	
翁春方	自建住宅	396	下田224号	拆迁安置	
马留男	自建住宅	396	下田225号	拆迁安置	
沈雪男	自建住宅	396	下田226号	拆迁安置	
朱云泉	自建住宅	396	下田227号	拆迁安置	
吴决心	自建住宅	396	下田228号	拆迁安置	
朱金文	自建住宅	396	下田229号	拆迁安置	
梁云男	自建住宅	396	下田230号	拆迁安置	
朱龙金	自建住宅	396	下田231号	拆迁安置	
杨多姐	自建住宅	396	下田232号	拆迁安置	
范文怡	自建住宅	396	下田233号	拆迁安置	
张家华	自建住宅	396	下田234号	拆迁安置	
马文清	自建住宅	396	下田235号	拆迁安置	
蔡小男	自建住宅	396	下田236号	拆迁安置	

续表

房屋产权人	房屋性质	面积/平方米	小区名称、门号	拆迁项目	备注
钱菊男	自建住宅	396	下田237号	拆迁安置	
费林根	自建住宅	396	下田238号	拆迁安置	
潘永军	自建住宅	396	下田239号	拆迁安置	
林学洪	自建住宅	396	下田240号	拆迁安置	
傅素男	自建住宅	396	下田241号	拆迁安置	
沈雪男	自建住宅	396	下田242号	拆迁安置	
顾兰生	自建住宅	396	下田243号	拆迁安置	
陈美华	自建住宅	396	下田244号	拆迁安置	
胡宝林	自建住宅	396	下田245号	拆迁安置	
钱菊昌	自建住宅	396	下田246号	拆迁安置	
钱峰	自建住宅	268	下田248号	拆迁安置	
江桂芳	自建住宅	268	下田249号	拆迁安置	
沈国萍	自建住宅	268	下田250号	拆迁安置	
吴白男	自建住宅	268	下田251号	拆迁安置	
马金明	自建住宅	268	下田252号	拆迁安置	
陈云男	自建住宅	268	下田253号	拆迁安置	
马红星	自建住宅	244	东下田1号	老村改造	
马宝根	自建住宅	244	东下田2号	老村改造	
马新民	自建住宅	244	东下田3号	老村改造	
马招仙	自建住宅	158	东下田4号	老村改造	
费招媛	自建住宅	158	东下田5号	老村改造	
马美娥	自建住宅	158	东下田6号	老村改造	
徐建华	自建住宅	244	东下田7号	老村改造	
马根泉	自建住宅	244	东下田8号	老村改造	
马兴龙	自建住宅	244	东下田9号	老村改造	
杨康勇	自建住宅	244	东下田10号	老村改造	
王纪男	自建住宅	244	东下田11号	老村改造	
马留男	自建住宅	244	东下田14号	老村改造	
何玉彪	自建住宅	244	东下田15号	老村改造	
陈坤男	自建住宅	244	东下田16号	老村改造	
钱金根	自建住宅	244	东下田17号	老村改造	
陈永男	自建住宅	244	东下田18号	老村改造	
马招金	自建住宅	244	东下田19号	老村改造	

续表

房屋产权人	房屋性质	面积/平方米	小区名称、门号	拆迁项目	备注
马福全	自建住宅	244	东下田20号	老村改造	
马留文	自建住宅	244	东下田22号	老村改造	
马连根	自建住宅	244	东下田25号	老村改造	
陈祥英	自建住宅	244	东下田26号	老村改造	
陈林男	自建住宅	244	东下田29号	老村改造	
陆仙男	自建住宅	244	东下田30号	老村改造	
陆旗新	自建住宅	244	东下田31号	老村改造	
陆建新	自建住宅	244	东下田32号	老村改造	
陆红男	自建住宅	244	东下田33号	老村改造	
马建林	自建住宅	244	东下田35号	老村改造	
陈明昌	自建住宅	244	东下田37号	老村改造	
沈根云	自建住宅	244	东下田38号	老村改造	
马建华	自建住宅	244	东下田39号	老村改造	
陈炳元	自建住宅	244	东下田40号	老村改造	
马多根	自建住宅	244	东下田41号	老村改造	
王福官	自建住宅	244	东下田44号	老村改造	
陈新男	自建住宅	244	东下田47号	老村改造	
王全男	自建住宅	244	东下田46号	老村改造	
马龙弟	自建住宅	244	东下田49号	老村改造	
王福兴	自建住宅	244	东下田50号	老村改造	
陈永弟	自建住宅	244	东下田51号	老村改造	
郁林泉	自建住宅	244	东下田52号	老村改造	
陈盘根	自建住宅	244	东下田53号	老村改造	
陈仙妹	自建住宅	244	东下田55号	老村改造	
陈龙元	自建住宅	244	东下田56号	老村改造	
陆方男	自建住宅	244	东下田57号	老村改造	
计春男	自建住宅	244	东下田60号	老村改造	
马火男	自建住宅	244	东下田61号	老村改造	
顾建文	自建住宅	244	东下田62号	老村改造	
马林根	自建住宅	57	东下田36号	老村改造	
王老土	自建住宅	244	东下田63号	老村改造	
何红兵	自建住宅	244	东下田64号	老村改造	
陆珍华	自建住宅	244	东下田65号	老村改造	

续表

房屋产权人	房屋性质	面积/平方米	小区名称、门号	拆迁项目	备注
陆多男	自建住宅	244	东下田66号	老村改造	
费彩男	自建住宅	244	东下田68号	老村改造	
王根法	自建住宅	244	东下田69号	老村改造	
陈小弟	自建住宅	268	东下田70号	拆迁安置	
杭龙弟	自建住宅	268	东下田70-1号	拆迁安置	
马留弟	自建住宅	396	东下田71号	老村改造	
钱龙根	自建住宅	396	东下田72号	老村改造	
王忠男	自建住宅	396	东下田73号	老村改造	
何卫英	自建住宅	244	小村1号	老村改造	
陈雪男	自建住宅	244	小村2号	老村改造	
陈伟建	自建住宅	244	小村3号	老村改造	
何银根	自建住宅	244	小村4号	老村改造	
王大男	自建住宅	244	小村5号	老村改造	
夏银元	自建住宅	244	小村6号	老村改造	
耿小龙	自建住宅	244	小村10号	老村改造	
马炳生	自建住宅	244	小村11号	老村改造	
马炳根	自建住宅	244	小村12号	老村改造	
陈永元	自建住宅	244	小村13号	老村改造	
陈永男	自建住宅	244	小村14号	老村改造	
陈和福	自建住宅	244	小村15号	老村改造	
陈杏男	自建住宅	244	小村16号	老村改造	
夏金元	自建住宅	244	小村17号	老村改造	
倪龙元	自建住宅	244	小村18号	老村改造	
何火金	自建住宅	244	小村21号	老村改造	
何连根	自建住宅	244	小村22号	老村改造	
何美媛	自建住宅	244	小村23号	老村改造	
何玉龙	自建住宅	244	小村24号	老村改造	
何金根	自建住宅	244	小村25号	老村改造	
何月明	自建住宅	244	小村26号	老村改造	
夏国春	自建住宅	244	小村28号	老村改造	
陈福元	自建住宅	244	小村29号	老村改造	
何阿水	自建住宅	244	小村30号	老村改造	
何晓春	自建住宅	244	小村31号	老村改造	

续表

房屋产权人	房屋性质	面积/平方米	小区名称、门号	拆迁项目	备注
何文元	自建住宅	244	小村32号	老村改造	
陈永昌	自建住宅	244	小村33号	老村改造	
陈小弟	自建住宅	244	小村35号	老村改造	
马建男	自建住宅	158	小村37-1号	老村改造	
马卫男	自建住宅	158	小村37号	老村改造	
马双男	自建住宅	158	小村37-2号	老村改造	
陈会根	自建住宅	244	小村39号	老村改造	
陈其元	自建住宅	244	小村40号	老村改造	
马福男	自建住宅	244	小村42号	老村改造	
陈金华	自建住宅	244	小村43号	老村改造	
陆旗男	自建住宅	244	小村44号	老村改造	
陈永明	自建住宅	244	小村45号	老村改造	
沈金根男	自建住宅	158	小村46号	老村改造	
朱官元	自建住宅	396	小村47号	老村改造	
计杏明	自建住宅	396	小村48号	老村改造	
何火男	自建住宅	396	小村49号	老村改造	
顾丽英	自建住宅	396	小村50号	老村改造	
许菊男	自建住宅	396	小村51号	老村改造	
陈菊男	自建住宅	396	小村52号	老村改造	
马海珍	自建住宅	244	小村53号	老村改造	
吴雪明	自建住宅	396	小村54号	老村改造	
王福明	自建住宅	396	小村55号	老村改造	
濮小华	自建住宅	396	小村56号	老村改造	
马会男	自建住宅	363	小村57号	老村改造	
陆金男	自建住宅	260	小村60号	老村改造	
张菊芳	自建住宅	396	小村61号	老村改造	
俞霞珍	自建住宅	237	小村62号	老村改造	
钱永男	自建住宅	237	小村63号	老村改造	
钱火林	自建住宅	237	小村64号	老村改造	
马炳生	自建住宅	363	小村65号	老村改造	
朱菊男	自建住宅	237	小村66号	老村改造	
葛朝晖	自建住宅	244	小村67号	老村改造	
钱才男	自建住宅	237	小村68号	老村改造	

续表

房屋产权人	房屋性质	面积/平方米	小区名称、门号	拆迁项目	备注
钱瑞金	自建住宅	237	小村 69 号	老村改造	
姚林昌	自建住宅	220	宝尹花园 1 号	拆迁安置	
何伟亮	自建住宅	220	宝尹花园 2 号	拆迁安置	
蔡水观	自建住宅	220	宝尹花园 3 号	拆迁安置	
姚幸幸	自建住宅	220	宝尹花园 4 号	拆迁安置	
俞志明	自建住宅	220	宝尹花园 5 号	拆迁安置	
戈纪昌	自建住宅	220	宝尹花园 6 号	拆迁安置	
张明学	自建住宅	144	宝尹花园 7 号	拆迁安置	
钱才兴	自建住宅	144	宝尹花园 7-1 号	拆迁安置	
沈玉男	自建住宅	220	宝尹花园 8 号	拆迁安置	
钱林元	自建住宅	220	宝尹花园 9 号	拆迁安置	
钱黑男	自建住宅	220	宝尹花园 10 号	拆迁安置	
俞云昌	自建住宅	220	宝尹花园 11 号	拆迁安置	
钱大男	自建住宅	220	宝尹花园 12 号	拆迁安置	
姚红男	自建住宅	220	宝尹花园 13 号	拆迁安置	
陈菊泉	自建住宅	220	宝尹花园 14 号	拆迁安置	
俞金龙	自建住宅	220	宝尹花园 15 号	拆迁安置	
李建新	自建住宅	220	宝尹花园 16 号	拆迁安置	
俞玉根	自建住宅	220	宝尹花园 17 号	拆迁安置	
钱菊男	自建住宅	220	宝尹花园 18 号	拆迁安置	
张春华	自建住宅	220	宝尹花园 19 号	拆迁安置	
俞祥男	自建住宅	220	宝尹花园 20 号	拆迁安置	
何正男	自建住宅	220	宝尹花园 21 号	拆迁安置	
钱小虎	自建住宅	220	宝尹花园 22 号	拆迁安置	
吴才明	自建住宅	220	宝尹花园 23 号	拆迁安置	
钱 明	自建住宅	220	宝尹花园 24 号	拆迁安置	
江林弟	自建住宅	220	宝尹花园 25 号	拆迁安置	
何和根	自建住宅	220	宝尹花园 26 号	拆迁安置	
沈长泉	自建住宅	220	宝尹花园 27 号	拆迁安置	
傅菊男	自建住宅	220	宝尹花园 28 号	拆迁安置	
陶云男	自建住宅	220	宝尹花园 29 号	拆迁安置	
江永良	自建住宅	220	宝尹花园 30 号	拆迁安置	
陈根男	自建住宅	220	宝尹花园 31 号	拆迁安置	

续表

房屋产权人	房屋性质	面积/平方米	小区名称、门号	拆迁项目	备注
姚根水	自建住宅	220	宝尹花园 32 号	拆迁安置	
傅海根	自建住宅	230	宝尹花园 33 号	拆迁安置	
姚建华	自建住宅	220	宝尹花园 34 号	拆迁安置	
傅秋全	自建住宅	220	宝尹花园 35 号	拆迁安置	
江金泉	自建住宅	220	宝尹花园 36 号	拆迁安置	
江土男	自建住宅	220	宝尹花园 37 号	拆迁安置	
朱建芳	自建住宅	220	宝尹花园 38 号	拆迁安置	
朱秋根	自建住宅	220	宝尹花园 39 号	拆迁安置	
陈官泉	自建住宅	220	宝尹花园 40 号	拆迁安置	
沈杏全	自建住宅	220	宝尹花园 41 号	拆迁安置	
钱龙金	自建住宅	220	宝尹花园 42 号	拆迁安置	
傅生妹	自建住宅	220	宝尹花园 43 号	拆迁安置	
钱秋男	自建住宅	220	宝尹花园 44 号	拆迁安置	
梁土金	自建住宅	220	宝尹花园 45 号	拆迁安置	
江文元	自建住宅	220	宝尹花园 46 号	拆迁安置	
姚奇峰	自建住宅	220	宝尹花园 47 号	拆迁安置	
江龙青	自建住宅	220	宝尹花园 48 号	拆迁安置	
江寿昌	自建住宅	220	宝尹花园 49 号	拆迁安置	
朱根水	自建住宅	220	宝尹花园 50 号	拆迁安置	
朱龙牛	自建住宅	220	宝尹花园 51 号	拆迁安置	
江龙元	自建住宅	220	宝尹花园 52 号	拆迁安置	
蔡全林	自建住宅	220	宝尹花园 53 号	拆迁安置	
江龙根	自建住宅	220	宝尹花园 54 号	拆迁安置	
蔡根观	自建住宅	220	宝尹花园 55 号	拆迁安置	
蔡菊明	自建住宅	220	宝尹花园 56 号	拆迁安置	
徐文龙	自建住宅	220	宝尹花园 57 号	拆迁安置	
徐雪根	自建住宅	220	宝尹花园 58 号	拆迁安置	
沈 芳	自建住宅	220	宝尹花园 59 号	拆迁安置	
徐永忠	自建住宅	220	宝尹花园 60 号	拆迁安置	
江龙弟	自建住宅	220	宝尹花园 61 号	拆迁安置	
陈小弟	自建住宅	220	宝尹花园 62 号	拆迁安置	
江云木	自建住宅	220	宝尹花园 63 号	拆迁安置	
江水根	自建住宅	220	宝尹花园 64 号	拆迁安置	

续表

房屋产权人	房屋性质	面积/平方米	小区名称、门号	拆迁项目	备注
钱林弟	自建住宅	220	宝尹花园 65 号	拆迁安置	
钱林昌	自建住宅	220	宝尹花园 66 号	拆迁安置	
江雪男	自建住宅	220	宝尹花园 67 号	拆迁安置	
江根元	自建住宅	220	宝尹花园 68 号	拆迁安置	
江建男	自建住宅	220	宝尹花园 69 号	拆迁安置	
蔡雪弟	自建住宅	220	宝尹花园 70 号	拆迁安置	
江云华	自建住宅	220	宝尹花园 71 号	拆迁安置	
张爱男	自建住宅	220	宝尹花园 75 号	拆迁安置	
钱兴根	自建住宅	220	宝尹花园 76 号	拆迁安置	
吴云华	自建住宅	220	宝尹花园 77 号	拆迁安置	
钱小金龙	自建住宅	220	宝尹花园 78 号	拆迁安置	
钱大金龙	自建住宅	220	宝尹花园 79 号	拆迁安置	
钱杏男	自建住宅	220	宝尹花园 80 号	拆迁安置	
张松华	自建住宅	220	宝尹花园 81 号	拆迁安置	
钱龙元	自建住宅	220	宝尹花园 82 号	拆迁安置	
张雪明	自建住宅	288	宝尹花园 83 号	拆迁安置	
姚水明	自建住宅	220	宝尹花园 85 号	拆迁安置	
陈云弟	自建住宅	220	宝尹花园 86 号	拆迁安置	
姚新男	自建住宅	220	宝尹花园 87 号	拆迁安置	
马龙昌	自建住宅	220	宝尹花园 88 号	拆迁安置	
朱全男	自建住宅	220	宝尹花园 89 号	拆迁安置	
朱文华	自建住宅	220	宝尹花园 90 号	拆迁安置	
马全男	自建住宅	220	宝尹花园 91 号	拆迁安置	
金建华	自建住宅	220	宝尹花园 92 号	拆迁安置	
陈金根	自建住宅	220	宝尹花园 94 号	拆迁安置	
钱根男	自建住宅	220	宝尹花园 95 号	拆迁安置	
戈洪福	自建住宅	144	宝尹花园 103 号	拆迁安置	
江云昌	自建住宅	220	宝尹花园 104 号	拆迁安置	
潘云昌	自建住宅	230	宝尹花园 144 号	拆迁安置	
沈志明	自建住宅	230	宝尹花园 147 号	拆迁安置	
计锦明	自建住宅	230	宝尹花园 148 号	拆迁安置	
潘文元	自建住宅	230	宝尹花园 149 号	拆迁安置	
陈根明	自建住宅	230	宝尹花园 150 号	拆迁安置	

续表

房屋产权人	房屋性质	面积/平方米	小区名称、门号	拆迁项目	备注
潘会昌	自建住宅	230	宝尹花园151号	拆迁安置	
潘根弟	自建住宅	230	宝尹花园152号	拆迁安置	
潘洪亮	自建住宅	230	宝尹花园153号	拆迁安置	
潘建明	自建住宅	230	宝尹花园154号	拆迁安置	
陈康平	自建住宅	230	宝尹花园155号	拆迁安置	
陈其林	自建住宅	230	宝尹花园156号	拆迁安置	
潘红男	自建住宅	230	宝尹花园157号	拆迁安置	
潘永明	自建住宅	230	宝尹花园158号	拆迁安置	
姚关元	自建住宅	230	宝尹花园203号	拆迁安置	
姚文根	自建住宅	230	宝尹花园204号	拆迁安置	
潘丙男	自建住宅	230	宝尹花园205号	拆迁安置	
姚文娥	自建住宅	230	宝尹花园206号	拆迁安置	
潘永男	自建住宅	230	宝尹花园207号	拆迁安置	
潘周平	自建住宅	230	宝尹花园208号	拆迁安置	
潘大男	自建住宅	230	宝尹花园209号	拆迁安置	
潘全男	自建住宅	230	宝尹花园210号	拆迁安置	
罗永根	自建住宅	230	宝尹花园211号	拆迁安置	
陈云元	自建住宅	230	宝尹花园212号	拆迁安置	
朱祥根	自建住宅	230	宝尹花园213号	拆迁安置	
陈泉弟	自建住宅	230	宝尹花园214号	拆迁安置	
赵云男	自建住宅	230	宝尹花园215号	拆迁安置	
陈小羊	自建住宅	230	宝尹花园216号	拆迁安置	
陈土福	自建住宅	230	宝尹花园217号	拆迁安置	
陈双全	自建住宅	230	宝尹花园218号	拆迁安置	
陈志浩	自建住宅	230	宝尹花园219号	拆迁安置	
潘金元	自建住宅	220	宝尹花园220号	拆迁安置	
陈根毛	自建住宅	230	宝尹花园221号	拆迁安置	
徐文元	自建住宅	220	宝尹花园249号	拆迁安置	
潘丙根	自建住宅	230	宝尹花园255号	拆迁安置	

二、综合整治动迁安置

2013年3月,吴中经济开发区规划在澹台湖南建设休闲公园——宝带桥·澹台湖景区。社区根据综合整治要求,对动迁区(下田、小村2个小村)357户居民实施上门通知动员;

4月12日，步入丈量评估，7月24日，与居民正式签约。2017年12月，动迁居民签约309户。

附：关于贯彻"八公开一监督"制度房屋拆迁安置实施细则

为认真贯彻落实苏州市《关于在全市国有土地上房屋征收与补偿工作中推行"八公开一监督"制度（试行）的实施意见》、吴中区《关于在全区房屋征收（拆迁）工作中推行"八公开一监督"制度的意见》等文件要求，进一步规范吴中经济技术开发区住宅房屋的拆迁管理及补偿操作行为，根据苏州市、吴中区《吴中区集体土地房屋拆迁管理实施办法（暂行）》等拆迁相关规定，结合实际，对农村宅基地房屋的拆迁补偿和安置特制定本实施细则。

一、拆迁补偿安置原则

实行高层公寓房安置，农村宅基地一户一宅的原则，实行产权调换，房屋重置价互结差价。

二、拆迁安置的对象

在拆迁区域内，以2003年4月30日为基准，当地在册（常住）农业户口的农村村民（包括原籍在动迁区域内的现役军人、在校生、服刑人员、正常婚育人员、已享受农保或可办理失地补贴的人员）为拆迁安置对象，其他人员不列入拆迁安置对象。

三、拆迁安置的条件和标准

（一）户籍在开发区的完整农业家庭（基准日全部为常住农业户口的家庭）

1. 原有主房三楼三底及以上的或三间平房及以上的，每户安置基准面积240平方米，或可按人均40平方米+独生子女照顾40平方米安置基准面积。

2. 原有主房少于三间的，每户安置基准面积220平方米，或可按人均40平方米+独生子女照顾40平方米安置基准面积。

以上两种类型每户另可照顾安置40平方米。

（二）部分户籍在开发区的农业家庭（主房以建房批复为准）

1. 原有主房三楼三底及以上的或主房占地面积80平方米以上的，每户安置基准面积220平方米，或可按人均40平方米+独生子女照顾40平方米安置基准面积。

2. 原有主房二楼二底或主房占地面积60平方米至79平方米的，每户安置基准面积180平方米，或可按人均40平方米+独生子女照顾40平方米安置基准面积。

3. 原有主房一楼一底或主房占地面积30平方米至59平方米的，每户安置基准面积120平方米，或可按人均40平方米+独生子女照顾40平方米安置基准面积。

4. 原有主房占地面积小于29平方米的，每户安置基准面积80平方米，或可按人均40平方米+独生子女照顾40平方米安置基准面积。

以上四种类型每户另可照顾安置40平方米。

（三）以上（一）、（二）类拆迁户中四世同堂的，可在基准面积外再增加20平方米基准面积。

（四）户籍在开发区外的家庭（主房以建房批复为准）

原则上按拆一还一进行安置，但安置基准面积上限不超过180平方米，下限不低于60平方米，原有主房建筑面积大于或少于安置房基准面积的按重置价互结差价。

（五）预拆迁

1. 在控制区范围内：符合预拆迁条件的，可申请提前拆迁安置（无奖励与过渡费）。

2. 其他范围内的：符合预拆迁条件的纯农户经批准后，可申请提前拆迁安置（无奖励与过渡费）。

四、安置房房型

有60平方米、80平方米、100平方米、120平方米4种房型。

五、安置价格及结算

（一）安置房基准面积安置价格为690元/平方米，照顾安置面积价格为1 200元/平方米。高层公寓房楼层差价按照一层优惠20元/平方米，二层优惠10元/平方米，三层价格不作调整，四、五、六层增加10元/平方米，七、八、九层增加20元/平方米，十层（含十层）以上增加30元/平方米结算；超套型面积按安置房基准面积安置价格结合楼层差价结算。照顾面积按相应价格结合楼层差价结算。

（二）地下汽车位每只5 000元，自行车库360元/平方米。每户最多可优惠购买一只地下汽车位，其余的均安排自行车库。

（三）安置房及自行车库面积结算方式：安置房面积结算与多层一致，即套内面积×1.12，房产证登记面积按测绘登记，即套内面积+分摊面积；自行车库面积按套内面积结算。

六、拆迁补偿

（一）主房面积认定

按一户一宅的原则，以建房批复为依据，一体建造的主房面积按实测认定，但最高不超过264平方米，超过264平方米部分计入附房面积。

无建房批复的，主房面积由街道会同相关部门按相关规定核定，经公示三天无异议的可认定。

（二）补偿标准

补偿总额=房屋重置评估值+装修及附着物补偿+拆迁补贴+搬迁费+奖励

1. 房屋重置评估值、装修及附着物补偿评估标准以拆迁备案时点（或拆迁实施时点）适用的标准为准，具体由评估机构评估确定。

认定的主房装修：实际评估值≤550元/平方米的，按550元/平方米计算；实际评估值>550元/平方米的，按实际评估值计算。具体计算方法为实际评估值÷认定的主房总建筑面积。

附房装修（简易二等及各类棚披除外）：实际评估值≤150元/平方米的，按150元/平方米计算；实际评估值>150元/平方米的，按实际评估值计算。具体计算办法为实际评估值÷认定的附房总建筑面积。

2. 拆迁补贴。

（1）无突击装修的补贴：主房建筑面积按150元/平方米计算；附房建筑面积按50元/平方米计算（简易二等及各类棚披除外）。

（2）室内电线、PVC管、水管补贴：室内电线以认定的主房间数给予400元/间补贴；室内线路穿PVC管以认定的主房间数给予150元/间补贴；室内水管具有建房批复的给予500元/户补贴。

（3）农具补贴：1000元/户。

（4）家用电器拆装补贴：立式空调400元/台，窗式、挂壁式空调300元/台，电话416元/门，油烟机100元/只，燃气、电热水器200元/只，沐浴房200元/只，太阳能热水器1500元/台。三相电表按供电部门出具的票据补贴。

（5）综合补贴：按认定的主房面积，给予400元/平方米综合补贴。

3. 搬迁费。

一次搬迁费为1 000元/户；无现房安置的搬迁费为2 000元/户。

4. 奖励。

（1）签约奖励：规定期限内签订拆迁补偿安置协议的奖励10 000元/户；

（2）交房奖励：规定期限内交付被拆迁房屋的奖励10 000元/户。

七、过渡费

以安置基准面积计算，按每平方米每月14元发放，期限为签订拆迁补偿安置协议并交付被拆迁房屋起至安置结束。

八、本实施细则自发文之日起执行

此前开发区相关文件与本实施细则不一致的，以本实施细则为准。

附：关于高层公寓房安置相关事宜的通知

为进一步规范高层公寓房的安置工作，有效推进安置工作的顺利进行，经研究决定，现将高层公寓房安置相关事宜通知如下。

一、高层公寓房A+D组合套型（60平方米+120平方米）原则上不可拆分安置。

二、自行车库、汽车位的安置由街道拆迁安置科按相关规定执行。

三、高层公寓房的面积按套内面积×1.12结算，自行车库的面积按套内面积结算。

四、超套型面积按安置房基准面积价格结合楼层差价结算。

五、楼层差价：按照安置房基准面积价格690元/平方米，一层优惠20元/平方米，二层优惠10元/平方米，三层价格不作调整，四、五、六层增加10元/平方米，七、八、九层增加20元/平方米，十层（含十层以上）增加30元/平方米。

苏州吴中区经济技术开发区建设局

2013年10月23日

第六章　基层组织

1950年9月以后，境域经过土地改革、普选、镇压反革命、抗美援朝、互助合作化等运动，1956年秋，成立吴县车坊区长桥乡金星第25、第24两个高级农业生产合作社，始建两个党支部。

1957年3月，长桥乡并入郭巷乡。1958年10月，成立郭巷人民公社，境内第25、第24两个高级农业生产合作社更名金星、新华大队。

1965年12月，境域划归长桥人民公社，翌年6月"文革"开始。1967年3月，境内民兵营长主持党、政、经工作。1968年4月，成立长桥人民公社革命委员会，主持党、政、经工作。1970年9月，境内党组织得以恢复。

1983年3月，境内推行家庭联产承包责任制。8月，宝尹大队改为宝尹村，下辖10个村民小组；宝南大队改为宝南村，下辖21个村民小组。

1992年8月，境域划归吴县经济技术开发区。2001年12月，境域撤村设宝尹、宝南居民委员会。2003年7月，撤宝尹、宝南居委会，成立宝带桥居民委员会。2004年2月，成立中共宝带桥总支部委员会。6月，境域划归城南街道办事处，先后成立宝带桥社区居民委员会，中共宝带桥社区总支部委员会。2006年9月，成立中共宝带桥社区委员会。

2017年12月，中共宝带桥社区委员会下设4个党支部，时有中共正式党员146人；宝带桥社区居民委员会下辖31个居民小组，户籍居民848户、3 275人。

第一节　中国共产党组织

一、农业合作社党组织

1956年秋，经过并社、扩社、升社，境域先后成立长桥乡金星第24、第25两个高级农业生产合作社。陶观林任金星第24高级农业生产合作社党支部书记，马永昌、马银泉任党支部委员。戈三大任金星第25高级农业生产合作社党支部书记。

1957年3月，长桥乡并入郭巷乡。11月，朱和尚、钱小老土任郭巷乡金星第25高级农业生产合作党支部委员。

1958年1月，朱根火任郭巷乡金星第25高级农业生产合作社党支部书记；7月，马永昌任金星第24高级农业生产合作社党支部书记。

二、生产大队、行政村党组织

1958年10月，郭巷乡成立人民公社，金星第24高级农业生产合作社改称新华大队，金星第25高级农业生产合作社改称金星大队。马永昌任新华大队党支部书记，马银泉任党支部委员。

1959年5月，彭庆明主持金星大队党支部工作。6月，许金根任金星大队党支部书记。11月，许金根任新华大队党支部第一书记。

1960年1月，彭庆明任金星大队党支部书记，马永昌任新华大队党支部第二书记，马银泉任党支部副书记，吴水泉任金星大队党支部副书记。8月，许根宝任新华大队党支部第一书记，12月，姚双弟、陈星根任金星大队党支部委员。

1962年1月，吴水泉任金星大队党支部书记。

1965年12月，境域划归蠡墅人民公社，随即蠡墅人民公社更名长桥人民公社。

1969年1月，马永昌任长桥公社新华大队党支部书记。

1970年4月，钱水大任长桥公社金星大队党支部书记。7月，马盘根、顾长根、倪龙根任新华大队党支部委员。

1971年4月，俞根宝、吴水泉、潘水根、姚文良任金星大队党支部委员。

1974年6月，周小毛任新华大队党支部副书记，主持党支部工作。11月，潘水根任金星大队党支部副书记。

1975年4月，李道根任金星大队党支部委员。7月，俞根宝任金星大队党支部副书记，主持支部工作。8月，马长金任新华大队党支部委员。9月，姚文良任金星大队党支部书记。10月，姚双弟任金星大队党支部委员。

1976年12月，陈龙元任新华大队党支部书记，张雪昌任金星大队党支部书记。

1977年9月，陈加昌、陈志明任金星大队党支部委员，倪龙元任新华大队党支部委员。

1978年2月，马长金主持新华大队党支部工作。

1978年4月，姚长泉任金星大队党支部委员。

1979年12月，陈林男、陈阿夯任新华大队党支部委员。

1980年11月，金星大队更名为宝尹大队，新华大队更名为宝南大队。马长金任宝南大队党支部书记。

1981年4月，姚文良任宝尹大队党支部书记，张雪昌任党支部副书记。

1982年2月，张雪昌代理宝尹大队党支部书记。5月，罗纪根任宝尹大队党支部副书记。10月，沈会男任宝南大队党支部委员。11月，罗纪根主持宝尹大队党支部工作，陈林男任宝南大队党支部副书记，主持党支部工作，沈会男任党支部副书记。

1983年8月，宝尹大队改称宝尹村，宝南大队改称宝南村。沈会男任宝南村党支部书记，顾长根、曹云男任党支部委员。罗纪根任宝尹村党支部书记，江根土、姚双弟、钱招媛、陈志明任党支部委员。

1985年5月，江根土、钱招媛、陈志明任宝尹村党支部委员。

1986年4月，曹云男任宝南村党支部副书记，主持党支部工作。

1989年10月，曹云男任宝南村党支部书记，陈锦男、沈小毛任宝南村党支部委员。江根土、钱招媛、陈志明任宝尹村党支部委员。

1991年10月，陈志明任宝尹村党支部副书记，江根土、钱招媛、姚水龙任党支部委员。陈美香、周三男、沈小毛任宝南村党支部委员。

1992年5月，吴林泉主持宝尹村党支部工作。

1992年8月，境域划归吴县经济技术开发区。1994年4月，吴林泉任吴县经济技术开发区宝尹村党支部书记。1996年8月，陈锦男任吴县经济技术开发区宝南村党支部书记。

1997年11月，杨金木、沈小毛任宝南村党支部委员。江根土、姚水龙、潘水根任宝尹村党支部委员。

1999年2月，翁木云任宝南村党支部书记，陈志明任副书记。

2000年8月，陆美香、马银泉任宝南村党支部委员。11月，杨金木任宝南村党支部副书记。12月，陈怡祖任宝南村党支部书记。

三、社区党组织

2001年12月，境域撤销宝尹、宝南2村，成立居民委员会，宝尹村改称宝尹居民委员会、宝南村改称宝南居民委员会。

2003年7月，境域撤销宝尹、宝南2个居民委员会，成立宝带桥居委会。陈怡祖任宝带桥党支部书记。

2004年2月，中共宝带桥总支部委员会成立，陈菊男、陈新男、陆美香、江金泉任党总支部委员。6月，经苏州市政府批准，成立吴中区城南街道办事处，境域划归城南街道办事处。8月，境域成立中共城南街道宝带桥总支部委员会，陈怡祖任党总支书记，陈新男任副书记。

2006年9月，境域成立中共城南街道宝带桥社区委员会，陈怡祖任社区党委书记，陈菊男、陈新男任社区党委副书记，陆美香、徐志华、江金泉、张根昌、朱建芳任委员。时，中共宝带桥社区委员会下辖钱家党支部、宝尹党支部、宝南党支部、纸箱厂党支部。

2007年11月，陈菊男任中共宝带桥社区委员会书记，陈新男、徐志华任副书记，史众恩任委员。

2009年2月，沈利任中共宝带桥社区委员会委员。

2013年8月，朱建芳、倪珍、江华任中共宝带桥社区委员会委员。

2016年9月，徐志华任中共宝带桥社区委员会书记，江华任副书记，马云弟、王敬贤、朱建芳、朱晓生、倪珍任委员。

2017年12月，中共宝带桥社区委员会有党员146人，下设宝尹、宝南、钱家、纸箱厂等4个党支部。宝尹支部有党员51人，宝南支部有党员50人，钱家支部有党员32人，纸箱厂支部有党员13人。

第二节　行政组织

一、村、合作社组织

1950年10月，马永昌任吴县车坊区长桥乡下田村副村长。

1953年6月，朱根火任吴县车坊区尹西乡泥和田农业生产合作社社长。

1954年1月，马银泉任下田村副村长。

1955年12月，马永昌任长桥乡下田村农业生产合作社社长。

1956年，撤小乡并中乡，长桥、尹西2乡合并，称长桥乡，境域归属长桥乡。是年秋，境域成立金星第24、第25两个高级农业生产合作社。马银泉、徐火根、李关根、金根生、沈寿根、陶官林任金星第24高级农业生产合作副社长，陈老土任社委；马胜高、钱小老土任金星第25高级农业生产合作社副社长，江小四古、吴水泉、朱和尚任社委。

1957年1月，朱伯泉任金星24高级农业生产合作社会计，马云泉任金星第25高级农业生产合作社会计。3月，长桥乡并入郭巷乡。

1958年7月，马银泉任郭巷乡金星第24高级农业生产合作社社长。

二、生产大队、行政村组织

1958年10月，郭巷乡成立人民公社，金星第24高级社更名新华大队，第25高级社更名金星大队。

1959年1月，徐金男任新华大队副大队长。4月，彭庆明代理金星大队大队长。6月，马银泉任新华大队大队长，吴水泉任金星大队大队长，张全根任金星大队会计。

1960年1月，缪火根、李关根、沈毛毛、金根生、沈寿根、李美林任新华大队副大队长。3月，俞根宝、陶木根任金星大队副大队长。12月，张福妹任金星大队副大队长。

1961年11月，马加祥任金星大队会计。

1962年2月，马明高任金星大队大队长。

1966年12月，陈加昌任金星大队"文化革命"领导小组组长，李道根任金星大队"文化革命"领导小组副组长。许官根任新华大队"文化革命"领导小组副组长。

1968年10月，吴水泉任金星大队革委会副主任。3月，陈加昌任金星大队革委会会计。7月，陈加昌、潘阿妹任金星大队革委会委员。

1968年10月，马银泉任新华大队革委会第一副主任，周永明（周毛毛）任第二副主任。

1969年1月，马永昌任新华大队革委会主任，钱水大任金星大队革委会主任，俞根宝任金星大队革委会副主任。2月，吴水泉、潘阿妹、李道根、潘水根任金星大队革委会委员。

1974年1月，俞根宝、吴水泉任金星大队革委会副主任。6月，周小毛任新华大队革委会副主任。11月，潘水根任金星大队革委会副主任。

1975年8月，马长金、沈兴生任新华大队革委会副主任，沈兴生兼任大队革委会会计。9月，姚文良任金星大队革委会主任。10月，姚双弟任金星大队革委会委员。

1976年12月，陈龙元任新华大队革委会主任。

1978年2月，陈林男任新华大队革委会副主任，许兰生任新华大队革委会会计。11月，马长金任新华大队大队长，马银泉、陈林男任副大队长。张雪昌任金星大队大队长，陈加昌、潘水根任副大队长。

1979年3月，江根土任金星大队会计。

1982年2月，陈林男任宝南大队大队长。10月，沈会男任副大队长。11月，陈志明任宝尹大队大队长，沈会男代理宝南大队大队长。

1983年8月，沈会男任宝南村村民委员会主任，沈小毛任会计，龚木泉、缪彩英、陆美香任村民委员会委员。罗纪根任宝尹村民委员会主任，朱根水、潘云元任村民委员会委员。

1989年9月，曹云男任宝南村村民委员会主任，陈锦男任副主任，周三男、沈炳元、缪彩英任委员。罗纪根任宝尹村民委员会主任，陈志明任副主任，钱招媛、潘水根任委员。

1992年10月，杨金木任宝南村民委员会主任，陈志明任宝尹村民委员会主任。

1995年3月，姚水龙任宝尹村民委员会主任。

1997年11月，陈菊男任宝南村村民委员会副主任，陈文男代理会计。

2000年12月，陈菊男任宝南村村民委员会主任，许兰生任副主任，陈文男任会计。

三、社区行政组织

2001年12月，境域撤销宝尹、宝南2村，成立居民委员会，改称宝尹居民委员会、宝南居民委员会。

2003年7月，境域撤宝尹、宝南2个居民委员会，成立宝带桥居民委员会。

2004年6月，成立宝带桥社区居委会，撤销宝带桥居委会，陈菊男任宝带桥社区居委会主任。

2006年4月，沈大男任宝带桥社区居委会副主任，张根昌任会计。

2007年11月，陈新男代理宝带桥社区居委会主任，陆美香任副主任。

2009年12月，陈新男任宝带桥社区居委会主任，马留弟、沈利任副主任，朱建芳、江华、倪珍、倪美芳任委员。

2012年6月，朱晓生代理宝带桥社区居委员会会计。2014年7月，朱晓生任宝带桥社区委会会计。

2016年11月，江华任宝带桥社区居委会主任，倪珍任副主任，马云弟、王敬贤、朱建芳、朱晓生任委员。

第三节 群团组织

一、农民组织

（一）农民协会

1949年5月1日，吴县人民政府成立，境域划归吴县淞北区尹山乡。时，尹山乡成立农民协会，设主任1名，下辖每个行政村，推选农民协会主任1名。境域时有下田村、新村、泥和田等3个行政村，每个行政村推选1名农民协会主任，为乡农民协会委员。

下田村下辖下田村、小村、沉家浜3个自然村，新村下辖钱家村、金家村、朱塔浜等3个自然村，泥和田下辖泥和田、王家浜、牛桩浜、港南浜、吴家角等5个自然村。

1953年5月，马升高任泥和田农民协会主任，金根生任新村农民协会主任，马云昌任下田村农民协会主任。

（二）贫下中农协会

1964年6月，境域开展社会主义教育运动基本结束，贫农、下中农组织起来成立协会。10月，吴水泉任金星大队贫下中农协会主任。11月，马盘根任新华大队贫下中农协会主任。

1966年5月，"文化大革命"开始，贫下中农中农协会停止活动。

1974年6月，境域金星、新华2个大队根据长桥公社革委会部署，先后恢复贫下中农协会组织活动。10月，吴水泉任金星大队贫下中农协会主任。1975年7月，姚文良任金星大队贫下中农协会主任。1978年12月，中共十一届三中全会以后，境内金星、新华2个大队贫下中农协会组织自行消失。

二、青年组织

1953年8月，境域建立中国新民主主义青年团。1957年10月，中国新民主主义青年团改称中国共产主义青年团，简称共青团。

1959年2月，李根法任共青团金星大队支部副书记，主持团支部工作；顾长根任共青团新华大队支部书记。

1964年11月，沈毛毛任共青团新华大队支部书记，陈星根任共青团金星大队支部书记，朱瑞金任副书记。

1965年9月，周永明（周毛毛）任共青团新华大队支部书记。10月，潘土英任共青团金星大队支部书记，潘龙泉、吴火根任副书记。

1968年1月，俞水法任共青团金星大队支部书记，江根土任副书记。

1971年2月，何火金任共青团新华大队支部副书记，主持团支部工作。

1974年10月，陈龙元任共青团新华大队支部副书记，主持团支部工作；顾菊英任副书记。

1975年10月，陈林男任共青团新华大队支部副书记。

1976年5月，张雪昌任共青团金星大队支部书记。11月，朱根水任共青团金星大队支部书记。12月，陈林男主持共青团新华大队支部工作。

1977年5月，沈会男任共青团新华大队支部书记。

1978年10月，沈全元、陈仙妹任共青团新华大队支部委员。

1982年3月，潘云元主持共青团宝尹大队支部工作。

1983年8月，潘云元任共青团宝尹村支部书记，姚玉妹任副书记。陆美香任共青团宝南村支部书记，倪美芳、沈连雪官任副书记。

1984年12月，朱素芳任共青团宝尹村支部副书记，钱永男任委员。

1989年6月，江月芳任共青团宝尹村支部副书记。

1992年12月，朱建芳任共青团宝尹村支部书记。

1993年6月，沈稼兴任共青团宝南村支部书记。

2004年8月，沈利任共青团宝带桥社区委员会书记。

2013年5月，陈晔任共青团宝带桥社区委员会书记，徐俊任副书记。

2016年5月，江顺成、沈奕、沈嘉伟任共青团宝带桥社区委员会委员。

三、妇女组织

1957年3月，沈仁妹任金星第25高级农业生产合作社妇委会主任；10月，沈寿根任金星第24高级农业生产合作社妇委会副主任。

1959年6月，李云金任新华大队妇委会主任。

1960年1月，张福妹任金星大队妇委会主任。

1961年10月，沈寿根任新华大队妇委会主任。1963年1月，潘阿妹任金星大队妇委会主任。1966年5月，杨老土代理新华大队妇委会主任。1967年6月，缪彩英任新华大队妇委会主任。1978年4月，钱招媛任金星大队妇委会主任，潘阿妹任副主任。

1987年10月，钱招媛任宝尹村妇委会主任，朱素芳任副主任，缪彩英任宝南村妇委会主任，陆美香任副主任。1989年6月，陆美香任宝南村妇委会主任。1993年5月，刘菊妹任宝尹村妇委会主任。1995年6月，朱建芳任宝尹村妇委会主任。

2003年6月，宝尹、宝南2村合并，成立宝带桥居委会，朱建芳任宝带桥妇委会主任，倪美芳任副主任。

2007年11月，陆美香任宝带桥社区妇委会主任。

2011年5月，宝带桥社区成立妇女联合会，朱建芳任妇女联合会主席，倪美芳任副主席，陆美香、何美仙、陈晔任委员。

2016年8月至2017年12月，朱建芳任宝带桥社区妇联主席，江宏英、陈晔、杨渲任副主席，陆雪芳、陆美香、倪美芳任委员。

四、治保组织

1949年后，宝带桥社区境域治保工作由当地乡民兵中队长负责。经过土地改革、镇压反革命、互助合作化、抗美援朝运动，社会治保日趋好转，自乡至村先后成立了治保组织，负责乡、村治保工作。

1957年8月，马盘根任金星第24高级农业生产合作社治保主任。1958年9月，沈毛毛任金星第24高级农业生产合作社治保主任。1963年3月，俞根宝任金星大队治保主任。

1968年11月，潘水根任金星大队治保主任。

1974年4月，马福男任新华大队治保主任。1975年7月，俞水法任金星大队治保主任，陈阿夯任新华大队治保主任。1976年9月，陈志明任金星大队治保主任。1977年12月，倪龙元任新华大队治保主任。1978年4月，朱根水代理金星大队治保主任。1979年5月，倪龙根任新华大队治保主任。

1983年3月，龚木泉任宝南大队治保主任。8月，朱根水任宝尹村治保主任。

1987年3月，潘水根任宝尹村治保主任。1989年7月，周三男任宝南村治保主任。1996年12月，沈大男任宝南村治保主任。

2004年8月，沈利任宝带桥社区居委会治保主任。

2014年6月，马留弟任宝带桥社区居委会治保主任。

2016年5月至2017年12月，倪珍负责宝带桥社区居委会治安调解工作，马云弟负责宝带桥社区居委会综合治理工作。

第七章 社会事业

旧时，境域教育设施简陋，均为居家私塾。医疗方面，当地居民如若患病，须去找私人郎中，或操舟进城医治。

中华人民共和国成立后，居民医疗服务得到改善，教育事业逐渐发展。1962年，境内实行农村统筹医疗，以后又成立社队联办的合作医疗管理机构，为社员群众服务。

1990年9月，境域在教育事业上跨越一大步，投资建起了十楼十底的宝南小学。1994年1月，推行大病风险医疗制度。1995年6月，新建碧波实验小学（含幼儿园），建筑面积35 137平方米。1999年4月，宝尹村合作医疗室并入碧波卫生院，翌年1月，卫生院在境内设立社区服务中心，对育龄妇女保健、老年健康体检等提供专项服务。

2002年9月，境域新建碧波中学，对外招生。2003年7月，随着城乡一体化，境域开始全面推行农村基本养老保险，又把当地居民纳入城镇养老保险体系，被征地农民参加养老保险，有关人员受到优抚和经济补助。

2007年1月，境域籍居民实行大病风险医疗实行IC卡看病实报，并享受辖区内医疗机构的免费健康体检。

随着生活水平的提高，境内居民在空闲之时，自发成立了腰鼓队、舞龙队、演唱队，还自编自演文艺节目，在广场演出。2016年9月，境域建起了休闲、娱乐、观光为一体的宝带桥·澹台湖景区，居民三五成群去景区跳广场舞、演出戏剧、演唱歌曲。

第一节　社会保障

一、养老保险

2003年7月，境域撤销宝尹、宝南两个居民委员会成立宝带桥社区居委会。10月，吴中区全面推进农村基础养老保险工作，境内被征地（使）用土地农业人员，获得经济补偿。补偿标准为如下。

男60周岁、女55周岁以上老年人员，在享受120元基础养老金后，再获得40元失地生活补偿费，使每人每月享受到的养老金达到160元。

男45周岁（含45周岁）至60周岁（不含60周岁）、女35周岁（含35周岁）至55周岁（不含55周岁）的被征（使）用土地农民中的保养人员（不包括已领取城镇养老保险金的人员），获得每人每月120元的失地生活补偿费，并由当地政府代缴其参加农村养老保险的个人缴费部分。

男16周岁（含16周岁）至45周岁（不含45周岁）、女16周岁（含16周岁）至35周岁（不含35周岁）的被征（使）用土地农民中的剩余劳动力，获得每人每月100元的连续10年失地生活补偿费。

年龄在16周岁（不含16周岁）以下的被征（使）用土地农民中的被抚养人员，连续10年获得每人每月50元的失地生活补偿费。

以上对象，不包括已安置的土地工、机关事业单位工作人员和二轮承包确权发证后未获得承包经营土地的人员（即1998年10月31日以后出生的人员）。

2004年10月，对已按规定享受补偿的被征地保养人员及剩余劳动力，统一纳入城镇养老保险。上述两类人员农保转城保的计算标准为：按540元/月的缴费基数、28%的缴费比例，保养人员一次性承缴参加城保费15年计算；剩余劳动力一次性承缴参加城保费9年计算。

2005年6月30日，吴中区人民政府吴政发〔2005〕48号文件印发《苏州市吴中区征地补偿和被征地农民基本生活保障实施细则》（以下简称《细则》）。《细则》中将被征地农民划分4个年龄段：第一年龄段为16周岁（不包括16周岁）以下人员；第二年龄段为女性16周岁以上至35周岁（不包括35周岁），男性16周岁以上至45周岁（不包括45周岁）人员；第三年龄段为女性35周岁以上至55周岁（不包括55周岁），男性45周岁以上至60周岁（不包括60周岁）人员；第四年龄段为女性55周岁以上，男性60周岁以上人员。

《细则》规定，根据被征地农民4个年龄段的划分情况，按下列标准实行补偿安置：第一年龄段人员按每人每月50元标准连续10年获得失地生活补偿费，不纳入基本生活保障范围；第二年龄段人员，从实行基本生活保障当月起，按月领取（期限为10年）标准为每人100元的生活补助费；第三年龄段人员，从实行基本生活保障当月至到达养老年龄时止，按月领取标准为每人120元的生活补助费；第四年龄段（养老年龄）人员，从实行基本生活保障当月起按月领取标准为每人160—200元的征地保养金（含已享受的农保基础养老金120元）。

此外，第二、第三年龄段人员，经办理相关手续后，纳入城镇企业职工社会保险体系（城镇养老保险）。

2006年1月起，境内对在原被征地老年人员征地养老保险金标准基础上，每人每月增加20元，被征地老年人员每月享受不低于180元的养老待遇。

2007年1月起，提高征地老年人征地保养金标准20元，境内被征地老年人员每月享受不低于200元的养老待遇。10月，在原标准的基础上，每人每月再增加80元，境内被征地老人每月享受不低于280元的养老待遇。12月起，境内对年满90—99周岁老年人，在每年老年节期间可领取不低于600元敬老金；年满100周岁及以上的老年人，每人每月可领取不低于200元的长寿补贴。在每年老年节期间再发给每人不低于1000元的敬老金。

2008年4月起，在原标准基础上，境内被征地老年人员增加40元养老金。

2009年4月，境内养老金标准从原来的基础上增加30元。

2010年1月，境内养老金标准从350元提高到400元。

2011年1月，境内养老金标准在原来基础上增加60元；7月，养老金标准在原来基础上增加50元。10月起，吴中区调整被征地农民生活补助费标准，境内被征地农民，第一年龄段人员原每人每月50元标准，提高到每人每月62.5元标准后获得连续10年失地生活补偿费；第二年龄段人员每月领取的生活补助费标准从原来的100元提高到125元；第三年龄段人员每月领取的生活补助标准从原来的120元提高到150元。同时，第二年龄段人员每月生活补助费领取年限从原来的10年延长至15年。

2012年7月，境内被征地老年人员每人每月享受养老金待遇提高到590元。12月25日前置换城保的缴费基础仍按1140元确定，置换城保年限一次性最长15年；镇级财政负担的置换资金支付年限最长不超过9年；对特殊人群出台扶持政策。

2013年7月，吴中区规定，被征地老年人员每人每月享受养老金待遇从590元提高到680元。是月，境域80—89周岁的老年人，每人每月可领取敬老金50元；90—99周岁老年人，每人每月可领取敬老金100元；年满100周岁的老年人，每人每月可领取敬老金300元。老年节再每人发给1000元的敬老金。

2014年7月，境内对被征地老年人员每人每月享受养老金待遇从680元提高到750元。

2015年7月，境内对被征地老年人每人每月享受养老金待遇从750元提高到810元。

2016年7月，境内对被征地老年人每人每月享受养老金待遇从810元提高到870元。

2017年7月，境内对被征地老年人每人每月享受养老金待遇从870元提高到930元。

二、医疗保险

1994年1月，境内采取政府引导、个人参保、集体扶持、乡镇财政资助相结合的形式，推行农村大病风险医疗制度，建立大病风险医疗章程，确立了村、镇、县三级医疗保障制度。

2004年1月，境域村民大病统筹基金，每人上交增加至人均100元；大病报销比例增加至60%。

2007年1月，吴中区农村大病风险医疗实行IC卡看病实时实报，并享受辖区内医疗机构提供的免费健康体检。

2009年1月4日，根据中共苏州吴中区委员会、吴中区人民政府吴委发〔2009〕1号文件《关于苏州市吴中区农村合作医疗保险工作意见》规定：2009年全区农村合作医疗保险人均筹资标准为320元，其中个人缴费100元/人，街道财政补助100元/人，区财政补助120元/人;个人账户中,60周岁以下的参保者按每人每年100元划入,60周岁以上的参保者按每人每年140元划入;参保者年度累计结报大病住院和门诊特定项目医疗费用补偿额从10万元封顶提高到15万元封顶。同时规定,以上筹资标准和给付待遇从2009年4月1日起执行。

2011年4月起,境内村民参保人员人均筹资标准为500元,其中个人缴费160元/人,开发区财政补助270元/人,区财政补贴70元/人。

参保人员个人账户记入金额为:男60周岁,女55周岁以下参保人员每人每月100元划入,男60周岁、女55周岁以上参保人员按每人每月140元划入。

医疗保险待遇:在参保人员个人缴费资金中提取60元/人和区大病住院统筹基金中划拨40元/人,用于参保人员门诊医疗费用补贴;将参保人员享受门诊补贴自负累计起付线标准从400元降为300元;增加重症精神病为城乡居民医疗保险门诊特定项目;将苏大附一院(本部)和苏大附二院(本部)列为城乡居民医疗保险救助(公惠)定点医疗机构;完善城乡居民医疗保险基金来源渠道。

2012年4月1日起,根据《吴中区城乡居民(农村)医疗保险工作意见》规定:2012年度人均筹资标准为550元,其中个人缴费170元/人,街道财政补贴300元/人,区财政补贴80元/人;个人账户中,男60周岁、女55周岁以下的参保者按每人每年80元划入,男60周岁、女55周岁以上的参保者按每人每年120元划入;在参保人员中提取90元/人和区大病统筹基金中划拨80元/人,用于参保者门诊医疗费用补助;参保人员符合医疗保险报销范围的门诊医疗费用,在个人账户用完后,个人自负累计超过300元的,在2 000元限额内(不含自负金额)按比例结付。其中,在苏州市区定点医疗机构(区外医院)发生的门诊医疗费用,门诊统筹基金补助30%,个人自负70%;在区内定点医院发生的门诊医疗费用,门诊统筹基金补助40%,个人自负60%;在社区卫生服务站(室)发生的门诊医疗费用,门诊统筹基金补助50%,个人自负50%;住院医疗费用结付比例起付线至4万元部分补偿60%,4万元至10万元部分补偿65%,10万元以上部分补偿70%。

2013年1月,根据《吴中区区域城乡居民(农村)医疗保险工作意见》规定,境内统筹基金提增到人均500元,大病报销比例递增至80%。

2017年12月,境域城乡居民(含学前儿童)参保人数852人,医保缴费金额155 890元,社区医疗补助71人,补助金额17 060元。

表7-1　　　　　　2012—2017年宝带桥社区居民医疗保险情况一览表

年份	参保人数/人	医保缴费金额/元	个人缴费/元	政府医疗补助/个	补助金额/元	对失业人员医疗补助人均/元
2012	973	170 030	170	66	11 220	—
2013	875	156 800	170	64	10 880	510
2014	829	173 560	200	68	14 680	560
2015	769	161 600	200	74	16 000	600
2016	717	150 880	200	74	16 120	640
2017	670	153 160	220	71	17 060	700

注:在单位工作的中青年由单位缴纳职工医疗保险金。

表 7-2　　　　　　　2012—2017 年宝带桥社区学前儿童医疗保险情况一览表

年份	参保人数/个	总计医保缴费金额/元	个人缴费/元	政府医疗补助人数/个	补助金额/元
2012	153	15 300	100	—	—
2013	128	12 800	100	—	—
2014	147	22 050	150	—	—
2015	167	25 050	150	—	—
2016	162	24 300	150	1	150
2017	182	27 300	150	—	—

注：在校读书少年儿童由学校负责缴纳医疗保险金。

三、优抚补助

1987 年 1 月 1 日起，对 1956 年年底前加入中国共产党的男满 60 周岁、女满 55 周岁、无退休工资的老党员每人每月补助 10 元；对中华人民共和国成立后曾担任过大队（村）定工干部（未受过撤职处分），在男满 60 周岁、女满 55 周岁后无退休工资的人员，分别按所任职务、年限，每人每月补助 8—30 元不等。对中华人民共和国成立初期的小乡干部，除已享受县、乡两级财政每月补助的人外，其余分别参照大队（村）定工干部的相应职务、年限给予补助。

1991 年 6 月、2000 年 9 月、2004 年 9 月、2006 年 9 月、2007 年 1 月，对上述人员进行五次补助调增。

2007 年 9 月，中共吴中区委办公室印发《关于对全区农村、企业退岗定工干部实行生活补助的实施意见》，对农村、企业退岗定工干部的生活补助改成由基本生活补助、职务工龄补助和医疗补助三部分组成。经 2011 年 8 月调增后，境内退岗村书记享受基本生活补助每年 1 800 元，享受职务工龄补助按工龄每年 100 元的标准计算，两项相加每人全年不超过 3 720 元；退岗村副书记、村委会主任（大队长）、村经济合作社社长、企业书记、厂长（经理）享受基本生活补助每年 1 440 元，享受职务工龄补助按工龄每年 80 元的标准计算，两项相加每人全年不超过 3 000 元；退岗村主办会计、企业副书记、企业主办会计享受基本生活补助每年 1 200 元，享受职务工龄补助按工龄每年 60 元的标准计算，两项相加每人全年不超过 2 400 元。

另外，境内退岗村书记、企业书记、厂长（经理）享受医疗补助全年 500 元，其他人员全年享受 300 元。

2012 年 1 月 1 日起，吴中区对列入生活补助对象的农村、企业退岗定工干部，每人每月增加生活补贴 100 元。是年，境内调整义务兵家庭优抚对象优待奖励标准。义务兵家庭优抚对象优待奖励，按以上年度吴中区城镇居民可支配收入 36 509 元的约 45%（16 500 元）的标准发放。境内仍健在的中国人民解放军参战军人、伤残退伍复员军人，均获得区与街道两级优待、抚恤。

2013 年 7 月，对有关社会保障对象调整救助（补助）标准：城乡最低生活保障标准，由原来的 570 元/月提高至 630 元/月；20 世纪 60 年代初精简退职老职工补助标准，由原来的 855 元/月提高至 990 元/月；城乡五保供养对象供养标准及低保边缘重病困难对象、重残、特殊残疾人生活救助标准，按原政策规定随低保标准同步调整。

2014年8月，境内对5名参战退役军人实行优抚，补助人民币共计21 838.5元；12月，对10户34人低保居民实行生活补助人民币共计120 792元，对19户19人低保边缘居民实行生活补助人民币共计82 920元。

2015年8月，境内对4名参战退役军人实行优抚，补助人民币共计31 083.2元；12月，对10户35人低保居民实行生活补助人民币共计142 752元，对19户19人低保边缘居民实行生活补助人民币共计92 040元。

2016年8月，境内对4名参战退役军人实行优抚，补助人民币共计46 612.8元。12月，对10户35人低保居民实行生活补助人民币共计172 488元，对19户19人低保边缘居民实行生活补助人民币共计112 140元。

2017年7月，境内根据中共吴中区委组织部吴组通55号、财政局吴财农94号文件精神，对3名（男性年满60周岁、女性年满55周岁）无固定收入的老党员，6名生活困难的老党员每人补助生活费540元。

第二节　卫生健康

一、医疗服务中心

旧时，境内居民患病，去集镇上私人郎中那里医治。有的居民因囊中少钱，小病忍着，巴望熬过一"劫"，康复自愈。为此，有的患病居民小病拖成大病，有的去城里治疗，耗尽家财，甚至酿成人财两空的悲剧。

中华人民共和国成立后，当地政府在各乡镇建立起卫生院，患病居民可以就近治疗。

1962年3月，金星、新华两大队各建立医务室，实行统筹医疗，村民看病每人每次支付5分钱挂号费，看病取药不花钱，医疗药费由公社、大队负担。

1966年10月，金星、新华两大队办起合作医务室，配备4名赤脚医生，各生产队配1名卫生员，逐步做到患小病不用出村。在生产队卫生员或去大队合作医务室，就能得到及时治疗。1966年，境内村民医疗制度采用队（村）办社（公社）管形式。医疗基金每人3元（集体与个人负担各半）。医疗费根据就医渠道分级报销，即在大队医务室就医的，全额报销；去公社卫生院就医的，报销总金额的40%。1968年一天晚上9时左右，金星大队社员张某不慎意外受伤，鲜血直流，生命垂危。若去公社或进城治疗，交通不便。卫生员潘福龙闻讯赶至，立马对患者进行止血消毒手术，缝了48针，使患者转危为安。作为"合作医疗就是好"的典型案例，此事被广为宣传。

表 7-3 宝带桥社区境域赤脚医生、卫生员一览表

行政村名	赤脚医生姓名	任职时间	生产队（村民小组）卫生员	
			队（组）	卫生员姓名
宝尹（金星）	汪毛根	1963—1976.11	1	吴文元
				钱林元
	钱林元	1967.3—1969.12	2	潘福龙
			3	付官泉
	吴文元	1971.11—1974.10	4	江根土
			5	吴雪根
	潘福龙	1971.11—1999.3	6	朱老金
			7	陈福弟
	陈福娣	1977.3—1999.4	8	钱水大
			9	潘土云
			9	姚文香
宝南（新华）	顾云男	1963—1978	1	何连根
			2	陆根姐
	何连根	1963—1984	3	姚兴根
			4	沈云男
	金福珠	1978—1992	5	沈大男
			6	沈文男
	夏春芳	1985—1992	7	朱阿夯
			8	倪海元
	何连根	1992—2001	9	倪官泉
			10	夏金木水
			11	李龙根

1972年1月，境内大队合作医疗基金每人每年上交5元，大队集体支付5元，患者即可实行医疗费100元报销（其中公社合作医疗管理委员会负担60%，大队负担40%）。

1973年1月，境内取消村民治疗费用全额报销制度，恢复按比例报销。

1983年1月至1989年12月，境内村民在村合作医疗就医，独生子女报销70%，其余报销50%。去外地医院就医，独生子女报销50%，其他村民报销30%。

1990年1月，境内村合作医务室改称农村卫生室，赤脚医生改称乡村医生。村民患重病住院医疗，其费用向乡镇医疗管理委员会报销20%，其余向所在村集体报销40%—

60%。

1999年4月，境内宝尹村合作卫生室并入碧波卫生院。2000年1月，碧波卫生院在境内设立社区服务中心。2001年5月，境内宝南村合作卫生室并入碧波卫生院。

二、血吸虫病防治

境域地处江南水网地带，西为古运河，北临澹台湖，河流纵横交错，耕地常年种植水稻，栽培荷藕、席草等水生作物，加上气候温暖湿润，旧时流行血吸虫病。据老年人陈述，解放前村里一旦患上血吸虫病（俗称膨胀病），严重的导致死亡，幸存者则丧失劳动能力。

1952年11月，吴县成立血吸虫防治站，翌月成立血吸虫病治疗组，至境内开展防治血吸虫病工作。查病的方法主要是粪检，一般"三送三检"；重点流行自然村，七送七检。

1956年5月，吴县成立血吸虫病中心治疗组，境内血吸虫病患者开始送中心治疗组治疗。

1964年2月，公社成立血吸虫病防治领导小组，境内金星、新华两个大队全面开始查灭钉螺，查治病人。对血吸虫流行的生产队，培训一名保健员，结合干浜积肥，整修渠道，平整土地，开展查螺灭螺群众运动。经查，境内金星大队有螺面积23 600平方米，新华大队有螺面积23 400平方米。感染血吸虫病的情况：金星大队1 108人中有328人感染，感染率为29.6%；新华大队1 662人中有442人感染，感染率为27%。于是开始对螺区河道、堤坡投放五氯酚钠灭螺。金星、新华2大队在边查螺区的同时，每年春秋雨季组织大队赤脚医生、大小队干部、生产队社员在重点螺区灭螺，有效地遏制疫情蔓延。

1966年4月，境内对血吸虫病患者实行免费检查和治疗，并推广新药"273"口服液。

1968年始，进入系统查病站，对5岁以上人群的粪便进行"三送三检"。金星、新华2大队设1个粪检站，并对5岁以上无血吸虫病史者进行皮试，查出的病患者进行集中治疗。

1972年2月，金星、新华两大队经过十多年的查螺灭螺，消灭传播血吸虫病螺区。

1974年2月，境内完成综合查病任务。

1978年2月，境内消灭了血吸虫病。

三、妇女健康体检

2000年始，宝尹、宝南两村妇委会聘请妇科医生、护士定期对育龄妇女进行健康安全知识讲座。同时每年2次（上半年5月1次，下半年10月1次）组织妇女去卫生院进行B超检查。对身处外地的境域籍妇女，事先电话通知，确保一个不漏。

2007年1月，境内籍妇女享受医疗机构每年2次的免费B超体检，一旦体检妇女查出身体患病，至指定医院进行复检，确诊之后进行专项治疗。

2016年1月后，妇女健康体检从原来的只是B超体检，增加至妇女病的"两癌"检查。每年1次，时间安排在上半年。并根据妇女身体体质，体检项目上有一般性检查、宫颈液基薄层细胞检测、宫颈人乳头瘤病毒检测、妇科B超、乳房触诊、乳腺B超、阴道镜检查、乳腺钼靶、病理检查等。

妇女健康体检中，一旦查出患有"两癌"重症，如是低保或处于低保边缘的家庭生活困难户，除享受医疗报销，社区为其申请经济救助。

表 7-4　　　　2012—2017 年宝带桥社区籍妇女健康体检人数一览表　　　　单位：人

年份	人数/个	年份	人数/个	年份	人数/个
2000	568	2006	677	2012	535
2001	577	2007	563	2013	426
2002	597	2008	596	2014	480
2003	586	2009	635	2015	427
2004	609	2010	710	2016	373
2005	624	2011	476	2017	414

第三节　居民生活

一、居民收入

1983 年 8 月，宝尹、宝南两村成立经济合作社。

1994 年 1 月，宝尹、宝南两个村级集体经济按有关章程，对本村籍居民进行股金福利分红。是年至 1997 年，宝尹村按户进行股金福利分红（每户 250 元）；宝南村按人口进行股金福利分红（1994 年至 1996 年每人 25 元，1997 年每人 30 元）。1998 年至 2002 年，根据村级经济情况，宝尹、宝南两村均按人口进行股金福利分红，2003 年开始，境域均按人口进行股金福利分红。

2009 年 10 月，宝尹、宝南两个村级经济合作社合并，成立宝带桥社区经济合作社。

2010 年 11 月，境内成立宝带桥股份合作社。

2017 年，宝带桥社区籍居民 3 860 人，股金福利分红金额 4 700 200 元。

表 7-5　　　　1998—2002 年宝带桥社区境域经济合作社股金福利分红情况表

年份	宝 尹		宝 南	
	人数/人	金额/元·人	人数/人	金额/元·人
1998	1 081	80	1 860	30
1999	1 108	80	1 886	30
2000	1 109	80	1 910	40
2001	1 165	100	1 979	40
2002	1 193	100	1 962	40

表 7-6　　　　2003—2014 年宝带桥社区经济（股份）合作社股金福利分红情况表

年份	人数/人	金额/元
2003	3 226	50
2004	3 257	50
2005	3 283	50
2006	3 363	50
2007	3 420	100
2008	3 406	100
2009	3 377	150
2010	3 416	200
2011	3 495	250
2012	3 468	400
2013	3 687	400
2014	3 733	500

表 7-7　　　　2015—2017 年宝带桥社区股份合作社股金福利分红情况表

年份	少年（0—17 岁）		中年（18—59 岁）		老年（60 岁以上）	
	人数/人	金额/元	人数/人	金额/元	人数/人	金额/元
2015	587	800	2 196	1 000	977	1 200
2016	622	900	2 211	1 100	993	1 300
2017	664	1 000	2 191	1 200	1 005	1 400

二、房东经济

1995 年 1 月，宝带桥社区按照吴县经济开发区整体条块规划，进行城乡一体化老村改造与公拆自建。

2004 年 2 月，境内王家浜、港南浜、吴家角、泥河田、牛桩浜、金家村、钱家村、朱塔浜、沉家浜、下田村、小村等 11 个自然村拆迁改造形成宝尹花园、钱家新村、西下田、下田、小村等 5 个生活小区。因当地工商业迅速发展，外地人员纷纷至境内打工，居民发展房东经济，将富余的房屋装饰后出租。

2017 年 12 月，境内平均每户出租房屋年收入 70 000 元，占当地居民年总收入的 30% 左右。

附：口述宝带桥社区居民房东经济

采访对象： 沈会男，1956 年出生，中共党员，原宝南村党支部书记

采 访 人： 张瑞照

采访时间： 2020 年 8 月 31 日

采访地点： 宝带桥社区党群服务中心 103 室

张： 请你谈谈你和你的家庭基本情况。

沈：我出生在宝南村的农民家庭，初中毕业回家种田务农，曾担任过小学教师，1983年担任宝南村党支部书记，1986年调至长桥乡党校工作。

张：你在1984年担任党支部书记时，家中有几口人，几间房，家庭经济收入多少？

沈：那时我家中有5口人，父母亲、妻子、女儿和我，家住3间平房，每间28平方米，共84平方米。我父母亲在家种田，解决家中的口粮和蔬菜。妻子在村办并线厂工作，年收入650元（含加班费）。我在村时任支部书记，年收入600元，加上农田收入，全家年收入2 500元左右。

张：当时宝南村村民的经济收入情况及住房情况怎么样呢？

沈：1984年，刚改革开放不久，宝南村农民生活水平虽然有了提高，但还不富裕，社队办企业职工的年平均收入在300多元，住房面积15平方米左右。

张：现在你家中有多少人？

沈：在籍户口5人，即我和妻子、女儿，2个孙女（女婿户籍尚未迁入）。

张：2017年时，你家庭经济收入有多少？

沈：我已经退休了，每月农保收入910元，全年收入10 900元。

张：你妻子和女儿呢？

沈：我妻子也已退休，年退休工资20 000元。女儿在一家外资企业工作，年收入120 000元。

张：家中还有其他收入吗？

沈：2004年老房拆迁改造后，我们全家搬进了别墅，除了自住，装饰后出租给外来打工人员，年收入在80 000元左右，同时，我与妻子退休后在外打临工，每年也有30 000元左右的收入。

张：我初步给你家算了一下，你年收入10 192元，你妻子退休工资20 000元，你女儿年收入120 000元，你与妻子打临工收入30 000元，合计180 192元，加上房租年收入80 000元，全家年收入260 192元，出租房收入占家庭经济总收入的30.7%。

沈：我家出租房与其他居民相比高了一些。

张：这话怎么说？

沈：前些日子，我对2017年时原宝南、宝尹两村20户居民的家庭经济收入及出租房情况全面摸了一下底，居民年人均收入46 000元。

张：这20户人家在宝带桥社区来说，经济收入是偏高还是偏低呢？

沈：这20户人家经济收入有高的，有低的，也有经济条件一般的，所以有一定的代表性。

张：那这20户人家出租房收入如何呢？

沈：平均每户出租房年收入在70 000元左右。

采访对象：沈月明，1964年出生，中共党员，宝带桥社区工作人员

采 访 人：张瑞照

采访时间：2020年8月31日

采访地点：宝带桥社区党群服务中心103室

张：沈月明同志，请你自我介绍一下。

沈：我今年57岁，1979年初中毕业后在家种田。1984年11月应征入伍参军，后来担任班长，1988年加入中国共产党，1989年3月退伍回乡，现在宝带桥社区工作。

张： 你1983年入伍前，家中有几口人？

沈： 有父亲、母亲、2个哥哥、1个妹妹和我，共6人。

张： 当时你家中有住房多少，种几亩田？

沈： 一家6口人，3间住房，即前面1间，后面2间，当中1个40平方米的院子，住房建筑面积在105平方米。那时改革开放不久，家中承包生产队3.6亩耕地，因为收入少，所以父母亲、哥哥、妹妹，除了在家种地，还得外出打工。我到了热天，背了木箱子走南闯北卖棒冰。

张： 2017年时，你家中有几口人，多少住房？

沈： 我家中有6口人，即我和妻子、儿子、媳妇和1个孙子、1个孙女，家中住房面积520平方米。

张： 经济收入如何？

沈： 我在宝带桥社区工作，每年70 000元收入。妻子已退休，每月退休工资1 670元，全年收入20 040元。儿子在经商，时好时差，平均每月收入1 670元，全年20 040元。媳妇在南湖路一家外资企业工作，每月工资4 500元，全年收入54 000元。如果把这些工资加在一起，一家人全年经济收入164 080元。

张： 按你家6口人计算，人均收入27 346元。

沈： 是的，算得上是小康之家。

张： 还有其他收入了吗？譬如你家出租房子了吗？

沈： 有啊，自从1992年8月宝南村和宝尹村划归吴县经济技术开发区之后，根据规划，境内进行老村改造，公拆自建，所以，我家除了自住以外，部分房屋装饰后出租给来这里打工和经商的外地民工。

张： 2017年，你家出租房收入多少？

沈： 出租房面积260平方米，年收入65 000元左右。

张： 当时你全家年总收入为229 080元，人均38 180元，而出租房占全家总收入的28.4%。

沈： 是的，是一笔不小的收入。

第四节　教　育

春秋战国时期，孔子弟子澹台灭明在境域筑庐修学，学生三百余众。

1942年，境内王家浜钱祥根、下田村坟堂上沈永泉家中办起私塾，每家学生12人左右。1946年，境内泥河田宝庆寺庙上西房创办公立泥和田小学，学生40人左右。

1949年后，泥河田小学延续开办。1950年1月，下田中段里徐毛妹家办起下田小学，招收学生30余人。

1990年9月，境域宝南建起十楼十底校舍，境内部分小学生先后并入宝南小学。1995年6月，新建碧波实验小学，境内小学并入碧波实验小学。2002年9月，境域新建碧波中学，对外招生。

2017年12月，碧波实验小学（含幼儿园）建筑面积35 137平方米，教职员工310人，61个班级，学生2 700人（含幼儿园）。碧波中学校舍建筑面积15 830平方米，教职员工137人，28个班级，学生1 169人。

一、私塾

1942年，境内王家浜钱祥根、下田村坟堂上沈永泉在家里办起私塾（私立）。学生12人至13人，年龄5岁至16岁左右。

私塾为一校一师，采用混合编班（复合班），学生随入随学，学习年限不定。学龄少则一两年，多则五六年。其时受重男轻女的封建思想束缚，读书就学的基本上都是男孩。

初次入学，孩子由父辈带领，先向孔子牌位跪拜，再向塾师鞠躬行礼。有时，塾师还为学生取学名。

入塾后，初识方块字，续读《三字经》《百家姓》《千字文》《神童诗》等启蒙读本，再学《四书》《五经》等著作。平素教以习字、作对、吟诗、习书等。

私塾老师在管理弟子时，沿用封建家长制。对学生管束颇严，对不守规则、未完成规定学习任务或学习落后的学生，轻则训斥，重则用戒尺打手心、"站壁角"等形式进行体罚。塾师授课时间不一，无课间休息，无周末休假，无寒假暑假，一般农历正月半开学，十二月二十放学。塾师采用典型的"注入式"教学方式，让学生死记硬背，灌输教授内容。

私塾在民房内办学，学习场所狭小，教学设备简陋。私塾老师的薪俸无有规定，或议定每学期多少银钱，或轮流侍奉饭食等。塾师备受尊敬，逢年过节或塾师生日，时有家长给塾师送上时鲜礼品或备设酒宴，塾师也有以春联、折扇之类回赠。

民国以前，由于多数村民不识字，凡遇到写字据、契约、对联、文告等求助于村内少数几个读过书的人，因而，会识文断字的村民备受村民尊重。

二、幼儿教育

幼儿教育，又称学前教育。1958年10月，境内实行人民公社化，始有幼儿（学前）教育。

1958年冬，境内金星、新华2个生产大队为保证家有幼儿的父母安心生产劳动，要求各生产小队为单位，组织开办托儿所和幼儿班。但因各种原因和条件的限制，时办时停，断断续续。

1975年，境内办起以大队为单位的幼儿园。金星大队办在大会堂内，由张菊英和潘文妹负责；新华大队办在朱塔浜7队仓库、下田中段里，由徐香英和马福珠负责。

1981年，国家教育部颁布《幼儿园教育纲要（试行草案）》。

1984年1月，宝尹村利用宝尹小学内教室办复合（混合）幼儿班，先后有40名幼儿入学。同年6月，宝南村腾出村委农机用房开办了临时幼儿班，经动员有30多名幼儿入学。9月，村民看到幼儿班的幼儿经教育，大有长进，又能帮助父母腾出劳动时间，入学人数不断增多。为改善幼儿学习环境，借用了第5村民小组沈道根家的三间新房办班。

1986年9月，宝南村幼儿班迁至宝南小学。

宝尹、宝南2个行政村开办幼儿班以后，幼儿入学率不断上升，两三年后一直稳定在100%。幼儿入学人数每年在90—100人，其中：宝尹40人左右，宝南60人左右。

1996年9月1日,碧波实验小学附属幼儿园成立,宝尹村幼儿园并入碧波幼儿园。1998年9月1日,宝南村幼儿园并入碧波幼儿园。

境内历任幼儿教师宝尹村有张菊英、潘文妹、朱素芳、施桂珍、潘永芳、朱建芳、钱月青等,宝南村有马福珠、徐香英、倪美芳、费招根、陆美香、倪锋媛等。

2017年12月,碧波幼儿园设23个班,教师52人,保育员(职工)23人,幼儿园学生710人。

碧波幼儿园历任正副园长:1998年9月,何雪英任碧波幼儿园园长。2007年9月,陈美琴任碧波幼儿园副园长。2010年10月,陆小燕任碧波幼儿园园长。2014年9月,陈美琴任碧波幼儿园园长。2014年9月,陈晓庆任碧波幼儿园副园长。2017年2月,马雪萍任碧波幼儿园副园长。

表7-8　　　　　　2006—2017年碧波幼儿园副高级职称教师统计表

时间	姓名	时间	姓名
2006.6	何雪英	2010.8	王美娟

三、小学教育

(一)宝尹小学

1946年,境内泥河田的宝庆寺西厢房创办了公立泥河田小学,就读学生40人左右,学生来自附近村庄的求学儿童。

1949年后,泥河田小学延续开办。1958年,搬进姚家场建造的小学,改称金星小学。1980年,更名宝尹小学。

1996年9月1日,宝尹小学并入碧波小学。

宝尹小学历任教师有:陈□□、俞志超、袁浩年、严关龙、张三官、史静芬、许丽珍、俞云珍、俞蕴玉、周福昌、姚文良、朱纪生、潘龙元、潘土英、朱才根、吴火根、钱才男、江婉兰、姚华英、江育芳、柳志英、俞志祥、杨康勇等人。

表7-9　　　　　　　　　　宝尹小学历任校长一览表

顺序	姓名	任期	顺序	姓名	任期
第一任	陈□□	1946—1950	第五任	姚文良	1968.9—1975.10
第二任	俞志超	1951—1954	第六任	朱纪生	1975.3—1983.8
第三任	袁浩年	1955—1961	第七任	江婉兰	1983.9—1987.8
第四任	周福昌	1962—1968	第八任	杨康勇	1987.9—1996.8

(二)宝南小学

1950年1月,境内下田村在举办冬学扫盲班基础上,在下田中段里的徐毛妹家开办下田小学,并聘请扫盲班濮云舟先生为师,招收学生30人,开设一二年级复式班。

1956年,下田小学搬至下田村塘港桥南塊徐才生家老宅。1963年,下田小学开办成完小(1—6年级),其中:4—6年级的学生吸收附近长桥大队、新建大队和新联大队下塔里、塘湾里的学生。历任教师有施桂元、王祖亨、潘□□、唐□□、方□□、丁□□、田□□等。

1964年9月，下田小学搬至下田土地庙，开设三个班级：其中一年级一个班；二、三年级复式班一个；四、五、六年级复式班一个。历任教师有解曙、潘家珍、杨康勇等人。

1968年9月，下田小学搬进下田坟堂上新建校舍，更名为新华小学（1968年2月—6月，因土地庙拆除，学校尚在建造过程中，曾在下田村沈关金家、塘港上徐毛妹家过渡）。

1980年11月，下田小学更名为宝南小学。

1990年9月1日，由长桥乡政府和宝南村共同出资，十楼十底的宝南小学新校舍建成启用。为统筹协调、规范教育，先后将宝尹、新江、龙南小学的五、六年级学生招收入学。为方便外村学生就学，学校开办了食堂。

1995年6月，宝南小学有12个班级，18名教师，450名学生。9月1日，碧波实验小学竣工，宝南小学并入碧波实验小学。

宝南小学（下田小学）历任教师：濮云舟、田惠英、姚福根、吴子贤、赵颖仙、施桂元、杜□□、王祖亨、解曙、潘家珍、蔡静秋、王文洁、杨康勇、戴国良、李华英、李恒昌、陈德华、金兴生、何加东、姚美玲、顾杏泉、沈会男、李秋生、王根法、龚木泉、沈大男、徐福男、沈兴生、朱雪明、俞志祥、陈永弟、周将男、陆多香、顾彩娥等人。

表7-10　　　　　　　　　　宝南小学历任校长一览表

顺序	姓名	任期	顺序	姓名	任期
第一任	濮云舟	1950.1—1956.8	第五任	戴国良	1971.9—1983.8
第二任	施桂元	1956.9—1953.8	第六任	李恒昌	1983.9—1988.8
第三任	解曙	1963.9—1968.8	第七任	朱雪明	1988.9—1995.8
第四任	杨康勇	1968.9—1971.8			

（三）钱家小学

钱家小学原名庙桥小学。

1954年7月，在兴福庵创办小学，因庙边有座桥，故名庙桥小学。

1965年9月，庙桥小学因观音庙拆除搬至钱家村大坟上，易名钱家小学。

1974年9月，钱家小学迁入马桶港幸福桥南埭东侧，并入新华小学。

钱家小学历任教师：李正环、金兴生等。

（四）碧波实验小学

1993年8月，境域碧波实验小学筹建，1995年7月竣工，9月启用。学校占地总面积为32 268平方米，其中建筑面积为35 137平方米（含幼儿园）。2017年12月，碧波实验小学班级61个，学生2700名，教职员工310人。

碧波实验小学历任正副校长：1995年8月，金洋兴任碧波实验小学校长，毛珊凤、朱根男任副校长。2000年8月，陆建荣任碧波实验小学校长。2006年5月，何雪英任碧波实验小学副校长。2007年12月，朱咏梅任碧波实验小学副校长。2013年10月，吴哲任碧波实验小学副校长。2016年9月，金建明、冯霞任碧波实验小学副校长。2017年10月，沈赟峰、柳志英任碧波实验小学副校长。

表 7-11　　　　2000—2017 年碧波实验小学副高级以上（含副高级）职称教师统计表

职称获得时间	姓名	职称获得时间	姓名
2000.4	王宝兴	2011.9	吴哲
2003.8	陆建荣	2012.4	沈赟峰
2003.8	朱咏梅	2012.4	柳志英
2004.8	毛珊凤	2012.4	袁学芳
2009.8	邹锐	2016.8	许雪晴
2010.9	孟晓庆	2017.8	冯霞
2011.9	王燕		

四、中学教育

1958 年 10 月，人民公社化后，各地先后创办中学。境内学生始在郭巷公社上学。1965 年 12 月，境域划归蠡墅人民公社（后更名为长桥人民公社），境内学生遂在长桥入学。由于学校规模小，发展远跟不上求学者需求，1976 年 9 月 1 日起，境内金星、新华 2 所小学分别担负起小学附带初中班教学任务（俗称"戴帽子"中学）。"戴帽子"中学书本由上级中学提供，教师由境内学校招聘。境内金星大队办了一届，至 1978 年 8 月停办，学生并入红庄中学。境内新华大队办了一届半，至 1979 年 8 月停办，学生并入龙桥中学。历任"戴帽子"中学的教师：金星大队有马卫东、方向明、邓永瑄、史学明等，新华大队有杨康勇、沈会男、陈雪男、沈兴生、梅宝根等。

2000 年春，境内求学人数越来越多，在吴中经济开发区的支持下，碧波中学开工建设。2002 年 9 月 1 日，碧波中学校舍竣工，投入使用。

2017 年 12 月，碧波中学占地面积 33 076 平方米，建筑面积 15 830 平方米。招收初中班级 28 个，学生 1 169 人，教职员工 137 人。

碧波中学历任正副校长：2001 年 8 月，程飞任碧波中学校长。2003 年 8 月，张国英任碧波中学校长。2008 年 10 月，曾红任碧波中学副校长。2009 年 8 月，柳月明任碧波中学校长。2010 年 7 月，顾叶红任碧波中学副校长。2014 年 4 月，杨耀中任碧波中学校长。2015 年 10 月，唐淑英任碧波中学副校长。12 月，张美元任碧波中学副校长。

表 7-12　　　　1998—2017 年碧波小学副高级职称教师统计表

职称获得时间	姓名	职称获得时间	姓名	职称获得时间	姓名
1998.9	张美元	2006.9	唐淑英	2011.9	陆菊芬
2001.9	王玉玲	2006.9	王介民	2015.9	洪义清
2003.9	沈国君	2008.9	马兴卫	2017.4	王红兰
2005.9	杨耀中	2008.9	向燕清		
2005.9	曾红	2011.9	孔益民		

五、扫盲教育

1950—1963 年，境内开展"人人学文化、个个学识字"活动，冬季班、夜校、识字班应运而生。

1963年7月—1968年12月，境内以自然村、生产队举办半耕半读学校。书本以一二年级小学课本为主，年龄在9—12岁儿童，稍有文化的社员担任教员，他们边劳动边教书。时间是每天中饭后12时至下午2时左右。担任教员的教学结束，即下地劳动。

境内金星大队第2、第3、第9生产队由潘士英担任教员，地点在宝庆寺庙边上的大队大会堂（草棚）内；第4、第5、第6生产队由吴火根担任教员，地点在5队社员何火金家；第1、第7、第8生产队先有钱水大担任教员，半年后由俞水法接任，地点在1队社员钱三元家。

境内新华大队第1、第2生产队由何加东担任教员，地点在第1队社员王根水大家；第3、第4生产队由马福珠担任教员，地点在下田中段里徐毛妹家；第5、第6生产队由金福男担任教员，地点在朱金男家；第7、第8生产队先有朱海元担任教员，后由夏雪元接任，地点在第7生产队办公室；第9、第10、第11生产队先有周小毛担任教员，后由倪海元接任，地点在钱家村钱家小学。

20世纪70年代，境域金星、新华2个大队成立扫盲领导小组。80年代初，境域根据县公社扫盲工作意见，由各村团支部具体负责实施扫盲工作。其时，宝南村选聘陈云男、许火男为扫盲教师，在农闲时期由村组织25—35岁的妇女集中举办夜校。1981年为迎接"脱盲"考试，宝南大队在征得生产队支持的基础上，采用白天和夜校相结合的方式学习，得到了县、乡主管部门的肯定。1981年8月，吴县扫盲办公室组织全县各镇扫盲干部至宝南村学习，并予以推广。

第五节　群众文娱

民国时期至中华人民共和国成立初期，不时有外地民间艺人至境域演出锡剧、越剧、沪剧、评弹、滩簧、杂技等。村民有做寿、盖建新房、结婚、小儿满月等喜庆事，高薪聘请"堂名"或宣卷演员演唱助兴。在春节、元宵节、中秋节等节日，境域还盛行春台戏（草台戏）。

1950年，驻地解放军在境域秋收秋种、夏收夏种时组织下乡支农。休息期间，为村民演唱《南泥湾》《黄河大合唱》《义勇军进行曲》《解放区的天》《三大纪律八项注意》等歌曲。

1956年12月，境域建立高级农业生产合作社，乡政府派干部组织群众文艺骨干成立文艺宣传队，先后成立了"三社"文艺宣传队、新华文艺宣传队，并由时任长桥小学教师的孙惠良担任教员，排练《戒赌记》《秋香送茶》《双推磨》《两兄弟》等小剧，演唱《中国人民志愿军战歌》等歌曲，还自编自演《越唱越开心》《忆苦思甜》等说唱。文艺宣传队不时去农村为村民们演出。时任新华文艺宣传队队长的是马银泉，宣传队员有顾雪琪、许炳根、陈桂材、王老土、徐美老土、马火保、陈官福、沈金秀英、夏玉珍、姚美玲、李红亭、姚小弟、马毛男等18人；时任"三社"文艺宣传队队员有姚福寿、潘仁弟、姚水大、王根大、顾银娣、顾百林等21人。新华文艺宣传队历经2年、"三社"文艺宣传队历经5年后自动解散。

1957年至1965年期间，境域下田村第6生产队有个民间山歌手沈长全，声音嘹亮，唱出山歌悦耳动听，受到村民交口赞许。为了能使山歌传承开来，他收本队陆白男、缪彩英、沈会媛为徒。沈长全唱的山歌有《十二月风俗歌》《十二月时令歌》《结婚喜歌》《祝寿歌》《造屋歌》《十二月造船娶新娘》《孟姜女过关》《十二个月花名》《十送郎》《十望郎》《十只台子》等。

1966年5月，"文化大革命"开始，境域群众学唱语录歌。翌年10月，新华大队成立毛泽东思想文艺宣传队，金星大队成立毛泽东思想东方红宣传队。2个文艺宣传队排演的节目有京剧与锡剧《红灯记》、舞蹈《北京的金山上》《北京有个金太阳》《长征七律》《白毛女》《南泥湾》等；独唱《不忘阶级苦》等。先后担任新华大队毛泽东思想文艺宣传队队长的有周小毛、陈林男、沈会男，队员有何连根、何金根、陈全媛、陈全英、顾火英、沈云男、沈林香、马继昌、陆阿龙、李龙根、顾云男、何大弟、陆福男、李火金妹、倪全英、朱根英、顾菊英、顾杏泉、王根法、徐福男、许静琪等20余人。金星大队毛泽东思想东方红文艺宣传队队长俞水法，副队长江根土，队员有潘土英、陈志明、赵三男、陈全福、钱黑男、俞雪男、金凤芳、姚文良、姚文珍、陈水英、潘素英、马根发、吴根先、潘玉英、潘文妹、陈素英、钱金英、钱盘英、潘正芳、马根法、赵云男、江三男、姚龙根、钱小老虎、吴林根等30多人。2个文艺宣传队不但在本村演出，还外出他村，甚至去新巷乡、吴江花港村和吴县大会堂演出。

1975年12月后，金星、新华2个大队在夏收夏种、秋收秋种前后邀请县电影放映队前去村生产队场地放映露天电影。1980年3月，长桥公社成立电影放映队，境域即请公社电影放映队在农闲、节假日期间至村放映电影。其时放映的片子有《红灯记》《智取威虎山》《红色娘子军》《沙家浜》《奇袭白虎团》等。

20世纪80年代中期，广播电视逐步普及，港台通俗歌曲流行，业余文艺宣传队、电影放映队先后解散。1991年始，盛行卡拉OK，尤其是年轻人，不时去学唱各种流行歌曲。

1999年1月，宝尹村家家户户装上有线电视。2002年1月，宝尹居委会家家户户通上了高清数字电视。宝南投资兴建了老年活动中心，建筑面积达540平方米。2006年，宝南村家家户户通上了有线电视。

2007年起，宝尹村朱金文、梁杏林、李文妹、陈水姐、陈福娣等20多名妇女，宝南村马招英、王玉娥、缪彩英、马月娥、计文英、陈素媛、陈仙妹、陈全英、王玉岚等20多名妇女在空闲之时自发成立腰鼓队、舞蹈队，进行广场舞的排练和演出活动。她们节目有的从外乡（村）引进，有的自编自演。其中舞蹈、山歌、演唱节目有《十二个月花名》《空要来，忙要来》《脚踏山门步步高》《古城风景好》《十位小姐》《苏州城里园林好》等。10多年来，宝尹、宝南2个业余演出队演出120余场，观众达24 000余人。

2012年12月，家家户户装上高清数字电视，获得了"苏州市有线高清互动社区（村）"荣誉称号。

2016年12月，宝带桥·澹台湖景区建成并开放，社区居民在节假日或晚上不时三五成群前去跳广场舞。

第八章 风土人情

境域历史悠久，其宗教信仰、生活习俗、方言俗语谚语，体现了当地劳动人民勤劳淳朴的民风，具有典型的江南水乡特色。历史上，境域居民有信奉佛教的，也有信奉道教的。

旧时，居民以二十四节气及传统节日形成了当地时令习俗。春节、元宵、清明、立夏、端午、夏至、中元、中秋、重阳、冬至、腊八、腊月廿四等，逢节均以各种形式举行活动，以博取吉利或求得平安。凡遇造房、置田、婚娶、生育、庆寿、丧葬等人生大事，举行仪式，以示庆贺或哀悼。同时，因境域紧依苏州古城，地处京杭大运河畔，语言多委婉，轻声嗲气，是地道的吴侬软语。

境域居民信奉以和为贵，喜交朋友，待人接物诚实、大方、稳重，具有吴人外柔内刚的气质。

第一节 传统习俗

一、岁时习俗

春节 农历正月初一,俗称新年,是中华民族盛大的传统节日。旧俗,这天的凌晨,男子先起床,放爆竹,象征高升、吉利、安康,迎接新的一年开始。亲朋、好友、邻里一见面必道一声"新年好""恭喜发财"。人人穿新衣、新裤、新鞋,喜气洋洋。其时,有的人家挂神轴,设香案,点香烛,供奉菩萨。有的还赶去寺庙烧"头香",祈求平安,吉祥临门。

年初一早餐称之"年早饭",颇有讲究。农家大多备有黄豆芽、青菜等6只素菜,讨个"日有饭吃""百岁如意""安安乐乐"的口彩;并以吃炒年糕、小圆子为主,以示"高高兴兴""团团圆圆"之意。

年初一,境内居民还有吃橄榄茶的习惯。如去附近茶馆喝茶,茶壶里会加上2只青橄榄,雅称"元宝茶"。那天的茶资无价,茶客随意支付,店主多少不计,以求来年生意兴隆。

年初一忌讳扫地、洗衣、动刀、借火、讨债、赊欠、坐门槛、吵架、污言秽语、回绝求乞等言行。

从年初二起,民间开始走亲访友,带上礼品互相走访,互请"年节酒"。农家多蒸年糕,俗呼"月年糕",上面打印红色圆形"福",作为走亲访友的馈赠礼品。

年初三办喜事的比较多,旧时有"初三、廿七不拣日"之说,民间把这天视为好日子。因此,这天出门喝喜酒的人特别多。

年初四至年初五两天,"接路头"(即接财神),种田人在年初四接"种田路头",生意人在年初五接"生意路头",都要点烛焚香,大放炮仗。有人还特地赶至观、庙敬香拜神,打签求卦,以祈五谷丰登,财源滚滚。

元宵节 农历正月十五元宵节,又称上元节。年初五以后,市场有各种花灯出售,以迎接正月半元宵节的到来。元宵节,家家吃糯米圆子或挂粉汤团。晚上,灶上设斋供奉,迎接灶神下界;大门口挂上灯笼,称"上灯"。孩子们手提各式灯笼,聚在一起玩灯笼游戏。是日,村中还进行猜灯谜活动。中华人民共和国成立后,迎灶神、玩灯笼、猜灯谜活动渐渐匿迹,仅以元宵节晚饭吃一点糯米圆子、挂粉汤团象征一下。

二月二 农历二月初二,俗称"龙抬头日"。旧时,农家在这天有摆"仓围"、喝"龙汤"、吃"撑腰糕"等习俗,祈求春耕来临之际风调雨顺,干活不腰痛,手脚轻健,人寿年丰。

百花生日 农历二月十二日,民间传说这一天各路花仙聚会共庆,村民在花树果木枝上缚上红布条或贴上一小块红纸,称之"赏红",以祝愿百花盛开,五谷丰登。

清明节 清明节前或当日,家家户户去祭扫祖坟、培土植树,以示悼念,俗称"上坟"。其时,野外百草兴荣,全家携手郊外观赏春色,称"踏青"。是日,大开正门,由家长引导晚辈依次向祖宗牌位参拜,并焚化纸钱。

1949年后,村民在家祭祀祖先,但"上坟"习俗仍然沿袭。村团支部、学校清明前后组织青少年祭扫烈士墓。

立夏 立夏日备松糕、粽子、酒酿、草饼、咸鸭蛋等应时食品和瓜果走亲访友，俗称"送立夏景"。是日，孩童胸前挂一红色网袋，称"蛋篓子"，里面放一两个咸鸭蛋，第二天食之，意为孩童虽被当年夏天太阳烈照，但皮肤仍然像蛋一样光滑，不生痱子。

立夏时还有尝"三鲜"的传统。地上的三鲜为苋菜、青蚕豆、蒜苗，树上的三鲜为樱桃、杨梅、香椿头，水里的三鲜为鲥鱼、白虾、子鲚。

端午节 农历五月初五称端午节，又谓端阳节。民间素有包粽子、吃粽子的习俗。乡间有"端午不吃粽，死了无人送"的说法。这天每家每户还在屋檐、门前挂菖蒲、艾草、蒜头的习俗，以驱邪、避瘟。有的人家还将雄黄拌酒，洒在阴角、墙根、阶沿之处，并在大门上、小孩额头上写上一个"王"字，以示驱虫解毒。小孩多穿黄色虎衣，脚着虎头鞋，以示孩童似虎，不受邪鬼欺侮。

乞巧节 农历七月初七为乞巧节，是夜为"七夕"。民间在这天傍晚有看巧云之习俗。姑娘们在这天用半碗河水、半碗井水和在一起，称为"鸳鸯水"，至中午将绣花针轻轻放在水面上，观其碗底的倒影，以测愚拙、智巧，谓之"笃巧"（笃，掷），祈求日后双手灵巧，办事聪明，心想事成。故称"乞巧"之节。民间在这一天还有"吃巧果"的习俗，姑娘们还有采凤仙花瓣来染红指甲的风俗。

夏至 夏至日，家家吃苋菜馄饨，称体重。据说夏至吃苋菜馄饨可防止"疰夏"。近年来，此俗渐废。

中元节 农历七月十五日中元节，俗称"七月半"，又说是"鬼节"。忌走亲访友，家家"过节"祭祀祖先。旧时，农家还用粉团、瓜、菜等供品，置于田岸交错口祭祀田神，称"斋田头"，祈求庄稼茂盛，岁年丰收。

人缘节 农历七月三十日人缘节，亦称"地藏王生日"。是夜，家家门口、街道两旁插烧"九思香"，民间俗称"狗屎香"。相传纪念元末农民起义领袖张士诚，其字九思（"九思"，苏州话谐音"狗屎"）。另传，烧了"九思香"，人缘好。是时正值盛夏，夜间一点香烛，萤火虫、纺织娘、小蝶、蚱蜢、螳螂等小虫迎光而来，孩童们喜欢捕捉，视为一种乐趣。

中秋节 农历八月十五日中秋节，俗称"八月半""团圆节"。民间有吃月饼、团子、糖芋艿之习俗。是夜，每家每户还在门口、场上用红菱、鲜藕、柿子、石榴、栗子、白果、糖芋艿、素月饼等供品，焚香点烛，谓"斋月宫"。家家团聚，边赏月，边讲"嫦娥奔月"等美丽传说，享受天伦之乐。还有的妇女三五成群出游赏月，称"走月亮"。孩童边吃月饼，边擎彩旗奔跑相逐，称之"喜团圆"。

"八月半"中秋节，苏州有赏"宝带串月"习俗。宝带桥有五十三桥洞，洞与洞相连。是夕，皓月当空，宝带桥与澹台湖桥水相衬，倒映湖中，形成一串月，号称宝带串月，美不胜收。故而在中秋节，前去宝带桥赏月的城乡民众络绎不绝。

重阳节 农历九月初九日为重九，称之重阳节。传说，重九登高可避灾祸。重阳日家家蒸糯米松糕，"糕"与"高"同音，意取吉利。1989年，国家规定重阳日为敬老节，村中遂对离退休人员、敬老院"五保"老人进行慰问，并开展敬老、爱老宣传。学校组织学生开展帮老活动。

冬至 民间有"冬至大如年"之说，且有"冬至进岁"之俗（1911年辛亥革命后，以公历1月1日为进岁，农历仍以除夕正月初一进岁）。旧时，人们均在家中祭祀祖先。

晚餐时，家家置丰盛酒席，全家团聚，共饮"冬酿酒"（又称"冬至酒"）。节前一天，亲友间互赠食物，提筐担盒，充塞道路，俗称"办冬至盘"，故有"冬肥年瘦"之谚。集体化后，此俗渐衰。"文化大革命"期间一度废止，20世纪80年代后恢复。

腊八 农历腊月（即十二月）初八称腊八。是日，家家户户用红枣、胡萝卜、赤豆、蚕豆、黄豆、花生、乌豆、青菜等8种以上食物煮成咸菜粥，称"腊八粥"。

腊月廿四 腊月廿四俗称"廿四夜"。传说，此日为灶神上天日，家家置办新灶神像，将旧灶神像合纸钱焚化，意为送灶神上天；同时，在灶前设素斋进奉，祈求灶君上天言好事。是日晚上，吃糯米团子。食前，须选4只特大的团子供奉于新灶神像前，称"献灶团"；饲养牛、猪、狗和家禽的亦喂以团子；后阖家人共食，称"吃廿四团"。黄昏，小孩身背稻草去自家田（集体化后为自留田，20世纪80年代后为承包田）里焚烧，称"点点财"；边烧，边说吉利话。腊月廿四日打扫室内外卫生，洗涤衣被，杀猪宰羊，蒸糕做团，迎接新年。

除夕 农历十二月的最后一日为除夕，俗称"大年夜"。此日，家家团圆，相聚一堂。大门贴上春联，堂内挂着年画，祭神祀祖，举行家宴，吃"年夜饭"。菜肴、吃法颇有讲究，菜肴中必备菠菜、黄豆芽、百叶、青菜，以讨"来年有巴望""百岁如意""有亲头"等口彩。还有吃鱼不能吃光，寓意"年年有余"。盛饭碗里要藏荸荠，吃前夹出，称"掘元宝"。吃饭要剩点饭，称"有吃有剩"。席间，长辈用红纸封钱给孩子，称"压岁钱"，并嘱睡时放在枕底下，以示来年平安无事。旧年，大年夜还将吃剩的饭放在饭箩中，称"千年饭"，又称"万年粮"，插上冬青枝和一杆秤，以示"年年有饭吃""称心如意"。

"守年岁"和"关门炮仗"是大年夜的传统风俗。旧时围坐"守岁"，待半夜子时，家家户户大放爆竹，然后关门，方可睡觉。现时大年夜"守年"有观看"春节联欢晚会"联欢的习惯。

二、人生习俗

生育 旧时，养小囡（分娩）一般都在家中。门上挂"苦草"，忌生人上门。将筷子放在床顶板上，讨"快生快养"之吉。接生人称"接生婆""老娘"。胎盘称"衣胞"，被视为孩子的命根子，处理十分慎重，必须埋在屋里。1956年开始，境内实行新法接生，孕妇分娩，大多去医院，由医生接生。

三朝 小儿出生第三天为"三朝"。主人家做大团子，先供灶神，谓"谢灶"，后将其分送乡邻、亲友，称"担三朝团"，实为告知亲友已生小孩。然后由亲朋好友带着鸡、蹄髈、米糕、食糖等营养品和小孩衣帽、绒线以及银手镯、脚镯等首饰挂件，前去慰望，俗呼"张（望）舍姆"（探望产妇）。主家这天设宴招待，称之"三朝酒"。

满月 旧时，男婴出生30天、女婴出生28天为满月。给孩子剃胎发、办家宴、邀请亲朋好友吃"满月酒"，又称"剃头酒"。剃胎头，有忌正月、腊月的习俗，说是可避患"蒸笼头"（食饭时头上出汗）和"癫痫头"。是日中午，由娘舅抱着请剃头师傅剃胎发，堂内墙上挂麒麟送子图或百子图、百果图，设香案，点大红烛，铺大红地毯，男孩头顶留桃形胎发，女孩留三撮胎发。剃下胎头发用红纸包好供于桌上，待后挂于床头，相传可以压邪。继而为孩子起名字，再由舅父母抱着，撑伞出门"过三桥"，即走"太平""吉利""状元"三座桥，口说吉利话。满月酒，席上必备寿桃、寿糕、寿面，以示长寿之意。席后要给每家亲友送红蛋五个或三个，寓意"五子登科""连中三元"。送邻里"满月面"，答谢相邻关爱。

百日 当婴儿满一百天，称"百日"。是日，父母双方直系亲属团聚庆贺，民间称之"贺百日"。一般在婴儿额心印上一个红印，拍摄一张照片，称"百日照"，作为留念。

周岁 又称"期（音积）岁"。是日，供香案、吃生日面，又谓"期岁面"。祖父母、外祖父母、舅父母等长辈要送孩子衣帽、玩具等礼物，以示祝贺。

婚嫁 中华人民共和国成立前，男婚女嫁，唯"父母之命，媒妁之言"是听。包办婚姻，须门当户对，经说亲（订婚）、攀亲（定婚）、结婚等过程。

订婚，由媒人作介绍，男女双方说亲。女方具庚帖（亦称喜帖）由媒人送至男方（媒人一般须向男方送3—5份庚帖，多则10余份），男方家长请算命先生算命，称"合八字"。

攀亲，即定婚，又称"办小盘"。算命先生合男女双"八字"认为无冲克，男方即留下择定者庚帖（未择中者，庚帖还给媒人），由媒人通知女方，择日下聘，送定婚礼。定婚时，男方备"花盘"，内放礼金、金银首饰、衣料、糖果。俗言有"好女不吃两家茶"之说，其中一定要有茶叶，故定婚亦称"定茶"，男方也列具三代庚帖，由媒人送往女方家。女方接受花盘，称"受盘"，意即合婚。受盘后，以红蛋、糖果和女方三代庚帖作回礼。男女双方均应备酒宴招待至亲和媒人，称"定亲酒"，又称"认亲酒"。故旧时有媒人"吃十八只蹄膀"和"媒娘、媒娘，靠嘴一张，肉饭吃畅，还有铜钿进账"的戏言。至此，亲事即作定论。

结婚，亦称"办大盘"。男女双方成年（一般18—20岁），男方即邀媒人至女方"通信"，要求择日娶亲，称"送月帖"或"送喜帖"。女方提出礼金、嫁妆、衣料、首饰等具体条件，要男方照办，然后允应。随后，择吉日娶亲。吉日选定后，男方散发请帖，遍邀亲朋参加婚礼；女方至亲则轮流设宴招待新娘，称"吃代嫁饭"。男方在结婚前两天就开始杀猪宰羊，准备婚宴。结婚前两天称"小落桌"，前一天称"大落桌"。结婚日，女方先将至亲馈送的（部分自备）嫁妆由男方派来的挑夫或船夫送至男方，称"发行嫁"。然后，男方抬花轿至女方家。新娘由媒人搀扶出大门、走栈条（也叫芦篷，篾片制成的围谷堆用具），称"踏篷"，意为"出门无是非"，然后入花轿。媒人在轿侧陪新娘。兄弟（系新娘的嫡亲兄弟；无嫡亲兄弟的，须由1名堂兄弟或表兄弟代，俗称"做阿舅"）、送亲媒人（新娘至亲女性，一般8—20人不等，但须双数）在轿后陪送，鼓手在轿前一路吹吹打打迎至男方。起轿时，燃放炮仗，意为送亲开始。新娘头脸用红绸布遮住，脚踩热脚炉（意为到男方家，去过"好日脚"），端坐轿中。花轿至男方家门前时，再燃放炮仗，意为送亲已至。男方一面燃放炮仗，表示欢迎；一面在家门前场地中央燃烧用稻草扎成的三脚架，称"三灯火"，意为新娘进门"三星高照"。新娘出轿，由媒人搀扶，走栈条（意为新娘"入门无是非"），送正屋厅堂祭祀祖宗桌前，与新郎一同参拜天地、祖宗、翁姑，最后夫妻对拜，称"拜堂"。然后，新娘由新郎用红绸布面对面引导，随4位手持蜡烛的童男进入洞房，称"移花烛"。男方即设宴招待送亲娘舅和媒人（一般招待晚饭），送亲娘舅须每人一桌，故有"天上老鹰大，地下娘舅大"之谚。送亲媒人合为一桌。饭后，送亲娘舅入洞房（一般亲娘舅未入洞房前其余亲朋不能先入洞房），暗中察看洞房内是否有男方设置的不利新娘的事和物，称看"有无歧戏"。傍晚，亲朋酒足饭饱后去洞房认新娘，戏谑说笑，称"闹新房"。媒人用秤杆挑去新娘的遮头布，称"挑方巾"。旧时很多夫妻至此时才相互认识。挑过方巾，媒人替新郎、新娘把酒，说吉祥话，新郎、新娘饮合卺酒，称"交杯酒"。酒后，吃糖圆子、饭，称"吃夫妻夜饭"。婚后1—3日，女方设宴招待女婿、女儿，称"走三朝"。有的人家领童养媳,当男女成年后结婚,称"圆房",仪式如上。个别人家丈夫早亡,媳妇由公婆做主配给次子,称"叔接嫂";无儿子可配,又无公婆可依靠的,女的便选勤劳朴实、大龄无偶的贫苦男子进门同居,称招"黄泥髈"。如女子携子女再婚,女的称"二婚头",带去的小孩称"拖油瓶"。在旧社会,寡妇再嫁,一般要受到非议,所赘"黄泥髈"也要遭到歧视。如男的丧妻,再续娶未婚女子,称"娶补房"。有的人家只有女孩,为承宗接代,男子入赘,称"做女婿",或称"做上门女婿"。

中华人民共和国成立后,废除封建包办婚姻制度,提倡自由恋爱。男女双方至法定年龄,相互爱恋,向当地政府有关部门申请,经审查、体检合格,即发给结婚证书。提倡礼仪从简,举行结婚形式。

寿诞 旧时,50虚岁前称"过生日",50虚岁始过生日称"做寿"。民间有"做九(谐'久')不做十"的风俗,意示长寿。满虚岁60、70、80做寿可称"大寿",视为"五福"之首。富户人家做寿设寿堂、高挂寿星轴、寿联、巨型"寿"字,焚点寿香、寿烛,有堂名、宣卷表演。桌面摆满寿面、寿糕、寿桃。小辈们祝贺,称"拜寿",亲朋祝贺称"祝寿",做寿者称"寿星",给拜寿晚辈发"红包",并摆"寿酒"款待。一般人家做寿仅是儿女家人欢聚一堂,有吃寿面和邻居分送煮熟的寿面之习俗。现在做寿,至亲好友都要去祝寿。不满50岁虚龄整十的生日为"大生日",其他为"小生日"。民间有"三十不做、四十不发"之说,故男子到30岁过生日颇为隆重。现今比较普遍的是给少年儿童、独生子女过生日,流行送生日蛋糕、生日蜡烛、生日贺卡、唱"生日快乐"歌曲。小"寿星"许愿后,吹熄蜡烛,然后分食蛋糕。

丧葬 旧时,年老人死亡后,全家人号哭,焚烧纸钱和死者衣物,称"烧包"。由死者家属请人通知所有亲戚,称"报丧"或"报死"。同时,请人替死者剃头、沐浴、整容;然后,将死者移至厅堂门板上。亲戚、邻居(或裁缝)帮死者赶制(20世纪80年代后均为购买)寿衣,为死者家属赶制孝服。寿衣件数为单数,制后请人为死者穿上;穿前,须用以红线串起来的铜钱做秤砣的木秤在场西外角称衣,边称边喊"衣服是啥人的",由长子(无子为长女)应是某某(死者称呼)的,并双手捧至死者身侧面,方可帮死者穿上衣服。孝服分三等:儿子穿白衣,戴麻孝帽(又称"麻孝斗"),腰系草绳;女婿穿白衣,戴白帽,穿白鞋,系白腰带(寄子、媳、寄婿、女同);孙辈穿白衣白鞋,白鞋头上制红绸布一块(曾孙辈同)。一切就绪,即设孝堂(亦称灵堂),挂孝幔,请僧、道做法事,超度亡灵。子女、亲戚向死者顶礼膜拜,称"吊丧"。入夜,子女、小辈坐或睡在死者旁,称"守灵"。第二天,死者家属请风水先生择吉地,挖墓穴。第三天(贫困人家为第二天),在和尚或道士主持下,由死者的长子(无子为长女)抬死者头颅,其余子女抬其他部位,一起将死者抬入棺内,铺遮褥被,注入石灰,合上棺盖,全家举哀,称"入殓"。合棺盖时,唯工匠可在场,子女、亲戚均远离现场,称"避煞",意为魂灵不被盖入棺中。出殡前,子女、亲戚夫妇按辈分、亲疏轮流跪棺材前顶礼膜拜,称"拜对子"。除直系亲属外,单身不可参拜。亲子各置棉被一条,置于棺木上。然后,抬棺出殡。子女披麻戴孝,亲戚亦戴孝。嫡亲儿子(无子为长女)手持丧棒,随棺泣行,僧侣沿途吹奏乐器,把棺材抬至墓地安葬。出殡回家时,死者亲侄(或近亲男子)带着盖在棺木上的棉被先跑步跨越火堆,送至屋内米囤上,称"回米囤";由嫡亲长子捧死者牌位,偕同兄弟跨越火堆,把死者的牌位放在正堂腰墙旁的座台(亦称灵台)上。然后,子女与近亲在僧侣护送下,去当方土地庙焚香点烛、顶礼膜拜,祈求当方土地护送死者灵魂顺顺利利去西方极乐世界。至此,丧事才算结束。

从死者死亡之日起的49天内称"七里"（一般为45—47天，其中有一个"七"要自选，称"捉七"，此"七"仅三天至六天不等）。传说头七天（即"头七"）内亡灵要回家，每天早晨，由主妇设祭哭泣，伺候亡灵饮食，称"哭灵"；此后，每逢七天的第一天亡灵回家一次，亦由主妇设祭哭泣伺候，称"哭七"。至第五个七天的第一天，由女儿回家祭祀亡灵，并宴请亲属，称"过五七"或"做五七"，又称"换羹饭"。第二年清明节，"五七"那天参加宴请的亲属均要备一席酒宴，用篮子盛着去死者家中祭祀亡灵，称"捉响"。三年孝满，请僧侣拜忏超度亡灵，撤除灵台，子女除孝服，称"满孝"。

20世纪60年代始，棺葬改以火葬。废除一切僧道法事，淡化丧事风俗，丧事3天后必出殡火化。家中不设座台、牌位，骨灰盒即入土埋葬。2000年以后，从"送终"到"出殡"丧事3天，并请僧道日夜做法事、佛道教信徒念经、宣卷不停。丧期"豆腐饭"如同宴席。"五七"摆席。骨灰盒落葬，一般选择清明或大寒腊月底。多安葬至公墓，俗称"入墓穴""立墓碑"。

三、服饰习俗

特色服装 胸兜，民间俗呼"肚兜"。用一尺见方的花布或单色布做成，贴身穿戴，用红绒线或银链系在颈上，垂于胸前。多见于妇女，特别是姑娘，有的肚兜上还绣有各种图案，夏日里农村妇女在劳动时或休息乘凉时，或河滩上沐浴时上身就只穿肚兜。

包头巾，境内妇女的包头巾多数是自己用棉纱织成长方形的方格土布做成，称"手巾布"，包住额头和头部，外观呈三角形状，故亦称"三角包头"。20世纪80年代始，土布头巾逐步被各式化纤头巾、真丝头巾所替代。

裙裙，旧时农村男女都穿，束在套装外。一般用两幅宽的蓝士林布或单色棉布前后折叠而成，长度及膝，上窄下宽，两侧多折裥，丝线绣裥，一般有顺风吊扣子裥等，裙边用浅色或花布正面缝边，背面贴边，两面可穿，腰间两端有长2尺、宽2寸的系裙带，称"穿腰"，俗称"裙裙带"，束在腰部。男式颜色单调，女式花色多样。

拼接衫裤，俗呼"大襟衫""大裆裤"，为境内妇女常穿之服装。大襟衫紧身，大裆裤适体。多见于以蓝白士林布为主，拼接其他花色洋布。大襟衫由大襟纽襻、肩筒、小袖三部分组成，身部、肩部、袖部由三种色布拼成。裤子多用蓝底白印花或白底蓝印花布，裆用蓝或黑士林布拼接到裤脚，脚管小，里用花布或浅色布贴边。白布作裤腰，较大，成"罱网式"，束腰时须折叠，俗呼"罱网裤"。

长袍、马褂，是旧时境内颇有身份男子的时尚服装。时人称单层者为长衫，双层者为夹袍，大襟，葡萄结纽襻，长度及脚背。袍子上还束腰带，称"汗巾"。长袍外再套"马褂"（一种无袖的短衣）。民国起，袍子不束带、不套马褂，兴"秃笼袍子"。中华人民共和国成立后，穿长袍逐步减少，至20世纪60年代中期绝迹。

特色鞋袜 绣花鞋，形似船型，有布面绣花鞋、绸面绣花鞋、绸面皮底绣花鞋及百纳绣鞋等品种。鞋面上有的绣有牡丹、菊花、梅花，有的绣凤凰、喜鹊、蝴蝶、猫、虎等动物花样，也有的绣上寿、福、如意、双喜等字样。百纳绣鞋，在鞋帮四周还扎纳各色图案，既美观又牢固。

挑泥鞋，布底针密且厚，鞋帮绣扎各种回纹图案，上有鞋襻、布纽扣，穿上劳作不易松落。此鞋20世纪70年代于农村中还能见到，时下已少见。

耕田鞋，用厚实的粗布做成。鞋帮不但高而且用细密的针脚缝过，上面连着袜子直至膝盖。穿之耕田不会划破脚底心，而且能防蚂蟥、水钻子和蛇的叮咬。20世纪60年代已绝迹。

钉鞋，为雨天穿着之鞋。一般均用粗布做成。鞋底较厚实，鞋帮呈蚌壳状，俗称"钉靴"。用生漆或桐油漆涂在鞋底和鞋帮上；有的鞋用牛皮做，再漆上生漆，更加牢固，鞋底钉有鞋钉，可防路滑。时已绝迹。

蒲鞋，用打熟的稻柴编成，将熟稻柴绕在九齿架上，边搓边编，同时添加细绳于两边，编成鞋底。然后将其边上的细绳竖起沿边编织鞋帮，称"系蒲鞋"，系好用木楦击一下就成。用布头系鞋帮的称"布头蒲鞋"，亦称"草鞋"。用芦苇花系成的叫"芦花蒲鞋"，穿此种鞋，既平滑、凉爽，又轻便、经济。现很稀少。

布袜，旧时境内袜子大多用青布或白布做成。有长有短，长可及膝，短仅至胫，中有一缝叫"袜梁"，下托一底名为"袜船"，严冬穿布袜的同时有的还配穿"毡袜头"，即用土白布缝成脚管筒状，内衬毡或棉花，套于裤外，上及膝盖，下至脚背上，又称"脚套"。时下均已淘汰。

佩戴　旧时，境内未成年的孩童佩长命锁、项圈（银箍）、手镯、脚镯等银饰品，也有在手镯上挂金木鱼、虎牙、石猴等，脚镯上装响铃等。帽子有"和尚帽""兆帽""狗头帽""乌兜帽"等，上有银制的寿星、罗汉、百吉、"长命富贵"银字等帽饰。20世纪60年代起由绒线帽、鸭舌帽、绸帽等代替，帽饰消失。女孩有穿戴耳环之习。梳发髻的妇女饰品有：发叉、如意、压发、银梳、银挖耳、绢花、绒花、鲜花等。20世纪60年代妇女饰品主要有夹叉、绢花、耳环等。现今男女大多佩戴金饰品，有耳环、项链、手链、戒指、脚链、手镯，还有钻石、翡翠、珍珠、玉器等首饰挂件。男子还系领带、别针。

发饰　清代男子一律留长辫子。民国后剪辫留齐颈短发，后渐兴光头、大背头、小平顶、西式头。男孩留"寿桃"，女孩"羊角小辫"。女子"大根辫"，出嫁后梳"发髻"，俗称"鬅鬅头"。20世纪60—70年代发型：妇女留短发，俗称"拖奋头"，年老的才梳"鬅鬅头"；男子西式头、平顶头居多。80—90年代发型，女子流行"大波浪""小波浪"，有的理西式头（像男式短发型）；男子有"游泳式""青年式"，有的留长发（像女子"拖奋头"）。90年代后期男女始流行烫发、染发。

四、饮食习俗

主食　境内居民以米、面及米面制品为主食。

境内稻米，一般分为粳、籼、糯三大类。粳米是一年一熟，性软味香，可煮干饭、稀饭；籼米有早晚两熟，性硬而耐饥，适于做干饭；糯米黏而芳香，常用来制作糕点或酿制酒、醋，也可煮饭。

境内居民一般一日三餐，一干两稀。早晚吃粥（俗称稀饭），中午吃饭（干），其饮食习惯和稻作生产有着密切的关系。20世纪50—80年代，闲时一日三顿，农忙（尤其是夏收夏种）时，不仅改粥为饭，而且增加餐数，一日四顿至五顿。饭有烧、煮、蒸、炒等做法，粥有淡、咸、甜、香诸味。

境内对粥饭的煮法颇为讲究，"见水不见米，非粥也；见米不见水，非粥也，必使水米融洽，柔腻如一，而后谓之粥"，"善煮饭者虽煮如蒸，依旧颗粒分明，入口软糯"。此外，米饭与青菜可合煮成菜饭，拌以猪油，香韧可口，若杂以黄豆、咸肉等辅料则尤佳。米饭与鸡蛋合炒则成蛋炒饭。

米制品主要有粽子、米粉糕团、面衣以及米花、炒米粉等。

粽子,由糯米以箬叶(笋叶)包裹而成,入锅加水煮熟。种类很多,按形状分有小脚粽、三角粽、枕头粽等;以馅分则有白水粽、肉粽、赤豆粽、豆瓣粽、枣子粽等。粽子便于保存、携带,四季皆宜,除端午作为节令食品外,多于农忙或外出途中食用。

米粉糕团,种类繁多。糕以糯米粉分别加赤豆、绿豆、高粱或南瓜汁糅和蒸熟而成,叫作赤豆糕、绿豆糕、高粱糕、南瓜饼。制作时粉内拌有糖、油,甜而不腻。团子,以糯米粉和水加糖,分块搓圆即成,蒸熟后置于竹匾或竹篮中晾干,这样可存放较长时间,吃时只须放饭镬上重新蒸软,亦可投于粥内煮热了吃。或将粉团搓圆后捏成锅状,填入菜、肉、糖、赤豆等馅心,捏合后投入开水中煮熟,连汤而食,叫作汤团。亦可将粉团搓成圆子,投入稀饭中,加入青菜、食油合煮,称为菜团子粥。还有一种"瘪嘴团",即将无馅糯米粉团,以两指捏扁,使两面凹陷成椭圆形,再落水加青菜等煮食。另有米饼,以米粉和水,分小块搓圆压平,置蒸架上或锅边随稀饭蒸熟。

面衣,以糯米粉(面粉亦可)加水拌和,倒入油锅内摊开,煎熟。粉内若杂以芝麻或韭菜,则更为香浓可口,亦可在粉内加糖摊成甜面衣。

米花,当地人叫炒米。可作零食散吃,亦可加糖用开水冲泡,用以充饥。

粉粥,以粳米粉加糖,用冷水稀释调匀,置火上加热,并不断捣拌直至煮熟。多为婴幼儿或无齿老人食用,常人则多食于秋末冬初,作为午后垫饥小食。

炒米粉,将糯米洗净、晒干、炒熟、碾成粉(亦可加入熟芝麻与之同碾)。食时,加糖以滚水冲调均匀即可。常于早、中、夜时作点心充饥。

面制品主要有面条、饺子、馄饨、馒头、春卷、馓子、麻叶等。

面条,除有现成的出售外,家庭亦多自制,以擀面杖擀切出长面或短面。短面宽而短,形似鸭舌,被称作"鸭舌头"。吃法有清汤面、拌面、烂焐面和炒面等。

饺子、馄饨,以面粉擀成皮子包馅而成。馅有全猪肉、菜肉、虾肉或全菜之分,加葱、姜、料酒、盐、味精、糖等佐料搅匀合成。饺子、馄饨包好后投入沸水中煮开,待浮起时捞出,加汤而食。

馒头,以发酵面团蒸熟而成。不加馅者称"白馒头"或"实心馒头";加菜、肉、豆沙等馅心者,分别称作"菜馒头""肉馒头""糖馒头",相当于北方的包子。

春卷、馓子、麻叶,都是油炸的面制食品。春卷以面皮裹馅;馓子由和面拉出的连绵长条绕成圈状;麻叶是在菱形的面皮中央扎一小孔将菱形的一角穿翻小孔即成,和面时若加入芝麻和白糖,炸后香甜诱人。下锅油炸,呈淡黄色后捞出,沥干,宜密封。常用于餐前垫饥,或当作小孩零食。

民间还有另外一些面食小吃,如:将面粉同发酵剂和好后,切成方块或长方形面团置蒸架上随饭蒸熟,与粥同食;或用粉水和面,用勺舀入粥中煮食,谓之"下面老鼠"。以上两种面食,多见于夏季早、晚两餐,以弥补食粥不支饱的缺陷。

山芋与南瓜等杂粮也常被用作主食。山芋或去皮加糖煮成"糖山芋",或以清水煮成"焐山芋",或放入稀饭中煮食,亦有放在灶膛余烬或炉子内煨熟成"烘山芋"。南瓜可切成小块,不去皮,加水煮酥,添糖而食;或去皮,切成小块,加水煮烂后,再加入糯米或面浆煮成"南瓜粥"或"南瓜烊粉粥"。

副食 旧时,境内居民副食以蔬菜、豆制品、鸡蛋为主。逢年过节,才购买些鱼肉等荤菜。民间善于腌制"雪里蕻"咸菜,用来炒肉丝、炖豆腐。又有用大豆发酵,自制豆面酱、豆瓣酱。少数富裕人家尚可享用澹台湖、太湖出产的闸蟹、鳗鱼、白鱼、白虾、鲫鱼等，普通居民一日三餐以吃饱为满足。

21世纪，境内逢时过节，不仅有时新河鲜，还讲究菜肴颜色、香味、口味。具有"小、巧、甜、香、糯、软、雅"等特色。

时下，境内肉馔以猪肉为主，红烧肉、白笃蹄髈最受人欢迎。家禽肉、蛋为辅。鱼馔以正月草鱼、二月鳜鱼、三月甲鱼、四月菜花塘鳢鱼、五月籽虾、六月鳊鱼、七月鳗鱼、八月鲃鱼、九月鲫鱼、十月大闸蟹、十一月鲢鱼、十二月青鱼为最受居民欢迎的河鲜。

蔬菜以青菜、菠菜、韭菜、芹菜、金花菜、苋菜、白菜、萝卜、卷心菜为主，兼有豆类、豆制品、菌菇类、笋类等。

境内著名的菜肴有：松鼠鳜鱼、响油鳝糊、母油整鸡、莼菜银鱼汤、酱汁肉、熏鱼等。除味美形美，还讲究时令，如春季有虾仁、笋腌鲜等，夏有西瓜鸡、清炒三虾、响油鳝丝、三虾豆腐、清蒸鲥鱼等，秋有清蒸鳜鱼、大闸蟹、白汤鲫鱼等，冬有母油整鸡、青鱼甩水、美味酱方等。

零食 除主食、副食外，境域还有许多零食小吃。西瓜子、南瓜子、葵花子常炒食。蚕豆可制成盐炒豆、赤炒豆、油炒豆、发芽豆、焙酥豆。毛豆煮熟晒成干，或与笋片制成笋豆，还可制成熏青豆。黄豆常干炒或油炒。旧时春天，还常有货郎挑担进村兜售敲糖（麦芽糖）、珠算饼（蜜饯，上洒甘草粉）、朱萝卜等小吃，小孩以破布、什物换零食。金花菜、红花草、黄连头也可腌制成小吃食物。

五、饮茶习俗

茶馆 旧时茶馆是农民、生意人、手艺人、渔民吃茶休息、交流信息的场所，也是行业聚会之所，称"茶会"。茶馆还有排解民间纠纷的功能，俗称"吃讲茶"，即矛盾双方都到场，当众摆事实，让众人评理。输理方按规矩新泡一壶茶，向顺理方斟茶、敬茶以示赔礼，还要罚一百壶茶钱。此时老茶客的茶钱免收，在"罚款"中抵付。每年春节期间茶馆店还有"吃橄榄茶"之习，谓之"元宝茶"。老茶客收礼后要付五六倍的茶钱回敬，名叫"打秋风"，表示对堂倌一年来服务的酬谢。

茶灶 旧时有7个火口围成的圆炉，雅称"七星炉"，火口放茶铫；还有一种由低到高弄堂式一长条炉子，称"长炉"，可放5—7把茶铫；最普遍的一种叫"老虎灶"，投燃孔周围有3只铁汤罐，后部置"接锅"，烧水容量很大，除供茶馆泡茶之外，还对外供应开水，称"泡水"；"挽炉"是一种可移动的炉子，炉高1米左右，铜质桶形，封闭中间烧木柴，四周夹层贮水烧开，有炉嘴沏茶，内孔温酒，挑担流动，俗称"茶担"，专为喜庆人家所雇用。

茶具 茶铫，俗称"茶吊"，用于烧水、沏茶。铫身略带扁圆，嘴长尺余，有瓦质、铜质、铅皮质。后改用圆铫身，容量有大有小，短嘴巴，沏茶方便。

茶壶，用于泡茶。质地有紫砂、陶瓷、铜锡，大小不一，形式多样。

茶杯，旧时有无柄无盖和有柄有盘的瓷盖碗，俗称"茶盅"和"茶碗"，后逐步由玻璃、搪瓷茶杯代替。

茶盘，俗称"茶托"，是存放茶杯之具，用木、玻璃、搪瓷、银、铜等制成。

茶桶，是木制红漆有耳的圆桶，内放茶壶，四周用棉花保温，壶嘴留在外。

茶叶 一般分红茶、绿茶、花茶三种。老茶客大多喜红茶,泡得要浓;中年人喜欢饮绿茶,清香扑鼻;妇女喜欢饮花茶,如茉莉花茶、菊花茶等。现今有的以在茶中加添枸杞、人参、苦丁、话梅等为饮茶时尚,起滋补强身作用。

品茶 境内民间习惯早茶须浓,润喉清目;午茶要热,利尿散热;夜茶宜淡,安静入睡。有年初一的"元宝茶",年初五的"路头茶",莳秧结束的"汏(洗)脚茶",双方评理的"吃讲茶",行人解渴的"方便茶",初次上学的"状元茶",新亲上门的"迎亲茶",逢凶化吉的"七姓消灾茶",等等。一般春饮青茶,夏饮绿茶,秋品花茶,冬喝红茶。民间还有大麦茶、姜片茶、青蒿茶、薄荷茶、菊花茶等。上街喝茶俗称"孵茶馆",吃口"皮包水"。

茶礼 泡茶,通常先放茶叶后冲开水(碧螺春茶则先冲开水,后放茶叶)。第一次冲少许开水称"煞茶头",然后再冲。堂倌冲茶,用两个手指半揭壶盖,长嘴点三点,称为"凤凰三点头"。如茶客暂时离开,把壶盖翻转,以示还要回来饮用。

吃茶,壶嘴要对自己,壶嘴交叉称"和气茶"。

敬茶,亲朋临门,当面泡茶,双手奉上(旧时用茶盘),称"敬茶"。茶水不能过满,谓之"茶七酒八"。忌用事先泡好的茶待客。

受茶,客人受茶时要起立双手接茶杯。即使不渴,也要呷一两口,渴时不能大口连饮,不能将壶中或杯中茶水喝干,须剩"浓头"。添开水时,用二指蜷起在桌上轻敲三下,以示磕头致谢。

六、生产习俗

农耕 每年第一天莳秧,俗称"开秧院"。是日,农家要准备黄酒、佳肴美餐畅吃一顿,以庆示农忙好的开端。

莳秧歌,旧时境内村民在莳秧及做耘耥时,素有喊山歌之习俗,喊唱时朗腔转音,十分动听,可解疲劳。

塔羹,每年夏忙完毕,农家要备佳肴斋祭祖宗,留亲眷,俗称"塔羹",以示庆贺大忙顺利结束。

祀神祈丰,旧时境内村民对"土地""天王"非常虔诚,将农田丰收冀盼于神灵的恩赐。每年有春节时的"接种路头""牲畜路头",有三月廿九的"庙会",四月初的"采宝戏",六月里的"打公醮",七月的"抬猛将",十二月廿四夜的"炱田角落"等习俗,祈求风调雨顺,农事顺遂。

经商 斋财神,旧时商家每逢年初五都要焚香点烛斋祭财神、放鞭炮,俗称"接生意路头"。有的到寺庙烧香求神。现多在店堂内设财神终日开"电蜡烛"焚香,祈求生意兴隆。

开张,旧时商店开张,店主要请算命先生卜卦,选好吉日良辰并遍告至亲好友。届时新招牌上系红绿绸带,在爆竹声中将其挂上,店面张灯结彩,店内商品满架,宾客纷至道喜,贺送匾额、花篮等礼,然后店主设宴招待。此俗延续至今,不仅择黄道吉日,还选带"8"(谐音"发")数的时、分,以期兴旺发达,财源滚滚。

收徒,旧时店铺收徒必须要有人作保,试用一段时间,才写"规书"(即签订师徒合同)并要举行拜师仪式。一般要备红帖、猪蹄1对、全通大红蜡烛1副、定胜糕1盘及敬师礼金(若有太先生在,则应另备礼金)。学徒向先生跪拜礼毕,先生还猪蹄1只、定胜糕6块。学徒要"学三年,帮三年",三年内不发工资,只给些理发费、洗澡费、鞋帽费。

三年满师还须办"谢师酒",以酬谢师恩。后还要帮三年称"帮师"。

赊账,旧时境内小店有赊欠之习。新年伊始,各店派店员上殷实大户人家发"记名折子",平时购物时,由店主记账于"折子"上,不用付钱,店里按端午、中秋、年关三节与之结账。民间有"端午节看看,中秋节算算,到年终还一半"之俗语。一般情况,所有欠款最迟至大年三十前一律付清。此俗在合作化运动中被取消。20世纪90年代后,私营商店增多,赊账时有出现,多见于饭店、酒家,凭菜单签字或账单结账付清。

七、建筑习俗

造房 旧时造房首先要选址,俗称"定向"或"定位"。选址须请风水先生踏勘而定,要坐北朝南,略偏西2—10度,谓之"子午向"。定向时,要在东南西北四角化"钱粮",动一动土,放鞭炮,洒生鸡血驱邪,然后打桩、出线,并在地中央挖一小洞,内埋一块石头或银钱作为"镇宅"。几家平行建房,必须在一条线上,俗称"一条龙",一屋冲前称"孤雁出头",落后的叫"错牙"。

旧时,破土动工建房前,房主要备好"三牲"(猪头、公鸡、鲤鱼)酒饭,焚香点烛,鸣放鞭炮,祭拜太岁、土地神。破土动工时的第一铲土及木工锯下的第一块木头,用红纸包好藏于灶处,叫"断木墩",待进屋时烧掉。宅脚定位的木桩头上要包红纸,开宅脚时,凡属禁忌生肖的人不能在场,以示安全。

将正梁搁在柱头上(或山墙两边)称"上梁",亦称"竖屋"。旧时,正梁上要系红绿绸布,红绿丝带与铜钿一起镶嵌于正梁中央,还挂"发禄袋"、小筛等吉祥物,并贴上大红纸写上"招财进宝""福、禄、寿""三星高照"。两边柱上(或墙上)贴"竖柱喜逢黄道日,上梁巧遇紫微星"等对联,堂中供奉"猪头三牲",焚香点烛,还有"竖梁盘",其中有活鲤鱼(寓意跳龙门)、蹄髈(寓意根深蒂固)、红蛋(寓意代代红)、糕(寓意高升)、馒头(寓意蒸蒸日上)、发芽豆(寓意发禄)、糖果(寓意甜蜜)、甘蔗(寓意节节高)、苹果(寓意平安)、秤杆(寓意称心如意)等吉祥物品。待等良辰到时,鞭炮齐鸣,木匠将一根正梁安上并用酒洒梁。工头师傅头顶喜盘,登梯拾级而上,边上边唱"抛梁歌"。将盘中的馒头、糕、糖等食品从上抛下,众人哄抢,称"抛梁"。东家在正梁下展开大红毡毯承接抛梁之物,谓之"接宝"。上梁完毕工匠们歇工休息待吃"抛梁酒",又称"竖屋酒"。亲朋好友、邻里乡亲欣然同饮,以示庆贺。

造房还有"做脊""砌新灶"等习俗。屋脊做好后,东家须款待工匠并发喜钱,大放爆仗,以示"高升"。新灶砌好后,还有彩绘灶头的习俗,并当场就要烧火、炒蚕头,俗称"炒发禄"。新屋造好搬进去住,称"进屋",又叫"圆屋",女主人娘家要备盘送团子、喜糖、馒头、糕、水果等表示祝贺,俗称"进屋盘",其中还有1"饭笼"米饭、1根秤、2根甘蔗,以示有饭吃、称心如意、节节高之寓意。东家要操办"进屋酒"。进屋住了一段时间,要请道士法师来驱邪,称"谢红",以保日后平安。

21世纪初,私人造房,仍有"择日""破土""竖屋""进屋"之习俗。

造桥 旧时境内造桥先丈量计算出用料后,择吉日破土动工。下桩前祭祀土神,忌克属生肖者观看,以篱阻行。打桩时用打死的狗或纸剪的人丢下水去压邪。建桥过程中,若适有儿童患痘症之类的疾病,必疑造桥所致,让小孩佩戴红布或桃树牌,上写"石桥石和尚,自造自身当。速速回家转,自去抱桥桩"以解。

砖雕 旧时,境内人崇尚装饰,考究的住宅都用砖雕、石雕、木雕、彩画点缀,美化环境。砖雕所用的材料是质地细腻的水磨青砖，宝带桥人称之"做细青水砖"。砖饰断面有亚面、浑面、文武面、木角线、合桃线等诸式。

主要装饰于门楼、墙门、垛头、抛枋、门景、地穴、月洞、窗户、影壁、隔墙、包檐墙、塞口墙等部位。

雕刻题材有卍字、回纹、云纹、雷纹、如意、纹头、水浪、云头、花卉、瑞兽、翎毛、山水、人物、书法等。

石雕 境内建筑装饰用石绝大多数是花岗石和石灰石。石雕装饰应用于柱子、阶台、露台、栏杆、砷石、磉、鼓磴、门框、地坪、侧堂礓磋、须弥座、牌楼、牌坊、字碑、界碑、天满，及至整幢房屋和亭子。

雕刻方法有素平、起阴纹花饰、铲地起阳浮雕和地面起突雕刻四种。

雕刻题材有卍字、回纹、水浪、云头、花卉、飞禽走兽。

木雕 境内建筑木雕用料主要有黄杨、香樟、银杏。木雕装饰应用于梁、枋、柱、斗拱、连机、飞罩、挂落、山雾云、棹木、门窗、阀阅、鼓磴、栏杆、斜撑、垫拱板等。

木雕方法有浮雕、透雕和圆雕等。

长窗的心仔花纹有卍川、回纹、书条、冰纹、八角、六角、灯景等式。在卍川式样中又有宫式、夔式之分，整纹、乱纹之别。

挂落用木条镶搭成为镂空花纹，状如网络。有藤茎、卍川两种式样。

飞罩装在室内脊柱之间。不着地的叫挂落飞罩，着地的叫落地飞罩。飞罩有藤茎、乱纹、梅雀、松鼠合跳、整纹、喜桃藤等多种式样。

木雕题材有书法、花卉、翎毛、瑞兽、人物、山水等。

苏式彩画 境内苏式彩画一般都画在大梁、枋子、桁条、山垫板、走马板上。

苏式彩画一幅分为三段，左右两段叫包头，中段叫锦袱，锦袱尖角向上的叫正包袱式，尖角向下的叫反包袱式。

苏式彩画把锦纹的衬托面叫锦地。不施彩色的衬托面叫素地。

苏式彩画常用浅蓝、浅黄、浅红诸色作画，色调柔和悦目，风俗淡雅别致。

考究的苏式彩画，做平式装金。地不装金而花装的叫金花五彩地，反之则叫金地五彩花。

苏式彩画题材有回纹、鱼纹、套六角、席纹、花卉、翎毛、瑞兽、古钱、锦纹、兵器、器皿、法器、毛笔、山水、人物等。

建筑图案名称及寓意 境内人喜讨口彩，雕刻和彩画，把装饰性、实用性、艺术性、思想性融为一体。通过借喻、比拟、双关、象征、谐音等手法，构成美术图案，突出主题。一个图案有一个名称，名称往往就是图案的寓意所在。

鹭鹚、荷花组合在一起，叫"一路连科"。鹤、鹿组合在一起，叫"鹤鹿同春"。啼叫的公鸡与牡丹花组合在一起，叫"功名富贵"。桃树、蝙蝠、海棠、山茶组合在一起，叫"福山寿海"。蝙蝠、双桃、荸荠、梅花组合在一起，叫"福寿齐眉"。猫、蝶组合在一起，叫"寿臻耄耋"。五只蝙蝠，叫"五福临门"。两条鱼，叫"双鱼吉庆"。九条鱼，叫"长久富裕"。鹭鸶、白头翁、芙蓉花、芦花组合在一起，叫"一路荣华到白头"。圆圈里一个福字，叫"一团福气"。柿树、一只蜜蜂、一只猴子、一颗印，叫"封侯挂印"。一棵万年青，叫"万年常青"。一棵果实累累的石榴树，叫"多子多孙"。鱼和莲花组合在一起，叫"连年有余"。鱼、蝙蝠、磬组合在一起，叫"福庆有余"。佛手、桃子、石榴组合在一起，叫"福寿三多"。蝙蝠、桃子、双钱组合在一起，叫"福寿双全"。蝙蝠与云朵组合在一起，叫"洪福齐天"。五只蝙蝠中间一个寿字，叫"五福献寿"。花瓶里插笙和三根戟，叫"平升三级"。花瓶里插一如意，叫"平安如意"。梅花、双鹿组合在一起，叫"眉开双乐"。龙、凤组合在一起，叫"龙凤呈祥"。两条龙中间一颗珠，叫"两龙戏珠"。两狮中间一个球，叫"双狮戏球"。玉兰花、海棠花、牡丹花组合在一起，叫"玉堂富贵"。松、竹、梅组合在一起，叫"岁寒三友"。象和万年青组合在一起，叫"万象更新"。颇大的一朵牡丹花，叫"大富大贵"。公鸡和鸡冠花组合在一起，时"官上加官"。荔枝、桂圆、核桃组合在一起，叫"连中三元"。松与鹤组合在一起，叫"松鹤延寿"。

第二节 民间信仰

境域寺庙有澹台子祠、太太庙、土地庙、兴福庵、宝庆寺。居民信仰佛教、道教，以女性和年长者居多。

民间信仰主要表现在庙会、抬猛将。

庙会 境内庙会门类、范围及规模大小不一，形式各异。有坐堂庙会和出堂庙会，会期1天。庙会期间，附近农家盛情招待前来参加庙会的亲朋好友。其时，澹台子祠、太太庙、土地庙、兴福庵、宝庆寺不但有境内及邻乡的善男信女，还有民间艺人、小商贩云集至此。庙内神像之前，摆设各色祭品，烛炬灿灿，香烟袅袅，善男信女求神拜佛，叩头祈祷。旁边厢房琅琅的宣卷声，有说有唱，内容是劝人为善、广积功德。庙外一片热闹景象，小商小贩的叫卖声此起彼落，武术杂耍表演精彩，说唱戏文内容引人，各行各业，各式各样，不胜枚举。游人香客熙熙攘攘，人头攒动，少则百余人，多则三四百。

抬猛将 据传猛将姓刘，他爱护百姓，且能除蝗消灾，天旱祷雨辄应，深受百姓爱戴。每年农历正月十三后，境域各自然村相继抬猛将，通常各村挨家轮流做东。神像均用香樟木雕刻而成，高约60厘米左右，和蔼可亲，头扎布巾，身穿蟒袍，赤脚（表示种田）。4人抬轿，1人在前头扯杏黄旗开道，2人跟随神像左右，锣鼓队紧跟轿子，在本村田地周围周游1次，以祈猛将显灵，消除蝗灾，来年五谷丰登。一路上敲锣打鼓，浩浩荡荡。村上殷实人家还聘请堂名吹打迎接进家。做东人家奉牲献醴，进行祭祀。是夜每户男主人到新户主家喝酒做客。境内时有僧人6名、尼姑4名、散居道士6名以及居士30余名。

1966年5月之后，境内取消佛、道教活动，和尚、尼姑还俗，道士也终止了去办丧事人家做法事和送殡。

1978年12月以后，当地居民自发筹钱、捐款建房，重塑佛道神像，恢复烧香拜佛，举行庙会。20世纪90年代后期，庙会期间还举行挑花篮、扇子舞、托香、小拜香等演出。境内有的善男信女，还结伴前往杭州、无锡、普陀山等地烧香旅游，休闲度假。

第三节 方言

一、方言

太太	曾祖父母	老拖	众多子女中排行最小
阿爹	祖父	小干娪	小孩
好婆	祖母	囡囡	对婴孩爱称
爸爸	父亲	老小姐	老处女
姆妈	母亲	舍姆娘	坐月子产妇
老伯伯	伯父	自家	自己
叔叔	叔父	干两个	兄弟俩
嬷嬷	伯母	老娘家	老人
婶婶	叔母	熟视人	熟人
娪娘	父亲的妹妹	客边人	外地人
姑父	姑妈之夫	书蠹头	书呆子
爸爸	岳父	老克拉	老练的人
姆妈	岳母	菜花小姐	弱不禁风
阿公	公公	雌孵雄	男性女腔
阿婆	婆婆	馋痨虫	贪吃者
娘舅	母亲之兄弟	煨灶猫	精神不振的人
舅姆	舅舅之妻	百搭	乱搭讪的人
娘姨	母亲之姐妹	笨煞虫	笨蛋
姨夫	母亲姐妹的丈夫	黄牛肩胛	担当不了责任
家主婆	称妻	倒头光	有钱就用光的人
家公	妻称夫	亨浪头	大人物
兄弟	兄称弟	十三点	言行不合常理的人
阿哥	弟、妹称兄	黄伯伯	办事不牢靠的人
妹子	哥、姐称妹	曲死	少见世面、易上当的人
阿姐	弟、妹称姐	猛门人	不讲道理的人
伯姆	妯娌之间	颗浪头	头
连襟	姊妹丈夫之间的关系	眯觑眼	近视眼
姑娘	丈夫的姐妹	眼乌珠	眼睛
阿舅	妻子的兄弟	尼朵	耳朵
阿姨	妻子的妹妹	勃头	鼻子
伲子	儿子	主	嘴
囡姆	女儿	身胚	身体、身材
玄孙	曾孙	节掐	指甲

重身	怀孕	夹叉	发夹
牙苏	胡子	圈	耳环
手骱子	手关节、手腕	吃局	可吃的东西
臂把撑子	肘	利市饭	丧家办的豆腐饭
箩、畚箕	两种不同的指纹	薄浪汤	薄粥
胳腊子	腋窝	面衣	煎烤的面饼
肋棚骨	肋骨	面汤水	煮面条之水、洗脸之水
脚馒头	膝盖	铰链棒	麻花
奶奶	乳房	炒米	爆米花
赤膊	光上身	小菜	生或熟的菜肴
赤骨碌	光上身	辣茄	辣椒
瘪螺痧	霍乱	蓬哈菜	茼蒿
萎水	遗尿	红花郎	紫云英
抓巴眼	外斜视	长生果	花生
斗鸡眼	内斜视	扁婆	瓠子
青胖块	外伤肿块	众牲	牲畜
滚脓	化脓	猡猡	猪
风疹块	荨麻疹	羊妈妈	羊
痄腮胀	腮腺炎	鸭连连	鸭子
寒热	体温升高	鸡呱呱	鸡
小肠气	疝气	白乌龟	鹅
吞痧	中暑	肌夹	翅膀
出痧子	出麻疹	甩水	鱼尾
兴核	淋巴	葛鳃	鱼鳃
拆疴	痢疾	糠虾	小虾
绞肠痧	急性肠炎	杭麻糊	蝌蚪
吃力	疲劳	田鸡	青蛙
痄船	晕船	癞团	蟾蜍
痄车	晕车	赚绩	蟋蟀
猪狗臭	狐臭	壁虱	臭虫
痴子	疯子	谷蜢	蚱蜢
长出手	长袖上装	蚕宝宝	蚕
短出手	短袖上装	老虫	老鼠
预身	围裙、饭单	游火虫	萤火虫
蔡夫襟	斜襟	麦蝴蝶	灯蛾
门襟	衣襟	墙门间	正屋前连围墙的门厅
纽子	纽扣	灶镬间	厨房
手巾	毛巾	杜前头	客厅
绢头	手帕	矮闼门	分上下两段的门，上半部分可吊起
嘴套	口罩		

庭柱	柱子	洋囡囡	布娃娃
窗盘	窗户	趟趟板	滑梯
晴落管	水落管	零汤团	零分
胡梯	楼梯	课台板	课桌
行灶	可搬动灶	砚瓦	砚台
火夹	火钳	墨坨坨	墨迹
碗盏家生	碗等餐具	笔脚	笔画
镬干盖	锅盖	边帮	偏旁
筷唔筒	筷笼	枚枚子	谜语
砧墩板	砧板	白相家事	玩具
抄	调羹	里厢	里面
捻凿	螺丝刀	外头	外面
引线	针	近段	附近
弦线	针	哪搭	哪儿
滋钻	锥子	边浪	边上
挖尼	耳挖子	半边	边上
梗灰	生石灰	奴	我
烂泥	泥土	倷	你
蓬尘	灰尘	俚	他
士件	禽类内脏	倪	我们
肉夹气	不新鲜肉的气味	唔笃	你们
酸髒气	变质食物的气味	俚笃	他们
冷气肉	冰冻肉	该个	这个
嗦粉	粉丝	哀个	这个
饧糖	麦芽糖	归个	那个
酒水	宴席	弯个	那个
三点水	酒	哀搭	这儿
铜钿	钱	归搭	那儿
票子	钱	弯搭	那儿
黄鱼头	面值5元的人民币	哀场	这样
大团结	面值10元的人民币	该场	这样
混堂	浴室	归场	那样
说书	评弹	弯场	那样
小书	苏州弹词	啥体	什么事，为什么
大书	苏州评话	作啥	干什么，为什么
蹶壁书	靠在墙上听白书	啥格	什么
剪书	全书结束或中途停止说书	捺亨	怎样
牵线木头人	木偶、傀儡	啥人	谁
勃弗倒	不倒翁	几化	多少
虎面面	面具	讲张	谈话

第八章 风土人情

白相	玩	弄松	捉弄
咬耳朵	耳语	听壁脚	偷听
寻吼司	寻衅肇事	开条夫	讲条件
汏	洗	强掰嘴	强词夺理
跌跟斗	摔一跤	搞落	花费
拆水	小便	结交	花费
拆屎	大便	吼思	担忧
相骂	拌嘴	划一	突然想到
漏漏白相相	开玩笑	阿挖	受痛发出的叫声
热弗透	胡说	阿一哇	受痛发出的叫声
穿帮	败露	发嗲	故作娇态
来哉	来了	瞌眈	瞌睡
去哉	去了	园	藏
来格扎	来了吗	掐	用指甲捏
去格扎	去了吗	投	挣扎，做事莽撞
扳驳	驳斥	领教	服帖
潽	溢出	等穿	不见不散
切理	打扮	推头	推托
吃生活	挨打	钝	挖苦
摆平	制伏，处理好关系	呛开	剪开
搬场	搬家	出	风化变朽
批	横向执刀来片肉	气数	气恼
牵记	挂念	牵扳	翻老账
拔	挤时间来做	纵	向上、向前跳
滤	喷射	作死	自找绝路
变死	人自甘堕落	撬	搅和
擘	开（强行分开、张开）	睬心	留意
陪	爬	触祭	吃的卑称
磨夜作	开夜工	见气	生气
放生	失约	作骨头	无事寻闹
拍账	算账	拆蚀	吃亏
匍下	蹲下	触睬	训斥
伴	躲藏	收捉	修理，收拾
端准	准备	着港	目的达到
摘背	捶背	顾怜	照顾
拖大	抚养长大	括	打
夺脱	掉落，丢失	揩面	洗脸
补衣裳	缝衣	氽浴	洗澡
触壁脚	背后说人坏话	霍牢	贴住
晏来	迟到	茄进去	挤进去

噱	怂恿，哄骗	长长远远	很长时间
鬶	器具有缺口，削减价钱	半半说日	很长时间
嚣开	揭开	呱呱叫	非常好
刮句	事先打招呼	败兆	丢脸
角搭	有所觉察	结棍	厉害
隑	打饱嗝	六绝柴	手忙脚乱
咕	啰唆	七勿老欠	乱套，办事欠佳
搞	纠缠	活七欠	乱套，办事欠佳
轧	拥挤	推扳	不太好
岩	瞄准	阴处阳开	慢吞吞
稀开	弄开	哭出乌拉	愁眉苦脸
老千年	过世	浑浑道道	许许多多
看相	看中	浑道道	脑子不清
硬做	硬要	勒杀吊死	不爽快
好日	结婚	牵丝跰藤	拖拖拉拉
豁虎跳	侧手翻	牛皮吊筋	不爽直
和调	无原则地乱应和	乌弗三，白弗四	不清爽
掭空	白费功夫	怵	坏
演	比较	弗连牵	不成样子
泅	熄灭	标致	漂亮
回头	告辞，拒绝	登样	漂亮
横东道	打赌	蹩脚	差
阴损	暗中损害	木角	不灵活
撑脱	撕扯	闹猛	热闹
海	允诺、答应	杏货	不坚固
三脚猫	有点本领	宿货	不新鲜
不称不光	不偏不倚，不多不少	掭拉不出	啼笑皆非
舞头瘪啪	不安稳	懊门肉痛	表面慷慨，暗地后悔
独幅	性格孤僻	结割罗多	很多很多
煞念	过瘾，厉害	发武耍身	装神弄鬼
煞克	过瘾，厉害	唧哩喳啦	叽叽喳喳
吃价	有身份的样子	扯	歪斜
扎制	结实	肮脏亡米	浪费
拙乖	知趣	搁落山门	全部
写意	舒服	亨勃啷当	全部
介祸	马虎	一塌刮子	全部
老鬼	老练，善耍手腕	三角六凑	多种巧合
乐脉	开心，自得其乐	稳找牌头	十拿九稳
乐桥	带有流气	坍台	丢脸
抓	不灵活，笨拙	扎敦	健壮

第八章　风土人情

杀爬	厉害	碰急令牌	使出最后一招
缩	小气	笃定	镇定，放心
假搭搭	做出有身份的样子	卖野人头	吓唬不明底细的人
粒切	脾气乖戾，不爽直	骂太平山门	指桑骂槐
节作	脾气古怪，易烦躁	吊心境	触动人的隐痛
触气	令人厌恶	点戏	挑选
四海	大方直爽	打过门	使用手腕骗人
死腔	令人不舒的样子	打滑塔	打滑
豁燥	做事利索	讨虚头	要价时多报价钱
厌摸	磨蹭、怠工	抻叉袋底	说出事实，毫无保留
萎靡倒灶	没精神	吃牌头	受责备
搭浆	糟糕	吃老卜干饭	当学徒
懊糟	肮脏	吃老泡	啃老
恶掐	奸刁	吃夹裆	两头不讨好
活里活络	不确定	吃搁头	受斥，受挫折
厌气	无聊	吃下益	吃亏
厌	顽皮	收骨头	严加管束
烦难	困难	说死话	说逗人发笑的话
茄门相	不感兴趣	嚼白蛆	胡说八道
应就戏	敷衍了事	调枪花	耍花招
黄落	没指望	难为	浪费
弗壳张	出乎意料	做人家	节俭
热弗透	不行，不对	弗色头	倒霉
现世	出洋相	的角翘	有意作对
嗨哇	是的	偷私乖	投机取巧
眼热	羡慕	齐巧	正巧
贱家当	拥有财富	促麻	粗心，鲁莽
弗识相	不识时务	浆受	勉强承受
乐开	大方	弗局	不好
阴灵横冷	凭空生造	搞七廿三	胡搞一通
下作胚	低级趣味者	格枪势里	这一阵子
作兴	或许	勾枪势里	那一阵子
不作兴	不应该	勒浪	在
弗来三	不行	上心事	担心
蛮正	是的	照牌头	牢靠、肯定
拨脚底倸看	不予理睬转身就走	骑两头马	脚踏两只船
拨屁股倸看	不予理睬转身就走	捐湿木梢	给人利用，替人受过
呒不	没有	看三色	鉴貌辨色
扳皱丝	找岔子、扳错头	看人头	对不同的人态度不同
惯常	习惯	看野眼	开小差

瞎缠三官经	胡搅	恶屎做	恶作剧
横戳枪	节外生枝	一脚去	死
吭淘成	数量多	半二弗三	半途而废
吭亲头	不乖	本门心肝	本职工作，自己的事
吭介事	不当一回事	百葛烂皱	极皱
牛吃蟹	勉强去做不会做的事	板板六十四	死板
假花头	假装	啃死门劲	钻牛角尖
夹和金刚经	把无关之物缠在一起	墨腾出黑	乌黑
脱底棺材	有钱都用光	方楞出角	四角方方
度死日	得过且过	风云气色	别人的脸色变化
精打光	一无所有	弗着老道	举止不得体
朝南闲话	不察民情的官腔	多说三话	多嘴多舌
上手大	先下手为强	老三老四	倚老卖老
上场昏	不见世面、慌乱出错	私弊夹账	暧昧不明
鬼讨好	别有用心地讨好	说过嚣过	说过的话不往心里记
脚脚上	得寸进尺	神志胡志	糊里糊涂
轻骨头	轻佻	贼骨牵牵	不安分的样子
夹屎硬	硬争面子	狗屎到灶	小气
夹篙撑	节外生枝	关门落闩	无法再商量
窠里反	内讧	黑跌袜搭	黑洞洞的，吃不透
霍霍穿	心里紧张害怕	阿猫阿狗	不管是谁
暗毒老虎	阴毒奸刁之妇	一脚落手	一气呵成
咽弗落	妒忌	一刮两响	干脆

二、俗语

小鸡交拨黄鼠狼	托错了人
三日弗接客，接仔个弯喇叭	做成买卖的怨言
三间房子看仔两间半	调查不周全，发生失误
大弗算小牵转	失小恋大，舍本求末，精明得不是地方
万宝全书缺只角	见多识广者，也形容自视渊博而实质一窍不通者
大懒差小懒，小懒差门槛	懒惰，推事于人
六月债还得快	说别人的话被马上用来还敬
冬瓜缠勒茄门里	张冠李戴
打碎水缸泅过去	旁敲侧击
头颈绝细，独想触祭	骂人嘴馋
碰鼻头转弯	走到尽头再拐弯
墙头浪刷白水	说的话等于没说
买仔炮仗别人放	好处落到他人手
买块豆腐撞撞煞	为自己的无能而羞愧
蚂蟥叮牢鹭鸶脚	紧紧叮（盯）住

带累乡邻吃薄粥	连累别人
佘脱木排撩火通	丢西瓜，拾芝麻
摊得开，卷得拢	光明正大
探脱帽子，吭不脑子	没头脑
袋袋碰着布	没有钱
铜钿眼里跶跟斗	光想钱，贪财
突脱下巴	说话没分寸
突脱面结骨	不要脸
老卜弗当小菜	对人乱呵斥
老鬼失辟	老练者失误
烂木头佘勒一条浜	物以类聚，人以群分
拎错秤纽绳	主次颠倒
六节头帮忙	反添麻烦
趁水踏沉船	落井下石
青肚皮猢狲	没有记性的人
生病人搭鬼商量	求助找错了对象
杀人带脱耳朵	飞来横祸
湿手捏仔干面粉	沾上了麻烦事而甩不脱
说着风就扯篷	说干就干
十句九笃落，一句弗着落	尽说空话
拾勒篮里就是菜	不加选择
救仔田鸡饿煞蛇	难以两全其美
香火赶出和尚	喧宾夺主
家眼弗见野眼见	做事总有被人看见的可能
赅仔和尚骂贼秃	指桑骂槐
夹忙头里髈牵筋	正在忙时，又生麻烦
牙齿要当阶沿石	说话要算数
眼乌珠地牌式	发呆
瞎猫拖死老虫	瞎撞
会捉老虫猫弗叫	能干的不作声
船到桥直瞄瞄	事到一定程度会向好的方向转化
到啥山斫啥柴	能适应环境
犟到底苦到死	一意孤行无好结果
新箍马桶三日香	无常性
行得春风有夏雨	有付出才有回报
马屁拍勒马脚浪	拍马屁反讨没趣
鸭吃砻糠空欢喜	不明真相易上当
若要盘驳，性命交托	了解不深
满饭好吃，满话难说	说话要留余地
闲话里嵌骨头	话中有话之意

冷镬子里爆出热栗子	出人意料
佛突梗敬，贼突梗防	表面敬重，内心提防
囫囵纽扣扁塌塌	说话模棱两可，捉摸不透
阿梗梗髈牵筋	脾气固执
芦席浪爬到地浪	不相上下
爷来爷好，娘来娘好	是非不分
年纪活勒狗身浪	骂人白活了那大把年纪
临时上轿穿耳朵	事先不做准备，临时慌乱应付
贪嘴弗留穷性命	为贪食连性命都不要了
盐钵头里出蛆	话不可信，不可能有的事
要讨好，绕格焦	弄巧成拙
俏皮眼做拨瞎子看	白费功夫，自作多情
眼眼调碰着眼眼调	巧合
黑铁墨塔，吃俚弗煞	吃不准，看不透
看俚弗像样，倒是雕花匠	赞誉别人出乎意料有本事

三、谚语

春打六九头，米粮弗用愁
春分麦起身，一刻值千金
春分秋分，日夜平分
清明要晴，谷雨要雨
秧田拔根草，冬至吃一饱
秋前不搁稻，秋后喊懊恼
寸麦不怕尺水，尺麦倒怕寸水
娘好囡好，秧好稻好
六月弗热，五谷弗结
人勤地生宝，人懒地生草
开花施肥料，花瓣都烧掉
麦要抢，稻要养
寸麦勿怕尺雨，尺麦只怕寸雨
人在田埂热得双脚跳，稻在田里哈哈笑
好种出好苗，秧好半熟稻
三分种，七分管
雨笃黄霉头，割麦像贼偷
只有懒人，没有懒田
霉里芝麻蒔里豆，拔脱黄秧种赤豆
小暑一声雷，十五天倒黄梅
种田不离田头，开店不离店堂
夏熟丰收好种田，秋熟丰收好过年
种田万万年，生意眼门前，做官一蓬烟

科学种田，越种越甜
霜降割糯稻，立冬一齐倒
养猪弗赚钱，回头望望田
量体裁衣，看苗施肥
冬施（肥）金来，春施（肥）银，过了清明弗留情
种田不养猪，秀才不读书
腊肥一条线，春肥一大片
庄家一枝花，全靠肥当家
季节不饶人，种田赶时分
上看初二三，下看十五六
春雾阴，夏雾热，秋雾凉，冬雾雪
清明断雪，谷雨断霜
吃了端午粽，才把棉衣送
两春夹一冬，无被暖烘烘
西北阵，吓人阵；西南阵，带过落三寸
东北阵，黄草布衫落不淫
早西（风）夜东风，日日好天空
夏至西南（风）没小桥
东虹日头，西虹雨
六月初三打个阵，上昼耘稻下昼睏
雨天知了叫，晴天马上到
早上薄薄云，中午晒煞人

开门落雨吃饭晴,吃饭落雨弗肯晴
早立秋凉飕飕,夜立秋热烘烘
三朝雾露发西风
晴到冬至落到年,邋遢冬至干净年
黄梅寒,井底干;莳里寒,呒竹竿
重阳无雨看十三,十三无雨一冬晴
早雾晴,晚雾阴
夜晴不是好晴,明朝弗雨也阴
长晴必有久雨,久雨必有长晴
明星照烂地,天亮落弗及
日晕三更雨,月晕午时风
浓霜必有晴天
日出胭脂红,无雨就是风
邋遢冬至干净年,干净冬至邋遢年
虹低日头高,明朝是天好;虹高日头低,明朝落弗及
乌云风,白云雨
六月初三若起阵,要起七十二个夜夜阵
春风弗隔夜,隔夜就赤脚
雨中知了叫,预报晴天到
一只碗弗响,两只碗叮当
老大多,打翻船

千穿万穿,马屁弗穿
要么楼上楼,要么楼下搬砖头
先进山门为大
皂隶弗差饿鬼,皇帝弗差饿兵
说嘴郎中呒好药
心慌吃弗得热粥
外甥不出舅家门
棉纱线扳倒石牌楼
鳖扫帚相对破畚箕
荒年饿弗煞手艺人
癞痢头伲子自家好
有理呒理,出勒众人嘴里
金乡邻,银亲眷
虱多勿痒,债多勿愁
吃转亏,学转乖
瓶口扎得没,人口扎弗没
天浪老鹰大,地下娘舅大
吃尽滋味盐好,走尽天边娘好
冷粥冷饭好吃,冷言冷语难受
棒头浪出孝子,筷儿头浪出逆子
牛吃稻柴鸭吃谷,各人头上生格福
先有湘城灵应观,慢有市里玄妙观

四、歇后语

外甥打灯笼——照旧(舅)
哑巴吃黄连——有苦说弗出
猫哭老鼠——假慈悲
黄鼠狼给鸡拜年——不怀好意
癞痢头撑伞——无法(发)无天
老太婆吃豆腐——有嚼呒嚼
乌龟爬门槛——但看此一番
城头浪出棺材——远兜远转
热锅浪的蚂蚁——团团转
黄连树下弹琴——苦中作乐
石头浪掼乌龟——硬碰硬
老鼠落勒风箱里——两头受气
小葱拌豆腐——一清二白
风吹杨树头——二面三倒
六月里着棉鞋——热(日)脚难过

药料里甘草——缺他不得
吊煞鬼抹粉——死要面子
驼子跌跟斗——两头弗着实
老母鸡生疮——毛里有病
吃了灯草灰放屁——轻飘飘
三下五去二——干脆利落
出头椽子——先烂
茅坑里的石头——又臭又硬
自扳石头自压脚——自害自
嘴上拓石灰——白说白话
棺材里伸手——死要钱
小狗对屎坑罚咒——本性难改
井水不犯河水——互不相干
懒婆娘的裹脚布——又臭又长
鸡蛋碰石头——不自量力

眼睛长在额头上——目空一切
半腰里杀出个程咬金——突如其来
眉毛胡子一把抓——主次不分
聋膨耳朵——摆摆样子
生米已成熟饭——既成事实
过河拆桥，上楼抽梯——不顾别人
借着和尚骂贼秃——指桑骂槐
鬼迷张天师——糊里糊涂
嘴硬骨头酥——外强中干
顶着石臼做戏——吃力不讨好
宰相肚里好撑船——器量大
野猫进鸡棚——来者不善
瞎子吃馄饨——心里有数
蜻蜓吃尾巴——自吃自
鸭吃砻糠——空欢喜
落雨天背稻草——越背越重
泥菩萨过江——自身难保
相打场化（地方）借拳头——不识时务
强盗碰着贼爷爷——黑吃黑
弗见棺材弗落泪——死心塌地
蚂蚁啃骨头——慢慢来
敬酒不吃吃罚酒——不识抬举
阿胡子才是爷——不辨真假
戴着箬帽亲嘴——大弗碰头
叫花子弗留隔夜食——一顿光
丈母娘看女婿——越看越有趣
打脱牙齿往肚里咽——有苦难言
飞机上吊大闸蟹——悬空八只脚
三个指头拾田螺——稳吃
麻子拓粉——蚀煞老本
狗咬吕洞宾——不识好人心
鱼嘴里的水——吞吞吐吐
又做师娘（巫婆）又做鬼——两面做好人
阎王开饭店——死吃
玻璃台上大闸蟹——依然横行
青竹头捣屎坑——自触臭
叫花子吃三鲜——要样呒样
草帽烂脱边——顶好
郎中开棺材店——死活要钱
床底下放鹞子——大高而不妙

阎王开请帖——要命
药材店里的甘草——局局有份
铁将军把门——家里无人
汤罐里笃鸭——独出张嘴
脱裤子放屁——多此一举
叫花子吃死蟹——只只好
张天师被娘打——有法变无法
脚炉盖当眼镜——看穿
隔年蚊子——老口
鸭连连相打——鹅（我）弗关
三亩菜花一根苋——少出少见
三婶婶嫁人——两头掉弗落
猪圈里格黄牛——独大
弄堂里拔木头——直拔直
太湖里消（洗）马桶——野豁豁
火赤炼炖酱——恶赞
额骨头上的块——推弗脱
砂锅里摊面衣——厚气
阎罗王笃阿爹——老鬼
瞎子磨刀——快来哉
狗捉老鼠——多管闲事
青竹头掏屎坑——越掏越臭
俏眉眼做拔瞎子看——白起劲
砻糠搓绳——起头难
蚊子叮菩萨——看错了人头
黄鼠狼躲在鸡棚上——不偷也是偷
墙头上刷白水——白刷（说）
瞎猫碰着死老鼠——凑巧
嘴硬骨头酥——外强中干
猪鼻孔里插大蒜——装象
猢狲戴帽子——像煞有介事
八仙过海——各显神通
丈二和尚——摸勿着头脑
门缝里看人——把人看扁
王婆卖瓜——自卖自夸
六十岁学吹打——犯弗着
王小二过年——一年弗如一年
门槛上摆鸡蛋——滚出滚进
小和尚念经——有口无心
飞蛾扑火——自投罗网

大姑娘坐花娇——第一遭
烂泥萝卜——汏一段吃一段
飞机浪吊大闸蟹——悬空八只脚
阎罗王作报告——鬼话连篇
肉骨头敲鼓——荤咚咚
阿元戴帽子——完
鼻头上挂鲞鱼——嗅鲞（休想）
麻将牌掉勒河里——牌潮（败兆）
陌生人吊孝——死人肚里得知
木匠吊线——眼开眼闭
坟浪新倌人——死出风头
灯草做拐杖——不作柱（主）
古庙里格旗杆——独一根
大年夜看历本——吭不日脚
豆腐肩胛——负不起责任
烂泥老爷掉勒汤罐里——酥脱

揽个虱勒头里搔搔——自寻麻烦
胸口头挂钥匙——开心
阎罗王屋里贼撞——老鬼失匹
船头上跑马——走头（投）无路
橄榄核垫台脚——活里活络
瞎子当秤——弗勒星（心）浪
一粒米笃粥——米气也吭不
十五样小菜——七荤八素
七总管死爷——六神无主
小碗吃饭——靠添（天）
六月里结婚——弗要棉被（面皮）
棉花店里死脱老板——弗弹（谈）
脚踏西瓜皮——滑到哪里是哪里
老寿星唱曲子——老调
杨树开花——吭结果

第四节　歌　谣

一、童谣

隔壁大姐转来哉

康铃康铃马来哉，隔壁大姐转来哉。
买点啥格小菜，黄豆芽搭咸菜。
还有四只大蹄髈，五只又大又圆的咸鸭蛋。
叫我宝宝吃仔床上睡，醒来骑仔匹马去白相上海大外滩。

萤火虫

萤火虫，夜夜红，屁股浪厢点灯笼。
飞到西来飞到东，飞到草窠里去捉青虫。
青虫倒勒捉到手，一口咬得萤火虫屁股上面血血红。
蹲在草窝里望天空，宝宝看仔心里痛。
大家快来捉青虫，让俚萤火虫飞天空。

摇啊摇，摇到外婆桥（一）

摇啊摇，摇到外婆桥，外婆见我眯眯笑。

亦做团子亦做糕，吃得我宝宝哈哈笑。

要问啥格团子啥格糕，油氽团子猪油糕。

带到屋里派乡邻，两块团子一块糕。

家家人家才吃到，村上叔叔阿姨夸我好宝宝。

摇啊摇，摇到外婆桥（二）

摇啊摇，摇到外婆桥，外婆买条鱼烧烧。

烧得好得不得了，吃勒嘴里呱呱叫。

吃饱仔饭再去摇，摇啊摇，摇啊摇。

摇啊摇，摇到外婆桥（三）

摇啊摇，摇到外婆桥，外婆买条鲤鱼烧。

头弗熟，尾巴翘，盛在碗里跳三跳。

排排坐

排排坐，吃果果，侬一个，吾一个，大家吃得笑呵呵。

排排坐，吃果果，爹爹归来带糖果，猜猜看，啥人家爹爹带得多。

排排坐，吃果果，姆妈欢喜吾，吃好仔饭来吃水果。

澹台湖畔有位老阿爹

澹台湖畔有位老阿爹，年纪活到八十八。

早上起来八点钟，走到八仙桥。

吃碗八宝饭，算算钿钿用脱八十八。

拔　河

一条麻绳六个人，两边拉着齐使劲。拼命拉啊拼命拉，比比哪方有干劲。

杭育杭育嗨嗨哟，大家加油鼓起劲。

杭育杭育嗨嗨哟，决出哪个负来哪个胜。

拗手劲

一只凳子三尺长，两个小囡各一方。挽起衣袖伸出手，当场比试见短长。

咚咚锵，咚咚锵，比赛如同上战场。咚咚锵，咚咚锵，比赛如同上战场。

拗手劲又称铆手劲。两人各执对方的手，一个使劲往左，一个使劲往右，决出胜负。

二、山歌

要唱山歌请进来
竹丝墙门朝南开,四周摆仔唱歌台。欢迎大家唱山歌,要唱山歌请进来。

山歌弗唱忘记多(一)
山歌勿唱忘记多,大路弗走草蟠窠。快刀弗用黄锈起,河滩弗上出蒿芦。

山歌弗唱忘记多(二)
山歌弗唱忘记多,撸撸刮刮还有十万八千箩。行得儿行得儿摇到湖当中去唱,压沉歌船籴满澹台湖。

山歌好唱难起头
铁匠难打钓鱼钩,木匠难造雕花楼。铜匠难做双簧锁,山歌好唱难起头。

山歌越唱越心欢
山歌越唱越心欢,柿子经霜蜜样甜。冬瓜经霜似白肉,青菜经霜味道鲜。

民间歌手(自左到右),前排:陈水姐、朱金文,后排:梁杏林、李文妹、陈福娣

民间风俗歌
正月半,闹元宵,二月二吃撑腰糕。三月初三正清明,祭扫坟墓在市郊。
四月十四轧神仙,大家白相神仙庙。五月端午划龙船,六月西园荷花俏。
七月七日来乞巧,牛郎织女会鹊桥。八月中秋斋月宫,大小百家香斗烧。
九月重阳登高去,野宴吃块重阳糕。小春引来十月朝,纸作寒衣坟前烧。
十一月里冬至节,冬酿酒,家家拷。腊月廿四要送灶,人人吃点糖元宝。
蜡梅花开香十里,大家赏梅邓尉跑。除夕聚餐年夜饭,一家老小乐陶陶。

历史传说歌
唱山歌,安四方,东方日出红堂堂。甘罗十二为丞相,姜太公八十遇文王。
安仔东方安南方,孔夫子打扮坐学堂。教仔七十二个贤公子,个个出众状元郎。
安之南方安西方,西洋女国爱风光。西洋女国有口八角井,只照女儿不照郎。
安之西方安北方,八方堂里原出杨六郎。杨六郎养格伲子就叫杨宗保,十六岁拖枪救主皇。

十二个月花名
正月里梅花开动头,湖州原出细绵绸。龙衣龙袍万岁着,名班好戏出苏州。

居民边歌边舞

二月里杏花白堂堂,台湾原出白砂糖。青皮甘蔗塘西出,三节头嫩藕出斜塘。

三月桃花瓣瓣飘,丹阳原出细凉帽。杭州香檀果然高,溪口芋艿特别好。

四月里来是蔷薇,大翔原出大雄鸡。绍兴小鸭勤生蛋,江北河豚果然肥。

五月里来是石榴,狮子灵岩对虎丘。虎丘山上原出一盏灯,少林独出狠拳头。

六月里来是荷花,双奉原出大西瓜。沙角头野菱金桥出,紫塘原出甜西瓜。

七月里来是凤仙,山东水梨果然甜。湖南蜜枣常山出,湖北水梨重半斤。

八月里来是木樨,细砂头茶壶出江西。茶壶钵头宜兴出,大焦山石头各处起。

九月里来是重阳,昆山韭菜各处行。白沙枇杷东山出,树山杨梅真吃香。

十月里来闻小春,五香冬菜出嘉兴。漂白布原是东亭出,缂丝绸子在南京。

十一月里茶花开,新鲜荔枝云南来。带须萝卜湖南出,红心山芋乍浦来。

十二月里雪花飘,澹台湖有顶宝带桥。各色各样鸟飞澹台湖,宝带桥阿姐劈灯草。

孟姜女过关

正月梅花独占光,家家户户过新年。人家夫妻团圆叙,奴奴明月缺半边。

二月春分柳色新,百花爆芽遍天青。杏花带雨流红泪,你替奴家痛伤心。

三月桃花是清明,双双燕子把巢寻。双来双去多欢乐,孟姜女独自路上行。

四月蔷薇满架香,千里寻夫女孟姜。丈夫长城无音讯,不知死活与阴阳。

五月石榴闹端阳,菖蒲艾虎净雄黄。路上行人知多少,不见亲夫万喜良。

六月荷花映水红,想起喜良在园中。与奴初定鸳鸯谱,军差捉去呒影踪。

七月菱花贴水香,蚊子嗡嗡闹嚷嚷。宁叮奴身上千口血,弗到长城咬夫郎。

八月桂花满园开,子雁头上戴雪来。奴同孤雁一样苦,一对鸳鸯两分开。

九月里来天气凉,篱笆黄菊傲秋霜。若能寻得亲夫转,同欢同乐赏重阳。

十月梅花北风高,芦花似雪顺风飘。长城天气已寒凉,奴夫衣薄冷难熬。

十一月里雪花飞,丈夫一去无音息。奴家亲把寒衣送,不见丈夫誓不归。

十二月里水仙香,想起家中亲爹娘。去岁守岁三个人,今年缺少奴孟姜。

盘答山歌

啥个虫飞来像盏灯,啥个虫飞来像只钉,啥个虫飞来人人怕,啥个虫飞来要叮人?

萤火虫飞来像盏灯,蜻蜓飞来像只钉,胡蜂飞来人人怕,蚊子飞来要叮人。

啥个花开来节节高,啥个花开来像双刀,啥个花开勒青草里,啥个花开勒太湖梢?

芝麻开花节节高,扁豆开花像双刀,荠菜开花勒青草里,水红菱开花勒太湖梢。
啥个花开来花里花,啥个花开来泥里爬,啥个花开来弗结果,啥个花结果弗开花?
棉花开来花里花,长生果开花泥里爬,慈姑开花不结果,无花果结果不开花。
啥个鸟做窠节节高,啥个鸟做窠半中腰,啥个鸟做窠门头浪,啥个鸟做窠着地跑?
白头翁做窠节节高,喜鹊做窠半中腰,燕子做窠门头浪,野鸡做窠着地跑。
啥个鸟叫来唧铃铃,啥个鸟叫来凤凰声,啥个鸟叫来招人怪,啥个鸟叫来喜人心?
游乡叫来唧铃铃,鹁鸪叫来凤凰声,老鸹叫来招人怪,喜鹊叫来喜人心。
啥风吹来雨乓乓,啥风吹来暖洋洋,啥风吹来懊糟热,啥风吹来顶顶冷?
东北风吹来雨乓乓,东南风吹来暖洋洋,西南风吹来懊糟热,西北风吹来顶顶冷。
啥个尖尖尖上天,啥个尖尖在水面,啥个尖尖手里用,啥个尖尖在姐门前?
宝塔尖尖尖上天,红菱尖尖在水面,毛笔尖尖手里用,绣花针尖尖在姐门前。
啥个圆圆圆上天,啥个圆圆水滩边,啥个圆圆郎手里用,啥个圆圆勒姐身边?
月亮圆圆圆上天,荷叶圆圆水滩边,铜钿圆圆郎手里用,油棉塌圆圆勒姐身边。
啥个弯弯弯上天,啥个弯弯水滩边,啥个弯弯姐手里用,啥个弯弯勒郎手边?
月亮弯弯弯上天,水牛筋草弯弯水滩边,木梳弯弯姐手里用,镰刀弯弯勒郎手边。

百里水乡万座桥

古城苏州风光好,东南西北都有桥。东面有顶坝基桥,西面有顶泰让桥。
南面有顶人民桥,北面有顶平门桥。当中有顶接驾桥,每顶石桥风景好。
古城苏州风光好,东南西北都有桥。胥门外面觅渡桥,盘门外面吴门桥。
阊门外面有吊桥,金门有顶南星桥。齐门一顶铁路桥,滴溜滚圆鸭蛋桥。
古城苏州风光好,东南西北都有桥。横塘朝南到石湖桥,烧香上山行春桥。
上方山上有仙桥,最长一条太湖桥。烧香念佛去枫桥,好来好去爱河桥。

古城苏州风光好,东南西北都有桥。中市街旁有皋桥,网师园里一步桥。

观前街东醋坊桥,人民路上饮马桥。拙政园里九曲桥,环城河上渡僧桥。

古城苏州风光好,东南西北都有桥。澹台湖上景观桥,连环桥洞宝带桥。

王江泾大桥高又高,不及彩云桥半身高。说书先生琵琶桥,年老体弱走平板桥。

古城苏州风光好,东南西北都有桥。要吃鲜果银杏桥,天热去走雪糕桥。

谈情说爱竹辉桥,恩爱夫妻

民间歌手姚福寿

万年桥。阿弥陀佛慈悲桥,普度众生广济桥。

古城苏州风光好,东南西北都有桥。漂漂亮亮胭脂桥,嘻嘻哈哈到乐桥。

大桥小桥和拱桥,绕来绕去立交桥。高桥矮桥平板桥,十里水乡万座桥。

啥人嗓子好来歌声美

正月里来梅花开,梅花丛中搭歌台。姐妹们上台赛一赛,啥人嗓子好来歌声美?

二月里来杏花开,杏花丛中搭歌台。姐妹们上台赛一赛,啥人嗓子好来歌声美?

三月里来桃花开,桃花丛中搭歌台。姐妹们上台赛一赛,啥人嗓子好来歌声美?

四月里来蔷薇花开,蔷薇花丛中搭歌台。姐妹们上台赛一赛,啥人嗓子好来歌声美?

五月里来石榴花开,石榴花丛中搭歌台。姐妹们上台赛一赛,啥人嗓子好来歌声美?

六月里来荷花开,荷花丛中搭歌台。姐妹们上台赛一赛,啥人嗓子好来歌声美?

七月里来凤仙花开,凤仙花丛中搭歌台。姐妹们上台赛一赛,啥人嗓子好来歌声美?

八月里来桂花开,桂花丛中搭歌台。姐妹们上台赛一赛,啥人嗓子好来歌声美?

九月里来菊花开,菊花丛中搭歌台。姐妹们上台赛一赛,啥人嗓子好来歌声美?

十月里来芙蓉花开,芙蓉花丛中搭歌台。姐妹们上台赛一赛,啥人嗓子好来歌声美?

十一月里来水仙花开,水仙花丛中搭歌台。姐妹们上台赛一赛,啥人嗓子好来歌声美?

十二月里来蜡梅花开,蜡梅花丛中搭歌台。姐妹们上台赛一赛,啥人嗓子好来歌声美?

十二个月赛山歌,难以决出谁最美。明年再搭赛歌台,决出哪个姐妹夺花魁!

民间歌手(自左到右),前排:王玉娥、缪彩英、马月娥、计文英,
后排:陈全英、陈素媛、王玉岚、马招英、陈仙妹

第九章 人物 荣誉

境域位于古城苏州南大门，自古尊师重学，人才辈出，更有不少名贤志士在不辞辛劳、建功立业，为后人留下了宝贵的精神财富。本章为境域有影响的历史人物立传；通过调查收集入志的有历届乡镇（街道）、区（县）中共党代表、人大代表，县（区）级以上（含县级）劳动模范和先进（工作者）人物，副科级以上干部，副高级以上技术人员以及大专（含大专）以上知识分子、入伍军人。

第一节 人物

一、人物传略

澹台灭明（前512—？） 复姓澹台，名灭明，字子羽，鲁国武城（今山东平邑南武城）人。为澹台氏始祖。先秦历史文化名人、教育家。孔子弟子中七十二贤之一。

据《史记·仲尼弟子列传》载，澹台灭明长相丑陋，想拜孔子为师，孔子认为不会有出息，起初不想收这个弟子。后经子游推荐，澹台灭明才成为孔子晚年收的一名学生。

澹台灭明像

澹台灭明投师孔子后自信自强，勤奋学习，终于学有所成。他南下至吴、楚讲学，门徒达300多人，他传播孔子思想、中原文化，为吴楚培育了一大批人才，成为享誉大江南北的一代儒学大师、著名的教育家、孔门传人中的著名贤人。

澹台灭明死后，人们为纪念这位先贤，在许多地方，修建陵墓、祠庙祭拜，更换地名纪念。他在苏州结庐修学的地方，因地面塌陷形成的湖泊，被命名为澹台湖。

王仲舒（762—823） 字弘中，并州祁（今山西太原）人，唐代文学家。少好学，工诗文，事母以孝闻。历任苏州刺史、洪州刺史、中书舍人等。在南昌，他奖励文学，文风盛开，为此他还邀请时任袁州刺史的韩愈去南昌，对南昌文学的发展做出重要贡献。

元和年间，王在任苏州刺史时，传说其为筹资建宝带桥，变卖束身宝带。当地士绅为他此举深为感动，纷纷解囊捐助，兴工建桥。为纪念王仲舒捐带建桥义举，人们将此桥命名为宝带桥。作有《滕王阁记》《钟陵送别》等。

王仲舒像

王瑚伯（1747—1777） 字越珊，祖居苏州东山陆巷。祖父王觉，字予民，经商迁至宝带桥南堍。父世惇，字厚存，以耕读为业。王为吴庠生，极贫，事父母笃孝。卒后名士彭绍升为之撰《越珊公墓志铭》，对王瑚伯知礼行孝之举给予高度评价。

林则徐（1785—1850） 字元抚，又字少穆、石麟，福建侯官人。道光十八年（1838），林则徐受命钦差大臣，入广州查处禁烟，翌年挫败英国驻华商务监督和鸦片贩子，收缴全部鸦片近2万箱，237万余斤，于四月二十二日（6月3日）在虎门海滩上当众销毁。道光十一年（1831）擢升东河河道

林则徐像

总督、江苏巡抚时，补修治水方面知识，验催河工、保持质量。林则徐得知宝带桥坍塌，主持维修，费工料银六千六百七十两有奇。

二、历届乡镇（街道）、区（县）中共党代表、人大代表

宝带桥社区籍当选乡镇（街道）、县（区）人民代表大会代表、中共党代会代表以时间先后为序录之。

1959年3月，马永昌当选中共吴县第二次党代会代表。

1970年9月，钱水大、倪龙根当选中共吴县第四次党代会代表。

1980年9月，姚长泉、江根土、陈林泉、朱阿夯、马金根姐当选长桥人民公社第八届人民代表大会代表。

1983年7月，罗纪根、钱招媛、陈林男、陶官林、何招根当选中共长桥乡第四次党代会代表。

1984年4月，潘苏英当选吴县第八届人民代表大会代表。7月，罗纪根、钱招媛、陈龙元、陆美香、陈锦男当选长桥乡第九届人民代表大会代表。

1987年4月，陈志明当选吴县第九届人民代表大会代表；28日，江根土、杨金木、缪彩英、夏福元当选长桥镇第九届人民代表大会代表。

1990年3月，江文元、陆美香、金福妹当选长桥镇第十届人民代表大会代表。

1992年2月，陈志明当选吴县第十一届人民代表大会代表。

2007年12月，陈新男当选吴中区第二届人民代表大会代表。

2011年11月，陈新男当选吴中区第三届人民代表大会代表。

2016年4月，中共城南街道党代会党员代表换届选举，徐志华、朱晓生、朱建芳、王敬贤为中共城南街道党代会党员代表。12月，城南街道人代会代表换届选举，江华、陆美香为城南街道人代选民代表。

三、副高级以上技术人员、副科级以上干部

一批宝带桥社区籍人士在各地创业奋斗，贡献社会，成为专家、学者、领导干部。现将副高级以上知识分子、副科级以上干部以出生年月为序列表录之。

表9-1　　2017年底宝带桥社区籍副高级以上技术人员、副科级以上干部一览表

姓名	性别	出生年月	工作单位	职务、职称	备注
陈龙元	男	1952.9	吴中区政协经科委	主任、副处级	退休
徐金元	男	1955.9	吴中区统战部通讯部	主任、高级工程师	退休
姚永根	男	1956.8	长桥街道	正科级	退休
马卫东	男	1958.12	北京军区空军后勤部	高级工程师5级、文职2级	
吴林泉	男	1963.8	城南街道	副科级	
许宏男	男	1969.5	吴中高新区建设局	副科级	
沈永元	男	1970.7	苏州市公安局交警支队	正科级	

续表

姓名	性别	出生年月	工作单位	职务、职称	备注
朱春华	男	1970.10	吴中区纪委	副科级	
褚会男	男	1971.4	郭巷街道	正科级	
钱 元	男	1971.10	吴中高新区综合治理办公室	副科级	
张金华	男	1973.5	吴中区文体旅游局	副科级	
沈稼兴	男	1975.6	郭巷街道	副科级	
江林弟	男	1977.4	越溪街道	副科级	
谢传生	男	1977.7	吴中开发区行政审批局	副科级	
何会相	男	1978.9	吴中经济技术开发区税务局	副主任科员	
沈志华	男	1980.6	吴中区政策研究室	正科级	

四、大专以上院校（含大专）毕业生

表9-2　　2017年底宝带桥社区籍大学生一览表

原村名	姓名	性别	出生年月	学历	户主
宝尹2组	朱雅群	男	1972.7	博士研究生	朱继生
宝尹8组	钱 敏	男	1970.10	博士研究生	钱永法
宝南1组	何金平	男	1982.4	硕士研究生	何杏珍
宝南3组	张丁鹏	男	1975.9	硕士研究生	陈林男
宝南3组	陈明珍	女	1975.10	硕士研究生	陈林男
宝南6组	姚晨杰	男	1989.12	硕士研究生	姚健华
宝南6组	姚晨敏	男	1989.12	硕士研究生	姚健华
宝南7组	张 燕	女	1982.5	硕士研究生	沈菊全
宝南8组	翁丽华	女	1982.9	硕士研究生	翁玉泉
宝南9组	朱先强	男	1974.7	硕士研究生	马春元
宝南13组	沈子龙	男	1987.11	硕士研究生	沈雪官
宝南16组	倪 峰	男	1986.10	硕士研究生	倪官泉
宝南19组	徐 兰	女	1982.1	硕士研究生	徐福男
宝南21组	徐斌倩	女	1993.4	硕士研究生	徐春男
宝南21组	韩 青	女	1988.6	硕士研究生	张老土
宝南21组	王晓斌	男	1986.2	硕士研究生	徐双金
宝南21组	李 伟	男	1982.11	硕士研究生	李坤泉
宝南21组	徐爱萍	女	1985.10	硕士研究生	徐钰男

续表

原村名	姓名	性别	出生年月	学历	户主
宝尹2组	何晖	男	1992.8	硕士研究生	何纪泉
宝尹2组	胡晓蕴	女	1972.7	硕士研究生	朱继生
宝尹2组	姚磊	男	1983.2	硕士研究生	姚永根
宝尹2组	王黎	女	1983.11	硕士研究生	姚永根
宝尹5组	朱永哲	男	1991.5	硕士研究生	朱春男
宝尹6组	姚忠琦	男	1992.9	硕士研究生	姚长泉
宝尹7组	马卫东	男	1958.12	硕士研究生	马卫东
宝尹7组	马奕	女	1984.10	硕士研究生	马卫东
宝尹8组	钱毓蓓	女	1991.6	硕士研究生	王盘明
宝尹8组	费秋英	女	1973.3	硕士研究生	赵三男
宝尹9组	潘晏延	女	1987.11	硕士研究生	潘炳根
宝尹10组	马莉莉	女	1986.3	硕士研究生	马毛大
宝尹10组	马小燕	女	1982.8	硕士研究生	马林生
宝南1组	陈蘋	女	1993.10	本科	陈和福
宝南1组	马勤勤	女	1990.6	本科	马炳生
宝南1组	陈洁如	女	1989.12	本科	陈小弟
宝南1组	陈玲	女	1987.12	本科	陈菊男
宝南1组	陈国强	男	1988.5	本科	陈福元
宝南1组	何敏	男	1989.10	本科	何兴男
宝南2组	马婷	女	1986.9	本科	马留弟
宝南2组	马国良	男	1979.5	本科	马宝根
宝南2组	徐晓华	女	1998.3	本科	马宝根
宝南2组	陈再兴	男	1985.10	本科	何玉彪
宝南2组	王成	男	1982.9	本科	王福兴
宝南2组	董晨晨	女	1992.12	本科	陈美媛
宝南2组	马佳佳	女	1991.2	本科	马建林
宝南2组	马慧岚	女	1997.9	本科	马留文
宝南2组	计萍	女	1989.11	本科	计春男
宝南2组	陈依晨	女	1991.5	本科	陈新男
宝南2组	王春芳	女	1982.4	本科	王福官
宝南2组	马亚琴	女	1990.9	本科	马留男
宝南2组	陈国宏	男	1986.9	本科	陈水男
宝南2组	王玥	女	1993.3	本科	何红兵

续表

原村名	姓名	性别	出生年月	学历	户主
宝南2组	马军军	男	1987.7	本科	沈兴龙
宝南3组	陈慧娟	女	1983.2	本科	陈永男
宝南3组	王海涛	男	1989.12	本科	马妹娥
宝南3组	马梁菊	女	1990.1	本科	马妹娥
宝南3组	陆郁民	男	1991.10	本科	陆旗新
宝南3组	陆欢欢	女	1990.5	本科	陆旗新
宝南3组	陆俊鹏	男	1990.1	本科	陆旗男
宝南3组	陆洁蓉	女	1986.9	本科	陆妹香
宝南3组	叶亿幸	男	1986.10	本科	陆妹香
宝南3组	陆佳文	女	1995.7	本科	陆红男
宝南3组	陈强	男	1987.9	本科	马小男
宝南3组	潘茹	女	1987.7	本科	马小男
宝南3组	陈燕	女	1985.8	本科	郁林全
宝南4组	陈娟娟	女	1983.5	本科	陈雪男
宝南4组	马雅兰	女	1989.10	本科	马根男
宝南4组	马健	男	1991.9	本科	马忠新
宝南4组	马亚晖	男	1993.4	本科	马红星
宝南4组	陆嘉丽	女	1994.9	本科	陆方男
宝南4组	陈红芳	女	1976.11	本科	陈龙元
宝南4组	陈晓燕	女	1982.11	本科	陈仙妹
宝南4组	王晓燕	女	1981.4	本科	王根法
宝南4组	马莉	女	1985.5	本科	马招金
宝南4组	马军	男	1990.1	本科	马招明
宝南4组	曾正南	男	1976.3	本科	陈雪男
宝南5组	徐国平	男	1979.9	本科	徐关全
宝南5组	马叶丹	女	1987.2	本科	马留全
宝南5组	马利林	男	1991.1	本科	马福昌
宝南5组	徐冬	男	1991.11	本科	徐雪男
宝南5组	曹明刚	男	1979.3	本科	曹云男
宝南5组	陆英	女	1977.5	本科	曹云男
宝南6组	沈子君	男	1986.11	本科	沈连根
宝南7组	沈彬刚	男	1990.2	本科	沈菊昌
宝南7组	许萍	女	1979.11	本科	许兰生

续表

原村名	姓名	性别	出生年月	学历	户主
宝南7组	徐涛	男	1986.10	本科	徐建男
宝南7组	沈永元	男	1970.7	本科	沈兴男
宝南8组	翁剑峰	男	1988.9	本科	翁玉龙
宝南8组	费振伟	男	1986.12	本科	费林男
宝南8组	顾雅春	男	1986.2	本科	顾菊男
宝南8组	倪旦华	女	1992.1	本科	倪海元
宝南8组	顾爱华	女	1981.7	本科	顾杏泉
宝南8组	金康伟	男	1986.11	本科	顾玉祥
宝南8组	费诚伟	男	1993.9	本科	费阿夯
宝南8组	金黎青	男	1987.2	本科	金妹云
宝南8组	沈杨	男	1994.1	本科	沈永红
宝南8组	金思敏	女	1992.10	本科	金方男
宝南8组	翁苏艳	女	1990.6	本科	翁大男
宝南9组	王均芳	女	1980.2	本科	陆福男
宝南9组	徐志华	男	1981.6	本科	徐长根
宝南9组	沈蓉	女	1982.4	本科	沈会男
宝南9组	沈月	女	1979.8	本科	沈云男
宝南9组	徐玉兰	女	1989.6	本科	徐长明
宝南9组	朱琳	女	1990.8	本科	朱云昌
宝南10组	沈强	男	1989.11	本科	沈玉男
宝南10组	许留男	男	1963.8	本科	许留南
宝南10组	沈一鸣	男	1987.3	本科	莫龙金
宝南10组	朱欣培	男	1992.11	本科	朱福男
宝南10组	俞安琴	女	1993.5	本科	朱福男
宝南10组	许宏男	男	1969.5	本科	许宏男
宝南11组	沈琴	女	1980.7	本科	王根男
宝南11组	俞斯佳	男	1981.5	本科	沈玲妹
宝南11组	沈琴	女	1981.3	本科	沈玲妹
宝南11组	沈志华	男	1980.6	本科	沈龙元
宝南11组	沈京军	男	1983.7	本科	倪九宝
宝南11组	袁雪芳	女	1985.9	本科	沈玉全
宝南11组	沈锋	男	1979.11	本科	沈大男
宝南11组	沈花	女	1983.5	本科	沈三男

续表

原村名	姓名	性别	出生年月	学历	户主
宝南11组	沈稼兴	男	1975.6	本科	沈小毛
宝南12组	钱俊杰	男	1993.11	本科	钱福昌
宝南12组	钱卫国	男	1989.11	本科	钱全昌
宝南12组	陆宾	男	1997.7	本科	陆龙男
宝南12组	陆小娟	女	1990.3	本科	陆龙弟
宝南12组	沈军	男	1986.8	本科	沈才元
宝南12组	沈锋	男	1994.6	本科	沈建华
宝南12组	沈静	女	1990.1	本科	沈金宝
宝南13组	沈冬华	男	1980.11	本科	朱老五
宝南13组	沈志坚	男	1981.12	本科	沈文昌
宝南13组	朱毅超	女	1993.3	本科	朱卫明
宝南13组	缪超怡	女	1994.3	本科	缪彩男
宝南14组	费达伟	男	1989.12	本科	李龙弟
宝南14组	朱华荣	男	1989.12	本科	朱建龙
宝南15组	费晓君	女	1986.3	本科	费晓君
宝南15组	费悦	女	1989.6	本科	费全弟
宝南16组	徐彬	男	1990.1	本科	徐雪龙
宝南16组	陶徐娟	女	1992.11	本科	徐千金
宝南16组	徐永刚	男	1982.4	本科	徐文元
宝南16组	计珍妮	女	1989.2	本科	计锦明
宝南16组	徐艺澜	女	1992.11	本科	徐永忠
宝南16组	徐健	男	1988.7	本科	徐健
宝南16组	倪芯娟	女	1994.4	本科	倪向东
宝南17组	沈航程	男	1994.12	本科	沈会大
宝南17组	倪斯斯	女	1995.4	本科	倪纪男
宝南18组	周泽华	男	1993.1	本科	沈琴
宝南18组	李红	女	1987.9	本科	李龙男
宝南18组	李艳	女	1991.4	本科	李文弟
宝南18组	何会相	男	1978.8	本科	徐老土
宝南19组	夏萍	女	1995.2	本科	夏新男
宝南19组	徐勤	女	1988.1	本科	徐菊根
宝南19组	龚月良	男	1984.11	本科	龚盘金
宝南19组	龚月珍	女	1987.6	本科	龚盘金

续表

原村名	姓名	性别	出生年月	学历	户主
宝南19组	夏冰燕	女	1994.6	本科	夏春芳
宝南19组	夏春妹	女	1976.6	本科	夏春芳
宝南19组	徐欣烨	女	1995.8	本科	徐小男
宝南20组	王静	女	1989.3	本科	王金明
宝南20组	王晶	女	1994.1	本科	王金明
宝南20组	李志明	男	1986.11	本科	李雪根
宝南21组	李虹	女	1987.1	本科	李多泉
宝南21组	徐亚婷	女	1989.1	本科	张老土
宝南21组	徐其男	男	1973.8	本科	徐其男
宝尹1组	钱靖	男	1986.9	本科	钱兴男
宝尹1组	张燕	女	1992.1	本科	张松男
宝尹1组	张金洁	女	1986.1	本科	张金华
宝尹1组	熊翱	男	1988.2	本科	张金华
宝尹1组	吴彬	男	1989.1	本科	吴云华
宝尹1组	顾崧	男	1987.3	本科	钱菊男
宝尹1组	钱昕瑜	女	1986.12	本科	钱菊男
宝尹1组	钱峰	男	1985.7	本科	钱根男
宝尹1组	钱志杰	男	1986.9	本科	钱金男
宝尹1组	张华	女	1981.12	本科	张根昌
宝尹1组	童宏斌	男	1979.1	本科	张根昌
宝尹1组	钱恒	女	1986.11	本科	钱杏根
宝尹1组	钱江	男	1987.8	本科	龚金娥
宝尹1组	张金华	女	1973.5	本科	张金华
宝尹1组	吴燕君	女	1988.12	本科	吴雪明
宝尹2组	朱燕	女	1986.1	本科	朱大男
宝尹2组	朱伟	男	1981.11	本科	傅菊英
宝尹2组	姚洁	女	1989.2	本科	姚桂根
宝尹2组	姚永根	男	1956.8	本科	姚永根
宝尹2组	朱春华	男	1970.1	本科	朱春华
宝尹2组	曹轲	男	1982.2	本科	姚文山
宝尹2组	姚娟	女	1981.12	本科	姚文山
宝尹2组	姚洁	女	1986.1	本科	姚文山
宝尹2组	李建华	男	1972.8	本科	姚龙根
宝尹2组	姚芳芳	女	1975.11	本科	姚龙根

续表

原村名	姓名	性别	出生年月	学历	户主
宝尹2组	何国平	男	1981.12	本科	何和根
宝尹2组	李倩兰	女	1991.6	本科	李华明
宝尹2组	潘丽琴	女	1979.11	本科	潘祥龙
宝尹3组	陶志红	女	1981.1	本科	陶云男
宝尹3组	戈冰	男	1986.1	本科	戈玉泉
宝尹3组	傅晨怡	女	1992.7	本科	江云男
宝尹3组	傅阳怡	女	1991.1	本科	傅秋全
宝尹3组	江晔玮	男	1994.11	本科	江永良
宝尹3组	傅永生	男	1977.12	本科	朱秋根
宝尹3组	杨方明	男	1981.6	本科	朱小毛
宝尹3组	朱颖娴	女	1993.3	本科	朱大根
宝尹3组	傅立成	男	1993.1	本科	傅松林
宝尹4组	江剑妹	女	1980.11	本科	江建宝
宝尹4组	李义昌	男	1981.11	本科	江建宝
宝尹4组	江玉芳	女	1981.1	本科	江云昌
宝尹4组	江玲	女	1990.9	本科	江龙青
宝尹4组	江林弟	男	1977.4	本科	江老土
宝尹4组	朱晓景	男	1982.7	本科	朱根水
宝尹4组	江磊	男	1988.7	本科	江水芳
宝尹4组	蔡兰珍	女	1981.11	本科	蔡水观
宝尹4组	蔡立群	女	1994.11	本科	蔡水根
宝尹4组	江润洁	女	1989.6	本科	江苏南
宝尹4组	顾峰	男	1987.11	本科	江苏南
宝尹4组	陈永明	男	1985.8	本科	陈小弟
宝尹5组	吴悦群	女	1994.1	本科	吴决全
宝尹5组	吴稼华	男	1988.9	本科	吴志伟
宝尹5组	吴浩才	男	1979.5	本科	吴浩才
宝尹5组	吴秋男	男	1970.9	本科	吴秋男
宝尹5组	吴雪芳	女	1967.1	本科	朱春男
宝尹5组	吴晨敏	男	1993.1	本科	吴倍华
宝尹5组	吴中杰	男	1994.8	本科	吴金龙
宝尹5组	吴杰	男	1986.12	本科	吴火男
宝尹5组	吴林泉	男	1963.8	本科	吴林泉
宝尹5组	杨钦卿	男	1987.12	本科	吴林泉

续表

原村名	姓名	性别	出生年月	学历	户主
宝尹5组	吴中妍	女	1987.4	本科	吴林泉
宝尹5组	吴越晴	女	1994.2	本科	吴金元
宝尹5组	吴青	男	1980.2	本科	吴根狗
宝尹5组	黄玲风	女	1982.2	本科	吴根狗
宝尹5组	梁晓青	女	1988.12	本科	梁建华
宝尹5组	梁宸刚	男	1992.1	本科	梁建男
宝尹5组	陆佳星	女	1993.5	本科	梁建男
宝尹5组	吴艳红	女	1980.1	本科	姚根先
宝尹5组	孔平	男	1980.8	本科	姚根先
宝南5组	陆晓燕	女	1989.11	本科	沈月明
宝尹6组	吴洁	男	1984.9	本科	梁水龙
宝尹6组	朱怡婷	女	1991.11	本科	朱林泉
宝尹6组	梁红燕	女	1992.9	本科	梁林男
宝尹6组	朱晓青	女	1991.4	本科	朱决泉
宝尹6组	潘备华	男	1972.2	本科	潘水根
宝尹6组	朱爱萍	女	1992.1	本科	朱根火
宝尹6组	左洪强	男	1976.9	本科	朱龙金
宝尹6组	潘斌健	女	1974.8	本科	潘庆军
宝尹6组	朱益萍	女	1993.1	本科	朱祥根
宝尹6组	朱妹英	女	1981.1	本科	朱云泉
宝尹7组	陈婷婷	女	1991.11	本科	潘永亮
宝尹7组	陈丽珍	女	1990.5	本科	陈泉弟
宝尹7组	罗建红	女	1979.2	本科	罗龙根
宝尹7组	马一兵	男	1991.3	本科	马振华
宝尹7组	马志平	男	1986.12	本科	马小毛
宝尹7组	许敏	女	1987.4	本科	马小毛
宝尹7组	罗伟	男	1989.11	本科	罗培春
宝尹7组	吴丹	女	1989.1	本科	罗培春
宝尹7组	陈玉兰	女	1980.9	本科	陈土福
宝尹8组	钱苏珍	女	1975.11	本科	钱林昌
宝尹8组	钱苏萍	女	1975.11	本科	钱林昌
宝尹8组	钱晨燕	女	1994.2	本科	钱卫亮
宝尹8组	李峰	男	1989.3	本科	钱东亮

续表

原村名	姓名	性别	出生年月	学历	户主
宝尹8组	钱名一	女	1989.8	本科	钱东亮
宝尹8组	俞志荣	男	1994.11	本科	俞水法
宝尹8组	俞旭东	男	1989.6	本科	俞根昌
宝尹8组	朱丽华	女	1989.1	本科	俞根昌
宝尹8组	俞怡梦	女	1987.1	本科	俞根昌
宝尹8组	钱元	男	1971.1	本科	钱火金
宝尹8组	钱志伟	男	1986.1	本科	钱云男
宝尹8组	钱筱莉	女	1991.5	本科	钱云华
宝尹8组	金伊杰	女	1989.11	本科	金建华
宝尹8组	钱永健	男	1990.3	本科	钱火林
宝尹8组	褚会男	男	1971.4	本科	钱小火
宝尹9组	潘冠名	男	1982.4	本科	潘云元
宝尹9组	姚慧	女	1981.12	本科	姚水龙
宝尹9组	姚征凯	男	1992.11	本科	姚文良
宝尹9组	姚东亮	男	1991.8	本科	姚兴元
宝尹9组	周黎	女	1991.9	本科	姚兴元
宝尹9组	潘博一	女	1994.8	本科	潘炳根
宝尹9组	闫卫华	男	1979.6	本科	姚文根
宝尹9组	姚兰娟	女	1979.1	本科	姚文根
宝尹9组	潘莉	女	1994.12	本科	潘建亮
宝尹9组	谢传生	男	1977.8	本科	姚关元
宝尹9组	潘炳男	男	1965.2	本科	潘炳男
宝尹9组	潘斌	男	1987.1	本科	潘会昌
宝尹10组	马方明	男	1981.1	本科	马方明
宝尹10组	梁平	男	1985.12	本科	梁平
宝尹10组	梁锦峰	男	1986.11	本科	梁永元
宝尹5组	吴喜文	女	1979.11	本科	吴龙金
宝尹10组	沈玲玲	女	1986.5	本科	沈丙根
宝尹6组	梁妍	女	1987.12	大专	梁水龙
宝南1组	陈斌刚	男	1986.4	大专	陈杏男
宝南1组	何艳红	女	1991.12	大专	何火男
宝南1组	何明康	男	1994.12	大专	何火金
宝南1组	杜素珍	女	1977.3	大专	何晓平

续表

原村名	姓名	性别	出生年月	学历	户主
宝南1组	何晓晨	男	1992.11	大专	何月明
宝南1组	陈菊男	男	1964.7	大专	陈菊男
宝南1组	夏建国	男	1986.11	大专	夏金元
宝南1组	马露露	女	1991.4	大专	陈永昌
宝南1组	马小良	男	1986.3	大专	马炳根
宝南1组	曹晓洁	女	1986.7	大专	马炳根
宝南1组	夏晓清	男	1987.11	大专	夏银元
宝南2组	马留弟	男	1963.9	大专	马留弟
宝南2组	卞志勇	男	1987.2	大专	马留弟
宝南2组	马 琼	女	1981.11	大专	马新民
宝南2组	张志义	男	1972.11	大专	杨康勇
宝南2组	陈新男	男	1966.9	大专	陈新男
宝南2组	马忠芳	女	1970.1	大专	陈新男
宝南2组	陈 松	男	1998.1	大专	陈炳元
宝南2组	冯骏驰	男	1988.1	大专	马建华
宝南2组	马 燕	女	1988.12	大专	马建华
宝南3组	吴家伟	男	1979.11	大专	马火男
宝南3组	陈晓娟	女	1995.7	大专	陈永男
宝南3组	陈 谡	男	1990.9	大专	陈永弟
宝南3组	陆妹香	女	1963.11	大专	陆妹香
宝南3组	陆 尉	男	1993.7	大专	陆珍华
宝南3组	陆佳蓓	女	1995.7	大专	陆红男
宝南3组	陆陈斌	男	1991.12	大专	陆建新
宝南3组	陆 利	男	1993.11	大专	陈锦华
宝南3组	钱慧枫	女	1995.11	大专	钱方明
宝南3组	陈志华	男	1978.11	大专	陈盘根
宝南3组	姜靠碗	男	1972.1	大专	陈林男
宝南3组	陈 健	男	1989.6	大专	郁林全
宝南4组	陈志明	男	1988.11	大专	陈龙全
宝南4组	陆春良	男	1982.3	大专	陆多男
宝南4组	陈龙元	男	1952.9	大专	陈龙元
宝南4组	陈 杰	男	1989.5	大专	陈旗元
宝南5组	马晓锋	男	1986.1	大专	马雪昌

续表

原村名	姓名	性别	出生年月	学历	户主
宝南5组	曹紫良	男	1987.2	大专	陆林男
宝南5组	沈毅锋	男	1990.2	大专	沈月明
宝南5组	马一娇	女	1989.9	大专	马建明
宝南5组	马一航	男	1996.2	大专	马忠男
宝南5组	许燕静	女	1989.12	大专	许纪明
宝南5组	沈帆	男	1989.12	大专	沈建男
宝南5组	许佳婷	女	1996.1	大专	许纪明
宝南5组	蒋梦婷	女	1991.1	大专	徐雪男
宝南6组	沈华俊	男	1993.12	大专	沈纪根
宝南6组	许华	男	1980.6	大专	许寿男
宝南6组	沈斌	男	1991.1	大专	沈卫明
宝南7组	沈利	男	1977.9	大专	沈利
宝南7组	马志强	男	1992.11	大专	马小明
宝南7组	许佳妮	女	1989.1	大专	许寿英
宝南7组	马奇明	男	1983.1	大专	马建昌
宝南7组	马永刚	男	1981.11	大专	马道大
宝南8组	潘静	女	1988.5	大专	潘明昌
宝南8组	金兰兰	女	1983.1	大专	金泉根
宝南8组	朱伟	男	1986.8	大专	朱雪龙
宝南8组	朱莉君	女	1981.12	大专	朱龙元
宝南8组	朱洁怡	女	1994.1	大专	朱雪方
宝南9组	徐菲	女	1994.1	大专	徐永元
宝南9组	徐志成	男	1984.7	大专	徐林宗
宝南9组	马雅琴	女	1993.9	大专	马云弟
宝南9组	陈晔	女	1982.3	大专	陈锦男
宝南9组	许卫春	男	1982.3	大专	许泉男
宝南9组	马清婷	女	1989.1	大专	马菊明
宝南10组	沈丽萍	女	1979.8	大专	沈连根
宝南10组	朱静	女	1990.11	大专	朱祥明
宝南10组	沈亚萍	女	1992.7	大专	沈亚萍
宝南10组	沈奕	男	1988.1	大专	沈文妹
宝南11组	陆林刚	男	1994.4	大专	陆永明
宝南11组	沈康	男	1990.2	大专	王祥英

续表

原村名	姓名	性别	出生年月	学历	户主
宝南11组	沈 平	男	1987.5	大专	沈祥弟
宝南11组	沈亿勇	男	1992.6	大专	沈老土
宝南11组	沈明慧	男	1982.12	大专	沈全元
宝南11组	沈梦婷	女	1993.12	大专	沈水男
宝南11组	沈 明	男	1985.3	大专	沈玉全
宝南11组	沈联静	女	1985.6	大专	沈林妹
宝南11组	沈妍娉	女	1986.2	大专	沈金毛
宝南11组	沈 燕	女	1983.7	大专	沈大毛
宝南11组	王正英	女	1978.2	大专	沈小毛
宝南12组	钱伊婷	女	1996.12	大专	钱菊昌
宝南12组	沈兰兰	女	1994.2	大专	沈根方
宝南12组	朱晓生	男	1982.9	大专	缪彩英
宝南13组	沈 娟	女	1980.12	大专	沈文男
宝南13组	钱樱樱	女	1989.11	大专	钱龙金
宝南13组	缪肖红	女	1991.11	大专	缪田男
宝南13组	沈嘉炜	男	1992.9	大专	沈长兴
宝南13组	沈 清	女	1989.11	大专	沈雪元
宝南13组	缪宵怡	女	1991.2	大专	缪彩男
宝南14组	朱晓明	男	1994.9	大专	朱九男
宝南14组	周婉玲	女	1989.2	大专	周金明
宝南14组	周 靥	女	1990.5	大专	周永龙
宝南14组	许丽娜	女	1985.11	大专	许荣珍
宝南14组	朱 琴	女	1987.9	大专	朱新男
宝南14组	朱镇江	男	1983.9	大专	朱新根
宝南14组	朱雨虹	男	1990.6	大专	朱建平
宝南14组	朱 峰	男	1989.8	大专	朱明真
宝南14组	朱丽叶	女	1994.11	大专	朱其忠
宝南15组	倪艺琴	女	1994.6	大专	倪峰英
宝南15组	费蓉蓉	女	1989.1	大专	费祥龙
宝南15组	费婷婷	女	1986.9	大专	费祥男
宝南16组	倪建忠	男	1995.3	大专	倪向男
宝南16组	倪静华	女	1990.4	大专	倪吉祥
宝南17组	倪雪林	男	1981.12	大专	倪大男

续表

原村名	姓名	性别	出生年月	学历	户主
宝南17组	沈明华	男	1986.8	大专	沈才明
宝南17组	马云兰	女	1994.3	大专	马新弟
宝南17组	倪徽云	女	1989.11	大专	倪建华
宝南17组	倪静静	女	1987.1	大专	倪建根
宝南18组	周泓艺	男	1994.3	大专	周弘
宝南18组	何花	女	1988.9	大专	何根仙
宝南18组	何晨健	男	1993.4	大专	何仙男
宝南18组	李翼飞	男	1994.12	大专	李永良
宝南19组	周明	男	1969.1	大专	周明
宝南19组	周禹彬	男	1992.11	大专	周明
宝南19组	杨建方	男	1971.9	大专	周小毛
宝南19组	李军	男	1993.3	大专	夏招媛
宝南19组	徐锦燕	女	1978.1	大专	徐水南
宝南20组	龚超	男	1990.12	大专	龚木金
宝南20组	徐佳裕	女	1994.6	大专	徐玉男
宝南20组	徐方男	男	1980.1	大专	徐全林
宝南20组	李梦玲	女	1993.7	大专	李老土
宝南20组	龚玲玲	女	1988.1	大专	龚堂泉
宝南20组	徐婷	女	1990.1	大专	徐秋明
宝南20组	徐晓红	女	1990.2	大专	徐向男
宝南21组	徐土根	男	1980.7	大专	徐三男
宝南21组	夏和奇	男	1991.12	大专	夏仙男
宝南21组	徐新元	男	1970.3	大专	徐新元
宝南21组	李生华	男	1972.1	大专	李堂泉
宝尹1组	朱春芳	女	1971.11	大专	张松男
宝尹1组	张晨叶	女	1989.9	大专	张松华
宝尹1组	张瑛	女	1994.12	大专	张松华
宝尹1组	陈娟	女	1977.3	大专	张春华
宝尹1组	张越峰	男	1993.5	大专	张春华
宝尹1组	钱明芳	女	1985.3	大专	钱明芳
宝尹1组	张月萍	女	1979.2	大专	张龙根
宝尹1组	钱玉兰	女	1982.12	大专	钱金龙
宝尹1组	冯革伟	男	1971.1	大专	钱纪生

续表

原村名	姓名	性别	出生年月	学历	户主
宝尹1组	钱静芳	女	1978.1	大专	钱纪生
宝尹1组	钱文芳	女	1975.11	大专	钱纪生
宝尹1组	钱程	男	1992.11	大专	钱杏男
宝尹1组	钱卫青	男	1978.6	大专	钱林元
宝尹1组	周武峰	男	1978.6	大专	钱大男
宝尹1组	钱敏芳	女	1979.7	大专	钱大男
宝尹2组	朱小玲	女	1991.3	大专	朱全男
宝尹2组	李珍	女	1983.2	大专	傅菊英
宝尹2组	吕孝东	男	1976.3	大专	姚抱根
宝尹2组	姚子康	男	1993.3	大专	姚福昌
宝尹2组	李晓	男	1986.1	大专	李加男
宝尹2组	李恩泽	男	1989.1	大专	李建男
宝尹2组	李杰	男	1992.6	大专	李建新
宝尹2组	朱晓君	女	1976.4	大专	朱福泉
宝尹2组	姚忠伟	男	1981.11	大专	姚林昌
宝尹2组	姚春芳	女	1976.4	大专	姚三妹
宝尹2组	朱岚	女	1993.5	大专	朱云华
宝尹3组	梁小凤	女	1992.6	大专	梁玉明
宝尹3组	卢骥	男	1983.11	大专	傅菊男
宝尹3组	傅瑞娟	女	1982.11	大专	傅菊男
宝尹3组	朱琦	男	1992.11	大专	朱文华
宝尹3组	朱萍	女	1998.11	大专	朱小毛
宝尹3组	朱建芳	女	1972.2	大专	朱大根
宝尹3组	沈丹	女	1985.11	大专	沈金媛
宝尹3组	戈玉泉	男	1950.8	大专	戈玉泉
宝尹3组	徐云蕾	女	1969.1	大专	傅松林
宝尹4组	蔡冬兰	女	1991.12	大专	蔡全林
宝尹4组	蔡晴芳	女	1981.6	大专	蔡根观
宝尹4组	江华	男	1981.12	大专	江云木
宝尹4组	孙莉娜	女	1983.3	大专	江云木
宝尹4组	贺洪勇	男	1974.11	大专	江宏英
宝尹4组	江志萍	女	1989.12	大专	江连根
宝尹4组	戈才春	男	1981.3	大专	戈纪昌

续表

原村名	姓名	性别	出生年月	学历	户主
宝尹4组	江张屹	男	1995.11	大专	张雪明
宝尹4组	江顺成	男	1989.8	大专	江云华
宝尹4组	江宏	男	1986.1	大专	江雪男
宝尹4组	江峰	男	1995.2	大专	江芳男
宝尹4组	江其明	男	1977.12	大专	江泉福
宝尹4组	江艳敏	女	1989.8	大专	江龙元
宝尹4组	江艳	女	1992.11	大专	江龙根
宝尹4组	戈芬芳	女	1982.7	大专	戈雪昌
宝尹4组	陈月娟	女	1981.12	大专	陈巧英
宝尹5组	吴辰晔	女	1993.9	大专	吴福根
宝尹5组	吴燕	女	1990.2	大专	吴立新
宝尹5组	吴菲	女	1986.11	大专	陈老土
宝尹5组	吴学良	男	1972.1	大专	吴学良
宝尹5组	吴冬陆	男	1972.9	大专	吴冬陆
宝尹5组	吴思雨	女	1997.7	大专	吴冬陆
宝尹5组	吴雨阳	女	1995.1	大专	吴大根
宝尹5组	吴婉婷	女	1995.8	大专	吴决心
宝尹5组	吴庆祺	男	1991.3	大专	吴福全
宝尹5组	梁洁	女	1988.8	大专	梁锦兴
宝尹5组	梁静燕	女	1988.1	大专	梁云男
宝尹5组	吴康杰	男	1997.5	大专	吴林根
宝尹5组	吴喜文	女	1979.11	大专	吴龙金
宝尹5组	徐卫祥	男	1978.3	大专	吴龙金
宝尹6组	傅志峰	男	1990.9	大专	傅桂泉
宝尹6组	朱依	女	1997.11	大专	朱方华
宝尹6组	朱鑫磊	男	1995.8	大专	朱雪宝
宝尹6组	沈利华	男	1980.2	大专	顾水根
宝尹6组	朱素花	女	1981.5	大专	顾水根
宝尹6组	朱爱芳	女	1990.6	大专	顾水根
宝尹6组	梁计强	男	1989.1	大专	梁林福
宝尹6组	朱晓俊	男	1994.12	大专	朱决泉
宝尹6组	姚宏滨	男	1997.4	大专	姚建根
宝尹6组	姚彬彬	男	1986.7	大专	姚彬彬

续表

原村名	姓名	性别	出生年月	学历	户主
宝尹6组	潘春伊	女	1993.3	大专	潘龙福
宝尹6组	朱克勤	男	1986.11	大专	朱祥男
宝尹6组	潘 潮	男	1991.6	大专	潘春明
宝尹6组	姚云华	男	1972.12	大专	姚云华
宝尹6组	朱永杰	男	1996.12	大专	朱三福
宝尹7组	陈雨晴	女	1992.1	大专	陈春华
宝尹7组	蒋小丽	女	1985.12	大专	罗永根
宝尹7组	陈晓芳	女	1996.12	大专	陈官泉
宝尹7组	潘 贤	男	1987.1	大专	潘金元
宝尹7组	陈再新	男	1971.6	大专	陈再新
宝尹7组	陈旻晖	男	1992.11	大专	陈再生
宝尹7组	陈月平	男	1988.6	大专	陈龙元
宝尹7组	徐莹赟	女	1989.1	大专	陈龙元
宝尹7组	徐娟娟	女	1993.11	大专	马振华
宝尹7组	罗霞凤	女	1986.1	大专	罗培春
宝尹7组	陈 华	男	1982.11	大专	陈志男
宝尹7组	柳丽芳	女	1981.12	大专	陈志男
宝尹7组	陈 鑫	男	1989.11	大专	陈金毛
宝尹7组	张 婷	女	1990.11	大专	陈金毛
宝尹7组	陈德友	男	1985.9	大专	陈根毛
宝尹7组	陈春兰	女	1987.3	大专	陈土福
宝尹7组	陈 杰	男	1988.11	大专	陈 杰
宝尹7组	陈 强	男	1990.2	大专	陈健康
宝尹7组	陈志明	男	1953.9	大专	陈志明
宝尹7组	陈霞娟	女	1979.6	大专	陈志明
宝尹7组	陈玲玮	男	1976.2	大专	陈志明
宝尹7组	陈 琤	男	1982.12	大专	陈小羊
宝尹8组	钱 来	男	1980.11	大专	钱林昌
宝尹8组	钱忠桢	男	1985.6	大专	钱才男
宝尹8组	钱 琦	女	1987.11	大专	钱永男
宝尹8组	钱 成	男	1993.3	大专	钱才明
宝尹8组	俞 佳	女	1991.11	大专	俞玉根
宝尹8组	钱灵玲	女	1988.1	大专	钱所龙

续表

原村名	姓名	性别	出生年月	学历	户主
宝尹8组	钱维斌	男	1990.2	大专	钱瑞金
宝尹8组	俞政廉	男	1994.11	大专	俞志明
宝尹8组	钱勇刚	男	1980.3	大专	钱火林
宝尹8组	钱晓婷	女	1992.11	大专	钱龙昌
宝尹9组	陈鸿梅	女	1982.12	大专	陈根明
宝尹9组	陈其林	男	1980.7	大专	陈连全
宝尹9组	潘永明	男	1974.4	大专	潘龙元
宝尹9组	潘燕萍	女	1987.12	大专	潘大男
宝尹9组	潘昕雨	女	1996.9	大专	潘土英
宝尹9组	潘康华	男	1982.11	大专	潘文元
宝尹9组	吴鹰红	女	1986.2	大专	吴金明
宝尹9组	陈洪江	男	1981.12	大专	陈根男
宝尹9组	陈清清	女	1990.11	大专	陈云弟
宝尹9组	陈莉莉	女	1986.8	大专	陈桂男
宝尹9组	姚坚	男	1994.4	大专	姚新男
宝尹9组	姚兰芳	女	1977.8	大专	姚关元
宝尹10组	马俊	男	1997.4	大专	马永明
宝尹10组	马方英	女	1976.12	大专	马方明
宝尹10组	马婷婷	女	1987.6	大专	马龙官
宝尹10组	梁顺	男	1989.5	大专	吴建英
宝尹10组	马琪荣	男	1993.7	大专	马龙昌
宝尹10组	梁静	女	1986.8	大专	梁多男
宝尹10组	梁露萍	女	1989.9	大专	梁多男
宝尹10组	梁程怡	女	1995.1	大专	梁根元

五、入伍军人

表9-3　　　　　　　　2017年底宝带桥社区籍入伍军人一览表

姓名	住址	入伍时间	退伍转业时间	备注
陈根南	宝南2组	1949.2	1955.5	战士
付云官	宝尹3组	1949.12	1955.12	战士
戈三大	宝尹4组	1950.2	1950.12	战士
朱三男	宝南9组	1950.10	1955.3	战士
江关水金	宝尹4组	1952.3	1955.3	战士

续表

姓名	住址	入伍时间	退伍转业时间	备注
马盘根	宝南4组	1952.3	1957.3	战士
费老土	宝南1组	1953.1	1957.7	战士
戈洪福	宝尹4组	1953.1	1957.7	班长
江龙水根	宝尹4组	1953.3	1958.3	战士
钱根男	宝南17组	1953.11	1957.11	班长
俞全根	宝尹8组	1955.3	1959.3	战士
俞根宝	宝尹8组	1955.3	1959.3	战士
钱三根	宝尹8组	1955.3	1959.3	班长
沈锦清	宝南5组	1955.8	1973.8	团参谋长
马国忠	宝南4组	1955.8	1965.8	排长
蔡水根	宝尹4组	1958.3	1961.3	班长
陆阿龙	东下田31号	1959.3	1961.3	战士
马长金	宝南2组	1959.3	1961.3	战士
钱水大	宝尹8组	1959.3	1964.4	班长
姚文良	宝尹9组	1960.8	1968.3	副班长
沈长泉	宝尹村27号	1962.10	1968.3	班长
何海根	钱家新村112号	1963.3	1970.1	副班长
何火泉	宝南1组	1963.12	1982.2	副营长
潘水根	宝尹6组	1964.3	1968.3	班长
朱火金	宝南7组	1964.3	1968.3	班长
徐小男	钱家新村174号	1964.12	1978.8	技师
徐惠元	钱家新村101号	1965.1	1969.3	副班长
倪龙根	钱家新村128号	1965.1	1968.1	副班长
沈连根	西下田8号	1965.3	1969.3	战士
郁玉林	钱家新村120号	1965.3	1969.3	战士
费盘根	宝尹花园111号	1965.3	1969.3	战士
沈云元	西下田117号	1965.3	1969.3	班长
马林根	东下田36号	1965.10	1971.1	战士
马根法	宝尹5组	1968.3	1970.1	战士
潘龙泉	宝尹6组	1968.3	1971.3	副班长
周小毛	钱家新村58号	1968.3	1973.1	班长
徐水南	钱家新村117号	1969.2	1986.6	营职参谋
陈连全	宝尹9组	1969.2	1974.2	副班长

续表

姓名	住址	入伍时间	退伍转业时间	备注
马多根	宝南 2 组	1969.2	1973.2	战士
沈关全根	宝南 10 组	1969.2	1973.2	战士
马老虎	宝南 3 组	1969.2	1974.2	班长
潘水源	宝尹 9 组	1969.3	1982.10	副连长
钱小火	宝尹 8 组	1969.4	1973.1	战士
马福男	宝南村 24 号	1969.4	1977.3	班长
陈全福	宝尹 7 组	1969.4	1974.2	副班长
潘龙元	宝尹 9 组	1969.4	1973.4	战士
董夯南	宝尹花园 146 号	1969.11	1983.4	排长
周三男	钱家新村 66 号	1969.12	1976.3	班长
钱林元	宝尹 1 组	1969.12	1975.3	战士
徐三男	钱家新村 85 号	1969.12	1973.4	战士
钱纪生	宝尹 1 组	1970.1	1973.1	班长
曹云男	宝南 5 组	1971.1	1975.3	班长
倪龙元	宝南村小村 28 号	1971.1	1975.3	副班长
梁林元	宝尹 10 组	1971.1	1975.3	战士
江三男	宝尹 4 组	1971.1	1975.3	战士
陈志明	宝尹 7 组	1972.12	1976.3	班长
姚关元	宝尹 9 组	1972.12	1976.3	战士
徐长根	钱家新村 97 号	1973.1	1976.3	战士
李根法	钱家新村 110 号	1973.1	1976.3	战士
江金泉	宝尹 4 组	1973.1	1979.12	班长
马财全	下田 100 号	1973.1	1979.12	战士
姚永根	宝尹 2 组	1974.12	1982.1	卫生员
江寿昌	宝尹 4 组	1976.2	1980.1	班长
马新民	东下田 3 号	1976.12	1980.12	战士
翁玉泉	钱家新村 153 号	1976.12	1981.12	战士
钱根男	宝尹 1 组	1978.1	1983.1	班长
沈祥生	下田 41 号	1978.12	1983.12	班长
马卫东	宝尹 7 组	1978.12	现役	高级工程师 5 级、文职 2 级
朱新根	宝尹花园 109 号	1979.1	1983.1	战士
马招金	钱家新村 239 号	1978.3	1983.1	战士
沈月泉	宝南 5 组	1978.3	1982.1	班长

续表

姓名	住址	入伍时间	退伍转业时间	备注
李雪根	宝南10组	1979.3	1984.10	班长
吴金明	宝尹9组	1979.12	1981.1	战士
许菊男	下田94号	1979.12	1981.1	战士
陈根毛	宝尹7组	1980.10	1983.10	副班长
梁飞武	东下田6号	1981.10	1983.8	战士
李多泉	西下田128号	1981.11	1983.12	战士
马留弟	东下田71号	1981.11	1986.11	班长
潘明昌	钱家新村196号	1982.11	1986.1	炊事员
吴志伟	宝尹5组	1983.11	1987.10	副班长
郭文祥	宝尹花园261号	1983.11	1987.1	班长
沈月明	西下田75号	1984.10	1989.3	班长
陆旗新	东下田31号	1985.10	1990.3	电影放映员
朱建平	西下田150号	1985.10	1990.3	班长
钱云华	宝尹8组	1987.5	1989.3	汽车司机
许宏男	宝南10组	1987.10	2005.11	营长
朱春华	宝尹2组	1989.3	2001.10	副连长
姚福元	宝尹2组	1989.9	—	学生（军校），1992.7病故
沈永元	西下田166号	1989.3	2005.10	副参谋长
朱祥金	下田46号	1990.3	1992.12	班长
徐永根	下田村118号	1990.3	1992.12	战士
吴冬陆	宝尹5组	1990.3	1992.12	班长
潘庆军	宝尹6组	1990.12	1991.3	班长
张志义	东下田10号	1991.12	1996.12	代理排长
俞秋华	宝尹8组	1990.12	1993.12	副班长
冯革伟	宝尹1组	1991.12	1995.12	班长
钱　元	宝尹8组	1991.12	2007.12	通信科科长
徐　勇	宝尹花园254号	1991.12	1994.12	班长
曾正南	兰园公寓3幢1007室	1991.12	2006.3	副科助理
尤晓泉	宝尹花园113号	1991.12	1995.12	战士
贺洪勇	宝尹4组	1993.12	2004.4	三级士官
濮小华	小村56号	1994.11	1998.12	班长
顾晓平	钱家新村111号	1994.12	1998.12	战士
周武峰	宝尹1组	1995.12	2003.12	二级士官
吴　华	钱家新村110号	1995.12	1998.1	战士

续表

姓名	住址	入伍时间	退伍转业时间	备注
谢传生	宝尹花园 203 号	1995.12	2008.4	代理排长
罗炳林	西下田 102 号	1996.12	2001.12	二级士官
沈 利	城南丽景 4 幢 803 室	1996.12	1999.12	班长
李方明	钱家新村 87 号	1996.12	1999.12	班长
何会相	文曲路 26 号	1997.9	2207.12	副营长
徐志华	钱家花园 97 号	2000.12	2002.12	战士
朱 伟	宝尹 2 组	2000.12	2005.12	班长
姚冬冬	宝尹 9 组	2000.12	2005.11	班长
朱 建	宝尹花园 114 号	2001.12	2004.12	班长
陆金良	宝尹花园 133 号	2001.12	2003.12	战士
胡遵标	宝尹花园 44 号	2001.12	2003.12	班长
沈 良	西下田 48 号	2001.12	2002.11	战士
江 华	宝尹 4 组	2002.11	2004.12	炊事员
钱 月	宝尹 1 组	2002.12	2004.12	上等兵
李 晓	宝尹 2 组	2005.12	2007.12	话务员
沈 平	钱家新村 24 号	2006.12	2008.12	战士
乔 龙	宝尹新村 154 号	2006.12	2011.12	班长
沈 奕	下田 65 号	2007.11	2009.10	战士
陈 杰	宝南小村 40 号	2007.12	2012.12	战士
江顺成	宝尹 4 组	2009.12	2011.12	战士
沈康康	宝尹 3 组	2010.12	2012.12	战士
沈 强	宝尹 3 组	2010.12	2012.12	战士
沈嘉炜	西下田 5 号	2011.12	2013.12	战士
朱晓风	下田 46 号	2013.9	2015.8	战士
俞志荣	宝尹 8 组	2014.9	2016.9	战士

第二节 荣 誉

一、集体荣誉

2003 年 7 月，苏州吴中经济开发区管委会授予宝带桥居委会"2003 年度吴中经济开发区无偿献血工作先进集体"称号。

2004年3月,苏州市吴中区服务"两个率先"、建设平安吴中活动领导小组授予宝带桥社区"2003年度社会治安安全社区"称号。

2005年3月,苏州市吴中区妇女联合会授予宝带桥社区妇代会"2003—2004年度四好妇代会"称号。6月,中共苏州吴中区城南街道委员会授予宝带桥党总支"先进党总支部"称号。

2006年1月,苏州市吴中区依法治区领导小组授予宝带桥社区"民主法治示范社区"称号。6月,中共苏州吴中区城南街道委员会授予宝带桥党总支"2005年度先进基层党组织"称号。苏州吴中区服务"两个率先"、建设平安活动领导小组授予宝带桥社区"2005年度治安安全社区"称号。中共苏州市吴中区委员会、苏州市吴中区人民政府授予宝带桥社区"2004—2005年度文明单位"称号。7月,中共苏州市吴中区委员会授予宝带桥社区"'实践三个代表,实现两个率先'先锋社区"称号。

2007年1月,苏州市关心下一代工作委员会授予宝带桥社区"四有五无先进居委会"称号。3月,中共苏州市吴中区委员会、苏州市吴中区人民政府授予宝带桥社区"五位一体示范综治办"称号。6月,中共苏州市吴中区城南街道工作委员会授予宝带桥社区党总支"2006年度先进基层党组织"称号。12月,中共苏州市吴中区委员会、苏州市吴中区人民政府授予宝带桥社区"和谐社区"称号。

2008年2月,中共苏州吴中区委员会、苏州市吴中区人民政府授予宝带桥社区"五位一体示范综合办"称号。3月,吴中区妇女联合会、吴中区农林局授予宝带桥社区"绿色庭院、美丽家园,绿色行动先行村"称号。

2009年1月,苏州市吴中区司法局授予宝带桥社区"先进人民调解委员会"称号。6月,中共苏州市委员会授予宝带桥社区"实践科学发展,推进两个率先"先锋社区称号。12月,苏州市吴中区社区治安综合治理委员会授予宝带桥社区"五星级五位一体综合办"称号。

2010年2月,中共苏州吴中经济开发区工作委员会、苏州吴中经济开发区管理委员会授予宝带桥社区"2009年度社区管理先进单位"称号。3月,苏州市国土资源局吴中分局授予宝带桥社区"2009年度土地管理先进村"称号。6月,中共苏州吴中区城南街道工作委员会授予宝带桥社区党委"2009年度先进基层党组织"称号。

2011年1月,苏州市依法治市领导小组办公室、苏州市司法局、苏州市民政局授予宝带桥社区"民主法治社区"称号。2月,中共苏州市委员会、苏州市人民政府授予宝带桥社区"市级经济百强村"称号。10月,苏州市吴中经济开发区管委会授予宝带桥社区"2010年征兵工作先进单位"称号。

2012年2月,吴中区经济技术开发区管理委员会授予宝带桥社区"2011年征兵工作先进单位"称号。12月,苏州市文化广电新闻出版局授予宝带桥社区"苏州市有线高清互动社区(村)"称号。

2014年2月,吴中区人武部授予宝带桥社区民兵营"民兵政治教育先进单位"称号。

2015年2月,吴中经济技术开发区管理委员会授予宝带桥社区居民委员会"2014年征兵工作先进单位"称号。

二、个人荣誉

（一）劳动模范、先进工作者

宝带桥社区籍涌现了一批劳动模范和先进个人，现将获得县（区）级以上（含县区级）劳动模范和先进个人以获奖时间为序录之。

周小毛，男，1947年8月生，1970年8月，被中国人民解放军授予的"兰州军区积极分子"称号。

沈会男，男，1956年10月生，1987年12月、1988年12月、1989年12月、1990年12月、1991年12月先后五次被吴县县委宣传部授予"基层党员先进个人"称号。

陆美香，女，1963年11月生，2000年3月，被吴县市人民政府授予市"计划生育先进个人"称号。

罗纪根，男，1942年4月生，2005年6月，被江苏省文化厅授予"全省网吧优秀五老义务"称号。

马妹珍，女，1965年8月生，2011年2月，被吴中区人民政府授予区"劳动模范"称号；2011年10月、2012年10月、2013年10月先后被苏州市总工会、苏州市市容市政管理局授予市区环卫行业第四至第六届市环卫杯创先争优劳动竞赛"优秀工人"荣誉称号。

乔龙，男，1988年7月生，2011年5月被南京军区某旅授予"全军优秀士官人才奖"三等奖。

（二）在部队立功军人

宝带桥社区籍参军入伍及退伍人员在部队为保卫祖国、建设祖国立下了战功。现在以立功时间为序列表录之。

表9-4　　　　　　　　2017年宝带桥社区籍军人在部队立功一览表

姓名	性别	出生年月	荣誉称号	颁奖时间	批准单位
沈锦清	男	1935.8	三等功	1958.10	中国人民解放军空军雷达部队
陆阿龙	男	1940.5	三等功	1961.8	中国人民解放军总后勤部某站
钱水大	男	1940.9	三等功	1962.12	中国人民解放军某部队
戈洪福	男	1935.11	三等功	1973.8	中国人民解放军某部队
蔡水根	男	1937.6	三等功	1973.8	中国人民解放军某部队
江寿昌	男	1955.10	三等功	1979.12	中国人民解放军某部队
马卫东	男	1958.12	三等功	1979.12	中国人民解放军北京军区空军后勤部
马卫东	男	1958.12	三等功	1989.12	中国人民解放军北京军区空军后勤部
马卫东	男	1958.12	三等功	2001.12	中国人民解放军北京军区空军后勤部
马卫东	男	1958.12	三等功	2010.12	中国人民解放军北京军区空军后勤部
沈永元	男	1970.7	三等功	1999.12	武警江苏总队扬州支队
沈祥生	男	1971.1	三等功	1987.6	中国人民解放军某部队
冯革伟	男	1971.1	三等功	1995.12	中国人民解放军某部队

续表

姓名	性别	出生年月	荣誉称号	颁奖时间	批准单位
曾正南	男	1976.3	三等功	1998.12	中国人民解放军第12集团军司令部
谢传生	男	1977.7	三等功	1999.12	武警北京总队某支队
			三等功	2006.12	武警北京总队某支队
朱 伟	男	1981.11	三等功	2002.12	中国人民解放军空军某营
			三等功	2003.12	中国人民解放军空军某师
乔 龙	男	1988.7	三等功	2009.12	中国人民解放军南京军区某旅
			三等功	2010.12	中国人民解放军南京军区

第十章 丛录

据载，自春秋战国时期孔子弟子澹台灭明至境域结庐修学，唐代元和年间苏州刺史王仲舒捐带筑桥至今，历时数千年，境域文化底蕴丰厚，留下了不少趣闻轶事。

第一节 掌故轶闻

一、募建澹台书院引

尹山在苏郡城东南二十里，平畴巨泽之间高阜突起。山上旧有先贤澹台书院，以北有澹台湖也。

《史记》云："子羽，武城人，受业孔子，退而修己，南游至江，从弟子三百人，名施乎诸侯。"《郡志》云："澹台湖即其故址。"《吴地记》以为子羽宅所陷。固足徵为实据焉。

夫孔门从游弟子，类皆邹鲁之产，独我吴子游远至中原，亲承圣教，以文学推于十哲之列。而子羽特受知于子游为宰日，因是而从之南游，倡明羽翼，同开吴会，人文之始，良非偶然矣。

书院之建，表扬风化，诚属一方嘉庇，非私创无名祠宇之比。慨自人心不古，土豪营冢，妄议风水而毁之，历有年，所俎豆湮没，莫有过而问者。寺中明宗上人来自嘉禾，殷然有志于重兴书院，告募鸠工，属余一言为引。

余惟敬事先贤，修复古迹固素志也，若是举出自禅门，所谓礼失而求诸野者，其在斯乎？今春余登山巅，遥望湖阴，空明浩淼，俨若子羽精爽犹可想见于烟波林蔼之中，徘徊感慕，愿得刻期告成，而来灌献几筵也。遂书此于简端。

录自《南畇文稿》卷十二　作者：［清］彭定求

二、宝带桥畔迎接北伐军

1927年的3月20日，苏州人民最终挣脱了军阀的黑暗统治，在宝带桥畔，迎接北伐军进城。苏州全城，沉浸在庆祝国民革命胜利的一片欢乐之中。这段历史，离开现在（1984年）已整整五十七年。当时，中国共产党第三次全国代表大会作出决议，与孙中山先生组建的国民党进行第一次合作，在军阀统治的中国大地上，掀起了声势浩大的第一次国内革命战争，人们习惯地把这场革命简称为"北伐"。许多共产党员，投身于这场轰轰烈烈的革命战争之中。

北伐军从广东出发，分兵三路：一路从湖南进入湖北，进攻武汉；一路从湖南入江西，进攻南昌、九江；一路绕道福建，北出浙江。由白崇禧任总指挥，称"东路军"，负责攻占上海、南京。

1927年3月19日，国民革命军21师在师长严重的率领下，冲破军阀孙传芳在江浙一带设置的重重障碍，从嘉兴、平望进入苏州地区。当天，在吴江以南的龙王庙，击溃了顽抗的军阀部队，使吴江首先摆脱了军阀的黑暗。柳亚子担任了当年吴江革命政权的领导人。三月廿日，北伐军挺进到夹浦、尹山桥一线，由陈诚为团长的52团官兵与盘踞在那里的军阀毕庶澄部发生战斗，在苏州城内可以隐隐听到从宝带桥方向传来的枪炮声。敌人经不住国民革命军的猛烈冲击，纷纷沿大运河越过苏州，向枫桥、浒墅关一线溃退，撤往孙传芳总司令部的所在地南京去了。

当苏州人民听到北伐军的胜利消息以后，大家奔走相告，十分兴奋。虽然城内还驻防有军阀上官云相的35旅残部，但大家已不把他们放在眼里。一些重要官员，都以有要事为名，纷纷出走、潜逃。在这种情况下，中共苏州独立支部的负责同志，连同国民党左派人士和苏州地方绅士，连夜在今大公园址上的图书馆召开紧急会议，共商大计。经过整整一夜的争辩和协商，最后决议，组织群众欢迎队伍，前往宝带桥畔迎接北伐军进城，并将各学校童子军的洋鼓洋号集中起来，由苏州童子军总教练章君畴带队，组成苏州历史上第一支军乐队，作为欢迎队伍的前导。

3月21日早晨，国民革命军21师先头部队和苏州人民的欢迎队伍在宝带桥畔会合。军民双方，队伍整齐，军乐齐鸣，经盘门、胥门外大马路，从阊门入城。下午，北伐军齐集体育场，当即召开了盛大的"苏州人民欢迎北伐军大会"。北伐军21师政治部负责人、共产党员邝鄘同志在大会上作了慷慨激昂的讲话，说明北伐军的此次作战，是为了保护人民，支持农工，反对帝国主义，打倒军阀。师长严重还发布了军纪布告，严令部队要遵守纪律，做到秋毫无犯。一时，苏州全城，到处响起北伐军宣传队教唱的歌曲："打倒列强，打倒列强，除军阀，除军阀！国民革命成功，国民革命成功，齐欢唱，齐欢唱！"

北伐军21师政治部的成员，基本上都是共产党员，他们协助中共苏州独立支部在苏州把广大工人组织起来，设立总工会于旧皇宫内（今民治路苏州市老年大学址），由舒正基为主任委员，周学熙为秘书（兼国民党苏州市党部青年部长）。两人均为共产党员。并在半月之内，在下面分设40余个分支。据我所知的计有：

丝绸业铁机工会：指导人潘志春（中共党员），驻悬桥巷回真道观办公。

丝绸业木机工会：负责人李国恩、张福民，驻乔司空巷霞章公所办公。

估衣业工会：负责人盛智醒，驻玄妙观真人殿办公。

茶食糖果业工会：王渭生、胡秋樵，驻玄妙观真人殿办公。

电气工会：张如生。

纱厂工会：彭之鳌、彭之渔。

以上都通过国民党苏州市党部工人部、商民部名义，召集劳资双方开会协议，订立改善工人待遇的具体措施。

其他一些工会，都由赤色左翼分子领导和掌握，计有：

米业工会：施之范、秦履初。

酱业工会：汪文焕。

香业工会：夏克平、贺乃昌。

旅业工会：赵湘琴、许文生。

火柴业工会：夏学钧。

针织业工会：周叔平。

鞋业工会：瞿乃武。

纸业工会：蒋毓琪。

茶馆书场业工会：丁和生。

染业工会：负责人佚名，驻天后宫办公。

其他尚有药业、典业、华洋杂货业等工会。到4月6日为止，唯有玉器水晶业和菜馆业尚在动员酝酿之中。在会会员达2万—3万人。

农村工作方面。城里设有农民协会筹备会，由共产党员周靖伯等负责领导，召开大型筹备委员会，确定分工、组织等重大事项。一时，组织农民协会如燎原之火，在短时期内，即成立阊西、木渎、横泾、浒关、唯亭、相城、洇泾等七处。

工农运动的蓬勃发展，使苏州古城沸腾起来。当时，奉系军阀和英、日帝国主义对北伐军的胜利发展，深感恐慌，极度仇视，多处阻挠。苏州工农群众和各界人士，在共产党领导下，与21师政治部、国民党苏州市党部（由共产党组建起来、以共产党员和国民党左派人士为主体），在体育场召开了声势浩大的反英讨奉群众大会，各业工会组织庞大工人群众，高举大旗、红绿标语，井然有序，整队入场。特别是农民协会领导的四乡农民，敲锣打鼓，首次进城参加大会，气氛热烈，像盛大节日，震撼人心，总人数达4万人以上，为苏州历史上空前未有的盛况。会上散发了铅印传单《为反英讨奉告苏州人民书》，全文由桃坞中学共青团文部书记陈铿（廉贞）撰写，文章慷慨激昂，鼓舞人心（原件现作为革命文物珍藏于苏州博物馆）。会后举行了游行示威，从体育场出发，经松鹤板场（今干将东路）、临顿路、观前街、护龙街（今人民路）、东中市、中街路、养育巷告终，市民驻足而看，民气极为昂扬。为了答谢苏州人民对北伐军的热爱和支持，严重师长特地在阊门外，举行了盛大的军民联欢会，一时笑语洋溢，歌声起伏，情绪热烈，达到高潮。

在北伐军的支持下，苏州还建立起革命的吴县行政委员会，临时执行市政府的任务。我在博物馆工作时，有幸看到当时的组织名单，现摘录如下。

民政局局长：张一鹏。

财政局局长：冯世德（心支），后迁往胥门外光福镇定居。

公安局局长：章君畴（骏），系教师，任苏州童子军总教练，出席过在丹麦召开的国际童子军大露营聚会，属当时苏州倾向国民革命的知名人物。后蜕变为国民党右派。

交通局局长：陆棣威。

工程局局长：柳士英。

教育局局长：沈炳魁（味之），中共党员，五四运动时为江苏省立第一师范学生领袖，首届苏州学生联合会主席。

公益局局长：蒋靖涛，中共党员，教师。

正当革命向深度发展，苏州古城刚刚庆祝新生的时候，想不到蒋介石撕破国共合作协议，发动了"四·一二"反革命政变。从此，苏州人民在党的领导下，进入了更加艰苦的革命斗争新阶段。

录自《吴塔风铃》 作者：钱正

三、祭拜苏州澹台子祠

清明一过，我踏上了去苏州的旅途。

去苏州是我最近两年来的一个心愿。我想去苏州不仅是因为苏州是"人间天堂"，更重要的是那里是先祖澹台灭明结草为堂、讲学传经的地方。那里有以澹台姓氏命名的澹台湖，有与澹台湖相关的澹台湖公园、澹台湖大桥，有令人敬仰的澹台子祠。这是先祖留给我们的荣耀和精神财富。

苏州的澹台子祠，我曾在网上见一篇文章中提过，去年，我托去苏州出差的小女婿给我拍了几张澹台子祠的照片。可是，澹台湖、澹台湖公园、澹台湖大桥的照片都拍下了，就是没有澹台子祠的照片。他说没有找到澹台子祠。奇怪，澹台子祠这样一个古迹怎么找不到呢？这次去苏州我决心寻觅祭拜。

2011年4月8日傍晚，带着西安古城的余晖，我乘坐的由西安开往苏州的T140次火车开动了，我的心飞向了苏州，遐想着澹台子祠的幽静、雅洁及姑苏水乡的园林美景。火车一夜奔驰，于次日12点平稳地停在了苏州站。在苏州等待的小女儿两口子，把我接到宾馆，匆匆吃了点东西，没看一眼"人间天堂"的美景，就按照《苏州交通旅游图》的标志，驱车到澹台湖，想在那里寻找澹台子祠的踪迹。

澹台湖公园位于苏州吴中区。我们走进公园，第一眼看见的是一个提示牌，上面写着："澹台湖公园迁址，正在拆迁，注意安全。"我们向人们询问澹台子祠，没有结果。又询问了澹台湖公园的新址，便驱车沿太湖东路东去，到太湖东路与迎春南路交叉处，向南进入迎春路，随即便行驶上跨越京杭大运河的澹台湖大桥，澹台湖公园的新址就在澹台湖大桥南端的东侧。新建的澹台湖公园，北临京杭大运河，东北部是澹台湖与运河的交汇处，东南是威尼斯花园别墅，西靠澹台湖大桥南端，正南面向白云街，大门就设在此处，与威尼斯花园大门相邻。公园大约有百八十亩，面积不大，但设计合理，非常人性化。设有环路、休闲亭台、儿童游乐场、绿篱、花园、小树林等。花草树木种类繁多，已经长大成形。一个管理人员告诉我们："澹台湖公园是吴中区管理最好的一个公园，每天游人很多，尤其到夏天，周围的人多愿来此散步、乘凉。"他还说："澹台子祠我不知道，不过听老人说，东面宝带桥公园有一个庙，是什么庙我不清楚，你们去看一看。"

我们又驱车顺着迎春南路南行不远，进入石湖东路东行。行到京杭大运河边便到了宝带南路，车往北一拐，是一块空地。这里就是踏上宝带桥，进入公园的入口处。空地北面的墙壁中间是一个锁着的大门，大门的西边有一块宝带桥简介碑，介绍词后面一段写道："宝带桥北面有一座澹台子祠，为纪念孔子七十二贤门生之一的澹台灭明而修建。澹台灭明曾在此居住。澹台灭明，字子羽，鲁国人……每年来此祭拜这位先贤的游人络绎不绝。"我兴奋极了，不由得喊起来："找着了，找着了，我们总算找着了！"可是，墙东面通往宝带桥的便门锁着。旁边的一位先生说，宝带桥每天上午10点到下午4点开放，你们明天来吧！我站在便门前不想离去，从便门上部的空框中向北望去，宝带桥像一条长带从眼前起起伏伏向北飘去，把公园中的陆地连接在一起。"哦，快看，那里有三栋红房子。"我向家人喊了一声。好一阵子，我深情地凝视着那三栋红房。心想，这大概就是我所向往、寻觅的澹台子祠吧。

第二天中午，我兴致勃勃地踏上了宝带桥。

宝带桥，这就是一座承载着苏州历史文化的千年古桥，与赵州桥、卢沟桥等同称为中国十大名桥。始建于唐，全长317米，宽4米，有53个桥孔，孔数之多，桥身之长，结构之精巧在中外古桥史上首屈一指。全桥结构复杂而轻盈，风格壮丽而多姿，恰似飘动在水乡的一条宝带。宝带桥在姑苏人的生活中还有一份特殊的意义。简介中说：中秋月圆之夜，万人空巷，皆去宝带桥赏月，是姑苏一大盛事，只见53个桥孔中，有53轮明月，与天上一轮明月相辉映，似天上人间。

宝带桥，东临京杭大运河，西锁澹台湖。桥两端原各有一对威武雄壮的青石狮，挺胸昂首，注视着每位来人，好似宝带桥的卫士，保护着宝带桥的安全。我站在宝带桥上西望澹台湖，感到格外亲切、自豪。这是始祖澹台灭明为澹台氏族赢得的永久的荣誉。澹台湖面积不大，一眼尽览，东西长，南北窄；东借宝带桥桥孔与运河交混，其南北宽度就是宝带桥的长度，西面狭窄；北至宝带桥公园，西北又与运河相融。也就是说，运河流经宝带桥时，一部分水经宝带桥孔流入澹台湖，然后又从澹台湖的西北出口流入西去的京杭大运河。湖面碧波粼粼，野鸭戏闹。湖边水草摇曳，蜂蝶飞舞，零散地停放着一些船只，似乎是用作养殖的。宝带桥的北端还有四角碑亭和五级八面石塔各一，亭中立着一块石碑，记载着宝带桥的历史沧桑。亭子的背后就是一个庭院，院中放着四只铁铸的大香炉，香烟缭绕，北面一溜三栋红顶房。中间一栋门上面刻着"澹台子祠"四个大字。我兴高采烈地疾步走进去，先贤正襟危坐于中。我平静而敬重地瞻仰了塑像，塑像清瘦刚毅，儒雅慈祥，显现着清正耿直、威武不屈以及智慧和善良。我虔诚地向塑像鞠了三躬，便退了出来。

这里的香火很旺，我在祠中待了不到一个小时，苏州郊区农民来上香的就有四大轿车。宝带桥上人流不断，多数是妇女。她们个个提着香烛，一进祠中就点烛、烧香、磕头忙乎起来。四个大香炉冒着呼呼的火焰和浓浓的烟雾，点烛棚里一片烛光在微微摇晃。

我带着幸福和喜悦的心情离开了澹台子祠。我古稀之年祭拜了澹台子祠，瞻仰了始祖的塑像，真诚地鞠了三躬。

后来，我据名城新闻网讯（公民记者李俊锋报道）得知：苏州的澹台子祠有三栋红顶平房，属澹台子祠与太太庙共有，中间一栋红房上刻着"澹台子祠"四个大字。祠中澹台灭明正襟危坐于中，其右是长桥太太，其左是长桥老爷，这是当地群众敬重的两个人。

我感谢苏州人民，自古以来，世世代代，如此敬重澹台氏族的始祖澹台灭明，为先贤建祠塑像，常年祭拜，并把先贤讲学、居住之地沉陷而形成的湖泊，命名为澹台湖，以此来永远纪念先贤。

澹台家族的英才们，吾祖峻德，万古流芳，以子羽后裔为荣，以同根同源而亲，去祭拜始祖吧！继承发扬先贤自信自尊、勤奋学习、重德重教、不畏险恶、轻财重义、为国分忧、为民执教的崇高品德。

录自《中华澹台氏》　作者：澹台安有

第二节　传说故事

一、澹台灭明与澹台湖

苏州城东南有座宝带桥，桥下有个澹台湖，湖名来自春秋战国时期的一个人物——澹台灭明。此人复姓澹台，名灭明，字子羽，鲁国武城（今山东平邑南武城）人。这个澹台灭明是山东人，怎么与苏州搭上界了呢？要回答这个问题，先要提起言偃。

言偃（前506—？），字子游，春秋吴国人，是孔子门生七十二贤人中唯一的南方人，也是孔子门生中才学较高的一个，被列为四科中"文学"一科之首。《论语·先进第十一》写得明明白白，"德行：颜渊、闵子骞、冉伯牛、仲弓，言语：宰我、子贡，政事：冉有、季路，文学：子游、子夏。"孔子曾说过："吾门有偃，吾道其南。"翻译成现代话，就是：我有了言偃这个得意门生，我的学说才得以在南方传播。果然，言偃学成回到吴地后，通过大力传播中原文化，推动了江南地区的文化发展，江南人民尊他为"南方夫子"。

言偃追随孔子的日子，学习十分勤奋，对孔子的思想，不仅深刻理解，而且身体力行。

有一段时间，言偃在鲁国当武城宰，把武城治理得非常之好，成了鲁国的一块样板。他能做到这点，关键是以礼乐教化百姓。孔子有一次途经武城，听到了处处弦歌，故意问言偃："割鸡焉用牛刀？"意思是治理这么一个小地方，还用得着小题大做，搬出一整套礼乐来么？言偃恭敬地回答说："以前老师曾教导我，礼乐是根本，做官的学了会有仁爱之心，百姓学了就能守法。教育这件事，只怕使的劲不够，所以我花了很多心血、很大精力做这件事，不敢吝啬工夫。"言偃的回答使孔子十分满意，笑着对随同他一起来的其他弟子说："言偃的话是正确的，我刚才的话是考考他。"

孔子接着问言偃："你在这里发现什么人才没有？"言偃回答说："有个澹台灭明，走路不抄小道，不是公事从不找我。"言下之意是此人行为端正，不爱钻营，不傍权贵，不拉关系，不套近乎，可见其品行端正，是可以重用的一个人才。这个澹台灭明，曾慕名投奔孔子，因他长相差，额低口窄塌鼻梁，孔子觉得他不具大器形貌，有点嫌弃。孔子并没有直接拒绝澹台灭明，而是让澹台灭明当旁听生，委婉地表示了不想收这个学生的意思。澹台灭明不笨，察觉到了这点，他有自尊心，很知趣地离开了孔子。言偃知道了这件事，就邀请澹台灭明到武城，准备帮他一把。澹台灭明来是来了，但并未麻烦言偃，自己找了个学馆教书的位置，一边教书，一边发奋自学，严谨修行。因为要替学馆争取一点经费，澹台灭明找过言偃两次，却没有一次是因为私事登门的。仅有的两次造访，相隔三个多月，言偃每次都与他切磋一会儿学问，发现在短短的时间里，他的学问突飞猛进，真令人刮目相看。

孔子听完言偃的介绍，感慨地说："我凭长相判断人，看错了子羽。"沉吟片刻，问："子羽还在武城么？你去把他唤来，我见见他。"

言偃说："老师，暂时不要见面为宜。"

孔子问："什么道理？"

言偃说："子羽知道你到武城来了，按礼他应该主动来求见老师的，但他曾对我说过，自己的学问还够不上当老师的学生，不好意思求见，等自己学问再长进些，不会给老师丢脸了，一定要当面叩谢师恩。"

孔子感动地说："子羽是个有志气的人！也好，就依了他，以后有机会再说吧。"

孔子嘴上这么讲，心里还是很有点遗憾。言偃看出了孔子的心思，不想让老师带着遗憾离开武城，便去了一趟学馆，给澹台灭明说了。澹台灭明说："我知道了。老师哪天走？"言偃告诉了他确切日期，以为他会在孔子离境之前拜见老师的，可是，等到孔子踏上返程的路，澹台灭明也未出现。大家都有些失望，孔子叹了口气，说："这个子羽啊，性子也忒倔了些！"话音未落，簇拥在他身边的弟子中有个眼尖的叫了一声："老师您看！"孔子顺着那弟子手指的方向瞧望，只见前方路旁伏着一个人，恭恭敬敬，一片虔诚，双膝跪地，额头贴地，在行跪送尊长大礼。言偃惊呼道："这不是子羽么？老师，他在礼送您！"

原来，澹台灭明因为不便自称为孔子的学生，担心见面不知怎么称呼为好，所以采取回避之策。但得悉孔子那点遗憾以后，他觉得再不有所表示，就是失礼了，所以抢先来到城外孔子必经之地，跪在大道旁恭送老师。他跪着，礼到了；不开口，免尴尬，两下相宜，想得周到，做得周全。

后来，言偃辞了官职，回到家乡。澹台灭明与言偃已成知己，便跟着言偃到了苏州，在城郊搭了几间草庐，收徒讲学，师从者300余人。澹台灭明这时已是大学者、享誉大江南北的一代名师，他教出来的学生，个个都是人才，各国诸侯争着聘用，委以重任。孔子呢，也愉快地承认了澹台灭明是自己的高徒，真是皆大欢喜。

澹台灭明讲学的草庐，搭建在一个湖畔，这个湖泊后人便名之为"澹台湖"。

搜集整理：卢群

二、斩蛟澹台湖

澹台灭明筑庐湖畔，发现这个湖三天两头不太平，往往上一刻还风平浪静，水柔如练，下一刻便变得浊浪滔天，涛涌如沸。让澹台灭明感到奇怪的是，其他湖泊若是泛滥，必定伴随天气恶化，总是先有狂风，然后掀起巨浪，天空也会乌云翻卷，暴雨倾盆。但是，他面前这个湖浪滚涛啸之际，天空却是静朗的，湖边树木叶子不摇不动，可见一丝风也没有。这样违背自然规律的现象，令澹台灭明深觉反常，这里头必有蹊跷！于是，他暗暗拿定主意，要探个究竟，查个明白。

这一日，湖水又无端翻腾起来。澹台灭明驾一叶小舟下了湖，察看情况。船行到湖心，颠簸越发厉害。只见湖底蹿出一条蛟龙，绕着木船来回游蹿，巨大的尾巴拍击水面，激起冲天水柱。船儿剧烈摇晃，忽而被推上浪峰，忽而被打到涛谷，眼看就要倾覆，换了别人，肯定大惊失色，急呼救命，澹台灭明却安之若素，无论大船如何颠簸，他始终镇定自若，端坐不动，两眼如炬，全神贯注细细端详着湖中情形。

澹台灭明确实不是等闲之辈，他的定力不同凡响，蛟龙使尽浑身解数，也无奈他何。蛟龙见恶搞毫无作用，只好作罢，扎个猛子潜入湖底，一眨眼工夫已无影无踪，湖面顿时微波不兴了。蛟龙以为潜入湖底就无事了，它哪里知晓，澹台灭明已看得一清二楚，湖底有个深潭，正是蛟龙藏身之穴。那么，澹台灭明为何不擒杀蛟龙，而让它躲回巢穴呢？这是因为澹台灭明尚不清楚蛟龙如此胡闹，为的什么。如果蛟龙只是喜欢恶作剧，那他就找个机会，对它进行一番教化，看它能否不再调皮。如果它另有所图，且有可能为了一己私欲危害生灵，那就是罪不可恕，容它不得了。

这天夜里，澹台灭明做了个梦，梦见蛟龙来到他床榻前，张牙舞爪，口吐狂言："澹台灭明，你可有一颗宝珠？你乖乖把它献于我，万事皆休；如若不肯，莫怪我使出撒手锏来！"

澹台灭明是有一颗宝珠，这颗宝珠是西王母赠予他的。澹台灭明学问渊博，名声远播，非但传遍天下，连仙界也有所闻。昆仑山上西王母慕名邀他去赴瑶池琼宴，派了一辆车来接他，四匹马拉的，马蹄腾空，驾云疾驰。他在车厢里，只听见呼呼风声，无多片刻，就到了昆仑。宴罢，西王母赠他宝珠一颗、宝剑一柄，又派车送他回江南。江南昆仑万里之遥，一日往返，从从容容。西王母叮嘱澹台灭明："珠是定水珠，剑是斩妖剑，日后会有用得着的一天，务必妥藏。"西王母所赠之珠，岂能轻易出让？澹台灭明呵斥蛟龙道："你莫痴心妄想，贪欲难填，我劝你安守本分，看好这片水域，旱时供水，涝时蓄水，方是正道。"

蛟龙说："我若不知道近处有这宝珠，也就罢了；既已知道，不得到它吃食不香，睡卧不宁。我向你讨要，是对你客气，你莫敬酒不吃吃罚酒！"

澹台灭明冷笑道："你这是在威胁我，恐吓我？我曾驾舟入湖，领教过你兴风作浪的伎俩，你可曾伤得了我一根毫毛？你还有多少本领，只管使出来。"

蛟龙恶狠狠说："我固然奈何不了你，但周边百姓，可没有你的能耐，我将掀起大浪，让大水漫上岸去，淹了田地，把百姓都变做鱼鳖！你跟师傅孔老二学的不就是个'仁'字么，为了一颗珠子，你眼睁睁看着黎庶遭殃，你还有何脸奢谈仁义？"

澹台灭明警告说："你胆敢涂炭生灵，我必严惩！"

蛟龙狞笑道："那就走着瞧！"

两下谈崩，蛟龙破窗而去，澹台灭明也惊醒了。回味梦境，澹台灭明心内焦虑，不由想起西工母的叮嘱，意识到宝珠和宝剑使用之日，恐怕就在眼前了。他从箱底取出鸽蛋大的宝珠和三尺长的宝剑，一手托珠，一手持剑，伫立门首，密切注意着湖上动静。

蛟龙回到湖中，果然兴妖作怪，掀起大潮扑向陆地。百姓惊惶失措，拼命逃跑，哭爹喊娘，凄声惨容。蛟龙在后催动潮水，紧追不舍，意在逼迫澹台灭明交出宝珠，换取百姓性命。澹台灭明大喝一声："孽蛟！上天有好生之德，你若及时收手，或许尚可留你；如还继续作恶，便是自作孽，不可活了！"蛟龙已经头脑膨胀，心窍迷糊，哪里还听得进这种规劝，只管甩尾划爪，推潮拱水。潮水很快追至逃难人群的脚后跟，只消转眼工夫，就将吞噬一众男女老幼。情况危急，不容稍待，澹台灭明必须出手了。说时迟，那时快，澹台灭明左手一扬，掌上宝珠抛了出来，在半空划出一道耀眼光芒，"扑通"一声落入了湖中。宝珠入湖，湖里的一排排浪头顿时矮了下去，岸上的潮水也哗哗地退了回来，无多片刻，浪头全消，潮水统统回收到了湖里，险情消弭，危急解除。

蛟龙见澹台灭明抛出宝珠，以为他是扛不住威胁，用宝珠来息事宁人了。蛟龙欣喜若狂，腾空蹿起，打算蹿入湖中吞下宝珠。就在它将要入水的瞬间，澹台灭明右手擎着的那柄宝剑飞了出来，一道血光掠过，蛟龙重重地摔在了岸滩上，却已是断成了两截，成为首尾分离的一条死蛟。

澹台灭明斩蛟澹台湖，这个传说千百年来一直流传在澹台湖周边的民间，给这片湖泊添加了几分神话色彩。

搜集整理：卢群

三、人不可貌相

澹台灭明，字子羽，鲁国武城（今山东临沂市平邑县南武城）人。他听说孔子才学广博，于是跋山涉水，辗转取道去找孔子。费了九牛二虎之力，澹台灭明见到了孔子，诚挚下跪，欲叩拜其为师。

孔子早听人说，澹台灭明为人耿直，办事一丝不苟，是个可塑之才。可当他一见到澹台灭明，个子矮矮的，两眼小小的，耳朵大大的，前额凸现，下巴上翘……一副丑陋相貌，不由愁眉紧锁，面对是否要收他为徒，犹豫不决。

澹台灭明见状，不亢不卑，许下诺言："先生如若肯收晚辈为徒，学成之后，上为国君谋强国之策，下为庶民图利富之事，鞠躬尽瘁，不辞辛劳。"孔子听澹台灭明之言掷地有声，终于伸出双手，扶起了他。

三年后，澹台灭明为百尺竿头，更进一步，欲外出云游。临走时，澹台灭明至孔子那里，问："先生，弟子外出云游，有什么盼咐吗？"孔子问："子游是你的师兄，他的书法如何？"澹台灭明由衷地说："他是大家，谁人不知，哪个不晓？"孔子点了点头，把台桌上的一只砚台递给了澹台灭明："前不久，我去他那里看到他依然是笔耕不辍，离开时，老朽见到一旁有几只这样的砚台，要了一只，现在我把它赠送给你。"澹台灭明接过砚台，虔诚地把它藏在布袋里，鞠了个躬，离开了孔子。

一晃三年过去了。一日，孔子去鲁国武城见在那里供职的弟子子游，问他："国强民富，需有人才。身为一方父母官,亦须如此。试问你遇到了这样胸怀大志、砥砺前行的年轻后生吗?"子游回答先生:"有个名字唤澹台灭明的年轻男子投奔弟子,他做事认真,任劳任怨,众人交口称赞。"孔子忍不住脱口而出:"他可是老朽的弟子,你的师弟。"

子游肃然起敬,想了想,这样解释:"兴许是他不想沾你和我的光,所以一直瞒着弟子……"

孔子心想这个从不被自己看好的弟子一步上社会竟然如此敬业,心里十分欣慰。

中午,子游宴请先生用餐。两人步入餐厅,刚坐下不久,一个衣冠楚楚的中年男子携个十七八岁的少年跨步走进。他不认识孔子,连招呼也不打,然而见了子游,满脸堆笑,打躬作揖:"子游弟,为兄听说这里办了家用餐之屋,而我儿子识文断字,赋闲在家,不如让他在此谋个算账先生?"子游解释道:"餐屋用人,得由主人点头。"那男子道:"听说这里录用薪金颇丰,肥水不流外浜。"子游道:"你去商行任职才不久,现在又求我为你儿子谋职……"还未等子游把话讲完,那男子道:"谁叫我们是村上兄弟!"子游想了想,终于松了口:"让在下与餐屋主人商量之后再行相告?"那男子顿时眉开眼笑,携了儿子离去。

用餐之时,孔子见伙计端上了碗肥肉,用筷子夹着正欲往嘴里送去,他想到了什么,遂把肥肉放下,问子游:"澹台灭明是老朽弟子,也是你的师弟,他在这里当差,有什么事要前来求你吗?"子游把头摇得如同货浪鼓:"他啊,虽然是弟子下属,但是他没有公事,脚丫子从不踏进我家。"

又过了三年,一天孔子云游至吴,听说原在鲁国武城的弟子澹台灭明已去江南水乡的一个村庄结庐讲学,跟从他的学生有三百有余。他有一套教学管理规矩,而且施教的方法别具一格,在当地影响甚大,为此有人说这是儒学在南方的一个有影响的学派。孔子心头一喜,决定前去一探究竟。

孔子在乡民的引领下,来到了澹台灭明讲学的村口,正欲拔步进去,见一个年轻的后生手托一只土碗恭立一旁,感到奇怪,问道:"年轻人,你为什么站在这里,不进村去呢?"

年轻人浓眉大眼,鼻正口方,相貌堂堂。他见一位长者问自己,施了个礼,回答说:"现在是澹台先生讲学时间,学生们聚精会神听课,在下擅自闯入,会妨碍大家学习……"

孔子端详了年轻后生一下,问道:"这么说,你不是他的学生?"

那年轻后生连连摇头,回答说:"晚生是他的弟子,学成之后已自立门户,如今办了家商行,一想到自己尚须百尺竿头,更进一步,所以去而复返……"

孔子如入云雾之中:"你既然已离开先生自寻生计,理应披荆斩棘,自强不息,却又为何返回了呢?"

孔子这么一问,打开了这位年轻后人的话匣子:"晚辈听了澹台先生教诲,商行办得风生水起,不瞒你说,我是前来道谢先生……"接着一五一十地向孔子和盘托出。

原来这位学生名字叫田晶,拜了澹台灭明为师,由于他勤奋好学,成绩与时俱进。以后,他对先生提出的问题对答如流。为此,三年之后,他以为学业已成,决定离开先生闯荡世界。一日,他只身去向澹台先生告辞。一旁弟子见了他,倒了碗水端上。田晶不渴,出于礼貌,双手捧起,抿了一下,尔后放下,正欲向澹台先生言明来意,此时澹台先生拿起一旁水壶,复而给田晶桌前的土碗倒水。因碗里的水本来已满,一会儿溢了出来。澹台先生一边与学生讲话:"你的成绩在众弟子中出类拔萃,有目共睹……"一边还在一个劲儿倒水。田晶见了,慌忙道:"先生,水溢出了碗,你别倒了。"

澹台先生放下水壶,望了下台桌上的水,指着土碗因势利导:"田晶,如果你是这只碗,自以为满了,当然再装不进水了,为师觉得这是自满。我的先生孔子曾说,三人行,必有我师。山外有山,楼外有楼,学无止境。你离开我出去之后,切忌自满。你要装进人家的水,首先要倒掉原来碗里的水……"

田晶恍然大悟,可当他欲告辞出村,澹台先生给了他一只布袋,要他出去之后转交给居住在离此四十余里的阳山岭茅屋的土垚。

土垚擅长书法,在三百余名澹台灭明的弟子中名列前茅,在吴地小有名气。自从学成离开先生之后,他隔三岔五会通过人带来他的作品给先生点评,末了,还托人带来口讯,问澹台灭明:"先生,学生的书法可以与名人子游媲美了吗?"

田晶带了口袋步至阳山岭,找到了土垚,把口袋递给了他。土垚接过布袋,觉得沉甸甸的,打开一看,里面装着一只磨破了底的砚台,砚台的一侧镌刻着"子游"两个字,惊讶不已:那不是颇有名气的书法大家师伯吗?不由得脸一会儿红,一会儿白,羞愧不已,连连自语:"澹台先生说得在理,艺无止境,作为学生,容当百尺竿头,更进一步。"

……

孔子听了田晶的一番话,感慨万分:"老朽凭长相判断人,看走了眼,其实,看人不能只看长相……"

此时,田晶才知道站在自己面前的是先生的师长孔子,慌忙伏跪叩拜。

搜集整理:瑞照

四、王瑚伯宝带桥宣孝

清初,宝带桥畔住着一位王瑚伯,年纪轻轻,是个庠生。古代学校称庠,故学生称庠生,为明清科举制度中生员的别称。生员,即秀才。这样说来,王瑚伯是个很有才学之人,但他在乡里被人称道的,主要是孝心,从小到大,他事亲极恭,赢得了良好的口碑。

一天,王瑚伯从城里回来,见有个老太趴在路边一座土坟包上,泪流满面,哭诉道:"孩子他爹呀,幸亏你走在我前头,还有我替你办后事,只怕我断了气,连个葬我的人也没有呢!"王瑚伯走近去,一问方知,老太中年丧夫,没再改嫁,全部心思放在幼小的儿子身上。她含辛茹苦,把三岁小儿拉扯成人,谁知儿子长大后,成了个不孝子,从来不给她好脸色看,一年到头对她恶语相加。前不久她得了病,躺在一张破席上三天三夜,儿子只当不看见,问也不问,一口水也不曾端给她喝。老太越想越伤心,挣扎起身,硬撑着来到丈夫坟上,打算哭一会儿就自寻短见。

王瑚伯劝道:"你不用去死,你跟我走,我给你条生路。"王瑚伯把老太带到自己家中,住了两天,做好了准备,第三天,代老太写了一纸诉状,呈到县衙,告其子不孝。王瑚伯私下与知县沟通,说了自己的想法,知县点头首肯,便在宝带桥凉亭审案,拘来孽子,惊堂木一拍,对围观众人大声说道:"今天本县在这里审一个忤逆不孝的东西,并把大家叫来听审,不是让你们看热闹,而是要提倡孝道。"说完招招手,唤亭外侍立的王瑚伯上前。王瑚伯托着一只鸟笼走到公案旁,知县指指笼子,问众人:"你们中间,有谁认识这笼中之鸟?"

众人看那只竹笼里的鸟,小小的,羽毛雪白,喙端墨黑。大家七嘴八舌喊道:"苦恶鸟,苦恶鸟。""它喜欢躲在湖边芦苇丛里,阴雨天夜晚就不停地叫。""它叫唤起来,'苦呀,苦呀',听着怪凄凉的。"

知县说:"大家都说得出它的名字,都听到过它的叫声,那么,本县问问你们,可知道它为何有这名字,一叫就是'苦'?"

没人开腔了。

知县说:"让王秀才来告诉你们,苦恶鸟是怎么来的,有个什么故事。"王瑚伯上两天所做准备,便是逮这么一只鸟,此时他便讲了苦恶鸟的故事。

故事说的是很久很久以前,有户人家,女的早亡,剩下父子二人过日子。父亲非常勤俭,天天从早忙到晚,舍不得吃舍不得穿,儿子却很懒惰,天天吃饱了就睡,四脚朝天,要多舒服有多舒服。父亲要他起来干活,他骂父亲"老不死",说:"我又不要到这世上来,是你把我生出来的,你就得供我吃用。"父亲摇摇头,不再说什么,天天一日三餐安排得好好的,让儿子吃现成饭。

父亲老了,做不动了,儿子依旧不干活,等吃现成饭。一天,他一觉醒来,肚子饿了,却未闻到饭熟的香味,就破口大骂:"老不死的,怎么到现在饭还没有做好?"父亲的眼泪哗哗淌了下来,一口气堵住胸口,回不上来,头一阵昏晕,倒在地上,再也没爬起来。

父亲一死,儿子只好自己干活,自己做饭了。他想想现在样样都要自己做,多苦呀!于是,"苦呀苦呀"成了他整天挂在嘴上的话。一个阴雨天晚上,他口渴难熬,但水缸里没有一滴水,只好捧了个瓮到河边去打水。他走到河滩上,脚一滑,跌进河里,淹死了。

他死后变成了一只鸟,蹲在芦苇丛中,每到阴雨天的晚上,总是凄凉地叫着:"苦呀!苦呀!"又因他生前恶待父亲,所以,人们给它起了个名字叫"苦恶鸟"。

待王瑚伯讲完这个故事,知县对跪在堂下的孽子训斥道:"本县看你分明苦恶鸟转世,如你这般不孝的东西,理该做个大笼子,把你关在里面,逼你从早到晚'苦呀苦呀'地叫,直叫到累死为止。你若不叫,本县命人用大锥子扎你。"孽子闻言,浑身战栗,面无人色。

知县唤老太上前,问道:"本县替你惩罚不孝子,你胸中一口气能出掉了吧?"老太两眼流泪,跪下求情:"孽子固然该惩,但我总是不忍,还望给他一个悔改的机会。"知县叹息道:"可怜天下父母心,但愿世间子女都看到。"他问那孽子:"你愿不愿悔改?"孽子磕头如捣蒜,连声说:"愿改,愿改。"知县说:"愿意悔改,也算是心底尚存一丝善念。只是要你去恶从善,实在不易,总得有人来教,不知有何人愿意收你?"王瑚伯说:"学生愿收。"

王瑚伯将那个孽子领回了家。

王瑚伯选了若干表达孝心的诗词,如唐朝孟郊的《游子吟》:"慈母手中线,游子身上衣。临行密密缝,意恐迟迟归。谁言寸草心,报得三春晖!"还有宋朝王安石的《十五》、元朝王冕的《墨萱图》、清朝蒋士铨的《岁末到家》等,天天让那孽子背诵,又给孽子讲解"二十四孝",听得孽子泪流满面,羞愧不已。

王瑚伯还专门给孽子讲了朱柏庐的事迹。朱柏庐,明末清初著名理学家、教育家。他本名朱用纯,其父朱集璜,也是学者。父死后朱用纯悲伤欲绝,自比晋代因父死后攀柏结庐、守墓奉孝的王裒,遂自号"柏庐"。王裒的故事是这样的:为父守墓期间,有一天王裒想起父亲被司马昭所杀的冤屈,抱住墓前一棵柏树号哭,眼泪涔涔而下,滴落到树根上。想不到柏树被其孝心所感召,竟也枯萎了。朱用纯替自己起的号,透露的正是他的孝心。因此,后人更习惯称他为朱柏庐。朱柏庐的道德文章为世人所敬仰,他的《治家格言》(又名《朱子家训》)可谓家喻户晓,妇孺皆知。朱柏庐还曾写过一首感人至深的《劝孝歌》,流传于江浙一带:"孔子治《孝经》,孝乃德之属。父母皆艰辛,尤以母为笃。胎婴未成人,十月怀母腹。渴饮母之血,饥食母之肉。儿身将欲生,母身如在狱。唯恐生产时,身为鬼眷属。一旦儿出世,母命喜再续。爱之若珍宝,日夜勤抚鞠。母卧湿箪席,儿眠干被褥。儿睡正安稳,母不敢伸缩。儿秽不嫌臭,儿瘦身甘赎。儿若能步履,举止虑颠覆。哺乳经三年,汗血耗千斛。儿若能饮食,省口恣所欲。劬劳辛苦尽,儿年十五六。慧敏恐疲劳,愚怠恐碌碌。有善先表扬,有过即教育。儿出未归来,倚门继以烛。儿行十里路,亲心千里逐。孝顺理当然,不孝不如畜。"

孽子听罢,灵魂真正触动,连称自己"不如畜,不如畜",从此洗心革面,重新做人,善待老母,奉行孝道。于是,宝带桥周近少了个孽种,添了个孝子。

搜集整理:卢群

五、文徵明怡情宝带桥

文徵明像

文徵明,明代杰出画家、书法家、文学家。文徵明的书画造诣极为全面,诗、文、书、画无一不精,人称是"四绝"的全才,诗宗白居易、苏轼,文受业于吴宽,学书于李应祯,学画于沈周。他与沈周共创"吴门画派",在中国绘画史上占据重要地位,与沈周、唐寅(伯虎)、仇英合称"明四家"(又称"吴门四家")。在诗文上,与祝允明、唐寅、徐祯卿并称"吴中四才子"。在这些朋友中,文徵明和唐伯虎交情最深,但是,两人的性情、经历、遭遇又大不相同。

文徵明为人谦和而耿介,宁王朱宸濠因仰慕他的贤德而聘请他,文徵明托病不往。正德末年因为岁贡生荐试吏部,被授予"翰林待诏"官职,因他不事权贵,尤不肯为藩王、权阉作画,任官不久便辞官归乡。唐伯虎呢,比较热衷仕途,宁王聘他,他兴冲冲去了,结果发觉宁王有谋反之心,赶紧装疯逃回苏州,躲过一劫。科考本来春风得意,不料进京会试受人牵连,卷入了"科场舞弊案",招致牢狱之灾,差点丢了性命。

科举考试,明代分童试、院试、乡试、会试、殿试五级,前两级一年一考,后三级一般三年一考。童试在县城进行,合格者称为"童生"。童生不是年龄的界定,白发老翁参加童试的,也叫童生。院试在各府城或省直辖的州府举行,录取者称为"秀才"。秀才通过年核岁试,取得一、二等成绩的才可以参加乡试。乡试在省会贡院举行,主持考试的官员一律由皇帝从中央直接派出。考取者称为"举人"或"举子";第一名,称为"解元"。唐伯虎乡试考第一,的确不简单。所以,唐伯虎称"唐解元"。举人不仅取得了参加会试的通行证,而且取得了做官的资格。中了举,才算真正走上了仕途。会试,由朝廷礼部主持,会试中式者,称为"贡士";会试第一名,称为"会元"。殿试由皇帝亲自主持。参加殿试的贡士,原则上不再淘汰,但它将确定状元和鼎甲名次,因此特别为人们瞩目。经殿试者称"进士",并由皇帝亲自用朱笔填写前三名(状元、榜眼、探花)的名字,这就是所谓的"点状元"。

唐伯虎成为解元后,本就张狂的性格就更厉害了。文徵明写了封信劝他,说:唐寅呀,我父亲曾评论你有才情,但为人轻浮,若不注意,恐怕要栽跟斗的。唐伯虎没有把这规劝看成一片好意，反而回信表示非常生气，说：我生来就是如此，你看我不顺眼，那就别和我交朋友。这封回信态度傲慢，言辞尖刻，对文徵明的劝告不但不领情，还要与文徵明绝交。

换了别人，肯定是要与唐伯虎断绝往来了，但文徵明并不，在唐伯虎后来果真倒了大霉，灰溜溜回到家乡之时，文徵明并未疏远他、嫌弃他，而是遣书童送来一封信，信上写有一首诗，并附言邀请唐伯虎游宝带桥。

这首诗叫《宝带桥》，诗曰："云开霄汉远，春入五湖深。天外虹飞彩，波心日泻金。三江自襟带，双岛互浮沉。十里吴塘近，归帆带暝阴。"唐伯虎读了，觉得堪称佳作。唐伯虎明白，文徵明约他到宝带桥赏景评诗，是想借宝带桥和澹台湖的美景，冲淡他压抑的心情。唐伯虎十分感动，如约而往，与文徵明乘一叶扁舟，遨游在宝带桥下、澹台湖上，煦日清风，浅酌低吟。一天下来，唐伯虎的心情果然大为好转，他终于从科场案的阴影中走了出来。

友情的力量真不容小觑！

文徵明很喜爱宝带桥的景色，常来这里走走，走的次数多了，就走出故事来了。宝带桥左有一位教私塾的老儒，将50两银子交给文徵明，托他找个商人代为放贷，按照市面利率逐月取息以作家用。文徵明问："老先生，你何不直接去找商人呢？"老儒说："文先生，这是我一辈子省吃俭用的积蓄，实不相瞒，近年我身体差矣，有些老糊涂了，人家也不送孩子来塾馆了，我没了收入，全指望这点本金生息了。我信不过任何一家钱铺，只信任你文先生一人，所以有此不情之请。"文徵明听了，二话不说就收下了50两银子，从此开始老儒逐月来文府领取月息。其实，文徵明根本不善于与商人打交道，50两银子并未委托任何钱庄，所谓月息全是他私人贴补的。几年后的一天，老儒因家有急需，从文徵明手中取还了那50两银子，不久他就去世了。此事老儒未曾及时告知自己儿子，其儿子于月头上又来文家领取月息，文徵明并不说穿，照旧付出了一两二钱半的月息。这样持续了半年，直到这个儿子整理父亲书箱，在一本书里发现了父亲所记已取还五十金之文字，连忙赶到文府叩头致歉，并奉还半年月息银。文徵明非但未收纳那息银，反而又拿出了50两纹银给老儒之子，诚恳地对他说道："如今令尊已仙逝，我作为晚辈，理应送丧仪，这五十两银子算作我的一点心意吧。"

从这个故事，足以见着文徵明的人品格局。文徵明留在宝带桥的这些事情，我们现在读起来，也是很有意义的。

搜集整理：娄一民

六、宝带桥善住化缘

宝带桥创建于唐元和十一年（816）至十四年（819）。为发展漕运业，加快转运三吴地区的贡物北上进京，苏州刺史王仲舒捐出自己的宝带助资建了古运河边的纤道，因此桥以"宝带"命名。宝带桥是横跨在澹台湖口的纤道建筑，古时每逢漕运，古运河内满载货物的船只挽舟拉纤顺利通过300多米宽的澹台湖口，加快了漕粮北上的速度。宝带桥维持了400多年后坍圮，至南宋绍定五年（1232）重建。到了元代，桥又有破损，需要修缮，这就得花一大笔钱，钱从何来？

这时站出来一个人，这人是个和尚，法名善住。善住出身世香门第，人又天生聪慧，三岁便识字，七岁能作诗，年方弱冠就以文名知闻大江南北。家里倒是指望他赴考中魁，获取一官半职，有权有势，光耀门庭。但他本人，对立足朝堂并无兴趣，甚至可说十分厌恶，这是为什么呢？

原来，元朝的民族矛盾非常尖锐，这个政权公开实行民族歧视政策，人分四等，蒙古人为第一等，色目人（部分少数民族）为第二等，汉人为第三等，南人（原来南宋境内的人）为第四等。这四等人之间的社会地位、法律地位都不相同。元朝大量没收汉族农民耕地为牧场，掠夺汉族百姓为奴，对南人实行"社甲制"，50家为1社，20户为1甲，以蒙古人为社长、甲主，社长、甲主对辖下人户享有许多特权。元朝知识分子也饱受歧视和苛待，所谓一官、二吏、三僧、四道、五医、六工、七猎、八民、九儒、十丐。知识分子处于"民尾丐前"，地位极低，致不少文人隐匿山林，或者采取不合作态度，以沉寂表示抗议。在这种大背景下，元朝人参与科举的热情跌入了历史的最低谷，有元一代，开科仅16次，取士人数仅占文官总数的4%，这对文官的素质和社会风气都产生了非常不利的影响。即便是少数通过科举走上仕途的文人，与蒙古籍、色目籍同僚相比，也是处处矮一头，一言不合，受后者辱骂、殴打是常事。如此屈辱且不说它，更难堪的还在同胞的误解，有些愿意入仕的士子如大书法家赵孟頫，想以自己的节操提醒官场，为官者应该是很优秀的读书人，否则这个社会真要没救了，所以他们才出来担任官职。可是，赵孟頫这样做了元朝官的人，又被不愿供异族主子使唤的人斥为丧失节操、贪图富贵，这令他们十分痛苦。总而言之，善住对这个朝代痛心疾首，又极其无奈，思前想后，干脆剃度出家，遁身佛门，落个清净。

因喜爱苏州这个地方，善住云游来到吴中，居于报恩寺。虽说是闭关念佛，修净土宗，但他并未与世隔绝，而是十分关注凡尘俗务，故而宝带桥的维修问题就被他牵挂上了。善住打算为此事募集资金，便发出请柬，约了一帮富有又爱风雅的士绅，定下日期，相聚宝带桥。善住深研佛经，谙熟禅理，是大家公认的高僧，他又工于诗，擅书法，与他往返酬唱的人，皆为仇远、白挺、虞集、宋无等一众名流，平日里一般人想要结交他，很难很难，现在突然被他邀请，凡接到请柬者无一不喜出望外，个个踊跃前往。到了这一日，宝带桥头凉亭前，熙熙攘攘，准时来了百余士绅。

善住进了凉亭，双手合十，向来宾行了礼，开口说道："众位施主，今日惊动诸公大驾，是贫僧有一事相烦，须请有缘之人相帮。"

众人纷纷表示愿意出力，请教究属何事。

善住说："倒也不是什么太大的事情，贫僧打算出售当场书写的拙作，请诸公赏购。"

此话一出，引起了来宾的好奇心。善住诗写得好，字也写得好，善住的诗由他自己亲笔写于宣纸，时人称之为"禅善双璧"，许多人愿出重金求一幅，却未有如愿者，因为善住亲书己诗只送好友，不换金银。今天善住准备公开售卖"双璧"，机会难得，岂能错过？

善住一指亭外，朗声说道："贫僧即以湖上景色，现场作诗，请诸公赐教。"众人朝他手指看去，只见澹台湖上风平浪静，微波不兴，一叶扁舟，飘在水上，船头坐一老翁，白发银髯，身披蓑衣，手持钓竿，悠然自得。湖滩上芦苇茂密，苇帷后面隐隐传来笛声，想来是有牧童横跨牛背，正在放牧，吹笛消遣。善住指着宝带桥说道："贫僧今日售诗售字，就为它来，此刻便以它为题，作《宝带桥》一首，诸公可竞价，价竞到贫僧喊停为止。"

言罢，善住拿起狼毫，一边咏念一边奋笔，咏毕，书完，一首新出炉《宝带桥》赫然呈现众人眼前：

"运得他山石,还将石作梁。直从堤上去,横跨水中央。白鹭下秋色,苍龙浮夕阳。涛声当夜起,并入榜歌长。"

宝带桥头,掀起了一轮竞价浪潮,价钱一个比一个出得高,约一炷香工夫过去,善住喊道:"停,停!够了,够了!"

善住说的"够了",是修缮宝带桥的资金差不多了。资金凑齐了,善住也就收摊了,无论来宾怎么恳请,他今天也不作第二首诗,不写第二幅字了。

善住售诗修桥,在宝带桥史上留下了一桩佳话。

搜集整理:卢群

七、乾隆赋诗宝带桥

清乾隆帝对皇爷爷康熙帝非常崇拜,处处事事有意无意加以模仿。乾隆帝对皇爷爷最大的模仿是南巡,皇爷爷六次南巡,他也要南巡六次。乾隆十六年(1751),他首次南巡,乘船沿运河南下,经扬州、镇江、常州、苏州、嘉兴至杭州。然而,有一点乾隆帝不学他的皇爷爷,那就是康熙帝南巡力主节俭,他则极尽奢华。乾隆南巡,扈从如蚁,妃嫔蝶拥,仪仗车马,数不胜数,岸上车队,水上船队,浩浩荡荡,长若巨蟒。尤其他乘坐的龙舟,穷工奇巧,备极靡丽。龙舟前面,有一对大船并肩而行,不紧不慢,不疾不徐,始终保持着同速,这两条船上搭着戏台,戏台上鼓瑟奏鸣,演着一出出戏文,乾隆帝观时演,不观时也演,昼夜不停。

御舟经过之地,地方官吏在码头跪迎跪送,自不必说,又驱动百姓,无分老幼,统统聚集在河道两旁,头顶香案,匍匐于地,山呼万岁,惊天动地。沿途官吏深知皇上讲究排场,便争相逢迎,布置行宫,陈设古玩,采办各种名肴特产,库银流水般哗哗哗往外淌。龙舟将至镇江,遥遥望见岸上有一枚桃子,硕大无朋,颜色红翠可爱,乾隆帝正觉诧异,忽然烟火大发,光焰四射,蛇掣霞腾,俄顷之间,巨桃开裂,桃内竟然搭着一只大戏台,戏台上有数百艺人,向乾隆帝献演特地赶排的新剧《寿山福海》。行至常州,乾隆帝上岸暂憩,常州知府安排皇上进了天宁寺,因乾隆帝喜谈禅理,知府重金聘了通晓佛典的文人,剃了光头冒充和尚陪皇上闲谈,果然哄得龙心大悦。苏州知府更有心计,早在皇上南巡的上一年,就预做布置。待乾隆帝到达苏州,登上灵岩山,春光明媚中,回头一望,望见山脚下一大片田地,青的是麦苗,金黄的是油菜花,油菜花长得有横有竖,有撇有捺,细细一看,赫然"天下太平"四字。这四个金黄的巨字镶嵌在碧青的底版上,格外勾人眼球。乾隆帝大喜,哈哈大笑,连连赞道:"天下太平,正是天下太平,朕的江山,这四个字最是贴切!"

仅此几例,便可知南巡沿线地方官为取悦皇上,不惜耗费民脂民膏,个个别出心裁,极尽争奇斗异之能,只博君王一哂。乾隆帝对这样的奉承献媚,不仅不加阻止,反而予以奖励,凡建有行宫的,赏银甚多,讨得皇上欢心的,优叙录用,升官晋级。

正因乾隆帝如此做派,后人对乾隆帝南巡评价不高,都说他目的是在游山玩水,和隋炀帝可有一比。其实,这种评价失之偏颇,乾隆帝虽然喜爱奢侈,追究享乐,仗着父亲雍正帝留下的国库丰盈,讲排场,掼派头,大肆挥霍,以此标榜天朝的富庶,但是,实事求是说,乾隆帝毕竟还算中国帝王们中间较有作为的一个,他也是尽力要把国家治理好的,他的南巡宗旨主要在于视察地方、体察民情、考察官吏。乾隆帝也希望大清朝的各级官吏都是能臣廉吏,他这个皇帝当起来就轻松了。所以,每到一个地方,乾隆帝抓住机会,都会对文武官员进行一番训诫,要求他们莫负皇恩,勤勉职守。乾隆帝读书很多,对各地历史上的名宦掌握不少，作训诫时常能举出当地前朝模范官员的例子来，听得臣子们心服口服。

乾隆帝驻跸苏州行宫当天，就颁下口谕，命江苏巡抚、苏州府台、吴县知县等大小地方官吏数十人，第二天陪他游览宝带桥。到了翌日，十数舟船从阊门码头出发，浩浩荡荡驶至澹台湖。弃舟登岸，大小官吏肃立桥塊，恭听皇上御讲。乾隆帝不愧饱读诗书，肚子里还真有货，一开口便搬出新旧《唐书》，说这两部史书里都有苏州能臣王仲舒的传。接着，便是凭记忆，乾隆帝硬是将《新唐书·王仲舒传》背了出来：

"王仲舒，字弘中，并州祁人。少客江南，与梁肃、杨凭游，有文称。贞元中，贤良方正高第，拜左拾遗。德宗欲相裴延龄，与阳城交章言不可。后入阁，帝顾宰相指曰：'是岂王仲舒邪？'俄改右补阙，迁礼部考功员外郎。奏议详雅，省中伏其能。坐累为连州司户参军，再徙荆南节度参谋。元和初，召为吏部员外郎，未几，知制诰。杨凭得罪斥去，无敢过其家，仲舒屡存之。将直凭冤，贬峡州刺史。母丧解，服除，为婺州刺史。州疫旱，人徙死几空；居五年，里闾增完，就加金紫服，徙苏州。堤松江为路，变屋瓦，绝火灾，赋调尝与民为期，不扰自办。穆宗立，每言仲舒之文可思，最宜为诰，有古风。召为中书舍人。既至，视同列率新进少年，居不乐，曰：'岂可复治笔研于其间哉！吾久弃外，周知俗病利，得治之，不自愧。'宰相闻之，除江西观察使。初，江西榷酒利多佗州十八，民私酿，岁抵死不绝，谷数斛易斗酒。仲舒罢酤钱九十万。吏坐失官息钱三十万，悉产不能偿，仲舒焚簿书，脱械不问。水旱，民赋不入，叹曰：'我当减燕乐他用，可乎！'为出钱二千万代之。有为佛老法、兴浮屠祠屋者，皆驱出境。卒于官，年六十二，赠左散骑常侍，谥曰成。仲舒尚义概，所居急民废置，自为科条，初若烦密，久皆称其便。"

乾隆帝一口气背了这么一大段，顺畅流利，一点格楞不打，确有功力。难怪臣子们听了，佩服得五体投地，异口同声山呼万岁。乾隆帝趁势勉励臣下，要以王仲舒为榜样，忠君爱民，清廉勤政。大小官员一齐表示，誓遵圣意，恪尽职守，守土一任，造福一方。乾隆帝十分满意，心情舒畅，诗兴大发，当即口占《过宝带桥有咏》一首："金阊清晓放舟行，宝带春风波漾轻。孔五十三易疏泄，涨痕犹见与桥平。"

在此之前，人们谈起宝带桥，着眼点都在王仲舒捐宝带造桥是个义举，是做善事，现在经乾隆帝这么一操作，宝带桥的文化附加值大大增加，用今天的话来说，王仲舒是个廉政勤政的典型，宝带桥可当成廉政勤政教育的场所。有了这种认识，我们再游宝带桥，意境就大不相同了。

搜集整理：卢群

八、朱胜巧计破疑案

横卧在大运河畔的宝带桥，建于唐元和年间，因时任苏州刺史的王仲舒捐宝带筑造而得名。大运河旁风雨很大，宝带桥维持400多年后坍圮了。南宋绍定五年（1232）重建，可明代初年，宝带桥又坍塌了。明朝正统年间，浙江金华人朱胜调任苏州知府，他在巡抚周忱的支持下，决定修缮宝带桥。宝带桥长300多米，有50多个桥洞，要想全面修复这座古桥，费用浩大，还须招募负责这项工程的人才，谈何容易！

这时府衙幕僚向朱胜推荐了一个名叫吴敏的人。吴敏，字思德，号海舟，东山武山人。他长于经济，弱冠即浮江绝淮，长年在湖湘及荆楚等处经商，有趣的是他对造桥筑堤等水利工程很感兴趣，看了不少这方面的书籍。对北京的卢沟桥、河北赵州的安济桥都到实地勘察过。朱胜闻吴敏贤而有才，且长于经济，又爱桥梁建筑，亲自到东山上门拜访，请他到府衙任幕僚。吴敏为一代儒商，志在四方，不想做官，开始多次谢绝，后见朱知府爱才心切，他被朱胜精神所感动，方才答应。朱胜对吴敏很尊重，凡府中重大事情，都请吴敏参与议事，并托给他重建宝带桥的重任。修桥工程得到了江苏巡抚周忱的支持，下拨了一部分经费，但大部分修缮桥梁费用要从民间士绅及百姓中筹资，朱胜把这项募款的任务交了信得过的吴敏去办理。吴敏募捐的第一天，他带着两名差役，来到苏州城附近的澹台湖畔尹家湾筹款。当地百姓听闻苏州府要修建宝带桥，一时有钱出钱，没钱的表示建桥时出力，随叫随到，无论时间多长，不要分文工钱。不到半天的时间，就收到数百两银子的建桥捐款。太阳快落山时，吴敏与两名差役正要开船回城，有个名叫张七的村人追上来，大喊："吴大人等慢走，我有银两要捐。"张七一下捐了500多两银子，吴敏大喜，收下银子，锁入铁箱，急匆匆回府衙。回到苏州府，吴敏打开箱子一看，谁知银子变成了一箱石子，惊得他目瞪口呆，不知如何向朱知府解释。

建桥捐款的第一天，就遇到千两银子失窃之事，这事还了得，不破此案，募捐之事如何继续，宝带桥何时才能修缮好！知府朱胜要吴敏好好回忆，路上在哪里停歇过，遇到过什么可疑之人。从尹山湾到苏州府不到十里水路，在河港中行程不到一个时辰，吴敏思前想后弄不清银两是在哪里被盗的。只记得收下张七的银子后，自己把银子和原先收到的捐银合在一起，放入箱子，锁好铁锁抬下船，扬起篷帆一路顺风回到府衙。

朱胜听了吴敏的一番诉说，梳理破案的线索。无意中吴敏说起一个捐款中的细节，他们正要打道回府时，有个名张七的人，带着一个家人追上来，一下捐了500多两银子，还帮助差役把箱子抬下船。说者无意，听者有心，朱胜一下警觉起来。这张七捐这么大笔的银子，有备还是无备？为何要待吴敏他们临行时送上？又为何要帮着把箱子抬下船？问题可能就出在这里。接着，朱胜又问了一些捐款现场的细节，船旁有无遮挡物和看热闹的人，吴敏均做了详细回答。朱胜说，案子可破了，明天你带上两个公差，跟我到尹山湾走一趟。

第二天上午，朱胜等一行人来到尹山湾，直奔张七家。张七见知府大人亲自上门，心里一阵狂喜，脸上堆起笑容，说请朱、吴两位大人上坐喝茶。主宾在厅堂坐定，茶过三巡，朱胜漫不经心地问道："张员外，你把箱子藏在哪里？"张七冷不防知府发问，随口答道："后屋家堂间里。"闻此，朱胜突然变了脸，大声喝道："拿下！"两个差役上前用铁链把张七套住，牵着他来到后屋，那箱子果然藏在一副空寿材里。打开箱子，银子分文不少。吴敏等十分惊奇，问知府大人如何算得这样准。

朱胜告诉他们：你们押运捐银回府，一路未停直至苏州府，船上都是忠信之人，绝不会丢银子，只有银箱上船时可能被人调包，而最后捐大笔银两、又帮助搬运上船的是张七与家人。我到现场看了，船旁有一片小树丛，只有他们具备作案的条件。我们假意到张七家做客，他一定怕东窗事发心中很虚。我们刚上门见面时，我见他脸上掠过一丝惊慌，虽很快镇定下来，但已露出了马脚。所以假意同他闲聊，趁他心里没有防备，突然发问箱子之事，他果然脱口而答，不打自招。吴敏这才恍然大悟，朱知府真是破案如神。

原来张七虽是尹山湾富户，家财万贯，却如一只铁公鸡，平时凡社会上赈灾和村里修桥铺路之事，一毛不拔。这次苏州府到尹山桥募捐修缮宝带桥，村里一般中户之家都积极捐款，而他只是在一旁暗暗观察。听到村里人都在戳着他的脊梁骨骂他"守财奴""吝啬鬼"，心想这次造桥不捐是不行了。他挤在人群中到捐银现场转了一圈，看到船旁有一片茂盛的树丛，刚好能挡住岸上人的视线，顿时有了主意。他到家中准备了一只同捐款现场一模一样的箱子和铁锁，箱中装上石子，用布遮好后悄悄运到村口，趁人不备预先藏在小树丛里。等捐款的村人快散尽时，他假意追来，出手捐款大笔银两。他这样出手阔绰，一般人们都不会怀疑他有不轨行为。这时吴敏等人正忙着收归岸上的各种东西准备回府，张七与家人又热心帮着抬箱子上船，借着树丛的掩护，调换了银箱。他这样神不知，鬼不觉，使了调包计，既赢得了大笔捐银的好名声，又吞掉全村人捐的银两，真是一举两得。可朱胜顺藤摸瓜，很快就破了这桩偷盗案，张七聪明反被聪明误。

追回被盗银两后，吴敏又到其他村落募捐，筹齐了建桥的经费。正统七年（1442）十月，宝带桥在知府朱胜的全力运作下竣工。修建的宝带桥恢复了唐代初建时的原貌。另外，桥堍南北两端各置一对石狮子，迎送过往的客人。桥北与桥中还建有两座石塔。这些附属物为宝带桥增添了姿色，远看真像飘动在绿色原野上的玉带，把美丽的江南水乡点缀得更为绚丽。

搜集整理：杨维忠

九、林则徐与《道德经》

道光十二年（1832），林则徐任江苏巡抚，巡抚衙门设在苏州书院巷。他平素经常身穿便衣，私行察访，了解民情，倾听民意。一有时机，他宣扬《道德经》，劝人为善。

一天，他听说苏州城南宝带桥年久失修，大运河运输船只不时堵塞，于是身穿便衣，与两个公差前去看个究竟。

当地地保得知，陪同林则徐去了那里一看，宝带桥五十三孔，十多孔桥梁倒塌，纤夫至此，怨声载道。林则徐听了，不是滋味，即便掏出囊中一锭白银，交于一旁公差，先去雇上几只木船，横在断孔之中，让纤夫可以通行，日后再议修建。公差一看林大人给自己的白银只有三两，一脸茫然，因为这几个小钱，断不能雇来几艘木船。正在公差为难之际，来了几个官吏，纷纷解囊。林则徐心头一喜，连连道："《道德经》曰：'一生二，二生三，三生万物。'众人相助，定能缓解纤夫燃眉之急……"

公差把所有捐钱清点了一下，即便转手交给当地地保，再三叮嘱："务须按林大人之言行之。"地保连连点头称是。

林则徐离开宝带桥，步至澹台湖西岸，只见横街上有个十六七岁少年身背竹篓，一手执书，一手拿了竹夹，穿了双蓝色破鞋，沿路边看书、边拾破烂。林则徐遂问地保此人是谁。地保如实相告：少年姓王，名又双，童生，事父母，亲笃孝，前些日子做裁缝的父亲离世，生活无着，只得以拾破烂为生。林则徐听了为王又双如此惨景，一声叹息。

此时又双从一旁走过，几个顽童见了，朗声讥笑："读书拾破烂，辱了书本，脏了衣衫，坍台不坍台……"王又双不以为然，自我解嘲："家贫拾破烂，志气不改，龙门要跳，犬洞要钻……"

又双拾满了一筐破烂，步进街尾一家收破烂小店。店主见了，吩咐一旁伙计过秤，随即便掏出两枚铜钿抛给了他。王又双一脸不悦，欲与店主论理，却被一旁伙计拦住："你卖，就是这个价，要是你嫌铜钿太少，只管悉数拿回！"王又双欲言又止，末了无奈长叹一声，垂头转身离去。

又双卖破烂，林则徐看得一清二楚。当又双走后，他踏前一步，欲向店主为又双说上几句公道话，可话到口边，又咽了下去。不想店主一见林则徐，转身从屋内拿出三大锭白银,双手递上:"这三十两银子是小民修建宝带桥捐款,务望收下。"林则徐原以为店主是个吝啬小人,不想为修建桥梁,慷慨大方,一脸不解。

店主呵呵一笑,解释道:"林大人,小民原在京杭大运河上替人背纤为生,深知纤夫艰辛……如今虽然已开了家小店维持生计,但我的两个胞弟仍在苏州至杭州的运河段上给人背纤,赚几个小钱,养家糊口。我听说林大人为解纤夫之急,将捐钱雇船在断裂桥下,还说日后将拨款修缮……小民感激不已,所以出手捐上几个小钱,聊表心意。"

收破烂的店主手捧白银递给林则徐,被拾破烂的童生王又双看得一清二楚。他想,店主给拾破烂的下人一点也不同情,而对这位衣冠楚楚的中年人却点头哈腰,奴颜婢骨,还拿出银两"孝敬",于是他认定收受银两的中年人不是贪官,就是污吏。想到这里,他见那中年人拿了银子转身而走,于是尾随其后。当他见林则徐与手下几人步进了书院巷一旁小楼,才微微一笑,返身离去。

一天晚上,王又双趁人不备,潜入林则徐小楼卧室,躲在衣柜之后窥伺。他想至夜深人静,在这家窃它个盆满钵满,这样,一可解自己贫困之危,二可为民惩治这贪官污吏。

潜在衣柜背后的王又双沾沾自喜,不料被心细的林则徐发觉。林则徐正欲呼人前来提拿,一看此贼露出足上蓝色破鞋,认定此人便是前几天见到的童生王又双。于是穿上衣裤下了床,把家人一一唤进卧室,道:"什么是道?'道'字本义就是路,什么是德,德字的本义就是对道路的选择。为此,君子即便食不果腹,也要固守节操,洁身自好。"林则徐见家人频频点头,于是转身对衣柜道:"躲在柜后的梁上君子出来吧,刚才我说的话,想必你也听得一清二楚!"

王又双大吃一惊,迟疑了一下,硬着头皮从木柜背后走了出来,见了林则徐,翠着头颈,一言不发。

林则徐道:"我知道你是个童生,姓王,名又双。"

王又双心想此人怎么知道自己名字?可一想至那天店主行贿此人,"哼"的一声,不屑一顾:"我是谁,并不重要,可你是谁,我倒知道,不是贪官就是污吏?"接着把那天所见之事,是长这短地说了出来,末了,理直气壮地道:"我若去行窃他人之财,兴许有罪,去一个贪官污吏家取点赃款,何罪之有?"

林则徐知道这位读书人误会了自己,于是说出了自己的名字,并将那天收破烂店主所给之银是募捐修建宝带桥之款,向王又双和盘托出。

王又双得知面前的中年人是赫赫有名的清官林则徐,自知误会他了,慌忙"扑通"一声,双膝跪地,连连自责:"有眼不识泰山……"

林则徐上前把王又双扶起,一脸严肃:"即使你认准了贪官污吏,也不该窃其财去填私囊,此乃趁火打劫,罪上加罪。"他见王又双茫然不解,继而苦口婆心道:"发现贪官污吏,理应举报才是……"

王又双叫起屈来:"要是上面不予理睬,这岂非徒劳……"林则徐道:"《道德经》中讲一生二,二生三,三生万物。一个人的时候,就是自己;两个人的时候就变成了'从',跟随的意思;三个人就是变成了'众',众不只是三个人,而是更多的人。人活着就要与人为善,与邪恶作斗,持之以恒,周而复始,大丈夫岂有灭志随俗之理?"

王又双听着听着,豁然开朗。

林则徐继而言道:"日后你只有匡扶正义,方有锦绣前程。"

王又双此时连连称是。

林则徐见王又双悔悟，即便吩咐家人取出十两纹银赠予他，语重心长道："这点银两虽少，但是本人俸禄，愿你奋发图强，闯过人生低谷……"

自此以后，王又双认真攻读，成为庠生，后来经人荐举，被澹台湖书院聘为教书先生。

王又双在澹台书院教书，不时用林则徐勉励自己之言教导学生："老子曾曰：'孔德之容，惟道是从。'作为上进之人，应循理而求道，落其华而求其实。顺应大道，提升自我，完善自我。人生之路漫漫，德之修行没终点！"

搜集整理：瑞照

十、张大纯辑书澹台湖

张大纯像

古代，澹台湖常有名人结庐而居。这不，清朝康熙年间，澹台湖畔又来了个读书人，搭了两间草屋，每天伏案工作。这个人名叫张大纯，字文一，号松斋，明崇祯十年（1637）出生于苏州府长洲县。其人凤抱雅尚，亦有才气文名，著有《严居杂咏》《三吴采风类记》《松斋戊辰吟草》。诗也写得好，如《言子祠》等。这些诗，都是在当时吴中文坛广为传诵的，张大纯早想将它们编纂成集，留传后世，但是，这次他住到僻静的澹台湖畔来，并非为的编纂自己的诗集，而是另有打算。

两间草屋，一间是张大纯的卧室兼书房，另一间是书童住房兼灶间。书房里，床上方贴着一首诗，诗名《见宝带桥重修有作》："澹台湖在具区东，利涉全资宝带功。山对楞伽邀串月，塘连蒪水捍冲风。石狮对坐行人过，水鸟群飞钓艇通。乱石圮崩谁再建，捐资直欲媲王公。"这首诗不是张大纯的作品，而是他的朋友徐崧写的。张大纯将徐崧诗张挂在这里，是为了时时提醒自己来此结庐的目的。

徐崧，字松之，号臞庵，苏州府吴江县人，明嘉靖三十二年（1553）进士、给事中徐师曾的后人。徐崧素负诗名，曾与当时名士钱谦益、金圣叹、顾炎武、归庄、徐乾学等人以及诗僧们交游唱和。他为人率真任性，不事雕饰，一生绝意仕进，好游山水名胜，对家乡的风光胜迹尤为看重，曾实地踏勘，详考古今，用大量心血搜幽辑隐，准备编撰一部包孕丰厚的地方志书，并替预想中的这部书稿取了个很吸睛的名字，叫《百城烟水》。经朋友介绍，徐崧认识了张大纯，两人性情相通，志趣相投，一席交谈，便成知己，都说相见恨晚，从此过从甚密。张大纯得知徐崧有编撰《百城烟水》的计划，非常赞赏徐崧为地方做的这件好事，见面总是勉励他，而且，每次见面，总是热心地和他探讨，给他提建议，尽力使这部孕育中的志书搞得更完美些。有一次畅谈后，徐崧诚邀张大纯以合作者身份，共同来完成此事，张大纯欣然接受。

从此，张大纯放下其他一切事务，陪着徐崧走遍苏州府下辖各县，对地方上的风情、掌故、物产、传说、人物、沿革详加探问，仔细采录。资料搜集得差不多了，张大纯为了能让徐崧潜心整理资料，并能与自己就近方便交流，索性替徐崧在灵岩山寺借了一间禅房，请徐崧从吴江搬了过来住。徐崧对这样的安排极其满意，他在禅房凭窗眺望，只见青山起伏，奇峰屏立，溪流绕幽，茂竹浓荫，这是怎样赏心悦目的一幅水墨隐庐图！徐崧就在这图中专心致志写他的书稿，从清早写到深夜，他搁下笔，躺到床上，一种渗入到每个毛孔的静谧裹住了他，就像山腹浮起的雾霭裹住了峰峦，柔密，熨帖，这又是怎样的舒适！他睡一会儿，醒来推窗，飘进缕缕的晨岚，晨岚中织杂有依稀淡淡的橘红色曙光，又是一个清晨来临了。山间的新鲜空气让他精神抖擞，身心俱净。更还有晨钟和暮鼓，令他有超凡脱俗的感觉，尘世的纷杂不知不觉间就远离而去，只剩下一份清静，供他从容书写自己乐意书写的文稿。

徐崧真心愿意在这样闲适的环境里，编写完他的《百城烟水》。可惜，天不假年，《百城烟水》才编写了一半，徐崧就突发急症去世了。留下的工作，由与徐崧朝夕过从而成莫逆之交的张大纯义无反顾地接了过来。张大纯把书稿重加纂辑，补缀完篇，仿南宋祝穆《方舆胜览》明代陈循《寰宇通志》之例，使《百城烟水》编纂撰辑得更加规范，越发严谨。本来他是可以在灵岩山寺自己替徐崧借用的禅房继续工作的，但禅房似乎残留着徐崧的形影，使他一踏入就忍不住感伤不已，以至于光顾悲泣而无法拾笔，所以，他搬了出来，在澹台湖畔结庐编书。澹台湖绮丽的风光，能陶冶心情，拓展胸襟，消弭悲伤，振作情绪，他要在这里做完亡友未竟之事，应该是不错的选择。

康熙二十九年（1690），凝结着徐崧、张大纯两人的心血和友谊的《百城烟水》刊刻面世，尤侗为之作序。尤侗，苏州人，明末清初著名诗人、戏曲家，被顺治皇帝誉为"真才子"、康熙皇帝誉为"老名士"。尤侗5岁开始居家习读四书五经，受业于其父祖，他天资聪颖，喜读《史记》《离骚》等，以博闻强记闻名乡里，世人称其为"神童"。后入学为诸生，一时间颇负才名。康熙十八年（1679），尤侗应诏入选博学鸿词科，以二等十二名授翰林院编修，参与修《明史》，分撰列传300余篇、《艺文志》5卷，这么一位人物为这部地方志书写序言，反映了此书在文人圈引起重视的程度。

康熙四十一年（1702），张大纯去世，享年六十五岁。

搜集整理：娄一民

第三节　澹台灭明相关史料

一、古籍载录

《论语·雍也》中的记载　"子游为武城宰，子曰：'女得人焉耳乎哉？'曰：'有澹台灭明者，行不由径，非公事，未尝至于偃之室也。'"

子游做了武城的长官，孔子问子游："你在那里得到人才了吗？"子游回答："有一个叫澹台灭明的人，为人正直，不走邪路，没有公事，从来不到我的处所里来。"

《大戴礼记·卫将军文子》中的记载　"（子贡曰：）'贵之不喜，贱之不怒。苟于民利矣，廉于其上也，以佐其下，是澹台灭明之行也。'孔子曰：'独贵独富，君子耻也，夫也中之矣。'"

子贡在回答卫国将军文子的询问时说："被重视而得志之时不喜形于色，被轻视而失志之日不怒于形,十分关注老百姓的利益,对上清廉侍奉,对下帮助扶持,这是澹台灭明的品行。"孔子说:"独自尊贵,独自富有,是君子感到耻辱之事,这正是澹台灭明的品行。"

《孔子家语·子路初见》中的记载　"澹台子羽有君子之容,而行不胜其貌;宰我有文雅之辞,而智不充其辩。孔子曰:'里语云:相马以舆,相士以居,弗可废矣。以容取人,则失之子羽;以辞取人,则失之宰予。'"

澹台灭明有君子的容貌,但他的行为却比不上他的容貌;宰我有文雅的言辞,但他的智慧却满足不了他的言辞。孔子说:"俗语说:识别马的好坏,要看它拉车时的情况;辨别人的好坏,要看他的日常表现。这一道理是不能废除的。我凭借相貌来认识一个人,在子羽身上就错了;凭借言辞来识别一个人,对宰予的判断则是一个失误。"

《孔子家语·五帝德》中的记载　"子曰:吾欲以颜状取人,则于灭明改矣;吾欲以言辞取人,则于宰我改之矣。"

孔子说:"我想通过外貌来判断一个人的德才,灭明使我改变了这种想法;我想通过言辞来判断一个人的德才,宰我使我改变了这种想法。"

《孔子家语·七十二弟子解》中的记载　"澹台灭明,武城人,字子羽。少孔子四十九岁。有君子之姿。孔子尝以容貌望其才,其才不充孔子之望。然其为人公正无私,以取与去就,以诺为名,仕鲁为大夫也。"

澹台灭明,字子羽,武城人。比孔子小四十九岁。有君子的姿容。孔子曾按他的容貌而期望他的德才,也能和君子相称,他的德才没能让孔子满意。但是,他为人公正无私,获取、给予、拒绝、归从,都是以他的承诺为准,言而有信,因此名声远扬,在鲁国担任大夫的官职。

《史记·仲尼弟子列传》中的记载　"澹台灭明,武城人,字子羽,少孔子三十九岁。状貌甚恶,欲事孔子,孔子以为材薄。既已受业,而退修行,行不由径,非公事,不见卿大夫。""南游至江,从弟子三百人,设取予去就,名施乎诸侯。孔子闻之,曰:'吾以言取人,失之宰予;以貌取人,失之子羽。'"

澹台灭明,武城人,字子羽,比孔子小三十九岁。他的容貌很丑,想拜孔子为师,孔子见灭明貌丑,认为缺乏才气,难成大器。他跟随孔子学业期满后,便离开了孔子,自我修身学习,光明磊落,没有公事,从不去拜访官员。后来去南方游学到长江一带,聚众讲学,跟随他的学生有三百多人。他设置课程,讲授按儒家之道义礼制、取舍财利、选择明主、脱离昏君的内容,名声传遍了诸侯各国。孔子听到后感叹地说:根据言谈来判断一个人的品质和才能,对宰予的判断我错了;根据外貌来判断一个人的品质和才能,对子羽的判断我错了。

《史记·儒林列传六十一》中的记载　"自孔子卒后,七十子之徒散游诸侯,大者师傅卿相,小者友教士大夫,或隐而不见。故子路居卫,子张居陈,澹台子羽居楚,子夏居西河,子贡终于齐。"

自从孔子逝世之后,孔门的七十二位贤人就分散在诸侯各国。能力大一点的做了高级官员的老师或幕僚,能力小一点的,则做了一般官员的老师或幕僚,或者隐居起来。所以,子路到卫国去了,子张到陈国去了,澹台子羽到楚国去了,子夏到西河去了,子贡始终在齐国。

宋高宗赞　南宋绍兴二十六年(1156)杭州雕刻的澹台灭明石刻像上有宋高宗赵构正书赞:"惟子有道,天与异容。状虽云恶,德则其丰。南止江沱,学者云从。取士自兹,貌或非公。"

宋温仲舒赞 宋户部尚书奉诏撰《澹台子羽赞》:"不由径行,其直可贵。不私见人,其公可畏。击蛟既勇,毁璧且义。纪号谥封,旌厥贤士。"

二、历代谥号

东汉明帝永平十五年(72),澹台灭明作为孔门七十二贤之一,被奉于曲阜孔庙大成殿前西庑内从祀孔子。

唐玄宗开元二十七年(739),追封为"江伯"。

宋真宗大中祥符二年(1009),加封"金乡侯"。

明太祖洪武二年(1369)诏先贤,封爵仍旧。

明嘉靖九年(1530),追称"先贤澹台子"。

明天启四年(1624),附祀于费县关阳镇二贤祠。清乾隆三十一年(1766),费县关阳司巡检胡世祚把澹台灭明由从祀曾子和子游升为主祀,从而二贤祠又改名三贤祠。

三、澹台氏族训

立德立功,立志自尊。崇文重教,立言创新。
忠实处事,日省修身。淡泊名利,务实求真。
宽容大度,友善家邻。诚恳待人,一诺千金。
富不骄淫,播爱施仁。贫不移志,自强奋进。
善不可失,恶不放任。远离赌毒,勿交小人。
忠孝持家,严教子孙。节欲莫贪,创业于勤。
勇于奉献,爱国为民。

录自《中华澹台氏》

编纂始末

《宝带桥社区志》的编纂工作始于 2017 年 12 月，在中共宝带桥社区党委、居民委员会的领导下，成立了《宝带桥社区志》编纂委员会，组织三名原社区（村）干部开始收集编纂社区志数据和资料。2019 年 4 月，组成编纂小组，着手《宝带桥社区志》的编纂。是月，编纂组根据宝带桥社区状况，起草了《宝带桥社区志》纲目。翌月，吴中区地方志办公室审阅以后，在区档案馆会议室召开座谈会，对《宝带桥社区志》的纲目提出意见。是年 6 月，编纂组对纲目修订后，《宝带桥社区志》编纂工作启动。

"修史之难，莫过于志。"尽管前阶段已收集部分数据和资料，由于宝带桥社区境域在历史上记载甚少，而且行政区划归属频繁，连一些近代、现代的资料也少得可怜。

历史资料的残缺，这为编纂《宝带桥社区志》增加了一定的难度。

"世上无难事，只要肯登攀。"编纂组本着严谨务实的精神，不辞辛劳，迎难而上，从以下六个方面拓宽收集社区志书资料的渠道：

一是从以往收集到部分志书资料的基础上追根溯源，深层次挖掘；二是召开收集资料座谈会的对象上，从原来历任社区（村、大队）主要干部，扩大至境域内外的各界有关人士；三是从过去请上门采集，改为沉下去搜集，从源头上寻找所需资料线索；四是至宝带桥、澹台湖等著名景点、名胜古迹实地考察，现场搜集；五是向有关专家、学者、同人征集；六是根据线索顺藤摸瓜，至外埠采访。

通过以上方法，我们收获到了社区方志相关资料 50 余万字，照片 250 余张，并对其科学分类，去伪存真，去芜存菁，以"纵不断线，横不缺项"的原则进行取舍。2019 年 12 月，形成了一部拥有 40 余万字，150 余张照片的《宝带桥社区志》初稿，除了发给第一、第二届《宝带桥社区志》编纂委员会、编纂组成员，还广泛向原社区境域的老党员、老干部及相关人员 60 余人征求意见。

为了使社区志书客观地记载有史以来的地情地貌，以及社区政治、经济、文化等方面的发展轨迹，日后能发挥其"存史、资政、教化"的功能，我们本着实事求是的精神，对部分正确的意见和建议予以采纳，对志书中提出的字句、数据误差，则慎重行事，翻阅原始资料，认真核对，补漏勘误。2020 年 6 月我们把修正后的《宝带桥社区志》装订成册，呈交给吴中区地方志办公室、吴中经济开发区城南街道办事处的领导、专家评审。同年7月13日下午，在宝带桥社区会议室召开了由吴中区地方志办公室、城南街道办事处、宝带桥社区、编纂人员参加的《宝带桥社区志》评审会。会后，编纂人员对《宝带桥社区志》进行了补充和修改。2021年1月18日，呈报吴中区地方志办公室领导、专家验收。同年4月，《宝带桥社区志》编纂人员再次修正，尔后将《宝带桥社区志》寄往出版社。

《宝带桥社区志》编纂过程中，承蒙吴中区城南街道各单位、各部门的大力支持，区地方志办公室领导、专家的悉心指导、帮助，在此表示衷心感谢，并向所有关心、支持《宝带桥社区志》编纂工作的各级领导、各界人士表示诚挚的谢意。

《宝带桥社区志》首次编纂，里面所有资料、数据可能会有遗漏，章节中的瑕疵亦在所难免，诚望各位领导、专家、学者以及同人批评指教，以期纠谬补遗。

《宝带桥社区志》编纂组

主要提供资料人员
（排名不分先后）

马银泉	马多根	马木香	马春元	马小毛	马新弟	马道大
马社生	王小老土	予悦	计多根	叶正亭	卢群	辛元童
邓愚	李龙根	李关根	李根水	李夯土	江根土	朱金福男
朱晓生	朱建芳	朱素芳	朱雪明	朱三福	朱金文	朱继生
朱夯男	朱泉林	张文献	吴秋男	吴小家根	吴金妹英	沈小毛
沈炳元	沈水火	沈招连根	沈大男	沈云男	沈关金	马火宝
沈全妹	沈水根妹	沈金木根	沈月明	何连根	何加东	陆招泉
陆大男	陆阿夯	陆复渊	杜祯彬	罗纪根	陈龙元	陈林男
陈阿夯	陈云男	陈小龙元	陈晔	陈白妹	陈双泉	陈水姐
陈美琴	陈和福	陈新根	邹志一	周永明	周小毛	周治华
周苏宁	周海根	周仙英	郁火林	金根元	金长兴	杨金木
杨维忠	姚福寿	姚文良	姚长根	姚根元	俞水法	胡金楠
施桂珍	倪浩文	倪盘根	倪龙根	倪长根	钱水大	钱三巧
钱小金火	钱正	钱玉成	徐金泉	徐香诺	徐会福	徐美姐
徐建男	夏福根	夏金木水	梁龙泉	梁根元	费阿夯	费林根
费素根	顾菊英	顾火英	崔晋佘	曾木	傅官大	蒋宏兰
缪彩英	缪田男	蔡水根	潘敏康	潘水根	潘云元	潘白妹
潘土英	潘永芳	潘福龙	潘家炎	儋台安有	儋台金虎	儋台繁林

《宝带桥社区志》校对人员
（排名不分先后）

钱水大	姚文良	罗纪根	陈龙元	周小毛	陈怡祖	陈林男
陈锦男	吴林泉	陆佳宇	邹伟	周泽华	杨金木	沈小毛
陈云男	马春元	朱泉林	江根土	潘水根	潘云元	梁根元
徐美琴	陈新男	陈志明	陆美香	张根昌	姚福寿	吴秋男
蒋宏兰	朱根水	沈利	周三男	倪美芳	沈大男	龚才泉
沈炳元	蒋宏兰	潘福龙	潘土英	倪龙根	俞水法	倪龙元
沈兴生	许兰生	周永明	沈全妹